本书为"全国优秀博士学位论文作者专项资金资助项目"的最终成果

高校社科文库
University Social Science Series

教育部高等学校
社会科学发展研究中心

汇集高校哲学社会科学优秀原创学术成果
搭建高校哲学社会科学学术著作出版平台
探索高校哲学社会科学专著出版的新模式
扩大高校哲学社会科学科研成果的影响力

黄霄羽/等著

社会转型期档案利用政策研究

Research on Archival Utilization Policy in Era of Social Transformation

光明日报出版社

图书在版编目（CIP）数据

社会转型期档案利用政策研究 / 黄霄羽等著 . -- 北京：光明日报出版社，2011.3
（2024.6 重印）

（高校社科文库）

ISBN 978 - 7 - 5112 - 1035 - 7

Ⅰ.①社⋯ Ⅱ.①黄⋯ Ⅲ.①档案利用—研究—中国

Ⅳ.①G279.2

中国版本图书馆 CIP 数据核字（2011）第 034262 号

社会转型期档案利用政策研究
SHEHUI ZHUANXINGQI DANGAN LIYONG ZHENGCE YANJIU

著　　者：黄霄羽　等

责任编辑：刘书永　宋　悦　　　　责任校对：李剑楠　海　宁
封面设计：小宝工作室　　　　　　责任印制：曹　净

出版发行：光明日报出版社
地　　址：北京市西城区永安路 106 号，100050
电　　话：010-63169890（咨询），010-63131930（邮购）
传　　真：010-63131930
网　　址：http：// book. gmw. cn
E － mail：gmrbcbs@ gmw. cn
法律顾问：北京市兰台律师事务所龚柳方律师

印　　刷：三河市华东印刷有限公司
装　　订：三河市华东印刷有限公司
本书如有破损、缺页、装订错误，请与本社联系调换，电话：010-63131930

开　　本：165mm×230mm
字　　数：368 千字　　　　　　印　　张：20.5
版　　次：2011 年 4 月第 1 版　　印　　次：2024 年 6 月第 2 次印刷
书　　号：ISBN 978 - 7 - 5112 - 1035 - 7 - 01
定　　价：78.00 元

前 言

　　2004 年，笔者荣获全国百篇优秀博士论文奖，以"社会转型期档案利用政策与开发策略研究"为题申报教育部优博论文资助项目获得批准，项目号为 200468。项目历时六年，形成的最终研究成果即为本书。在六年中，笔者主持的课题组对社会转型期的档案利用政策及开发策略进行了系统研究，精心制定研究计划并结合实践变化科学地调整研究方案。项目申请之初，成员包括中国人民大学副校长冯惠玲教授、中国人民大学信息资源管理学院张斌教授、王英玮教授、钱毅副教授、齐虹副教授。在项目进行过程中，冯惠玲教授、张斌教授、王英玮教授以及后来邀请的张辑哲教授成为了项目的顾问指导；钱毅副教授、齐虹副教授以及后来吸纳的李扬新博士成为项目的骨干成员；笔者的部分硕士生参与了项目研究并承担了文献收集整理或阶段性成果的初稿写作工作。

　　以"社会转型期档案利用政策与开发策略研究"为课题进行研究具有重要意义。档案利用是档案界长久关注的重点问题。就专业而言，它是检验收集、整理、鉴定和检索等各项档案业务工作质量并推进其发展的主导性环节，代表着档案工作的根本目标。就社会而言，它是档案工作联系社会的"窗口"，是满足社会需求、实现档案专业社会功能的基本途径。当前我国正处在社会转型的新时期，社会结构正在经历巨大的变迁，人们的生产方式、生活方式、心理结构和价值观念等各方面也正在发生深刻的变革。在从传统型社会向现代社会迈进的过程中，政治经济体制的变化、技术的发展应用、文化的转型和法制的完善，都对档案利用产生了很大影响，也相应提出了更新、更高的要求。因此，探索档案利用如何适应社会转型的需求就显得十分必要和迫切。

　　选择利用政策与开发策略作为研究的突破口有着精心考虑。档案利用本身是一个研究范围很广的领域，既包括基础理论层面的内容，又涵盖应用理论和技术层面的内容。之所以选择利用政策作为切入点，是因为这是研究当前档案利用适应社会转型需要的关键性课题。一方面，利用政策在利用工作中具有主导作用，无论是利用形式的设计，还是利用措施的确定，都必须以政策为先导；另一方面，利用政策作为国家政策整体的组成部分，与政治、经济、科技、文化等领域的其他政策，特别是相关的信息政策都有着密切关联，以利用政策为主线来研究社会转型期的档案利用，既能为综合透视社会转型对档案信息资源开发利用的全方位影响提供最适当的"焦点"，也可由此"辐射"开去，全面把握完善利用政策与开发策略所需的合理"参照"。

具体而言，项目研究的理论意义和实践价值主要表现在两个方面。一方面，尽管我国已制定有利用政策，但随着政治经济体制的转变、法制环境的改变和文化观念的变革，现有政策的内容建设和执行效果均已暴露出明显的不足，并在一定程度上制约了档案利用的开展，妨碍了档案作用的发挥。因而迫切需要从理论上研究档案利用政策，剖析政策的现有局限，为制定或完善转型期需要的利用新政策提供理论依据。另一方面，研究档案利用政策与开发策略也具有突出的实践价值。第一，有助于解决我国当前档案利用实践中出现的新问题、新矛盾，提供对策方案。第二，有助于满足我国当前档案管理体制改革的现实需要，体制的变革必然会产生大量的相关政策问题，探索档案利用政策的优化将为建立更加完善的档案管理体制提供政策支持。

正因为充分认识到项目研究的重要意义，笔者带领课题组在六年中展开了认真深入的研究。课题组对社会转型期我国档案利用及开发的整体状况进行了调查分析，梳理出我国档案利用政策的发展脉络，对国外发达国家档案利用政策的成功经验进行理性分析并合理借鉴，总结出我国档案利用政策的现有不足，最终提出相关的政策完善建议。

本书作为项目的最终研究成果，是一部全面研究社会转型期档案利用政策的专著。主要内容由六章组成——

第一章　时代背景勾勒：社会转型及其对档案利用的影响

第二章　基本概念解读：从政策到档案利用政策

第三章　现状调查分析：社会转型期我国档案利用及开发的整体状况

第四章　发展脉络梳理：社会转型期我国档案利用政策的历史与现实

第五章　国外经验借鉴：代表性国家档案利用政策建设的特点及启示

第六章　完善对策建议：社会转型期我国档案利用政策的改进策略

本书内容丰富且体系完整，结构设计具有内在逻辑严密的特点。第一章"时代背景勾勒"意在确定本书的时空范围，帮助读者了解社会转型的内涵、特征及对档案利用产生的影响。第二章"基本概念解读"意在确立本书的概念基础，帮助读者了解从政策、信息政策、档案政策到档案利用政策的含义及相互关系。第三章"现状调查分析"意在明确档案利用政策的基本环境，帮助读者从理论和实践两个方面了解我国档案利用及开发的整体特点。第四章"发展脉络梳理"意在明晰我国档案利用政策的发展进程，帮助读者认清我国档案利用政策的现实不足。第五章"国外经验借鉴"意在拓展研究视角，帮助读者认识我国档案利用政策是可以"攻玉"的"他山之石"。通过以上五章的铺垫，第六章提出完善对策自是水到渠成，读者可以明了当前我国档案利用政策建设的优化思路和举措。可见，本书的结构设计是环环相扣、严丝合缝，具有严密的内在逻辑。

本书的学术价值首先在于填补了国内对社会转型期档案利用政策系统研究的空白，课题组在项目申请之初曾对这一问题的国内外研究状况作过述评，指出国内对档案利用政策与开发策略的研究存在严重不足。已有成果大多集中在档案利用效益、利用形式和措施、用户需求等问题上，几乎未见档案利用政策的系统研究成果。本书是研究社会转型期档案利用政策的系统成果，选题新颖，学术价值明显。它界定了档案利用政策的概念，明确了我国档案利用政策的历史分期，评价了我国档案利用政策体系及内容的优劣，指明了发达国家档案利用政策以资借鉴的具体内容，提出了我国档案利用政策在导向、体系和内容等方面的完善思路。这些丰富内容对社会转型期我国档案利用政策的理论建设具有重要参考价值。

本书也具有突出的实践应用价值。一是基于档案利用政策本身是实践应用性较强的课题，二是因为课题组在项目研究中运用了实践调查和典型调研手段，使获得的数据和材料具有原始和可靠的特点，立足实践调研的优势有助于提升本书内容的应用价值。本书对社会转型期我国档案利用政策现有不足的客观分析，对发达国家档案利用政策成功特点的科学总结，均有助于我国档案利用政策制定部门看到和吸取"他山之石"，以补我国之短。特别是本书终章直接就社会转型期我国档案利用政策的导向、体系完善和内容优化提出的具体对策，可以为当前我国档案利用政策的优化建设提供重要现实参考。

基于选题的新颖性，本书的学术思想具有颇多创新点。它立足对我国档案利用及开发总体状况的分析调查，指出社会转型对我国档案利用及政策建设产生了深刻影响，明确提出我国档案利用政策在发展水平、体系建设、内容制定等方面存在不足，比之发达国家尚有明显差距，由此建议我国基于文化休闲导向建设档案利用政策；构建层次分明、体系配套的档案利用政策；在档案利用政策的内容规定上，完善开放政策的责任规定，弥补档案利用规定的权利缺憾，实行档案利用合理收费等等。

本书的写作依托丰富的素材和翔实的资料，遵循理论联系实际的指导思想，运用实践调查、数据分析、文献研究、专家访谈等研究手段，结合使用归纳、综合、比较等方法加以完成。本书还具有观点鲜明、文字通畅等特点。

本书由于兼具理论性和实用性，读者对象既包括高校档案专业学生（博士生、硕士生、本科生）和档案研究人员，又包括档案行政管理部门、档案政策制定和执行部门以及其他档案实际部门的工作人员，还包括与档案利用政策有相关切身利益的社会群体。

本书框架由黄霄羽规划和设计，参加写作的成员有钱毅（第三章第二节）、齐虹（第三章第三节）、李扬新（第四章、第六章第三节），附录的调查问卷由钱毅和齐虹设计，其余部分由黄霄羽执笔、修改完成。赵传玉、于丽娜、吴克萍、陈艳、陈香、张杰、熊文娟、谢佳祎、吉冶宇参与项目研究形成的阶段性成果成为部分章节的初稿基础，刘守芬、白璐参加了参考文献和部分内容的整理工作。全书由黄霄羽统稿、审定。

本书完成之际，首先要感谢教育部学位管理与研究生教育司提供的"高等学校全国优秀博士学位论文作者专项资金资助"为课题研究提供了立项支持。感谢所有指导、帮助和参与项目的研究人员，感谢冯惠玲教授、张辑哲教授、王英玮教授、张斌教授对项目的顾问指导，感谢中国人民大学科研处的沃晓静老师在项目进展中给予的咨询帮助，感谢中国人民大学信息资源管理学院2004 和 2005 级部分硕士生在文献资料收集中付出的辛勤劳动！此外，还要感谢在项目研究中被引用或参考文献的所有作者，他们的智力成果为本书的写作作出了贡献。

本书参加了教育部高等学校社会科学发展研究中心组织的 2010 年《高校社科文库》的出版申报评选，经评审确认本书入选文库获得部分资助，交由光明日报出版社出版。在此，感谢教育部高等学校社会科学发展研究中心和光明日报出版社对本书出版提供的支持。

本书的不足之处，欢迎读者批评指正。

黄霄羽

2010 年 11 月 8 日

CONTENTS 目 录

第一章

时代背景勾勒：
社会转型及其对档案利用的影响

第一节　社会转型的内涵和内容

一、不同学科对社会转型的解读

从词源上看，"转型"有转变、变化、过渡、变迁的含义，是指事物由一种运动类型向其他运动类型过渡、转换的过程。该词原为生物学概念，特指某一物种变为另一种物种，后来被引申到其他学科领域的研究，泛指事物运动类型的变化过程。西方社会学界借用转型概念来描述社会形态进化（或演化）的状态和过程，提出了"社会转型（Social Transformation）"的概念。究竟何为社会转型？不同学科领域的学者都会从各自的角度给予解读。比较而言，哲学、经济学、历史学、社会学等学科对社会转型的研究相对深入。我们首先分析总结这几个学科对社会转型概念的界定和认识。

（一）哲学对社会转型的解读

有学者从哲学高度解读"社会转型"，认为它是表征人类社会全面发展和进步、体现社会结构及社会形态的变迁，是人类社会由低级向高级的前进上升运动。它既包括社会制度的更替，即彻底转型、质变；也包括同一社会形态中社会制度内部的转型、量变。① 可见，哲学角度给予"社会转型"的解读是人类社会的发展进步。

（二）经济学对社会转型的解读

20 世纪最后 20 年，越来越多的经济学家对"转型"给予关注，投入了很多热情进行研究。他们对"转型"概念的解读可谓仁者见仁、智者见智，其

---

① 杨森. 中国社会转型的特殊性分析［J］. 甘肃社会科学，2003（1）：47.

中较为权威并且得到公认的解释是世界银行的《1996年世界发展报告》提出的：转型是包括前苏联、蒙古、中东欧国家、波罗的海国家、中国、越南、朝鲜及其他地区类似的和模仿的国家，全部地或部分地放弃中央计划经济制度，并开始向以广泛的私有制为基础的非集中化的市场机制过渡。简言之就是计划经济体制向市场经济体制的转变。① 可见，经济学角度给予"社会转型"的解读是经济体制的转变。

（三）历史学对社会转型的解读

法国年鉴学派第二代史学大师布罗代尔给予"社会转型"的解读体现了历史学的视角特征，在他看来，社会转型是一个长时段，是一个发展过程。在这样一个长时段的过程中，社会转型由一系列的社会转折（或变迁，转折或变迁是短时段，或至多是中时段内发生的事变）的不断蓄积而产生的，是在一个社会的母体内经历长期与不断的变迁（量变）所导致的社会结构性的转变（质变），这种结构性的转变包括经济、政治、文化等诸多领域，概言之，社会转型是一个包容人类社会各个方面发生结构性转变的长期的发展过程。②

（四）社会学对社会转型的解读

社会转型作为社会学的专业术语，在社会学领域中得到的解读最为广泛和全面。不同学者基于不同角度和侧重点提出了对社会转型的理解。

1. 基于社会学全局的角度

有学者认为"社会转型"是一个多元化的概念，"是一种由传统的社会发展模式向现代的社会发展模式转变的历史图景。这种整体的社会模式变革或转型主要体现在三个方面：即经济领域由非市场经济模式向市场经济模式的转型；政治领域由专制集权政治制度向现代民主政治制度的转型；文化领域由过去封闭、单一、僵化的传统文化向当今开放的、多元的、批判性的现代文化的转型。"③ 还有学者认为，社会革命、社会发展进程中的重大改革和变迁都可被视为社会转型的形式。④

2. 基于社会形态的角度

有学者提出"社会转型是一个有特定含义的社会学术语，是指社会从传统型向现代型的转变，或者说由传统型社会向现代型社会转型的过程。也就是

---

① 贾国雄. 中国转型的内涵及相关问题的经济学分析 [J]. 青海社会科学，2006（1）：34.
② 张广智. 西欧社会近代转型问题断想 [J]. 浙江学刊，2001（5）：119.
③ 李钢. 论社会转型的本质与意义 [J]. 求实，2001（1）：55.
④ 贺善侃. 当代中国转型期社会形态研究 [M]. 上海：学林出版社，2003：27.

从农业的、乡村的、封闭的半封闭的传统社会，向工业的、城镇的、开放的现代型社会的转型。"① 还有学者提出，社会转型是指人类社会从一种存在类型向其他类型过渡、转变的过程，例如游牧社会——农业社会——工业社会——后工业社会或信息社会的演变。当代社会存在不同种类的国家，它们具有不同的转型。发展中国家的转型，指在特定的国际环境中，社会由传统型向现代型转变，由非市场经济社会向市场经济社会转变的过程；发达国家的转型则是指由工业社会向后工业社会或信息社会转变的过程。前者如中国，后者如美国、日本、西欧一些国家。②

3. 基于社会结构的角度

有学者认为"社会转型是指人类社会由一种存在类型向另一种存在类型的转变，它意味着社会系统内在结构的变迁，意味着人们的生产方式、生活方式、心理结构、价值观念等各方面全面而深刻的革命性变革。在当代，对于包括中国在内的所有发展中国家来说，社会转型是指在特定的国际环境中由某种非市场经济社会向市场经济社会的转变。"③

4. 基于社会转型的程度和方向

有学者认为"社会转型"和一般的社会变化虽然有联系，"但并不是所有的社会变化都能被称为社会转型，只有那些密集的、大范围的、根本性的、影响了几乎所有人日常生活的变化才被称为社会转型。"④ 还有学者特别强调了社会转型具有确定的方向性——专指社会发展中的前进的、上升的变迁；那些后退性质的变迁不在社会转型的范畴内。

二、社会转型的内涵

综合以上不同学科对社会转型的解读，我们认为社会转型的内涵可以从以下五个方面来理解：

第一，社会转型的主体是人民群众。历史唯物主义认为群众是推动历史进步的动力，群众是历史的主人。因此，人民群众也是社会转型的主体和主宰。

第二，社会转型的基础是经济转型。马克思主义认为经济是基础，生产力

---

① 郑杭生等. 转型中的中国社会和中国社会的转型 [M]. 北京：首都师范大学出版社，1996：1.

② 罗谟鸿，邓清华，胡建华等. 当代中国社会转型研究 [M]. 重庆：西南师范大学出版社，2007：1.

③ 陈晏清. 当代中国社会转型论 [M]. 太原：山西教育出版社，1998：18.

④ 黄军甫. 俄罗斯社会转型问题学术研讨会综述 [J]. 当代世界与社会主义，2001（4）：64.

决定上层建筑，经济的转型往往带动政治、文化、观念、社会生活全方位的变化。因此，经济转型是社会转型的基础。

第三，社会转型的范围是整体性的、结构性的。我们从各个学科对社会转型的解读不难看出，社会转型是一种整体性、结构性的变化，是指社会全方位的转变，包括经济、政治、法律、文化及社会意识各个方面的转型。

第四，社会转型的方向是前进的、上升的。尽管转型和变化是一个中性概念，但学界理解的社会转型往往是指社会进步和发展变化，落后的、倒退的变化则不属于社会转型的范畴。

第五，社会转型的特点是具有长期过程性。社会转型是一个逐步推进的过程，而非一朝一夕。从经济的变革开始，引起经济体制、经济制度、经济发展模式、经济结构等方面的变化，进而辐射到政治、文化、教育、宗教等上层建筑，最终导致社会整体性的变化。

总而言之，社会转型是指社会从一种发展类型向另一种类型转变的过程，当今特指从传统型向现代型的变迁过程，并且这一过程是长期的、前进的、全局的。

三、社会转型的内容

社会转型的进程和内容在西方国家和我国有着不同表现。

（一）西方国家社会转型的进程和内容

社会转型的浪潮最早源起 16 世纪的欧洲，澎湃于 18 世纪，由于世界各国、各地区经济、政治和文化发展状况的不平衡，社会转型至今仍未结束，并且正在广大的发展中国家风起云涌、波澜壮阔地推进着。

西方社会转型是同资本主义生产关系的产生、发展及向全球扩展紧密联系的。在 16 世纪的西欧各国，农业文明的积累，孕育了西欧早期的城市化、商业化、工业化和世俗化；"地理大发现"所诱发的商业革命加速推动了欧洲工业革命的爆发；资本的原始积累导致英国 18 世纪率先完成了农业文明向工业文明的过渡，法国、德国等西欧国家以及美国也先后在 18 世纪末和 19 世纪前期进入现代社会的发展阶段；工业革命彻底摧毁了西方国家封建制度赖以存在的自然经济基础，新兴的资产阶级各自以不同的方式完成了资产阶级革命，夺取了国家政权，建立起资本主义社会。自 19 世纪后半叶到 20 世纪初，随着产业分化、技术传播和世界市场的扩大，现代化进程从西欧向世界其他地区扩展。俄国、加拿大、澳大利亚、新西兰等国在英美等国工业化的示范和影响下也迅速跃入现代化的行列；日本也经过一系列的改革追赶上了现代化的步伐。

到 20 世纪，经过 400 余年的发展，西方社会实现了由传统社会向现代社会的转变。

西方学者们以西方各国社会转型的历史经验为蓝本，经过理性思考，将社会转型的主要内容概括为以下六个方面，俗称"六化"。

一为工业化，即经济转型。西方国家的社会转型首先表现为从农业社会向工业社会的过渡，即工业化。实现工业化是实现现代化的必然条件，工业化是一切发达国家和发展中国家走向现代化的必由之路。

二为城市化，即狭义的社会转型。工业化必然导致城市化，城市化又促进和带动社会政治、经济、文化等方面的发展。因此西方社会的转型也表现为从乡村社会向城市社会的过渡。

三为民主化，即政治转型。所谓民主化，是指社会大众从对政治的冷漠、疏远到产生热情并积极参与的过程。在这一过程中，人们不仅对政治家和政客们的政治表现表现出极大的热情，而且对投入政治活动也表现出越来越浓厚的兴趣。从专制走向民主也是西方社会转型的内容和表现。

四为世俗化，即文化转型。在文化生活方面，人们从相信宗教转变为相信科学。相信科学和技术创新可以改造世界，开始对新事物和新思想采取开放态度。

五为科层化，即组织转型。所谓科层制，是指在组织内部形成了一个由上至下的科学管理模式，并且根据人员绩效来确定奖赏的组织形式。现代组织的科层化有其自身的特征——基于精细层序分工的职位专业化，根据抽象的成文规则建立的职阶体系以及凭借业绩升迁的准则。从家长制到科层制的转化也是西方社会转型的内容和表现。

六为理性化，即观念转型。人们的观念和行为动机从只受宗教的和情感的因素支配转化到遵循普遍的理性原则，这一转变也被西方学者认为是社会转型的内容之一。

（二）我国社会转型的进程和内容

社会转型是一个长期的过程。学界一般认为我国的社会转型始于 1840 年鸦片战争，分为三个阶段。第一阶段是 1840～1949 年，是我国社会转型的慢速发展阶段；第二阶段是 1949～1978 年，是我国社会转型的中速发展阶段；第三阶段是 1978 年至今，是我国社会转型的快速发展阶段。

第一阶段，鸦片战争之前，我国是一个闭关锁国的封建农业国，之后随着西方侵略势力的侵入，我国社会在这股外力的推动下开始了艰难而缓慢的工业化过程。1949年新中国成立，我国正式获得国际社会的独立人格，现代化进程才真正开始。第二阶段，由于我国经历漫长封建历史所积累的问题、长期的战争以及所处的国际环境，我国的发展处于艰难的摸索中，现代化进程由于种种原因举步维艰。第三阶段，即1978年改革开放以来，随着国际和国内局势的变动，我国在社会转型时期所面临的各类问题无论在速度、广度、深度、难度上都是前所未有的。

以十一届三中全会作为新中国成立以来发展中的里程碑主要基于两个原因。一是十一届三中全会以后，我国开始了从"以阶级斗争为纲"向"以经济建设为纲"、从计划经济向市场经济、从封闭社会向开放社会的伟大转变，并且开始在全社会宣传实事求是、解放思想的思维方式。战略重点的转移及思想的转变使我国的发展方向明朗化、科学化，也为我国转型奠定了思想基础。二是30年来我国发生了事实上的巨变。经济快速发展，1978年至2006年，我国国内生产总值年均增长9.67%，远高于同期世界经济3.3%左右的年均增长速度，经济总量跃居世界第四位，从2004年起成为世界第三大贸易国，经济的持续增长使我国综合国力大大增强，国际地位显著提升；人民生活水平的提高，城镇居民人均可支配收入由1978年的343元提高到2006年的11759元，农民人均纯收入由134元提高到3587元。①

进入21世纪，我国进入加速转型期。所谓加速转型期，不是简单指经济社会某个领域的变化过程，也不是简单指经济社会某项制度的变化过程，而重点是指经济结构和社会结构呈现加速度的整体性跃迁过程。在加速转型期，转型的内容应该包括临界水平的结构转换、机制转轨、利益调整和观念转变等，一旦超越临界水平，旧的体制、机制、结构、观念和利益不再复归。这种加速转型是我国30多年改革开放的积累效应，无需通过激烈震荡的方式来实现，而基本是通过发展先进生产力和确立新的社会经济秩序来完成。

由此可见，我国社会转型的时间跨度非常之大，是一个长期复杂的、量的积累过程，这一过程至今还在进行当中，其本质是社会发展模式由传统型向现代型转变。但1978年以来的改革开放为今天社会图景的展开提供了充要条件，改革开放30多年的发展远远超过以前140年的总和。这一时期我国社会转型的内容相当丰富、充实和饱满。具体包括：

---

① 马凯．改革开放以来中国经济年均增长达9.67% ［EB/OL］，［2007～05～04］．http：//news. sohu. com/20070504/n249846539. shtml.

　　首先，经济上从计划经济体制占主导地位的社会向市场经济占主导地位的社会转型，这是我国社会现代社会转型的开端和基础。

　　其次，政治上主要体现在政治体制的改革，政治体制改革的主要任务是改革政治体制中阻碍经济发展的部分，即进行行政管理体制和财政税收体制改革，发展民间非政府组织，加大对地方领导的监督和考核等。不难看出政治改革的主线是民主化建设。

　　再次，法治观念的深入人心。1997年中共十五大提出"依法治国"后，我国法律体系不断完善，民众的守法、用法意识逐渐增强。

　　第四，文化上的多元化。多元化一是指中国传统儒家文化与西方工业文明、农耕文明与现代文明、乡村文明与城市文明的相互交融；二是指中国多民族文化的多样化。概括来说文化上的多元化就体现为"百家争鸣、百花齐放"。随着全球一体化和信息时代的到来，各种文化的交流和碰撞更加频繁，人们文化选择的分流趋势更加明显。

　　第五，人们思想观念的个性化和理性化。随着受教育程度的提高、法律观念的增强、文化选择的多样化、以及获得信息的渠道的增多，人们的自主性更强，反映到思想上就表现为希望通过自己的独立思考来认识事物和各种现象，以获得自己的独特的理解。

第二节　我国社会转型期的特征

　　目前学界对"社会转型期"的含义并无准确一致的认识。根据第一节对"社会转型"内涵的分析，我们认为社会转型期简单地说就是从一种社会结构转变到另一种社会结构所经历的过渡时期。换言之，社会转型期就是新旧时代交替或过渡的时期。这其中既有旧时代的成分，也有新时代的成分；既有旧时代的特征，也有新时代的特征。新旧时代的过渡使得这个时期的社会面貌往往表现出一些相当复杂的特征。

　　我们界定的社会转型期，主要指我国自1978年改革开放以来的30余年时间。之所以如此界定，是因为这30多年来，我国发生了翻天覆地的变化，在经济、政治、法制、文化和意识等领域均有明显的表现。我们主要就从以下四个方面重点阐述。

一、经济特征

（一）经济体制由计划体制向市场体制转变

十一届三中全会后，我国逐步对计划经济体制进行了改革，改革的基本方向是在经济活动中引入市场机制。1992 年，党的十四大报告明确提出，我国经济体制改革的目标，就是建立社会主义市场经济体制。到 2000 年，我国已初步建立起社会主义市场经济体制基本框架。目前，中国社会主义市场经济体制正在完善当中，并形成了中国特色。

计划经济体制下，行政手段是资源配置的主导，人们的衣、食、住、行都要凭计划进行。当时的社会特点是高度统一和同质化，社会生活以政治为中心，而经济活动和文化活动都是其附属。经济、文化活动具有强烈的政治色彩，公共化、统一化、模式化是这种体制下各个领域的共同特点。同时，国家对各种资源的控制权掌握得很紧，尤其是对各类信息传播的控制。而市场经济体制下，市场是调节资源的配置的主要手段，经济活动在很大程度上取代了以往主要由政治活动执行的社会整合功能，使经济活动和文化活动从属政治活动的情况逐渐发生根本性变化，形成以各领域相对分离为特征的社会结构方式。可见，市场经济体制的确要求我们用市场经济的思想来指导人们的行动。

（二）消费结构和观念的转变

市场经济体制的建立使我国经济走上了快速稳步发展的轨道。经济的发展一方面使社会物质极大丰富，逐步告别物质匮乏的恐慌年代，"中国已经实现了由短缺经济转向低层次的过剩经济转变"。① 同时，消费品的种类也不断丰富，消费层次得到提升。另一方面使人们手中掌握的可支配资源增多了，最直接的体现是收入水平的提高。1978 年职工平均货币工资仅为 615 元，与 1952 年相比，累计增长 38.2%。而改革开放后，工资增长大大提速，特别是进入 21 世纪，职工工资每年的增加值就接近甚至超过 2000 元。据统计，2005 年，全年城镇居民人均可支配收入为 10493 元，扣除价格因素，比 2004 年实际增长 9.6%，增幅比 2004 年高出 1.9 个百分点。社会消费品的丰富和人们收入的增加使得消费结构和观念发生了全新变化。

1. 消费结构

消费结构是指某项消费支出占总消费支出的比重。下图是 1995～2003 年

---

① 杨宜勇. 加速转型期的特点和若干发展问题 [J]. 开放导报，2004（2）：17.

我国城镇居民消费结构变动情况。

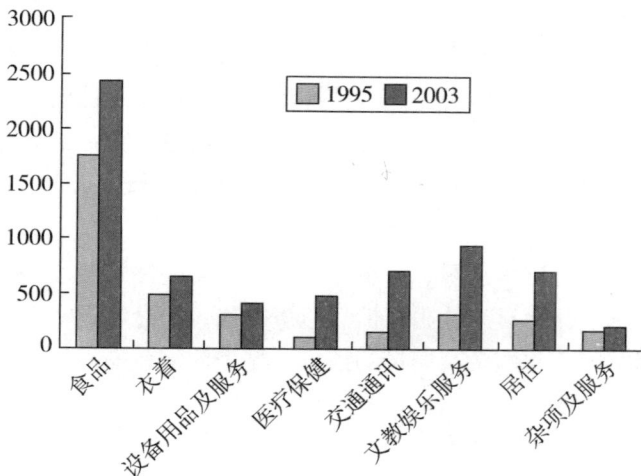

图 1 - 1　我国城镇居民消费结构变动情况

从图 1 可以看出从 1995 ~ 2003 年，我国公众各项消费项目中文教娱乐服务的上升幅度比较大，其次是交通通讯和医疗保健。有数据显示 2001 年城镇居民平均每人全年医疗支出 343.3 元，比 1993 年增加 6.03 倍；娱乐文教也是近几年来增长较大的一项。2001 年城镇居民平均每人全年娱乐文教支出为 690元，1993 年仅为 194.01 元，从 1993 ~ 2001 年，其所占比重从 9.19% 增至13.00%，绝对支出增加 3 倍多。教育投入的增加一方面表明了家长对子女教育投入的增加；另一方面还反映了整个社会文化生活水平的提高。娱乐投入的增加也丰富了人们的精神生活。

由此可见，我国目前居民消费增长点在居住、交通、通信、医疗以及娱乐教育方面。而 20 世纪 80 年代初期以吃、穿等基本生存需求为主的消费结构已经被取代了。而以人力资本投资的教育、文化、卫生、保健的新消费结构正在形成。

2. 消费观念

计划经济体制下，受传统节俭观念及经济落后状况的影响，过多强调积累，忽略消费。人们的消费需求局限于纯生理状态，超出生理需求之外的需要，甚至个人的消费行为本身被赋予了更多的消极和否定色彩。但随着生产的发展，社会的前进，消费已不再仅仅作为生产的"附庸"，而是日益独立开来，并发挥着启动经济、稳定社会等越来越重要的作用。这就为培育健康的消费观念奠定了社会基础。

总之，社会的消费观念和消费结构正经历着变化。在消费观念方面，一是消费不再是政治色彩浓厚的行为，而是经济生活的必需。一是人们的消费更加理性，物质消费和精神消费两手抓，精神消费更偏重发展性消费。在消费结构方面，衣、食、住、行及享乐性消费的比重虽然还占很大一部分，但是可以看到，精神发展性消费（文教娱乐）的比重呈稳步上升趋势。

（三）信息对经济发展的贡献越来越大

信息已成为与物质、能源、材料并驾齐驱的支柱性资源之一，经济发展越来越离不开信息。甚至有人认为在信息经济时代，信息将是一个国家生存与发展的关键，哪个国家掌握了高质量的信息，哪个国家就赢得经济发展的主动权和国际竞争的优先权。

我国"十一五"规划将信息化工程作为促进国民经济持续稳定发展的重要战略。党的十六大报告指出："坚持以信息化带动工业化，以工业化促进信息化，走出一条科技含量高、经济效益好、资源消耗低、环境污染少、人力资源优势得到充分发挥的新型工业化路子"。这说明"信息成为生产要素，是转变经济发展方式的重要特征。"[①] 信息作为信息经济时代的主要生产要素，在经济增长中的作用越来越大。据估计，信息高速公路建成后，信息对经济增长的贡献将由本世纪初的5%～20%提高到90%。[②]

档案作为信息资源大家族中的一员，同样具有信息资源可共享、可复用、无消耗、无污染的特点。同时，档案作为人类实践活动的伴生物，渗透于经济领域的方方面面，其对经济的拉动作用体现在两个方面：一是作为管理要素参与管理活动，可有效提高经济管理、生产管理的水平；二是作为生产要素进入产品化和产业化的过程，获取经济收益。

二、政治特征

随着经济政治体制改革的不断深入和开展，我国正经历着由自给、半自给的产品经济社会向社会主义市场经济社会转型，由农业社会向工业社会、信息社会转型，由乡村社会向城镇社会转型，从封闭、半封闭社会向开放社会转

---

① 陈大卫. 信息化促进经济结构调整和发展方式转变——在 2007 年中国信息化推进大会上的讲话 [J]. 中国信息界，2007 (18)：10.

② 陈伯华. 加快信息化建设——促进我国经济发展 [J]. 云南财贸学院学报，2001，17 (s1)：13.

型，从伦理社会向法理、法治社会转型的历史时期。在这一时期，我国政治体现出以下四点特征：

（一）政治文化的民主化

政治文化包括政治思想、政治心理、政治价值取向。[①] 当代中国的主流政治思想是马克思政治思想，具体来说，我国应该以"三个代表"重要思想作为基本政治观点的导向。政治心理包括政治认知倾向、政治情感倾向、政治评价倾向与政治价值取向。在社会转型时期，我国公民的政治心理总体上是朝着积极的、健康的方向发展。公众逐渐以理性的态度对待政治问题。从客观上说，政治价值观则是政治主体对政治现象所具有的意义、作用的一种认识和评价，表现为政治主体对政治现象的一种价值取向。市场经济条件下公众的主体意识越来越强，人们更多的将自身利益及集体利益结合起来判断政治现象，不再盲从、跟风。这种健康的政治民主化文化的形成，为整个政治文明的建设奠定了社会基础和思想基调。

（二）政府决策的科学化、公开化

兼听则明，偏信则暗。公众参与政府决策是民主最主要、最重要的体现形式，合理的决策程序和决策体制是保证决策科学有效并反映民意的根本。我国政府决策正力图并逐步走向科学化和公开化。通过电子政务公开和发布政务信息，切实扩大公众的知情权和参与权，提高他们对政治生活的关切度，赋予他们对政府等政治组织决策有更多的建议、咨询、参谋的机会；[②] 通过政策公示制度、政策咨询制度、政策听证制度、政策效果评估制度，鼓励人民群众参与管理国家事务和社会事务，管理经济和文化事业，参与公共政策的制定和执行；[③] 通过设立诸如"领导接待日"、"热线电话"、"市长信箱"等以监督政府施政过程，建立健全决策问责制度，避免随意性和盲目性。这充分体现了我国打造"阳光政府"的决心。很多事件最终走向良性轨道，都是市民广泛参与、媒体充分讨论、专家学者负责任地发言、地方政府兼听则明的结果。

（三）公众关注国家政治生活和参与政治活动热情日益高涨

随着网络的发展以及政务公开的深入，以及公示制度、听证制度等的制定，公众可以轻而易举地获得有关国家大事小情的信息。对国家事务、社会运

---

①　乔贵平，吕建明．我国社会转型期政治文化特征分析［J］．理论探索，2007（3）：123．

②　刘邦卫．大力发展电子政务促进行政决策科学化民主化［J］．重庆邮电学院学报：社会科学版，2005（3）：316．

③　余玖玖．"和谐社会"与行政决策的科学化、民主化［J］．行政与法，2005（8）：3～5．

转的事实了解的更多使得公众也更渴望知道有关国家经济、政治、文化、军事、外交等全方位的信息，从而也就获得了在这些方面的话语权，从而事实上表现了公众关注政治生活和参与政治活动的高涨热情。例如面对美国 CNN 的辱华事实以及国外媒体对西藏暴乱事件的歪曲报道，国内外华人自发通过各种渠道搜集信息澄清事实表达爱国之情；十七大期间，网民通过在线留言的形式对国家大政发针献言献计；在《物权法》制定过程中，公众对有争议问题的各抒己见等等。这些事例均表现出公民对国家政治生活的高度关注和积极参与。

（四）公众知情权的合法化

公众要参与国家政治生活必然要了解政府在做些什么，换句话说公众有权了解政务信息，相反如果存在信息不对称现象，政府说怎样就怎样，公众也就变相被剥夺了参与政治的权利，因而必须承认并保护公众的这种权利，也就是知情权。知情权包括"知情权利"和"知情自由"。知情自由是根据法律规定公民、法人和组织不受妨碍地获得信息的自由；知情权利是根据公民、法人及其他组织向特定的国家机关、公共机构，以及其他公民、法人及其他组织请求公开信息的权利。①《中华人民共和国宪法》的第 6 条、第 27 条、第 35 条及第 41 条、《行政诉讼法》、《行政处罚法》、《行政许可法》、《政府信息公开条例》等这些法律法规都承认并保护了公民的知情权，为公众参与政务提供了法律保障。

三、法律特征

我国社会的变革和转型，强力地推动中国社会结构的变革。无论是经济层面、社会层面还是政治层面，中国社会处在一个"发展的黄金期和矛盾的凸显期"相互交织的社会发展阶段。在这一阶段，保守与激进碰撞，经典与现代融合。于是，传统权威已日薄西山，法律则露出水面，成为人们共同的信仰。进入新时期，在"以人为本"和"科学发展观"的理念指导下，我国的法律体现出了以下三点特征：

（一）闪现着"以人为本"的理性光芒

国外学者说过，法律的最终目的是社会的福利。我国是人民当家作主的国家，法律理当"以民为天"。首先，法律的重点转向关注民生。2007 年国务院

---

① 刘杰. 知情权与信息公开法 ［M］. 北京：清华大学出版社，2005：47.

共向全国人大常委会提交法律议案 11 件，制定行政法规 30 件，其中绝大多数都涉及食品安全、就业、社会保障，环境保护等民生问题。其次，法律日趋重视人权。目前最高法院已经决定，将以前下放到省级高级法院的死刑核准权统一收回，由最高法院行使。这真正遵守了现行《刑事诉讼法》有关死刑核准权由最高法院独家行使的明确规定，真正体现了在"人命关天"的死刑核准问题上司法机关"尊重和保障人权"的宪法理念。再次，法律的公众参与的程度越来越深入。随着我国社会发展进入全方位转型期，在市场经济发展模式下，产生了各种社会阶层和利益群体，彼此之间存在着错综复杂的利益关系，国家法律在制定和修改过程中，越来越注重吸收各个阶层的意见和建议，立足于国家发展的现实需要，力争实现全社会的公平和公正。在立法环节，公众参与的形式多种多样：听证会、公开征求立法项目或草案、书面征询意见等等；在执法环节中，民众的声音也越来越具有分量，在某些情况下甚至能影响法律的判决。2008 年许霆一案由无期改判为有期徒刑 5 年，充分体现了公众舆论的力量。

（二）法律制度更加关注公平、公正，更加注重对公权力的限制和实现公权力运行的透明性

正义根植于信赖，一个和谐社会的构建离不开公权力的良性运行。特别是在当前我国进入社会转型期，在政府机构由管理型向服务型政府转变的过程中，各种违法乱纪和腐败的行为多有发生。不同的利益群体在社会结构的变革过程中，由于不同的原因，对各自的利益带来不同的变化，有的会随着社会的发展，利益不断地得到实现；也有的利益群体成为社会改革和变化的利益受损体。而我国社会改革的目的是为了实现"共同富裕"，是为了实现全社会各阶层和利益群体的公平、公正。新时期我国法律的制定和实施立足于实现社会的公平、公正，注重社会利益的全民共享，注重公权力使用的社会价值和阳光透明化。仅在 2008 年 1 月，国务院就废止和取消了 92 条行政法规，同时为了增强人民群众对公权力使用的监督，我国颁布并实施了《政府信息公开条例》，使政府的行为能够得到民众的监督和了解，进而实现"公权为公"。相信随着我国法治进程的不断推动，法律制度的公平、公正必将愈来愈显现。

（三）法律体系不断完善、民众法律意识法律观念不断增强

只有大家都按一种相似的逻辑思考和理解问题，整个市场经济才有可能运作起来，只有大家遵守相同的规则，整个社会才能有着相同的评判标准。社会的有序运行，需要法律的全方位规范；只有民众认可的法律，才具有法律的意

义。近年来，我国的立法进程取得较大的成果，中国的法治建设取得巨大成就，一些与人民群众切身利益相关的法律法规不断健全，新《劳动法》、《环境保护法》、《反垄断法》、《社会保障法》等一系列的法律法规的颁布实施，使我国的法律体系渐渐健全，到 2010 年基本形成健全的法律体系的目标正在渐渐地得到实现。同时法律是要实践的，是要解决我们眼下的问题的。法律只有发挥了作用，法治才能得以实现。通过改革开放以来近 30 年的普法教育，广大人民群众的法治观念不断增强，民众利用法律保护自己利益的意识不断深入人心，法律在中国社会转型期成为民众利益的"保护伞"。当然，法律总是根据现实社会的需要制定的，"法律既是对过去的总结，也是对未来的展望"，因而一定程度的滞后性是法律所不可避免的。也正是由于法律具有这样的特点，随着社会转型的不断进行，需要一代又一代的法律人，为了法治的进步和社会的公正而不断奋勇前行，可喜的是，我们看到，这种努力正在进行。

四、文化特征

社会转型是一个立体多维的概念，不但包括经济、政治、法律，文化也是社会转型的重要方面。我国是一个历史悠久的文明古国，具有许多传统美德，诸如勤俭、孝顺、以大局为重等，它们是中国文化核心所在。在全球一体化的今天，在坚持和继承优良传统的同时，我国文化呈现出以下四点特征：

（一）从总体上说，由传统的农业文明向现代工业文明转变

在很长的时间内我国是一个农业大国，农业文明在我国影响深远。长期以来，人们已习惯于信奉和坚持下面的基本文化规范：社会价值体系以仁为中心，社会控制体系以孝为中心，社会权威体系以皇权为中心，社会行为体系以静为中心，社会知识体系以尊经名道为中心。就是这些文化体系构成了中国传统文化的重要内容，也维持了中国封建社会的长期存在。鸦片战争以来，中国农业文明的地位才开始发生动摇，文化系统的构成要素也相应出现变化。此时，原有的文化规范仍然起作用，同时转向了社会价值体系以智为中心，社会控制体系以人的自主为中心，社会权威体系以平等为中心，社会行为体系以动为中心，社会知识体系以尊崇科学为中心。总之，旧的文化系统仍然活跃在社会活动中，新的文化模式又逐步形成，两者互相冲突又互相渗透，构成了中国社会转型期的独特景观。①

---

① 罗谟鸿，邓清华，胡建华等. 当代中国社会转型研究［M］. 重庆：西南师范大学出版社，2007：69.

（二）文化体系由一元向多元化发展

长期的封建农业社会和闭关锁国政策，使中国形成了一元的文化模式，即前文提到的传统农业文明。鸦片战争以来，中国与世界的联系逐渐增多，受西方的影响日益深厚。新中国成立后，特别是随着改革开放的深入和全球化的进程，中国日益融入世界文化格局，国外的思想观念、思维模式、生活方式等走入国门，并且大受年轻人的欢迎。同时，国家与社会的关系重新调整，使市民的生活圈（包括经济生活和社会文化生活）相对地从国家政治生活中分离与独立出来，使经济活动、文化活动与政治活动相对分开，获得各自的发展空间。① 如此，社会转型期我国文化呈现多元化发展趋势。这种趋势不仅表现在全球范围内不同民族文化的共存共荣，而且它也意味着在某一单一民族国家中的传统文化对其他民族文化的宽容以及必要时的吸收。文化多元化还是一种新思维，它要求人们从传统的一元式思想方法转变到多元式思想方法，从绝对论转变到相对论。②

（三）价值取向由集体主义向强调个人主义转变

在中国的传统文化中，虽然有民本思想的存在，但总体上来讲，作为自为自主的个人没有真正存在过，作为独立存在的个人的地位、价值、尊严等未被真正承认过，真正意义上的个人也没有出现过，而是以接受专制权利的形式存在着。生活在中国传统社会中的人们没有个人存在及意义的意识，主要是作为群体中一员的身份存在着。

而在文化多元化的大环境下，人们获取信息的渠道增多，面对的选择多样化，并且改革开放以来，市场经济建立起通过财富的物化关系来表现人的价值的平等关系，与此相应的是价值观中个体意识的生成。具体表现在：注重个性发展，主体意识的强化以及开放竞争意识的增强；主张自我发展、自我实现，又反对纯粹的利己主义③；个人权利意识的增强，不再盲目相信权威；追求私人空间和寻求精神的归属和依托。

总之，社会转型期文化不断强调人的价值和解放，以提高人的素质，张扬人的个性为主题。社会文化的转变不断解放人的束缚，给予更大的创造空间，

---

① 邹广文. 社会转型期的大众文化定位［J］. 吉林大学社会科学学报，1998（6）：57.

② 李庆本. 全球一体化与文化多元化［EB/OL］. http://www.cctv.com/tvguide/tvcomment/tyzj/zjwz/3211. shtml.

③ 王青耀. 转型期大学生价值取向特点分析［N/OL］. 光明日报，2007～06～29. http：//www. gmw. cn/content/2007～06/29/content_ 624967. htm

反过来也推动社会的转型和前进。值得注意的是，价值取向的转变并不是集体主义的消亡，实质是在强调在个人价值实现的过程中实现集体目标。

（四）思想观念由落后保守向理性开明转变

中国自古以来是一个以自然经济为基础的农业大国，我们不能否认传统文化中有许多应该继承的精华，但就其总体来说，对于处于现代化进程中的中国，毕竟有着极大的消极作用。人们安于现状，对变化和新事物具有排斥心理；崇拜祖先、家族观念浓厚，甚至相信封建迷信；没有民主意识，没有参与社会政治生活的机会；凭经验行事，缺乏理性。

社会转型以来，我国社会进行着全方位的变化，人们的思想观念也面临着前所未有的大冲击。对于这种冲击，人们从拒绝抵抗到逐渐接受到最后心理适应。这种适应表现在，人们开始坦然面对变化，并反思原有思想的不足。面对和反思的结果是走向理性和科学，敢于接受挑战改造现状；摒弃事事靠经验的做法，相信和崇尚科学；关心社会发展，积极参与社会治理活动。

第三节　我国社会转型对档案利用的影响

我国社会转型期诸多方面的特征变化表明，社会转型的表现是多元化的，并且是相互关联和影响的。社会转型对社会生活的影响既是全方位的，也是深远的。因此，档案工作、特别是档案利用，都会受到社会转型深刻而深远的影响。我们从较为综合的角度，将社会转型对档案利用的影响归纳为五个方面。

一、档案开放力度逐步加大

档案的历史几乎与人类文明共存，而在世界各国，档案开放都经历了一个从无到有的过程。我国档案开放的历史始于 20 世纪 80 年代初，档案开放的制度处于不断完善之中，开放的力度也处于逐步调整当中。从《关于开放历史档案的几点意见》（1980 年），《关于开放历史档案问题的报告》（1982 年），《档案馆工作通则》（1983 年），《档案馆开放历史档案的暂行办法》（1985 年），《中华人民共和国档案法》（1987 年，1996 年修订），到《中华人民共和国行政许可法》（2004 年），《中华人民共和国政府信息公开条例》（2008 年）。我国档案开放制度处于不断完善和创新过程之中。

它们共同反映出我国档案利用工作中的一个重要特点：档案开放力度的逐步加大。从开放历史档案，到具体划定开放历史档案的范围，到 30 年封闭期的规定，到利用档案成为公民的合法权利，再到电子政务环境下现行文件的开放利用，无论从档案年龄，档案种类，还是利用手续上，开放力度的加大都是显而易见的。主要表现在：

（一）从制度上对档案开放作更详细、操作性更强的规定

各级国家档案馆都根据各自的实际情况，本着与《档案法》不相抵触的原则对档案开放制度作调整和修改。例如浙江省的《浙江省国家档案管理办法》，界定了档案开放的具体范围，主要有五个方面：一是建国以前形成的档案；二是建国以后形成的档案，时间已满30年的；三是属于政府信息公开范围的档案；四是经济、科学、技术、文化等活动形的档案；五是重大活动档案，进馆满6个月的。① 这就使扩大档案开放有据可依。

（二）对档案开放内涵形成了新认识

随着经济的发展及政务公开的深入，扩大档案开放不仅仅指档案实体开放量的增大、开放档案类型的增多和开放范围的拓展，学界对档案开放的内涵还形成了新认识，表现为：

第一，档案开放年龄的低龄化。除了历史研究者更多关注高龄档案，普通公众倾向于了解离自己近的事物，其中包括政府产生的可公开的现行文件。因此，低龄档案成为开放对象。

第二，利用者群体的扩大。一方面表现在，利用档案的权利受法律保护，任何公民都能成为档案利用主体；另一方面随着我国加入WTO，档案利用者不仅来自国内各个领域、各个行业、各个阶层，甚至还包括各类外国人。

第三，档案工作者的开放。即档案工作者解放思想，更新观念，树立服务意识和信息意识，从用户角度提供档案利用。

第四，档案馆职能的开放。指档案馆系统向社会吸纳资源增强自身实力，通过与外界交流、沟通和能量交换，实现利用服务的社会化。这使扩大档案开放有了正确导向。

二、档案利用逐步树立人本、民本思想

在我国，由于封建统治时间很长，人们的传统观念很浓厚，加上建国后很长一段时间里，路线斗争、阶级斗争等是国家生活的主要内容，档案、档案馆仍然是神秘的符号，是普通公众遥不可及的东西。十一届三中全会以来，改革开放提倡的解放思想对档案实际工作也产生了重要影响。事实上，随着当时经

---

① 蒋锦萍. 加大档案开放力度充分保障公民知情权—《浙江省国家档案管理办法》解读之三 [J]. 浙江档案, 2007（6）: 38.

济、科技、文化等各方面建设的加快，对档案信息的需求也与日俱增，档案、档案馆走向开放已是大势所趋。这也就为揭开神秘面纱奠定了基础，为公众利用、接触档案提供了机会。近年来，随着我国政治民主化建设的深入，公民知情权的合法化，以及建设服务型政府理念的树立，一方面公众更渴望获得信息，另一方面政府从政策引导到具体行动也更加考虑公众的这种需求。档案与公众的距离逐步拉近，档案机构也逐渐走向以用户为中心的服务模式，更注重挖掘贴近民众生活的档案信息。这种从特权到基本权利再到公众档案利用权利日益受关注的转变，说明利用需求越来越成为档案利用工作的中心，换言之，用户（公众）成为档案利用的中心。档案利用中这种"以人为本"的现象的出现与我国建设以人为本的和谐社会不无关系，同时具有鲜明的专业特色，表现在：

（一）是公民知情权实现的体现

作为人类"记忆宫殿"的档案馆是为社会公众服务的。向全社会开放政府公务档案，并且开放范围逐渐扩大，开放程度也逐渐深入，这不但方便公众办理个人事务，而且有助于公众了解国家的施政理念和理解并接受政府的各项政策，更重要的是保证了公众参与政务，表达自己利益诉求的权利。同时，还实现了公众的知情权，让公众知道了政府在干什么。例如，2006 年外交部解密向社会开放了有关 1960 年苏联撤走援华专家时，毛泽东在与赫鲁晓夫的谈话中对专家的评价；1958 年解放军奉命炮轰金门马祖后，中美大使级会谈进行情况及周恩来就这一问题的批示；1956 年波匈事件后，中国驻两国使馆第一时间反馈的事件经过等方面的档案，包括各类请示、报告、谈话记录及照会等外交文书。① 这使得公众知悉我国外交政策成为现实。

（二）是档案休闲利用观中国化的体现

2000 年第十四届国际档案大会提出了档案休闲利用的概念。由于中外实际情况的差异，国外档案休闲利用更强调公众自觉进入档案馆度过自己的业余时间。而我国则更强调档案机构从用户的需求出发提供相应的信息服务，也就是服务理念由被动转向主动，由被动地等待用户上门变为主动亲近公众，深入公众生活的内部，为公众开发百姓喜闻乐见、通俗易懂的档案作品。2007 年 3 月以来，南京市档案局向全市发出征集名人特色档案的公告，联合 13 个区县

---

① 外交部开放解密档案，公众可预约阅览［EB/OL］，［2006～05～11］. http: //news. xinhua-net. com/video/2006～05/11/content_ 4532840. htm.

档案局及市有关单位，组织 40 余名工作人员走向社会，广泛调查，联系名人，征集档案，并在《南京日报》等新闻媒体上广泛宣传。目前，他们已征集到科学文化界、教育卫生界、工商界等众多领域具有重要影响的名人档案万余件，并举办展览，进一步发挥名人效应，引导青少年把正人生航向，激励市民奋发向上，自强进取。①

三、档案利用的文化休闲色彩日益浓厚

传统的档案利用一般分为学术研究利用、公务利用和个人利用。这些利用方式关注档案凭证价值、行政管理价值和教育价值，并且带有明显的目的性。而随着档案、档案馆越来越亲民，以及档案利用中人本思想的树立，"以司法—行政管理为基础的档案工作向建立在更广泛的公共政策和利用基础上的社会—文化档案概念的变化"成为不可逆转之势。② 档案利用的关键词除了"证明"、"教育"、"研究"，还应该加上"文化休闲"。无特定目的的休闲利用成为档案利用中的新形式和新热点。

在我国档案利用实际工作中，档案休闲利用也不乏典型实例。2007 年 7 月 6 日，青岛市档案局与市老龄委办公室举行"多一种生活 多一种关爱——七彩华龄老年人档案文化休闲活动"，让他们进入档案馆参观展览、观看录像，并听了档案专题报告，使老人充分体会到档案也是一种文化。③ 2006 年 10 月 13 日，"走近巴金"系列文化讲座在上海市档案馆外滩新馆拉开帷幕。"十一"黄金周期间，外滩新馆除全天开放接待市民查阅政府公开信息和档案外，还将推出"爱在上海"系列活动，所有展览和公益电影都免费对公众开放。据相关负责人介绍，三大展览尤其值得一看。常设的"城市记忆展"，包括了上海的多项第一，从 20 世纪 40 年代巨幅外滩长卷照片，到 2010 年上海世博会的注册报告，场馆分布图，上海的变迁轨迹——呈现在市民面前。"青春的印迹——上海学生成长档案展"将展出上海学生自己动手制作的成长档案，观众可以通过投票的方式参加"最受欢迎的成长档案"评选活动。

---

① "五个一"活动彰显特色，唱响档案工作服务主题——南京市创新档案工作有举措 [N/OL]. 中国档案报，2007 ~ 10 ~ 16. http：//www. gzdaj. gov. cn/gzdt/200710/t20071016_ 8400. htm.

② 张世林. 档案开放与公民利用权利发展评述 [J/OL]. 档案学通讯网络版，2007（5）[2008 ~ 01 ~ 07]. http：//www. daxtx. cn/? action-viewnews-itemid-90].

③ 青岛市档案局. "多一种生活 多一种关爱——七彩华龄老年人档案文化休闲活动"启动 [EB/OL]，[2007 ~ 07 ~ 13]. http：//www. pingdu. gov. cn/Get/zhengfubumen/danganju/dajgongzuodong-tai/070713103551564120. htm.

"上海婚姻习俗展"中不同时期的结婚照让人大开眼界。除了这些免费开放的展览，10 月 2 日、3 日下午 1：30，外滩新馆还将免费播放公益场电影《上海伦巴》和韩国影片《外出》，市民可以直接电话联系外滩新馆预约留座。

以上是我国档案部门与文化界合作共同提供档案文化休闲活动的典型案例。不仅如此，各地档案机构还都建立自己的门户网站提供网上利用，传播档案文化。网上利用最具文化休闲气息的是网上展览。上海市档案馆立足市民业余生活精神需要，展览主题包括婚姻习俗、上海知青、黄浦江、上海风情图片等等。[1] 天津市档案馆则设有专题展厅，从城市风貌、工商业发展、文化教育、改革发展等各个方面，以图文并茂的方式全方位展出了天津的昨天和今天。既有历史厚重感，又有很强的观赏性。另外还包括很具特色的其他专题展，比如灾难展、海河展、劳模展、老红军等等。[2]

四、档案服务意识不断高涨

很长时间内，我国档案机构的文化事业性质变异成了政府机构性质，公众止步于档案机构的"衙门作风"和档案的保密。随着市场经济的确立和信息的资源化，档案机构日益回归到自己的位置上，并且成为重要的信息机构。因而，从服务理念的确立，服务手段、方式的创新到服务内容的拓展也成为档案机构生存发展的重要决定因素，进而也就造成了档案机构服务意识增强的事实。例如上海市档案馆外滩新馆政府公开信息、档案文件资料查阅服务中心的服务承诺：来文件查阅中心现场查阅，做到立刻办理通过电话、传真或网上查阅的，从受理起 3 个工作日内给予答复；通过信函查阅的，从受理起 5 个工作日内给予答复。[3] 其服务公约为：读者至上，服务第一。接待查阅，热情礼貌。有问必答，不烦不躁。说话轻声，面带微笑。姿势端正，不歪不靠。服务台前，不要闲聊。档案资料，认真管好。来宾参观，起立问好。发现问题，及时汇报。时间观念，切记把牢。不准早退，严禁迟到。遵守纪律，更为重要。[4] 由此可见，服务取胜将是档案机构的重要发展战略。

五、档案法规制度和档案利用政策建设薄弱

我国现行档案法规体系基本上是 20 世纪 80 年代以后逐步建立起来的，随

---

① 信息来源：上海档案信息网 http：//www. archives. sh. cn/wszl/default. htm.
② 信息来源：天津档案网 http：//www. tjdag. gov. cn/zxzt/zxzt_ ztzt. asp.
③ 信息来源：上海档案信息网 http：//www. archives. sh. cn/ggfw/daly/200702010030. htm.
④ 信息来源：上海档案信息网 http：//www. archives. sh. cn/ggfw/daly/200702010031. htm.

着中华人民共和国档案法的颁布实施和其他配套规章制度的逐步建立，整个档案法规体系逐步发展起来。按照档案立法权限或法律效力对档案法规进行划分，我国形成了由档案法律、档案行政法规、地方性档案法规、档案规章、技术规范和其他规范性文件共同构建而成的法规体系。但我国档案法规体系形成时间跨度相对较大，以规章和规范性文件居多，且出自不同时期、不同立法部门，① 显现出以下问题：

（一）档案法规体系不够健全，配套措施不够完善

这方面的突出问题是保障档案法规有效实施的配套措施不够完善，特别是许多需要和有关法规相衔接的实施办法、细则等规范性文件亟待出台。作为对法律法规内容进行解释、细化的一种重要形式，档案规范性文件起着弥补法律法规空白、衔接法律法规内容、协调利益主体关系的作用，理应成为档案行政管理部门施政的有力手段，但是，目前这方面工作的严重滞后成为档案法制建设中的一大缺憾。

（二）现行档案法规的结构、内容存在不足之处

一方面，我国档案行政管理性法规较多，而具体的业务技术性法规较少，导致档案业务的众多领域无法可依。作为构建档案法规体系重要组成部分的档案规章、地方法规，没能真正专业化、地方化、具体化，导致档案机构执行时在许多方面缺乏必要的、实实在在的依据，从而使法的强制性、威慑力没有很好地体现出来。另一方面，某些法规内容严重落后于现实工作需要，针对一些随着社会变化，科学技术发展以及档案工作发展而出现的新现象，例如电子文件的有效管理问题、改制企业档案管理问题等现行法规往往也存在着空白点，大量相应的法规尚未出台，甚至还未列入议事日程。另外，现行档案法规存在不一致、不协调现象。具体表现为地方性档案法规与《档案法》及其实施办法的不协调、档案法律法规与档案行政规章之间的不协调、档案规章之间的不协调、档案法规体系与其他法律法规的不协调等。

（三）现有档案法规政策的有关限制利用的规定与当前政务信息公开的要求不相适应

当前政府信息公开作为实现公民知情权、建设社会主义民主政治的客观要求而被提上了议事日程。政府信息公开以及时公开为原则，不公开为例外，这已成为人们的共识。然而，现行的档案法规政策却对公民提供利用档案信息提

① 李伯富. 论我国档案法规体系的完善 [J]. 档案学研究，2005（6）：29～33.

出了种种限制利用的规定，同政府信息公开的社会发展大趋势很不协调。①

　　总之，社会转型凸显了我国档案利用政策建设的薄弱特点，详细内容我们将在第四章深入阐述。

---

① 刘莅．我国档案立法中存在的问题及对策 ［J］．北京档案，2005（2）：19～21．

第二章

基本概念解读：政策及档案利用政策

第一节 政策及信息政策解读

本书的研究对象是社会转型期的档案利用政策，厘清基本概念是写作的前提。在解析"档案利用政策"前，我们先就"政策"、"信息政策"、"档案政策"这三个概念进行全面的解读。这是因为档案利用政策是档案政策中不可或缺的一部分，而档案政策又包含在信息政策中，指导着档案事业的发展，信息政策的属类为政策。只有明确这几个具有层次关系概念的含义及相互关系，才能清晰认识"档案利用政策"的含义和内容。

一、政策的内涵

"政策"是一个在日常生活和学术研究中使用频率较高，但又相对模糊混乱的概念。不同语境下的"政策"内涵和外延差别较大。

（一）学界关于"政策"的代表性定义

《辞海》中对"政策"一词的解释是："国家、政党为实现一定历史时期的路线与任务而规定的行动准则。"

《公共政策词典》中认为政策是"政治系统的产出，通常以条例、规章、法律、法令、法庭裁决、行政决议以及其他形式出现。"①

美国学者戴伊认为：凡是政府决定做或者不做某件事的行为就是政策。②

美国学者戴维·伊斯顿认为：政策是政府对社会价值进行权威性分配。

美国学者兰尼在其《政策内涵研究》中指出：政策概念包含五个意涵，

---

① ［美］克鲁斯克 E R，杰克逊 B M. 公共政策词典［M］. 唐理斌，王满传，郏斌祥，等译.
上海：上海远东出版社，1992：31.

② Thomas R. Dye. Understanting Public Policy［M］，New Jersey，1972：2.

有一组特定的目标，有一个标定的方针，有一条选定的行政路线，意旨的颁布，意旨的执行。

英国学者科尔巴奇在其著作《政策》一书中曾提到：政策是一种观念，贯穿于我们筹划生活的所有方法之中，应用于公共生活的广泛参与之中——公共官员、当选议员、政治活动家、专家记者和其他一些人——应用于他们尝试着塑造一种组织公共生活的方法之中。①

公共政策分析的创始人拉斯韦尔和亚伯拉罕·卡普兰提出，公共政策是一个有目的价值与实践的计划纲领。②

美国学者安德森认为公共政策是由政府机关和政府官员制定的政策，它是建立在法律基础上的，因而具有权威性。③

我国学者吴定将政策界定为：政府机关为解决某项公共问题或满足某项公众需求，决定作为或不作为，以及如何作为的相关行动。其要点如下：①政策由政府机关制定；②制定政策的目的在于解决公共问题或满足公共需求；③政策活动包括政府决定作为或不作为行动；④政府以各种行动表示政策的内涵，例如法律，行政命令，规章，方案，计划，细则，服务，产品等。④

我国学者陈振明对"政策"的定义是：国家机关、政党及其他政治团体在特定时期为实现或服务于一定社会政治、经济、文化目标所采取的政治行为或规定的行为准则，是一系列谋略、法令、措施、办法、方法、条例等的总称。⑤

我国学者张金马认为政策是"党和政府用以规范、引导有关机构团体和个人行为的准则或指南。其表现形式有法律、规章、行政命令、政府首脑的书面或口头声明和指示以及行动计划与策略等。"⑥

我国学者张成福认为公共政策是公共权威当局，为解决某项公共问题或满足某项公共需求，所选择的行动方案或不行动。⑦

---

① ［英］科尔巴奇 H K. 政策［M］. 张毅，韩志明，译. 长春：吉林人民出版社，2005（5）：4～5.

② Harold D, Lasswell, Abraham Caplan. Power and Society ［M］. New Haven：Yale university Press，1950：71.

③ ［美］詹姆斯·E·安德森. 公共政策［M］. 北京：华夏出版社，1990：4.

④ 吴定. 公共政策［M］. 台北：五南出版社，2003：6.

⑤ 陈振明. 公共政策分析［M］. 北京：中国人民大学出版社，2003：43.

⑥ 张金马. 政策科学导论［M］. 北京：中国人民大学出版社，1992：19～20.

⑦ 张成福，党秀云. 公共管理学［M］. 北京：中国人民大学出版社，2001：100.

以上各种定义，有的强调政府的作为，有的着重于公共政策的目的，有的注重反映公共政策的特征，有的则强调公共政策的地位。虽然侧重点不同、出发点各异，但是我们可以看出政策定义的几种必备要素——主体、客体、目的、表现形式、性质等。

（二）"政策"定义的要素解读

政策的主体是制定、实施政策的政治实体，包括对政策有直接或间接作用的各类政府机构、被授权的个别企业或社会组织或个人。作为解决公共利益的政策，其核心主体必然以政府为主体，例如立法机关、司法机关、行政机关和政党组织。

政策的客体，即是政策所规范和指导的对象，它与政策的主体构成了政策过程中的一对矛盾。公共政策客体分为三个层面。第一层面是公共政策的制定与实施所要改变的状态，这种政策客体就是作为政策问题的社会公共问题；第二层面是公共政策执行中所要直接作用的对象，这种政策客体主要是处于社会不同层次、不同范围内的应由具体政策来规范、制约的社会成员与社会事件；第三层面是公共政策所要解决的核心问题即人们之间的利益矛盾。[1]

政策的目的则是通过规制社会成员行为、引导公众观念行为等手段，调控各种利益关系、公平分配社会资源，最终满足公民的物质文明及精神文明的要求，实现社会稳定与发展。

政策的表现形式非常丰富。按照政策主体为分类标准，政策可以表现为由立法机构颁布的法律等；由行政机构颁布的法令、法规、条例等；由特定组织机构制定的规章制度等。

政策的性质就是规范各政府机关、社会组织和公民行为的一种准则。

（三）"政策"与相关概念的关系

政策与方针、法规、制度等概念常常相互交叉或者并列使用。我们需要辨清政策与相关概念的关系。

"政策方针"中的"政策"含有"国家和政党为实现一定历史时期的路线而制定的行动准则"之意。

"政策法规"中的"政策"是指在宗旨、目标和根本内容上与法律法规具有共性，而在制定机关、程序和实施效力上有所区别的行政规范性文件，以区别于经过相关程序已法律化的政府决策。

---

[1]　信息来源：http: //course. cug. edu. cn/cugThird/common_ policy./pages/2. 2. 2a. htm.

"制度"与"政策"的关系较为复杂。在习惯用语中"制度"常常被"政策"所包含，是"要求大家共同遵守的办事规程或活动程序"，是"政策"精神的落实和贯彻，如档案开放制度、档案利用制度、档案收费制度，等等。但在经济学和制度学的学术定义中，"制度"与"政策"是不同领域的两个概念，不属于同一层次。在经济学领域，"制度是一个社会的游戏规则，更规范地说，它们是为决定人们的相互关系而人为设定的一些制约"，"用经济学的行话来说，制度确定和限制了人们的选择集合"。经济学术语中的"制度"内涵比"政策"更为丰富，因为"政策"一般都是以书面文字或者权威性讲话方式广而告之的正规规则，"制度"却包括正规规则（制约）和非正规规则（制约）。风俗习惯也是一种制度。① 在制度学领域，"制度是一个体系或系统，社会规范、规章、原则是其核心或基本内容，但这里社会规范不是任意的、自发的，而是'人们社会关系和社会活动的有组织的规范体系。'"② 这个意义上的"制度"与"政策"的含义较为接近，但是考察的视角有所差异。

（四）"大政策"观

为了避免在"政策"及其邻近概念中反复纠缠，廓清本书政策研究的范围和边界，我们采用"公共政策学"、"政策科学"中的"政策"定义，从"大政策观"的视角将"政策"定位于法律法规、程序规范和制度规定的上位概念。

本书中的"政策"是指权威机构为达到一定目标而制定的行动方案或行为准则。其作用是引导和规范有关机构、团体和个人的行动，其表现形式包括法律法规，行政规定或命令，以书面形式发布的领导讲话、发言和指示，长期和短期发展规划，具体行动指南，程序说明、制度规定和相关策略，等等。

二、信息政策的内涵

（一）学界关于"信息政策"的代表性定义

长期以来，中外学者从多个层面对信息政策的概念进行探讨，提出了多种定义。

美国学者温格顿认为，一切用以鼓励、限制和规范信息创造、使用、存储

---

① 道格拉斯·C·诺斯.制度、制度变迁与经济绩效［M］.刘守英，译.上海：上海三联书店，1994：3～4.

② 贺培育.制度学：走向文明与理性的必然审视［M］.长沙：湖南省人民出版社，2004：16.

和交流的公共法律、条例和政策的集合即为信息政策。显然，这是一种广义的定义，认为信息政策的主要作用是提供一个法定的制度框架，以明确信息需求、找出满足需求的方法、促进有效地利用所需要的信息服务。

美国学者赫伦和雷耶认为，信息政策是一个由信息的生命循环圈监视和管理的指导原则、法令、指南、规则、条例、手续而构成的相关政策群体。

美国学者伯格认为，信息政策是用以控制信息的社会机制及应用这种机制所产生的社会影响。

日本学者洪田纯一认为，信息政策是包含了通讯政策、信息通讯政策、传播政策的全部内容，并且具有广泛射程的发展性的概念。

我国学者卢泰宏提出，信息政策是指国家用于调控信息业的发展和信息活动的行为规范的准则，它涉及到信息产品的生产、分配、交换和消费等各个环节，以及信息业的发展规划、组织和管理等综合性的问题。

我国学者温加腾认为，信息政策是由一系列公共法律、法规和条令等构成，对信息的创造、利用、存储和交流起促进、抑制或规范的作用。

我国学者马费成认为，信息政策是指影响信息的创造、获取、组织、传播或评价的所有法律、规章、条例或惯例。

以上诸多定义表明，中外学者对信息政策的概念有不同的理解，内涵和外延限定不尽一致。究其原因有三：一是信息概念的广泛性与不确定性。信息的含义是极其广泛的，字面含义可理解为消息、情报、新闻、知识等等，这决定了信息政策研究客体的复合性。若从管理学的角度来理解，信息政策是国家根据需要制定的有关发展与管理信息事业的方针、原则和办法，如赫伦和雷耶的观点。二是国家的信息业发展及信息化、社会化水平不一样，造成对本国的信息政策理解不同。换言之国情不一样，对国家信息政策理解的角度和侧重点不一样。三是信息事业的发展战略和目标不断变化，信息业的外延不断延伸，造成了信息政策概念的变化发展。

综上所述，国家信息政策含义是变化发展的，虽然随着社会信息化的发展状况、公民信息意识的不同而产生多义性，但随着学科的发展和科技时代的进步，信息环境已发生了很大的变化，现在的信息政策已不仅仅局限于科技信息事业，而是一个范围十分广阔的研究领域，我们提倡从社会整个信息活动和信息管理角度来理解信息政策的概念。①

---

① 廖声立. 论信息政策的概念及研究内容 [J]. 情报探索，2000 (6)：10～11.

（二）信息政策的含义和特点

从以上各位学者所界定的"信息政策"含义来看，我们认为"信息政策"具有以下几个特点：（1）信息政策的客体是信息，所有被称为"信息"或是符合"信息"特征的物质都是属于该政策的管辖范围之内。（2）信息政策的制定主体是政府。（3）信息政策包含的所有法律、法规、规章等都关乎公共事务，反映了政府的政治立场（利益倾向或价值倾向）。（4）信息政策的表现形式与公共政策一样，不是唯一固定的，可以表现为多种形式。

当然，作为"公共政策"中的一类，信息政策也具有自己的特性，比如说：所有属于"信息"范畴的内容都在该政策的管辖范围内；该政策的制定和修订具有复杂性和动态性，它随着环境的变化而不断调整，具有一定的时代性等。

第二节　档案政策及档案利用政策解读

一、档案政策解读

（一）学界关于"档案政策"的代表性定义

目前，我国学者对档案政策的定义还没有统一的定论。

学者王强认为：档案政策是国家为实现一定时期档案事业的建设发展目标而制定的基本行动准则。①

学者谭琤培在《档案政策研究》一文中指出：档案政策是国家在一定历史时期为实现经济、社会的发展目标而规定的档案事业建设应遵循的行动准则。它是确定档案事业发展方向的依据，是指导档案事业发展的策略、原则和战略。②

学者朱玉媛在《档案政策与档案法律比较研究》一文中则指出：档案政策是指为管理和发展档案事业而制定的方针、策略、指南和准则。③

上述定义各有侧重，概念界定包含了政策主体、客体、目的、表现形式、性质五个要素。

---

① 王强．论国家档案政策［J］．档案与建设，1996（12）：16.
② 谭琤培．档案政策研究［J］．北京档案，1998（3）：20.
③ 朱玉媛．档案政策与档案法律比较研究［J］．档案学研究，2000（3）：53.

（二）档案政策的特点

我国学者冯惠玲、张辑哲主编的《档案学概论》中，指出：档案是社会组织或个人在以往的社会实践活动中直接形成的具有清晰、确定的原始记录作用的固化信息。① 简单地说，"档案是清晰、确定的原始记录性信息"。

学界已经公认，"档案"是"信息"中的一类，档案政策也属于"信息政策"的一种，具有"信息政策"的共性。这种"共性"就是档案政策是由政府部门制定、颁布并且体现"公共政策"和"信息政策"为公众服务的理念，而且它不是静止不变的，会随着环境变化而不断地调整，方能更好地维护政府和公众的利益。档案政策的"特性"是"档案政策"指向政府和机构组织的限制利用的文件和档案，如何将这部分文件和档案管理好，在规定时间内对这些信息降密或解密，开展利用工作，以便维护公众利益，这将是"档案政策"重点所在。

档案政策主体是档案政策的制定主体，如国家政府部门、档案专业机构、地方自治机构等。档案政策客体包括档案本身、档案机构、档案工作等。档案政策目的是指导档案事业稳步发展、社会繁荣稳定。档案政策表现形式也是多样的，如档案法、档案法规、档案实施办法、规章、制度等。档案政策的性质即是规范指导档案事业的行为准则、发展策略等。

二、档案利用政策解读

档案利用政策是由现行全部档案利用政策构成的具有一定结构并与社会发生相互作用的有机整体。它既是档案政策的一个子系统，也是档案利用工作的一个子系统，并且与档案法规体系形成重叠和交叉。从档案利用及开发的本质是提供"信息服务"这个角度来看，它还是国家信息政策体系的组成部分，是国家信息服务政策在档案信息服务领域的具体化。

（一）对"档案利用政策"的已有解释

目前，国内外档案界对档案利用政策尚未有统一明确的定义，档案利用政策也没有成为档案学专门术语被加以界定。我们课题组在阶段性成果《社会转型期档案利用政策研究》和《中外档案利用政策比较研究》中，提出了对档案利用政策的初步解释。

一种观点是将档案利用政策界定为政党、国家及档案机构（包括档案行

---

① 冯惠玲，张辑哲. 档案学概论［M］. 北京：中国人民大学出版社，2001：6.

政管理机构和档案保管机构）为了有效地开展档案利用服务工作、规范档案用户利用档案过程中的行为而制定的行为准则。它是一系列有关档案利用的法律、法规、规章、规范、办法、方法、条例等的总称。

另一种观点是将档案利用政策表述为：国家行政机关和档案工作机构为了有效地开展档案利用工作，规范档案管理部门和档案利用者行为的各种法律、行政法规和规章制度的总称。

（二）本书"档案利用政策"概念及其要素

根据上文我们总结的完整政策的基本组成要素分析，上述两种观点对档案利用政策的概括体现了一定的逻辑性、系统性和科学性，但缺点在于概括片面，阐述不够充分，只体现了政策主体、政策客体和政策范围三个方面的要素。故我们在承继其合理方面的同时，将档案利用政策完善概述如下：

所谓档案利用政策，指政党、政府和档案机构（包括档案行政管理机构和档案业务部门）在信息公开的大背景下，为了有效开展档案利用服务工作、规范档案用户利用行为，保障公民信息权利义务的均衡，而决定作为或不作为的各种行为准则的总称，它外在表现为有关档案利用的法律、法规、规章、规范、办法、方法和条例等。

这个定义包含并体现上述六大元素：

一是档案利用政策主体，即档案利用政策的制定主体，是指档案利用政策中所规定的应履行档案公开、提供档案利用服务的机构，它包括档案形成机构及保存机构。档案利用实施主体作为档案利用工作的重要组成部分，对档案利用工作开展的深度、广度都有很大的影响。随着知情权、民主主义逐渐深入人心，公众利用档案不仅仅局限于科学研究或是文化休闲方面，更多的是要实现宪法赋予公民的参政议政与监督权。如果档案利用主体范围过窄，相应地也会使得公众所能利用的档案范围缩小，从而导致档案利用工作的局限性。本文归纳的制定主体包括政党、政府和档案机构三个方面。在不同的国家，因不同的国情和政治背景，有关档案利用政策的制定主体在表述上不尽相同，而且在范围覆盖上也呈现差异。

二是档案利用政策客体，即政策所面向的对象，包括"人"和"物"两个方面。该政策一方面要作用于档案用户，赋予其查阅利用档案的权利；另一方面又要作用于档案机构或其他公共部门，迫使其提供可供用户参考查阅的档案。

三是档案利用政策的目标，在上述概念中表述清楚明确，其直接目的是让档案机构及其他公共部门能够有效开展档案（信息）利用服务工作，同时规范档案用户的利用行为，其根本目的是保障公民信息权利义务的均衡，而实现公民的民主政治权利。

四是档案利用政策手段，包括作为和不作为两种形式，关乎什么情况下作为，如何作为，什么情况下不作为。不同国家有不同的规定，同一国家在不同的时期也会有不同的阐述，这些直接涉及政策的具体内容，是政策科学的研究重点，亦是本书的研究主线。

五是档案利用政策范围。我们所述之政策范围较为宽泛，既包括具有国家强制力保证实施的有关档案利用的法律法规，也包括档案机构颁布的不具强制性但具有指导性和制约性的各种规章、章程、办法、规定和条例等。其实质是有关档案利用的规范性文件都可纳入该政策范围。这一宽泛限制是为避免因形式差异而致遗漏研究对象的风险弥补，力求研究对象充实完整，从而保证研究结果客观、科学、真实。

六是档案利用政策本质，即保证社会信息权益的平衡和协调。信息从封闭到开放是社会发展的大趋势，是社会民主进步的体现。公共部门制定档案利用政策实际上就是权衡信息权利在社会不同群体间享有的公平性，同时均衡民主权利和公民人格权保护之间的矛盾。

档案利用政策的结构分析和系统构建不是一个纯理论性的学术研究，而是为了加强政策之间的配套和衔接，减少相关政策"不统一、不一致"的现象，减少政策实施过程中的相互"磨损"。为此，对于当前已经初具规模的档案利用政策体系，无论采取何种规划思路来完善内容，都必须特别关注政策的协调联动，才能真正发挥政策体系构建的意义。

档案利用政策的构建应该兼顾服务者和利用者的需要，以"公共利益"为最高追求，以"开放共享"和"自由公平"为核心价值，控制和规范档案服务者的权利和行为，明确档案机构（特别是国家档案馆）的责任和义务，以方便利用而非方便管理工作为目的，引导档案利用，调节利用冲突，保障档案信息公共获取和自由利用。

总之，本书所指的"档案利用政策"具体表现为档案法律法规和规范性文件、书面形式发布的档案领域重要领导的讲话和发言、档案事业计划或规划、档案利用服务制度和相关策略。

需要指出的是，在界定档案利用政策范围完整性的同时，政策的选择也需要明确两个问题：一方面，档案是信息的有效组成部分，对于信息利用问题的有关规定理所当然能够用来指导档案利用工作；另一方面，档案又是信息中较为特殊的部分，并非所有关于信息利用的规定都能够直接套用在档案利用工作之中，应结合档案和档案利用工作本身的特点，以鉴定甄别的眼光来客观分析相关信息利用的条款，真正做到择其能者而用之。对于上述两个问题的正确认识和准确理解是本书写作的重要基础。

第三章

现状调查分析：
社会转型期我国档案利用及开发的整体状况

第一节　社会转型期我国档案利用现状的理论分析

如第一章所述，社会转型对档案利用造成了深刻的影响。档案利用是档案工作的根本目的，是连接档案工作与社会公众的"桥梁"。假如没有档案利用，档案的保存和管理就失去了意义，同时，对档案利用活动的规范和指导又是档案利用政策制定和实施的意义所在。因此，研究社会转型期的档案利用政策和开发策略，必须全面了解这一时期档案利用的现状特点。我们运用理论分析和实践调研两种手段，对我国社会转型期档案利用的现实状况进行综合研究。

一、社会转型期我国档案利用的现状特点

进入社会转型期，我国档案利用工作发生了很大变化，在利用目的、用户群体、利用需求、利用形式等方面均呈现出一些新特点。这些特点主要表现为以下四个方面。

（一）利用目的多元

社会转型期我国政治、经济、法律、文化建设的发展变化，使得各行各业对档案作用和价值的认识不断提高，档案利用越发受到重视。档案利用目的呈现出多元化的特点，从过去的行政管理和编史修志，逐步扩展为学术研究、经济建设、工作查考、宣传教育、维护个人权益等多方面。

我们通过调研了解到北京市档案馆 2004 年至 2009 年利用目的的统计表，这充分体现了当前我国档案利用目的多元的特点。

表 3 - 1 北京市档案馆 2004 年至 2009 年利用目的统计表

时间	批次	人次	卷数	编史修志		学术研究		经济建设		工作查考		个人取证		宣传教育	
				人数	卷数	人数	卷数	人数	卷数	人数	卷数	人数	卷数	人数	卷数
2004 年	2455	4128	24952	295	3040	1071	14609	39	217	979	3926	1502	2758	242	402
2005 年	2812	4066	26419	195	1534	1401	17614	67	150	694	3718	1591	3253	118	150
2006 年	3198	4316	20622	400	2946	1587	10957	4	0	949	4825	1276	1414	100	480
2007 年	3190	4119	18863	260	2097	1630	10935	2	0	823	3442	1285	1831	119	558
2008 年	3258	4156	20327	277	2820	1494	10643	0	0	1133	5036	1214	1684	38	144
2009 年	3872	5208	28266	380	3204	1898	11084	0	0	1533	11466	1344	2356	53	156

由上表可以看出，近些年档案利用的目的呈现出多元化发展趋势。以编史修志、学术研究为目的的档案利用人数和卷数不断增加，以经济建设为目的的档案利用也开始出现，以工作查考、个人取证、宣传教育等方面为目的的档案利用呈稳中有升的态势，相比过去，档案利用目的明显具有多元化特点。

（二）用户群体广泛

进入社会转型期，档案用户的群体呈现出日益广泛的趋势。过去，到档案馆利用档案的用户以机关工作人员和史学研究者为主。现在，用户的范围已不断扩大，不仅包括机关团体的工作人员，企事业单位的管理者，还有科研人员、文艺工作者、教育工作者，甚至普通公民和在校学生也加入了档案利用者的行列。据报道，2000 年 6 月，中央档案馆接到一名 11 岁小学生的查档函，称胡锦涛总书记到其学校视察时，曾在自己的卡通画上签名，但这张画当时被在场的工作人员收走了。小学生认为可能收进档案馆了，因此来函索要一张复印件，以留作纪念。档案馆工作人员打电话与其联系，才知这位小学生查档，家长并不知情，完全是孩子的个人行为。这则报道从一个侧面反映出，社会档案意识已经有了很大提高，就连小学生也知道查找有国家领导人签名的重要文稿需要到档案馆来。

目前我国很多档案馆还提出各种口号，采取有效的服务措施满足广泛用户群体的利用需求。比如一些档案馆提出五个坚持的服务思想——坚持以"百姓为本"，搞好已公开现行文件的利用；坚持以"农民为本"，直接为农民群众服务；坚持"以公众为本"，构筑公众精神家园；坚持以"研究人员为本"，提供档案原文服务；坚持以"市民为本"，为构建和谐社会服务。这些口号实际上是基于用户群体日益广泛的特点而提出的。

（三）利用需求复杂

由于用户群体非常广泛，而且利用目的各有不同，因此档案的利用需求变得日益复杂。

一是用户查档的内容和范围涉及面广、时间跨度大。不同身份的利用者由于利用目的多样，使得用户查档的内容和范围非常广泛。有的用户要求提供系统的档案内容，有的用户可能不要求查找哪一件档案，而是要搞清一句话、一件事在档案中记载的来龙去脉，这就要求档案人员对档案内容相当熟悉。

二是用户查档的时间要求紧迫。随着生活节奏的加快，利用者要求查阅档案更加快捷、简便，特别是工作查考的用户，利用需求更加急迫。

三是用户的需求因人而异。经常光顾档案馆的利用者，查档经验比较丰富，他们查阅档案的针对性较强，对档案的查准率、查全率要求比较高。而初次查档的利用者，因不了解馆藏档案情况，提不出具体的查档线索，还需要接待人员详细了解其利用目的，认真分析利用者的要求，有针对性地介绍馆藏情况，帮助其确定查档范围。

（四）利用形式丰富、方式多样

传统的档案利用形式以档案阅览为主，目前我国档案馆都在积极扩展档案利用的形式，取得了喜人的成绩，以中国第二历史档案馆为例，该馆为适应用户需求多样化提供了丰富多样的利用服务：

咨询服务。目录中心根据利用者的利用目的，代其查找民国档案目录，免除利用者奔波的辛苦，为其节省时间和人力，满足利用者的需要。

编辑出版联合目录。在研究当前社会各界对民国档案利用趋势和需求的前提下对库内目录信息进行加工、编辑、出版并公开发行，利用者可以通过报道、介绍、检索性的出版物查寻到所需的民国档案信息。

制作交互式多媒体光盘。通过运行数字民国档案目录信息资源总库检索子系统，按地区、专题组织目录，再由光盘制作子系统制作出多媒体光盘，以便于馆际信息交流和利用者自备查询。

网上自助查询。利用者可以在网上点击目录中心的网页并有条件地进入民国档案目录信息库，利用目录中心提供的多种查询工具、搜索引擎进行任意检索，在线阅读。

信息交流。各档案馆通过从目录中心得到的二次、三次文献信息的交流，以复印件、缩微品、数字扫描画幅等形式，实现对档案一次文献信息的交换，藉此丰富馆藏，实现馆际交流和资源共享。

宣传报道。目录中心根据不同的利用需求和趋势，在档案和历史刊物上介绍民国档案目录信息。

另外，现代通讯技术和网络技术的发展运用，扩大了人类活动的范围，也为档案利用开辟了广阔的空间，提供了多样化的服务方式。我们重点调研的北京市档案馆，用户除亲自去档案馆查阅档案外，还可以利用电话、传真、函件、网络等多种手段，实现档案的便捷利用。馆内的阅档大厅设有电脑、电视、CD 机等设备，既可为利用者提供传统的档案阅览服务，又可满足利用者通过数字化手段获取档案信息的需求。对于远程利用者，北京市档案馆推出了现行文件全文阅览和网上展览服务，网站月点击访问量达 36000 余人次。北京市档案馆只是全国各级各类档案馆的一个代表，利用形式丰富、方式多样已成为我国档案利用的普遍特点。

二、社会转型期我国档案利用的现存不足

档案汇集了浩瀚的知识和丰富的信息，是信息资源的重要组成部分，是取之不尽，用之不竭的信息源，而且目前档案不断开放，档案利用工作也逐渐深入，按照常规思路，档案部门和档案人员应该是大有作为的。然而，事实并非想象中那样美好，许多档案馆"门前冷落车马稀"，利用情况并不令人乐观。我们综合文献分析和重点调研，将档案利用的现存不足归结为五点。

（一）利用率低

我们以美国国家档案馆、北京市档案馆为例，比较一下中美之间的档案利用情况。

美国国家档案馆保管着联邦政府产生的具有永久保存价值的档案，它们仅为形成文件数量的 2% ~3%。现有馆藏 30 亿页纸质档案、200 万页美国政府出版物、200 万份图表档案、500 万张照片档案、900 万张航空照片档案、1.2 亿英尺电影胶片档案、15 万盒音像档案和 3000 多盒机读磁带档案。在美国，档案文件一般自形成之日起满 30 年即可对外开放，所以各档案馆可供开放的档案往往在 90% 以上。[①]

据统计，每年美国国家档案馆接待利用者 21.4950 万人次，接待函查和电话查询者 51.7301 万人次，共向读者提供档案资料 37.9131 万件。总统图书档

---

① 何言. 美国国家档案馆的档案利用情况 [J]. 档案天地，1998 (5)：22.

案馆每年接待利用者 1.1777 万人次，接待函查、电话查询者 51.1127 万人次，共向读者提供档案资料 27.2656 万件。全国各地的档案馆、文件中心的利用者也不少。一般的企业档案馆年利用率也在 1 万人次左右。①

由此可见，美国国家档案馆的利用率与本身的馆藏量、开放档案数量相比，是很高的。档案充分实现了自身的利用价值。

北京市档案馆是以集中保管北京地方政权组织机构档案为主的国家综合性档案馆。包括明清至建国后各时期档案，涉及政治、军事、经济、文化教育、体育卫生、宗教等各领域。除纸质档案外，还有部分音像、数字、照片档案等。截至 2009 年底，馆藏案卷 196 多万册，馆藏资料 4 万多册，共计 200 多万卷册，排架长度 10000 多米。

北京市档案馆的馆藏也是非常丰富的，但与美国国家档案馆的利用率相比，北京市档案馆的利用率显然较低，从 2004 年到 2008 年，北京市档案馆每年的利用人次均在 4000 人次左右，利用案卷数量在 2 万件左右。管中窥豹，可见一斑。虽然近两年，北京市档案馆的利用率稳中有升，但是与馆藏量相比，档案利用的人次和数量还是比较低的。据统计，全国其他省市档案馆利用率与北京市档案馆相仿。从总体来看，我国综合档案馆的馆藏档案利用率很低，数量庞大的档案资源并未被充分利用，藏而不用造成了人力、物力和财力的极大浪费。

（二）利用面窄

档案利用面窄，主要表现在两个方面：

一是档案利用范围局限于本部门本系统。当然，在一般的情况下，部门自身形成的档案，本系统利用较广。若不跨出部门的圈子，而只满足于形成者的利用需求，档案的利用不走向社会，从某种意义上说，档案价值的实现存在很大的范围局限。

二是利用的档案门类局限于政务档案。长期以来，我国档案开放的范围控制过严，门槛过高，不能满足社会的利用需求，以至于在公众心目中留下了"神秘"的印象。近年来，经过政府和档案部门的努力，情况有所改观，但是公开的信息内容较为有限，多数档案馆可供开放的档案少，内容结构单一，而且通常是一些比较原则、抽象、无关痛痒的基本信息，面对一些与公众切身利益相关的重要问题或亟待解决的现实问题的相关信息却常常以种种理由不予公

---

① 张衎，刘萍. 中外档案利用之比较研究 [J]. 中国科技信息. 2005（19）：118.

开，以致利用者乘兴而来、败兴而归的事时有发生。

（三）档案开放滞后

我国《档案法》、《档案法实施办法》、《各级国家档案馆开放档案办法》等法律法规对档案馆开放档案都做了明确规定。依据《中华人民共和国档案法实施办法》，各级国家档案馆保管的档案应当按照《档案法》的有关规定，分期分批地向社会开放，并同时公布开放档案的目录：中华人民共和国成立以前的档案向社会开放；中华人民共和国成立以来形成的档案，自形成之日起满30年向社会开放；经济、科学、技术、文化等类档案，可以随时向社会开放。但在档案馆具体实施时却存在开放力度不够及利用手续繁琐的问题。目前各级档案馆中档案开放的比例，尚远不能满足社会发展和公众查阅的需求。一些形成时间早已满30年，依法应当向公众开放的档案，却由于种种原因长期无缘与民众见面。许多具有重大社会研究价值和历史价值的档案被尘封在档案库房之中，与公众无缘，这也成为制约公众深层次利用档案的瓶颈。

我们以北京市区县级档案馆为例，对近年来其馆藏档案及开放档案情况进行调查，将结果统计如下：

表 3 - 2　2003 ~ 2006 年北京市各级档案馆总体馆藏开放情况表

类别 年度	馆藏总量（卷件）	开放档案情况			
		市级开放（卷件）	占馆藏（%）	区县级开放（卷件）	占馆藏（%）
2003 年	330628	789238	51.4%	180269	10%
2004 年	3485052	789238	51%	189061	9.8%
2005 年	3702291	789238	48.9%	193266	9.3%
2006 年	3904633	789238	47.3%	198343	8.9%

表 3 - 3　2006 年北京市各级综合档案馆馆藏档案开放情况表

类别 年度	机构数	馆藏总量（卷件）	开放档案情况			
			开放总量（卷件）	占馆藏（%）	建国前（卷件）	占开放数
市档案馆	1	1668387	789238	47.3%	631714	80.0%
区档案馆	16	2114417	180689	8.5%	10995	6.1%
县档案馆	2	121829	17654	14.5%	163	0.9%
总计	19	3904633	987581	25.3%	642872	65.1%

表中数据反映出以下一些情况：第一，随着馆藏档案数量逐年攀升，开放档案所占比例在下降，说明档案开放进程缓慢，许多到期应开放的档案都未能开放；第二，从开放档案的形成时间看，市档案馆馆藏建国前的档案较区县档案馆而言占绝对多数，因此相对于区县档案馆而言，市档案馆47.3%的开放档案比例为最高。由于历史原因，各区县档案馆保存的建国前档案相对较少，其开放档案主要为建国后形成，开放率仅有10%左右。

有数据显示，截至2002年底，全国各省、自治区、直辖市各级综合性档案馆已开放各类档案3252万卷（件），较2001年增加了约6%，但是与馆藏档案总量相比，只占了其中约24%，换言之，还有76%的档案仍尘封于档案库房。而欧美多数国家开放率已达到或超过60%，而号称世界上"最开放"的美国档案馆，更有90%以上的档案对公众全方位开放，俄罗斯的开放率大约是在80%到90%之间，日本已经分13批对1976年以前的档案采取了开放措施。所以，从与国外档案馆开放程度比较来看，我国的档案开放水平仍然是初级和低水平的。主要不足有以下三点：

一是档案开放的力度及范围不够。在新中国成立后相当长的一段时期，档案文件被看作属于国家保密范围，对档案的保管、销毁和阅读必须建立严密的管理制度、检查制度。当时各级档案馆馆藏主要来源是机关，其主要服务对象也是机关，工作中主要强调其机要性并且不对社会开放。但是随着社会发展，受这一因素影响，档案开放鉴定工作滞后，致使档案开放的速度远远赶不上公众的需求。虽然档案法规定对于经济、科学、文化、教育等很多档案内容可以提前开放，但是对于这部分可以提前开放的档案内容，以及许多到期档案而言，档案馆还没有真正地开展起鉴定工作，使应开而未开的档案无法以开放的姿态面对社会，限制了档案的利用。

二是利用不公开档案的手续繁琐。我国规定，对于保存在各级各类档案馆的未到法定开放期限的档案，利用者如果要求利用，应符合以下条件：利用主体必须是我国的国家机关、团体、企业事业单位和其他组织以及公民个人，确实是出于经济建设、国防建设、教学科研和其它各项工作的需要，必须按照利用未开放档案规定的办法，经保存该档案的档案馆同意，必要时还须经有关的档案行政管理部门审查同意。档案馆对利用未到开放期限的档案应严格利用程序。利用未开放档案的具体规定只能由国家档案局会同其他主管机关（如保密部门或档案的原形成单位等）制订，其他任何部门无权制订有关利用未开放档案的规定。机关、团体、企业事业单位和其他组织内的档案机构所保存的尚未移交档案馆的档案，本单位因工作需要可以利用，本单位以外的中国公民和组织如需要利用，必须经过档案保存单位的批准。如此繁琐的手续往往令普通民众望而生畏，从而也就对档案馆敬而远之了。冰岛雷克雅未克市档案馆馆长斯万赫德·勃加朵迪认为，档案"如果不被看见，就等于不存在"。档案馆再不能"闭门造车"了，这样只能导致档案馆不接触社会，社会也不了解档案馆，从而束缚了档案馆自身的发展，也拉大了与公众的距离。

三是已公开现行文件的提供利用，仍有待完善。作为档案开放职能的延伸，近年来在全国省、市级档案馆开展的已公开现行文件的提供利用如火如荼。截至 2006 年底，全国已有将近 80%的综合性档案馆开展了这项工作，已累计接待利用者 100 余万人次，提供文件 110 万次。已公开现行文件利用工作的开展在党和人民群众之间架起了沟通的桥梁，受到群众普遍欢迎，成为档案馆利用工作的新亮点。

但经过几年来的实践，现行文件的开放也存在着一些不可避免的难题和缺陷。如：地区发展不平衡，有的省市档案馆开展文件查阅工作的比例已达100%，而有的地区却尚未开展；在档案馆开展此项服务的职能，因其法律依据尚不具备，文件的收集数量和范围有待增加和扩大；此外，还有宣传力度不够，百姓知晓率低等问题。在提供利用过程中，经常有利用者提出疑问，认为所有公开的文件在档案馆都应当能查到，实际上从目前状况看，许多单位或不交、或不按时交，给利用工作带来诸多困难，影响了档案馆在公众心目中的形象。

（四）利用服务质量和效果不佳

档案馆是提供档案利用的主要场所，其服务质量和水平的高低直接影响着档案利用工作的水平。文献研究显示，我国档案利用服务水平较低，主要体现为以下几点：

第一，利用服务方式较为单一。当前大多数档案机构已经在不断拓展服务方式，但相比国外发达国家，我国档案机构总体上服务方式依旧过于单一，缺乏灵活性，以被动的上门利用为主，档案展览、在线档案利用服务开展不足，在为档案用户提供服务全面高质量的服务方面有所欠缺。

第二，利用服务手段技术含量较低。档案利用采取何种服务手段，对于档案利用的查准率、查全率，以及利用的效率有着重要的影响。近年来随着信息时代的到来，社会信息化程度的不断提高，档案部门也在尝试着对信息技术的引进和运用，虽然档案部门在档案信息化方面取得了巨大的进展，但总的来说信息化程度还很低，并未将现代信息技术充分运用到档案工作中。例如，当前档案信息数字化已经取得很大进展，但仍存在许多不足之处：网上档案目录数据库建设不足，检索服务质量难以保证，且网上档案原文查阅局限较大。档案网站建设在取得较大成绩的同时，也存在一些问题：网站内容有待完善，网站更新速度慢，内容过时，网站布局不合理。

第三，利用服务意识较为薄弱。随着人们对档案价值认识的加深，档案社会意识已逐渐增强，但是在实际档案管理工作中，许多档案工作人员仍然是重管理、轻服务，把工作要求停留在不丢失、不损坏、不泄密上，仍将自己定位成被动的保管员，缺乏主动开发利用服务的意识，档案工作人员服务意识的缺乏势必极大影响了档案利用工作开展的积极性和主动性，是档案利用服务质量不高的思想根源。

第四，利用服务环境有待优化。档案机构为档案利用者提供良好的利用服务环境是档案机构的职责所在，也是档案利用工作发展所需的重要条件。可是档案机构理想的服务环境尚未形成：服务手续繁琐，服务态度消极，服务氛围严肃沉闷，档案馆"门难进、事难办"，利用者常常遭遇冷面孔，试想在这样的服务环境下，利用者的利用热情如何高涨？

第五，宣传服务不够到位。宣传服务是档案利用服务工作的一个重要方面，通过各种传媒宣传有关档案和档案工作的政策、法规、知识、动态、观念等信息，可以让更多人了解档案、利用档案，进而提高档案利用工作的水平。但在实践中，档案宣传也存在较多问题：宣传形式单一，宣传缺乏持续性和连贯性，宣传缺乏针对性和有效性，导致宣传工作未能达到预期效果，社会各界对档案和档案工作仍然不甚了解、存在偏见，不了解馆藏资源，看不到档案利用工作中的新进展、新成绩，严重影响了档案利用工作的发展。

（五）馆藏建设不力

拥有吸引民众的馆藏，是档案馆利用服务走亲民路线的基础。然而，目前我国综合性档案馆的馆藏资源仍以党政机关形成的档案为主。档案数量大，而与百姓物质、精神生活直接相关的档案内容却甚少，不能满足公众多方面的社会需求。面临这种局面，甚至有学者认为：国家综合档案馆"综合"二字名存实亡，几乎被"文书档案"或"党政档案"替而代之。虽然各级档案馆面向社会提供利用档案，但受馆藏建设的局限，且档案馆往往设在政府大楼内，因此并不能吸引广大公众欣然前往。馆藏建设不力的主要表现是尽管档案馆藏总量大，但馆藏内容成分单一，这在很大程度上制约了档案利用服务的开展。

由于历史原因，我国各级综合性档案馆在建馆初期均遇到了馆藏资源不足的问题。因此，增加馆藏成为档案馆多年以来的奋斗目标。在这一目标的指引下，各档案馆馆藏量确实稳步上升，但伴随着社会发展，部门之间来往文书的频繁，进馆档案数量的快速增长，带来了许多新问题：如：一味追求进馆档案数量，忽视了进馆档案的质量，导致重复归档，或无保存价值的档案归档等。目前，很多省、市级档案馆都普遍面临着归档文件增多，而库房空间紧张的尴尬局面，致使许多反映民生问题、百姓希望利用的"低龄"档案延迟进馆甚至无法进馆。我们以北京市各级综合性档案馆 2006 年馆藏情况为例，说明目前综合性档案馆馆藏数量情况（见表 3 - 4）：

表 3 - 4   2006 年北京市各级综合档案馆馆藏情况汇总表

类别\机构	机构数	纸质档案		非纸质档案					资料（册）
		卷	件	音像（盘）	照片（张）	底图（张）	光盘（张）	缩微片（米）	
市档案馆	1	1651065	17322	3480	55086	12733	4157	27060000	37584
区档案馆	16	2005032	109385	4232	190688	16560	1183	56	186101
县档案馆	2	117631	4198	317	22381	0	41	323	31044
总计	19	3773728	130905	8029	268155	29293	5381	27060379	254729

截至 2006 年，全市 19 家综合性档案馆馆藏纸质档案共 3773728 卷 130905 件，资料 254729 册，此外，还有如音像、照片、光盘、缩微胶片等非纸质档案，仅纸质档案的馆藏总量一项，与 2000 年馆藏 2778650 卷相比，增加了近 100 万卷。可见馆藏档案总量非常可观，且档案进馆比例很大。在国外，许多档案馆对进馆档案的比例控制得非常严格，一般在 10% 左右，以此减轻档案馆藏总量增加带来的管理负担和保管空间的压力。而长期以来，我国档案的进馆率一直偏高，达到归档文件的 50% 以上，对库房空间和人员档案管理构成很大压力。

在进馆档案总量不断增长的同时，馆藏档案信息内容的含金量却并没有随之同步增长，相反，各级综合性档案馆都不同程度地存在着馆藏结构不合理、档案内容贫乏或趋同等问题。

从全国范围看，以党政机关形成的档案为主要收集对象的指导思想是在建国初期特定的历史背景下逐渐形成的。鉴于当时国内阶级矛盾突出，政治运动频繁，在这种社会背景下，档案工作难免带有浓重的政治色彩。1956 年 4 月 16 日，国务院颁布《关于加强国家档案工作的决定》指出："档案工作的基本原则是集中统一地管理机关档案，维护档案的完整与安全，便于国家各项工作的利用。"1959 年 1 月 7 日中共中央发出的《关于统一管理党、政档案工作的通知》指出："在档案工作统一管理之后，各级档案管理机构既是党的机构，又是政府机构"。迫于当时大多数档案馆的库房容量小，馆藏能力有限，因而只能优先接收党政机关及部分国有企事业单位形成的档案，而无力顾及基层单位及具有地方特色的二级、三级单位形成的档案。这种指导思想长期以来对档案馆收集工作起着主导作用，也直接影响着各级档案馆的馆藏结构。事实上大多数公民很难在档案馆中查询到与百姓生活息息相关的档案。单一的党政信息，缺乏时效性的纸质文件，使档案馆馆藏失去了对公众应有的吸引力。

从收集范围看：收集保存本行政区域一级的党政机构档案较多，而那些非官方形成的档案却很少。

从馆藏档案的内容看：记载党政机关、社会团体职能活动的公务性档案居多，贴近百姓生活以及具有地方特色的私人档案甚少。

从进馆档案的门类来看：以文书档案居多，反映科技、文化、教育等内容的档案则很少。

从馆藏档案的载体来看：多数为纸质档案，而照片、录音、录像、磁盘、光盘等其他载体形式的档案则甚少。

依目前我国综合档案馆馆藏结构状况，绝大多数公民都难以从档案馆直接查询到反映个人经历的档案。一个普通公民要查询与个人相关的档案，往往需要奔波于不同的管理部门和机构之间，查出生证明在医院档案室，查学籍档案在学校档案室，查房产档案要去房管部门……显然，这种状况影响了广大民众利用档案的热情，必然直接影响档案利用率的提高。

以上问题的出现，使综合档案馆"门前冷落车马稀"成为普遍的现象，甚至有媒体以题为《百余档案馆个个冷冷清清》的文章，把矛头直接指向档案馆利用率低下的问题。因此，优化馆藏结构，丰富档案内容，做好档案开放和服务工作，从根本上解决档案馆利用率不高的问题，是社会转型期我国综合档案馆生存与发展所要解决的重要问题。

第二节　社会转型期我国档案利用及开发现状的实践调查

一、调查研究思路

我们对社会转型期我国档案利用及开发现状进行了实践调查，对调研方案进行规划，选择合适的调研方法，精心设计了调研问卷的内容，对抽取选样的调研对象实施了实践调查。

（一）调研的指导理念

调研最初是以"社会转型期档案信息资源开发策略研究"为子课题进行的。档案信息资源开发的最终目的是形成以用户为中心的各种信息产品，在信息资源与用户之间搭起一座桥梁，从而实现档案信息资源管理的高效益。因此，对开发策略的研究就意味着将优化信息产品、提高服务效益的观念、方法和措施，以有理有据的形式挖掘体现出来，为转型时期的档案信息资源开发利用工作提供有效指导。

档案信息资源开发策略是一个实践性很强的研究课题，为保证研究成果具有更好的科学性和实际操作性，在参照和研究了国内外关于档案信息开发策略的一些可供借鉴的理论与经验基础上，仍需要结合我国档案工作中开发利用实际情况做出针对性分析，特别需要在了解现状的基础上分析实际工作中存在的问题以及需要推广的创新点，唯此，才能保证项目出台后能有扎实的实践基础和应用可行性，从而能顺利达到项目的预定目标。

（二）调研相关概念的界定

★ 档案信息资源开发：是指档案专业人员通过对档案信息的收集、组织、加工、传递使档案信息增值的活动以及一切为了这一活动得以有效进行而开展的档案信息系统建设、档案信息环境维护等活动的总称。

★ 档案信息资源开发策略：是指为用户提供能满足用户不断发展需求的档案信息产品的观念和措施。

★ 访谈调查法：收集口头资料；记录访谈观察。

★ 问卷调查法：设计出问卷后分发给各部门。

★ 抽样调查法：随机抽样、等距抽样、分层抽样、整体抽样。

★ 网络调查法：利用网上问卷及 EMAIL 形式进行调查。

（三）调研对象、范围的设定及采用的调研方法

★ 调研对象：本课题的项目用户直接表现为中央及地方各级、各类档案馆（室）及相关文件中心。鉴于若干客观条件的限制，我们采用每层次抽选若干单位作为调研对象，有利于对各层次的不同需求作出全面了解和分析。并且，原则上不再通过直接的方式对公众需求进行调查。

★ 调研范围：全国部分档案馆、室（兼顾纵向、横向），鉴于本课题的研究侧重于开发利用策略的研究，我们的调研层次主要定位在各省市综合性档案

馆，兼顾其他形式的档案管理机构。

★ 调研方法：根据项目研究需要与实际情况，实际调研中主要采用了访谈调查法中的结构性访谈、问卷调查方法和网络谍研法。其中，以问卷调查法为主。

（四）调查访问内容设计思路

档案信息资源开发策略课题研究的主旨是为档案资源拥有者提供可供参考的资源开发的有效观念和措施，而这种意义主要通过两个方面来实现，一是对转型时期社会公众的档案信息利用需求分析，包括档案信息内容的需求和获取方式的需求分析；二是对当前档案资源开发利用平台功能需求的状态分析，包括理念、服务、管理、评价等方面的功能需求分析。前者体现最终目标，后者是前者的基础和保证。基于项目需求的定位，公众需求分析将融合在管理需求过程中体现。据此，将以上两方面的需求归纳笼统的调研指标如下：理念、服务（内容、方式）、管理（资金、人员、组织、技术、环境）、评价（机制、效果、反馈）等四个方面，并根据不同调查对象将指标分解为不同的节点，并且有所侧重。例如不同类型、层次的档案管理机构在调研内容设计时有所增删和侧重；转型时期档案开发利用的特点突出在两个方面：市场和技术，因此，注重用户需求对档案信息内容的更加丰富和服务方式的逐渐个性化趋势进行指标设计。

二、调研过程及初步结果

针对此次调研数据我们共分为项目调查对象概况统计、档案机构基本情况统计、档案机构开发利用情况统计、档案信息化情况统计四个大类以及类下13个小节点来做分析，其中每部分都按规模和性质作为一级类目。之所以大框架按规模、性质分别统计，考虑到第二阶段分析时会用到的环境因素，如经济、文化、历史等因素；由于调研取样基本上没考虑行业的选择，统计分析时只选择规模和性质做大类区分；以下数据统计是基础分析，是第一阶段分析的重心。数据分析进入第二阶段可根据需要再重新整合；并将某些分析结果做成图表形式，清晰明了。

（一）调查对象概况统计

调研主要采取问卷调查和实地访谈相结合的方式。其中问卷调查共进行了两轮，问卷通过邮寄和网络下载的方式提供给受访单位。通过网络等公开渠道收集县级以上档案馆的联系方式，其中收集到有 EMAIL 地址的档案馆 288 家，有通信地址的 434 家（二者存在重叠情况）。由于通过 EMAIL 方式提供问卷的方式回收率极低（回收数量不足 10 份），因此调研组决定主要采取邮寄的方式进行调查。邮寄问卷在发出一个月后只回收了 16 份，回收率不到 5%，鉴于此进行了第二轮问卷邮寄。两轮问卷调查共回收 100 份，回收率 23%。

（二）档案机构基本情况统计

单位规模

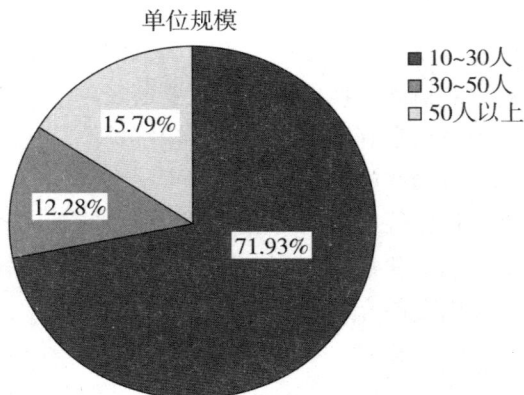

- 10~30人
- 30~50人
- 50人以上

15.79%

12.28%

71.93%

图 3-1　大中小型档案馆所占比例

所在单位性质

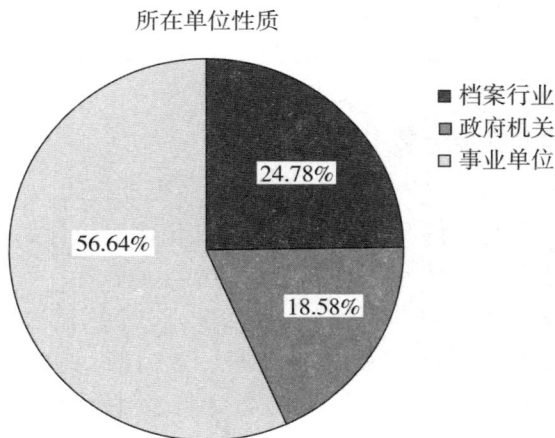

- 档案行业
- 政府机关
- 事业单位

24.78%

18.58%

56.64%

图 3-2　调查单位对象性质

由于专业档案馆和单位档案室样本数太少，基本没有分析价值。

（三）档案机构开发利用情况统计

1. 各类型档案馆藏结构状况及其箱线图

馆藏结构情况按规模划分，算出馆藏各类档案的比例关系（以文书档案为基准）。

表 3 – 5　基于调查对象性质的统计

		频数	频率	有效频率	累积频率
有效值	1 档案行业	28	24.1	24.8	24.8
	2 政府机关	21	18.1	18.6	43.4
	3 事业单位	64	55.2	56.6	100.0
	总数	113	97.4	100.0	
系统缺失值		3	2.6		
总数		116	100.0		

表 3 – 6　文书档案结构状况

统计量		10 ~ 30 人	30 ~ 50 人	50 人以上
均值		57301.12	106745.21	597322.20
95% 置信区间下对总体均值的估计	下线	46948.20	79060.83	231524.58
	上线	67654.03	134429.60	963119.82
5% 截尾均值①		52607.02	107800.52	513487.22
中位数		45812.50	98642.00	344000.00
标准差		45918.023	47948.054	660544.982
最小值		12	4495	103674
最大值		244175	190000	2600000
有效样本值（百分比）		78（95.1%）	14（100%）	15（83.3%）

说明：

本节采用箱线图来做数据描述。选择箱线图有利于：

第一，直观明了地识别数据批中的异常值。箱线图为我们提供了识别异常值的一个标准：异常值被定义为小于 Q1② – 1.5IQR③ 或大于 Q3④ + 1.5IQR 的值。箱线图不需要事先假定数据服从特定的分布形式，没有对数据作任何限制性要求，它只是真实直观地表现数据形状的本来面貌。

第二，利用与正态分布作比较，通过箱线图判断数据批的偏态和尾重。对于标准正态分布的大样本，只有 0.7% 的值是异常值，中位数位于上下四分位数的中央，箱线图的方盒关于中位线对称。

第三，利用箱线图比较几批数据的形状。同一数轴上，几批数据的箱线图并

---

①　为了减小极值对均值的影响，去掉上下5%的数值之后得到的样本均值

②　上四分位数

③　四分位距

④　下四分位数

行排列，几批数据的中位数、尾长、异常值、分布区间等形状信息非常明确。

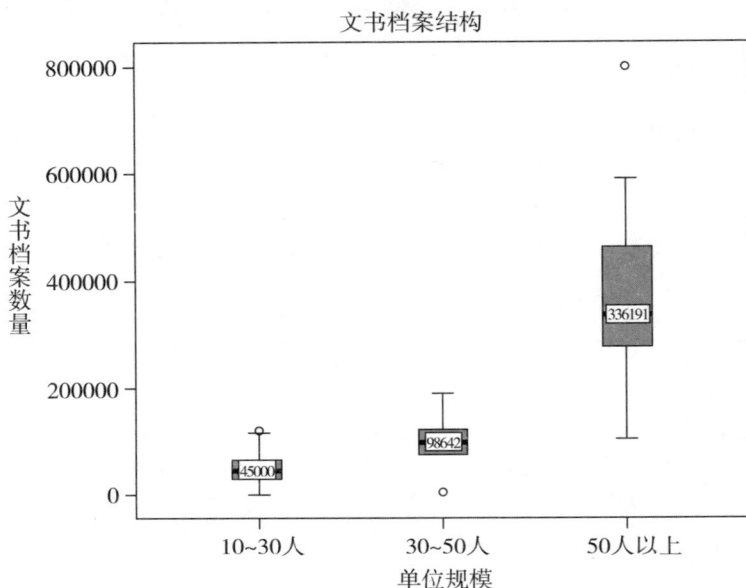

图 3-3　文书档案数量箱线图

　　由样本数据得到的箱线图可以看出，单位规模较大的档案馆馆藏文书档案数量也较大。其中有个别 50 人以上的档案馆文书档案数量异常大。研究小组认为，这与档案馆收集规模和范围有正比关系，同时也说明文书档案目前仍然是档案馆藏结构中的基本部分。

表 3-7　科技档案结构

统计量		10~30 人	30~50 人	50 人以上
均值		709.34	553.88	834.14
95% 置信区间下对总体均值的估计	下线	506.62	229.22	50.55
	上线	912.06	878.53	1617.74
5% 截尾均值		668.44	538.64	815.71
中位数		436.00	531.00	363.00
标准差		690.423	388.331	847.269
最小值		20	160	0
最大值		2165	1222	2000
有效样本值（百分比）		58（70.7%）	12（85.7%）	10（55.6%）

科技档案结构

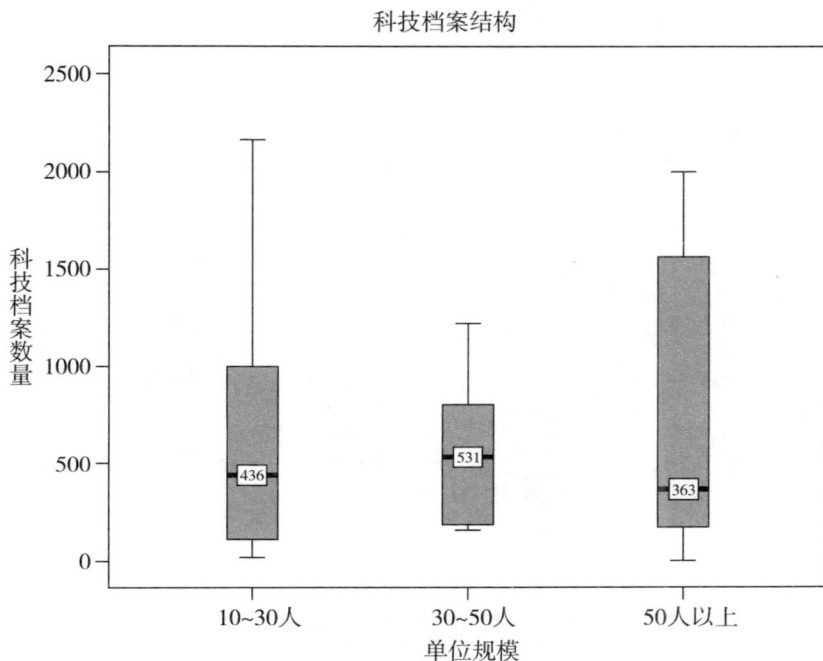

图 3 - 4　科技档案数量箱线图

科技档案数量与单位规模没有明显联系，且科技档案数量分布不集中，数据分布较为分散。呈现出各综合性档案馆在科技档案数量的形成方面带有很大的随意性或或然性，与档案收集来源的业务范围有着密切的关系。

表 3 - 8　照片档案结构状况

统计量		10 ~ 30 人	30 ~ 50 人	50 人以上
均值		3186.93	12625.00	26672.08
95% 置信区间下对总体均值的估计	下线	2469.61	7034.35	11996.16
	上线	3904.25	18215.65	41348.01
5% 截尾均值		2952.88	12265.50	25820.48
中位数		2313.00	11162.00	18144.00
标准差		3052.557	9251.534	23098.247
最小值		50	556	3000
最大值		11350	31165	65673
有效样本值（百分比）		72（87.8%）	13（92.9%）	12（66.7%）

照片档案结构

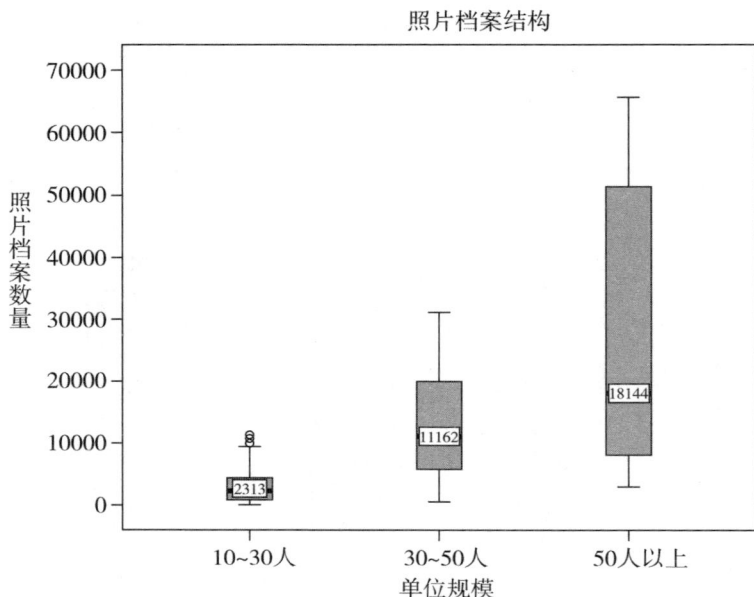

图3-5　照片档案数量箱线图

　　调研数据显示：规模较大的单位拥有的照片档案数量也较大。各别单位规模小的档案馆拥有较多照片档案，其数量与中等规模档案馆数量相当。研究小组认为，照片档案与文书档案不同，它与规模并不完全成正比关系，数量的形成也带有一定的或然性。影响的因素可能有理念的，更重要的是收集来源部门的业务性质所决定，因此，才会出现个别规模较小的档案馆的照片档案数量却可观的情况。

表3-9　声像档案结构状况

统计量		10~30人	30~50人	50人以上
均值		76.84	408.90	2613.80
95%置信区间下对总体均值的估计	下线	54.46	78.32	479.81
	上线	99.21	739.48	4747.79
5%截尾均值		68.42	382.61	2327.28
中位数		59.00	241.00	1878.50
标准差		77.889	462.114	2983.112
最小值		3	32	111
最大值		311	1259	10274
有效样本值（百分比）		49（59.8%）	10（71.4%）	10（55.6%）

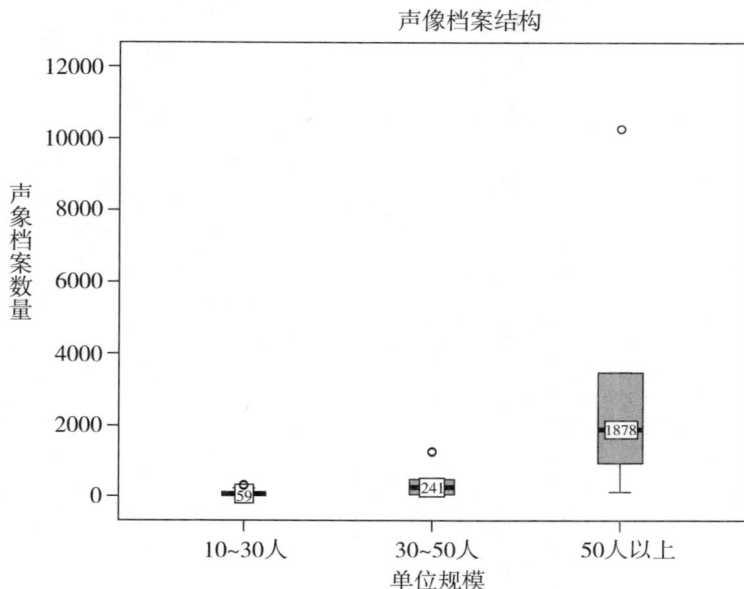

图 3-6　声像档案数量箱线图

调研数据显示：声像档案数量与单位规模成正相关关系。大中小三种规模的档案馆均存在声像档案数量突出个体。但是由于样本中的这部分数据缺失值较多，所以目前箱线图中所反映出来的情况不一定准确。调研小组认为：这部分数据缺失较多，与声像档案特殊的业务形成环境有直接关系，另外，收集声像档案的意识亦可能是一个重要因素。

表 3-10　电子文件结构状况

统计量		10~30人	30~50人	50人以上
均值		45.06	92280.57	3261.83
95%置信区间下对总体均值的估计	下线	31.15	-54206.66	518.35
	上线	58.97	238767.81	6005.31
5%截尾均值		44.51	80308.30	3286.76
中位数		40.00	2670.00	3604.50
标准差		27.050	158390.992	2614.243
最小值		0	62	75
最大值		100	400000	6000
有效样本值（百分比）		17（20.7%）	7（50%）	6（33.3%）

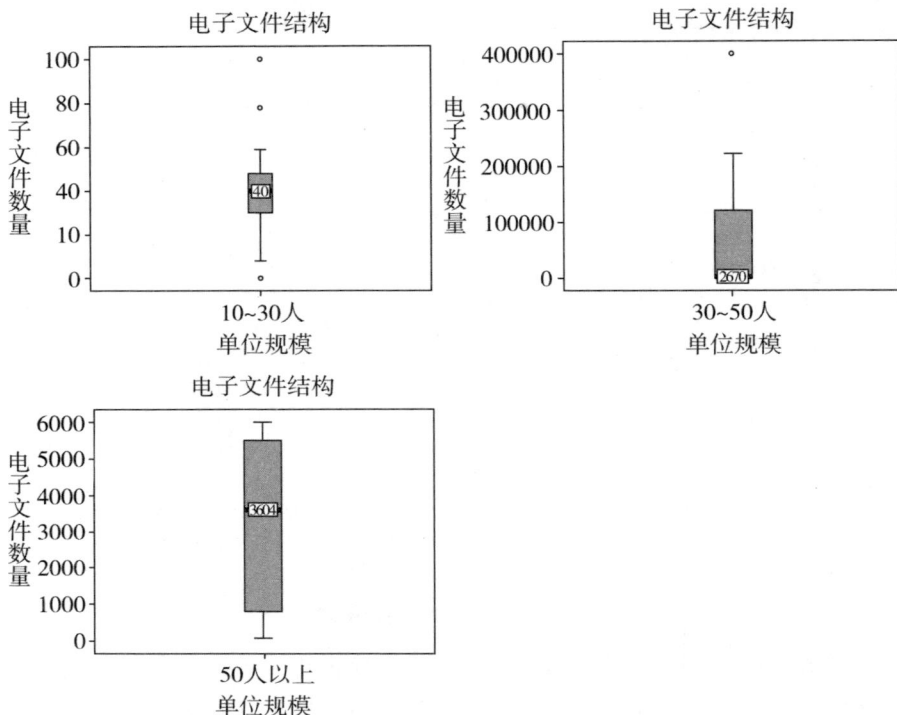

图 3-7　电子文件数量箱线图

从以上图表数据可以看出，总体来说，单位规模较大的档案馆接收到的电子文件数量也较大。这说明在规模较大档案馆在档案管理中已经重视了双套制的收集与管理，包括档案馆。但这部分数据缺失值较多，调研小组认为可能是因为大部分中小档案馆没有接收电子文件，或是电子文件并未划入长期保存的范围之内。

2. 各类型档案基本统计值及其图表

表 3-11　各类型档案基本统计值

	样本数	均值	中位数	标准差	最小值	最大值
文书/科技	60	289.4610	121.53	416.91	10.87	2592.15
文书/照片	91	44.44	16.67	73.36	.02	380.00
文书/声像	64	1373.73	696.51	1783.32	1.20	9662.00
文书/电子	29	1044.73	625.03	1401.32	.30	6173.33

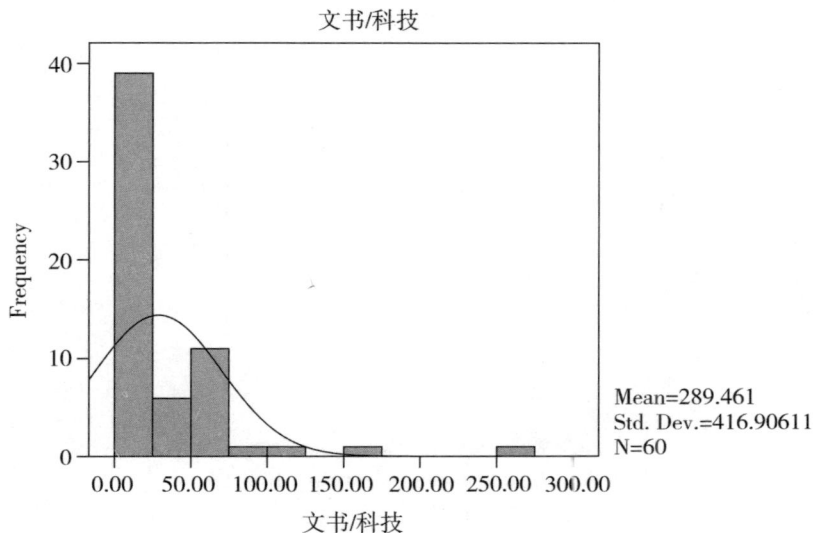

图 3 - 8   科技档案基本统计图

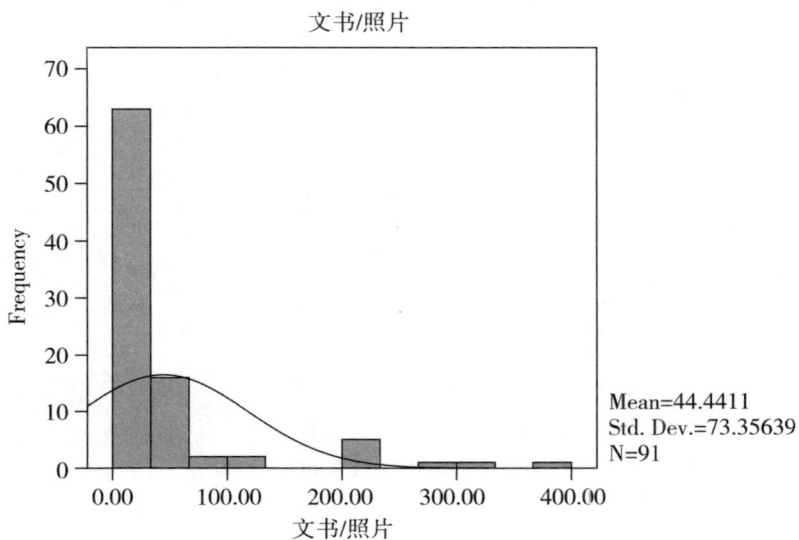

图 3 - 9   照片档案基本统计值

文书/声像

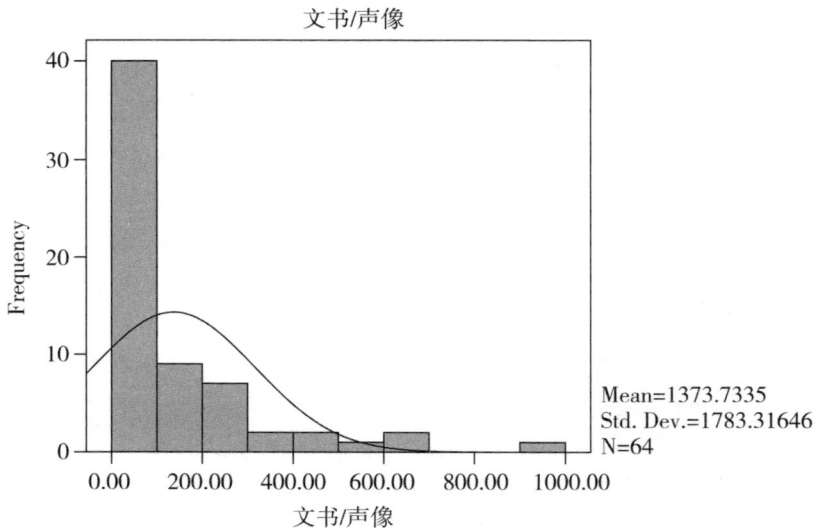

Mean=1373.7335
Std. Dev.=1783.31646
N=64

图 3 – 10　声像档案基本统计值

文书/电子

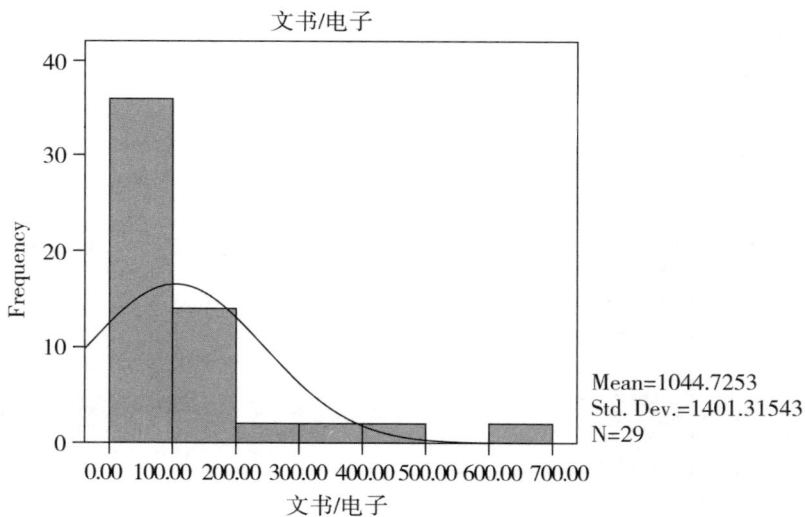

Mean=1044.7253
Std. Dev.=1401.31543
N=29

图 3 – 11　电子文件基本统计值

3. 专门开发利用机构和人员情况

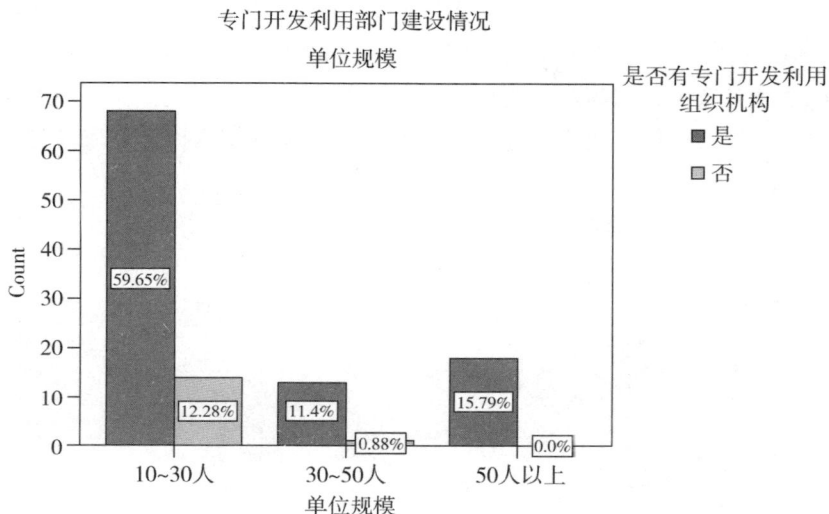

图 3 - 12　单位规模

由图表可以看出，规模在 10 ~ 30 人的档案机构没有设置专门利用开发的人员比例较高，占 12.28%，与此对应的 30 ~ 50 人规模的档案机构只占 0.88%，在 50 人以上的大规模档案机构中则显示均有专门开发利用人员或机构。调研小组认为，档案机构规模与专门利用开发人员的设置成正比关系。

4. 档案利用方式

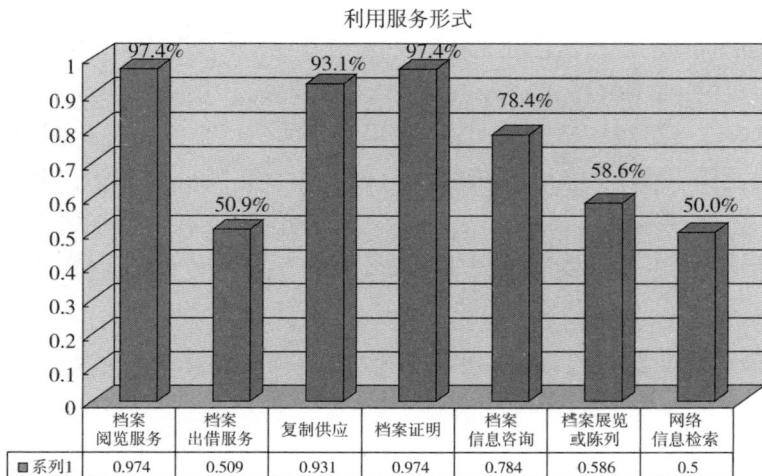

图 3 - 13　档案利用形式

调研数据显示：在众多利用服务方式中，位居前三位的分别是档案阅览服务、档案证明和复制供应，这些传统服务方式依然是当前档案利用服务的主要形式。但也能看出，咨询服务与档案展览服务的比例也占有很大比例。网络信息检索服务最低，说明当前档案网络提供服务的能力还比较差，可能同时也说明档案信息管理现代化的程度还偏低，大部分档案管理机构还处于计算机辅助检索的阶段。

5. 主要内容产品的类型

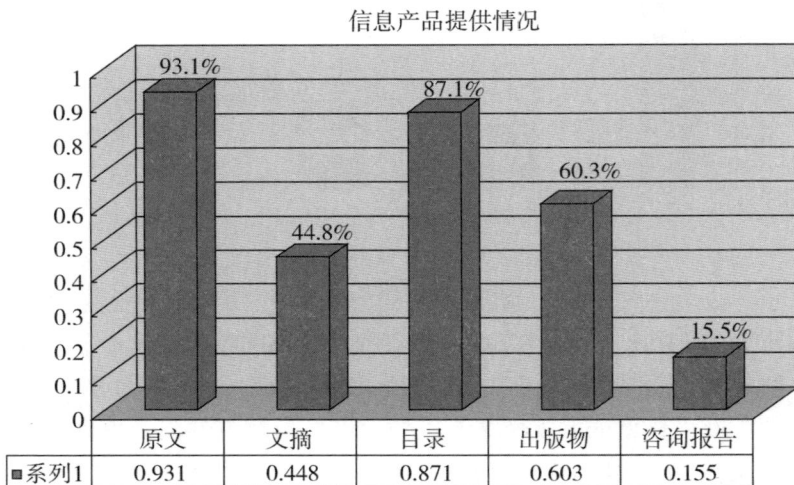

图 3-14　主要产品类型

提供信息产品的层次往往是衡量档案利用服务深度的重要指标。就当前数据而言，提供原文和目录产品仍然是主要产品形式，分别占 90.1% 和 87.1%，这说明基本上还是以一次产品、二次产品为主的利用服务占据了主导位置，三次产品的比例依然比较低，如出版物占 60.3%，文摘占 44.8%，而含智力劳动最多的咨询报告仅占 15.5%。调研小组认为，这极有可能与档案馆开发利用人才的缺乏、经费问题以及开发理念等因素有关。

6. 近三年的档案利用人次

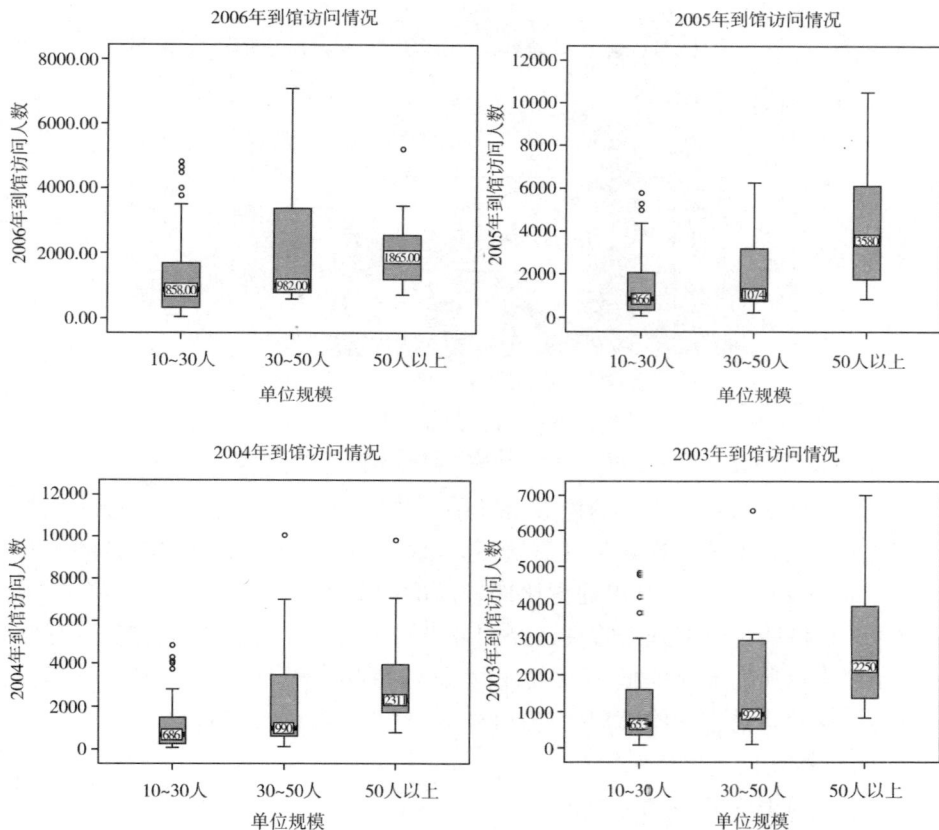

图 3 - 15　2003 ~ 2006 年访问人次

由 2003 ~ 2006 年到馆访问人数箱线图比较可以看出，到馆访问人数中位数较为稳定，没有大幅变化。在 10 ~ 30 人规模的档案馆中，有较多的馆访问量相对于同等规模的档案馆访问量来说，呈现异常多的现象。

7. 检索工具形式

检索工具利用情况

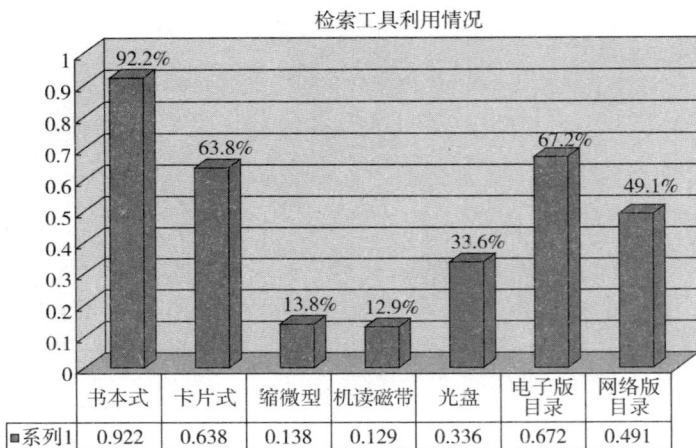

■系列1	书本式	卡片式	缩微型	机读磁带	光盘	电子版目录	网络版目录
	0.922	0.638	0.138	0.129	0.336	0.672	0.491

图 3－16　检索工具利用情况

调研数据显示：在众多的检索工具中，传统的检索工具仍占有很大比例，特别是书本式和卡片式检索工具仍然不同规模和性质的档案馆室必备的工具，分别占 92.2% 和 69%，其次拥有比例较高的检索工具形式是电子版目录，占 67.2%，这说明计算机辅助管理已经在各级档案馆理机构中较为普遍，但网络版目录和光盘所占比例略低于电子版目录，分别为 49.1% 和 33.6%，调研小组认为，这很可能跟网络数据库管理档案信息的发展相对薄弱有关。

（四）档案信息化情况统计

1. 档案机构信息化基本情况

参与信息化的高层领导

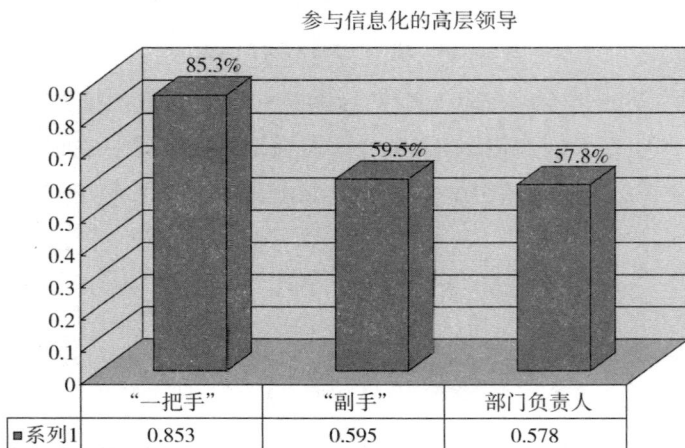

■系列1	"一把手"	"副手"	部门负责人
	0.853	0.595	0.578

图 3－17　档案信息化的领导角色

由图可知，各档案机构的信息化工作基本都受到了领导的普遍重视，绝大部分都是由一把手亲自领导的，这对于档案信息化工作提供了较好的领导保障。

表 3 – 12　档案信息化是否有专门的部门负责

		频数	频率	有效频率	累积频率
有效值	1 是	69	59.5	62.7	62.7
	2 否	41	35.3	37.3	100.0
	总数	110	94.8	100.0	
系统缺失值		6	5.2		
总数		116	100.0		

表 3 – 13　档案信息化是否有专人负责

		频数	频率	有效频率	累积频率
有效值	1 是	90	77.6	84.1	84.1
	2 否	17	14.7	15.9	100.0
	总数	107	92.2	100.0	
系统缺失值		9	7.8		
总数		116	100.0		

从表 3 – 12、表 3 – 13 可看出，接收问卷调查的档案机构有一半以上（63%）都有专门的信息部门负责，绝大部分机构都有专人负责。

由此可以看出，档案信息化在大多数档案机构中普遍受到领导重视，相当一部分机构还成立了专门的信息部门负责该项工作，对于转型期间档案利用工作通过档案信息化基础设施开展活动提供了良好的基础。

2. 档案机构信息化建设情况

信息化的主要方式

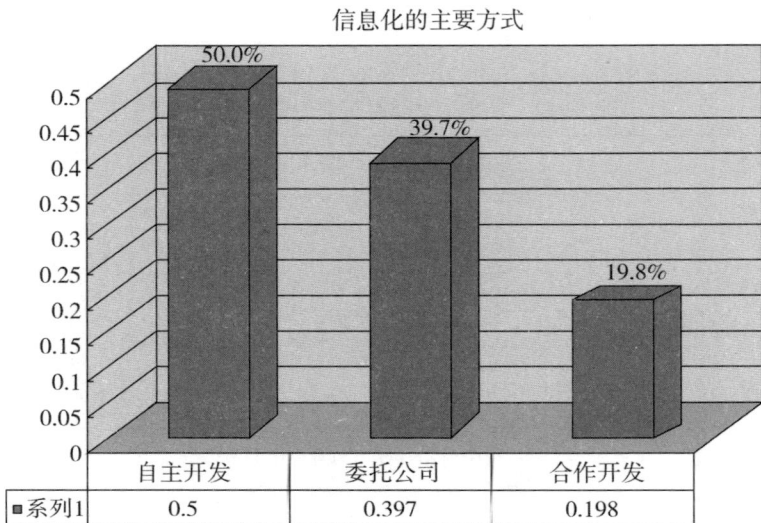

	自主开发	委托公司	合作开发
■系列1	0.5	0.397	0.198

图 3-18　档案信息化的主要方式

档案信息化的开展方式主要有自主开发、委托外包、合作开发等主要形式，从统计结果分析，自主开发的占到一半左右。

表 3-14　档案人员信息化业务培训情况

		频数	频率	有效频率	累积频率
有效值	1 没有	5	4.3	4.4	4.4
	2 有	63	54.3	55.3	59.6
	3 比较多	18	15.5	15.8	75.4
	4 极少	28	24.1	24.6	100.0
	总数	114	98.3	100.0	
系统缺失值		2	1.7		
总数		116	100.0		

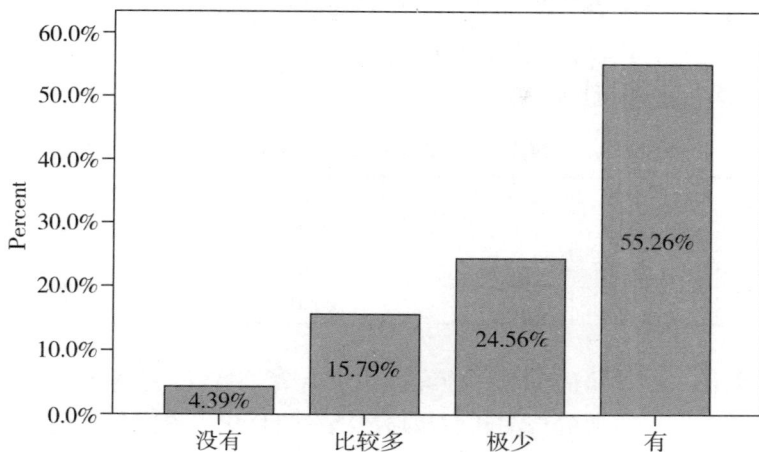

图3-19　档案人员信息化业务培训情况

从档案人员参与信息化培训方面看，还有相当比例的人员（近三成）几乎没有参与培训。

表3-15　网络建设情况

		频数	频率	有效频率	累积频率
有效值	1.00	36	31.0	34.0	34.0
	1.00	70	60.3	66.0	100.0
	总数	106	91.4	100.0	
系统缺失值		10	8.6		
总数		116	100.0		

网络建设情况

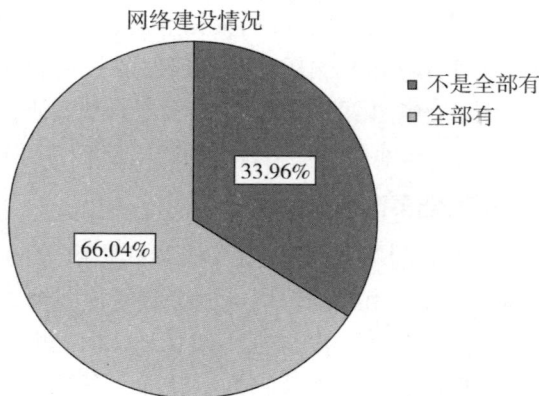

图3-20　网络建设情况

从网络建设情况看，近70%的单位都建立了局域网、与政府网络有接口、拥有互联网出口，这在很大程度上得益于政府上网工程的推动。

3. 数据库的完整性和馆藏比例

表 3 - 16　是否拥有全文数据库

		频数	频率	有效频率	累积频率
有效值	否	91	78.4	78.4	78.4
	是	25	21.6	21.6	100.0
	总数	116	100.0	100.0	

可以看出，在调研的116家档案机构中有25家建设有全文数据库，这说明数据库作为一种重要的档案利用基础在档案信息化中得到了普遍重视，而建设全文型数据库的比例之所以比较高，与返回调查问卷中省级档案馆比例比较高有一定关系。

第三节　社会转型期我国档案利用及开发现状的典型调研

在进行档案利用及开发现状的问卷调查之后，我们课题组对项目研究内容作了一定调整。配合这种调整，我们实施了"社会转型期我国档案利用及开发现状的典型调研"。遵照突出典型的指导思想，课题组选择了国内3~5个在档案利用和开发方面相对先进或富有特色的省市综合性档案馆进行典型调研。主要目的是通过以点代面的实际调研，掌握当前档案馆档案利用政策建设情况，掌握档案利用和开发中的现实特点和问题，掌握利用政策对利用和开发工作的重要影响。我们最终选定北京市档案馆、上海市档案馆、湖南省档案馆、长沙市档案馆和江苏太仓市档案馆作为调研对象，它们分别代表了省（直辖市）、市、县（县级市）档案馆的典型。我们实施典型调研，意在与之前的问卷调研相互补充，能够更全面地揭示社会转型期我国档案利用及开发状况。

一、典型一：北京市档案馆调研及思考

2006年3月7日，我们针对档案利用及档案利用政策的现状，对北京市档案馆进行了典型调研。北京市档案馆属国家综合性档案馆，截至2004年底，馆藏档案资料为159万卷，共476个全宗，架长近12公里。从内容来看，包括明清至建国后各个时期的档案，涉及政治、经济、军事、文化教育、体育卫生、宗教等各个领域；从载体来看，除纸质档案外，还有部分音像、照片和数

字档案。北京市档案馆设置了利用处，下分接待查询、咨询服务、阅览统计3个科室，共8名工作人员，专门负责档案的提供利用工作。

（一）调研概况

1. 北京市档案馆档案利用服务概况

北京市档案馆内设有宽敞舒适档案利用大厅，分前台接待处、目录阅览区、档案阅览区、音频视听区和开架区，配备了10多台电脑，空调、阅读器等设备，利用者既可以在此查阅馆内各种类型的开放档案，也可以通过互联网获取网上档案信息。

北京市档案馆主要通过公布档案、接待查档、举办展览、网上利用和编辑出版等方式为社会服务。

自1996年以来，北京市档案馆共开放档案81万卷。

北京市档案馆通过在馆举办展览，在社会联合办展，以及网上办展等方式为社会提供利用服务。先后举办了"馆藏珍品陈列展"、"北京地区抗战史料展"、"珍爱生命抗击非典——北京市档案馆抗击非典专题"、"让昨天告诉今天——北京商品票证回顾展"、"走向圣火——北京体育百年网上展览"等一系列展览。北京市档案馆网将本馆和18个区县档案馆的档案展览汇集在一起，利用者可以在线查询和观看有关档案展览信息。

从2004年开始，北京市档案馆提供网上档案利用（网址为：www.bjma.org.cn），提供民国时期档案、中华人民共和国时期档案、劳模档案、诉讼档案、工商税务档案、档案资料6个目录数据库，共计82万余条档案资料目录检索服务，内容涵盖了北京市档案馆全部开放馆藏以及北京市18个区县档案馆部分开放馆藏档案和资料目录。此外还提供北平市政府和北平市社会局两个专题28万页的数字化档案的全文检索。

此外，北京市档案馆按照北京市人民政府令第160号《北京市行政性文件备案监督法》第7条规定，提供2006年1月1日以后的北京市各级人民政府及其所属部门和派出机关的行政规范性文件。利用者可以来馆在开放区查阅相关文件，也可以在网上查看文件全文并下载打印。

北京市档案馆档案编研成果也很显著，已出版发行的专题史料选编31种，2500余万字。其中，《北平和平解放前后》、《民国时期北京市工商税收》等16种图书荣获多种奖项。1986年创办了定期公布馆藏档案史料的史料性刊物《北京档案史料》，1996年1月由季刊改为双月刊，1999年改为丛书。该馆编撰的《那桐日记》已纳入我国21世纪历史文化工程——清史编纂工程。

2. 北京市档案馆档案利用政策制定概况

北京市档案馆除将《中华人民共和国档案法》及实施办法公布在墙上，还将有关档案利用的政策法规制作成小册子，整齐地排列在利用大厅门口的书架上，利用者可以免费获取。其中包括《查阅档案办法及规定》、《北京市利用档案收费管理办法》、《北京市利用档案收费项目及标准》、《征集档案资料通告》以及《北京市档案馆档案利用实例选编》和《全宗名册》等。

（二）调研分析及思考

1. 北京市档案馆利用服务的成功经验

第一，始终以档案利用者需求为导向。

北京市档案馆认识到只有将档案的特殊功能与档案用户的利用需求相联系，才能发挥档案的积极作用。一方面，针对以文书档案为主的馆藏结构，发挥凭证查考、个人取证、宣传教育等档案功能；同时，将馆内保存的比较系统的1928年以后的民国档案，提供给各类专家、学者，用于其学术研究，编史修志。另一方面，北京市档案馆十分关注老百姓的档案需求，尽可能提供他们感兴趣的档案材料，如北京市档案馆发现近两年利用者对私房档案的查找比较频繁，对招工表的查找需求也比较大，适当调整了档案提供利用的重点，满足用户一定阶段的利用需求。

第二，尽可能补充馆藏资源，方便利用。

北京市档案馆主要保管的是以文书档案为主的各个时期的政策性文件，个人档案几乎没有，这在很大程度上导致档案利用的人数不多，利用率不高。利用比较频繁的档案如招工表一般在区县档案馆，利用的时间也较短，相比之下北京市档案馆档案主要用于编史修志，利用的时间相对较长。为了弥补馆藏档案的不足，北京市档案馆采取了一定措施。一方面，适时调整了档案的收集范围，针对利用者认为单份档案相对不完整而倾向于利用资料的情况，将一部分资料收集进馆。另一方面，加快了馆藏档案的数字化。对档案进行整体扫描，方便用户利用档案的同时保护档案原件。坚持利用率高的档案优先数字化，同时考虑档案的实体条件，实体条件差的档案要先进行修复。馆藏档案的数字化为档案的网上利用奠定了基础。

第三，努力提高档案利用服务质量。

从传统的来馆档案查询到网上档案的利用，档案的利用方式发生着巨大的变化。北京市档案馆直面挑战，通过简化利用手续，减少利用成本，配合高质量的服务吸引档案用户。国内利用者只需一张身份证就可以利用开放档案，不开放档案则需单位开介绍信；外国利用者凭借单位介绍信，登记护照号同样可以利用开放档案。关于档案利用的收费方面，北京市档案馆严格执行《北京市利用档案收费管理办法》，查阅档案、摘抄以及调卷均不收费，复制档案、涉及经济收益的档案利用以及需要档案馆出具证明的档案利用才需要缴纳一定费用，利用者可以参考《北京市利用档案收费项目及标准》了解具体档案的收费情况。此外，北京市档案馆提供一些人性化的服务，如来馆查档的利用者如果需要中午在档案馆用餐，可以在利用处登记，档案馆提供 5 元的套餐，这在一定程度减少了连续查档的利用者的不便。

第四，重视档案部门之间的交流。

北京市档案馆注重交流主要体现在两个方面。一是档案馆内的交流：利用处一般一个月进行一次有关查档结构和用户档案需求的总结，将讨论的结果提供给其他业务部门，以便于有针对性地进行档案的收集、信息发布，如利用处将劳模档案查找频繁的信息传达给专题史料编辑部，于是专题史料编辑部编辑了劳模档案的专题目录；计算机处则可以通过网上调查，了解利用者的需求，反馈给利用处，使其了解档案的利用效果。二是档案馆之间的交流：北京市档案馆与其他省市的档案部门建立了联系机制和渠道，其他省市的档案部门经常带北京市档案馆参观，通过比较看到彼此的差距，扬长避短。此外，北京市档案馆每 2 到 3 年组织去国外考察一次，从而实现与国外档案部门的有效沟通。

2. 北京市档案馆档案利用服务的不足

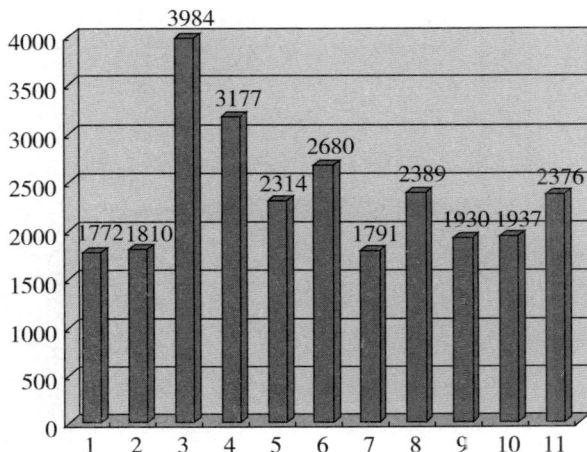

表 3 - 17　北京市档案馆 2005 年（1 月至 11 月）的档案利用情况统计表（月报）

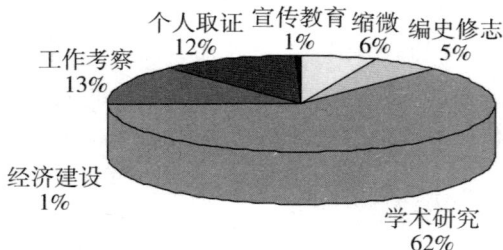

图 3－21　北京市档案馆 2005 年（1 月至 11 月）档案利用目的分布情况

到馆查档是档案馆提供档案利用的主要方式，同样也是档案利用者广为采用的查档方式，其相关数据在很大程度上反映档案馆档案利用的实际情况。我们通过以下三张图表的数据分析，以到馆查档为点，反映北京市档案馆档案利用存在的一些不足之处。

从表 3－17 可以看出：2005 年 1 月至 11 月期间，北京市档案馆调阅卷宗共 26160 卷，仅占 159 万卷的档案馆藏总量的 1.65%，利用的比例还很低。该馆每月平均调卷数量约为 2378 卷，最低为 1772 卷，最高为 3984 卷，相对于一般档案馆而言算是比较高的，但是还是呈现出档案利用的不稳定性。将其平均到每天分别为 79.3 卷，59.1 卷和 132.8 卷，与整个北京市档案馆运营所投入的人力、物力相比，档案利用效益的实现仍然十分有限。

从图 3－21 可以看出，北京市档案馆 2005 年（1 月至 11 月）所调 26160 卷档案的具体利用情况为：62% 用于学术研究，13% 用于工作考察，12% 用于个人取证，5% 用于编史修志，1% 用于宣传教育，1% 用于经济建设。可见，档案利用重点为学术研究，其档案调阅比例远高于工作考察、个人取证、经济建设等其他利用目的。

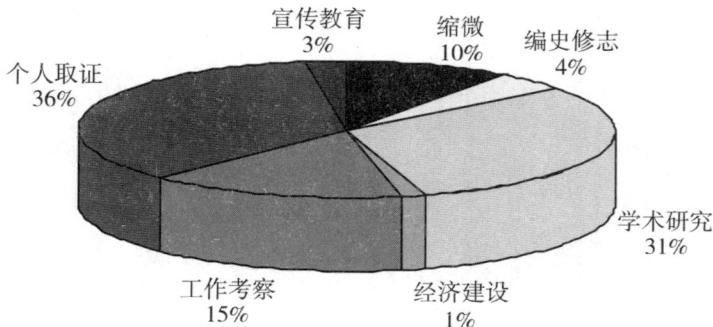

图 3－22　北京市档案馆 2005 年（1 月至 11 月）档案利用人次分布情况

2005 年 1 月至 11 月期间，北京市档案馆共接待利用者 3560 人次。每月接待人数从 184 人到 465 人不等，平均为 200 人左右，可见档案利用人数非常有限。通过图表进一步分析，可以看到档案利用者仍然集中于学术研究，占31%。虽然图表中个人取证占了 36%，但是这与档案用户近期查找招工表、私房档案频繁有关，不能作为档案利用人次的真实反映。

由以上三张图表可以看出，北京市档案馆存在着档案利用数量有限、利用人次过少、利用结构不合理的问题，这些问题同样存在于其他档案馆中，其数量不在少数，可以作为我国档案馆利用存在的普遍现象。我们不禁反思，像北京市档案馆这样馆藏总量丰富、利用设备较为齐全、服务质量高的档案馆怎么会遇到如此的档案利用窘境呢？档案馆领导为档案利用出谋划策，实际档案工作人员辛勤工作，可为何回报甚微呢？在档案利用不足现象的背后肯定存在着一些本质的问题。

（三）调研的几点思考

1. 档案利用受现有政策法规限制，馆藏不丰富，结构不合理

档案立法相对滞后影响档案利用。1987 年制定，1996 年修订的《中华人民共和国档案法》及 1995 年修改的《中华人民共和国档案法实施办法》不能适应 21 世纪日益变化的档案工作实际，从宏观上制约了各级档案部门利用政策的制定和实施，从而影响档案的实际利用工作。

馆藏档案结构受现有档案法律法规的制约，从根本上制约档案利用工作的开展。档案法中规定了机关单位文书是收集档案的主体，加上长期和永久保存的时间要求，文书档案这个馆藏主体的价值急剧下降，又使得老百姓感兴趣的那些档案被拒之门外。因此从这个意义而言我国档案馆的馆藏并不丰富，而是相对贫乏，拥有 159 万卷档案的北京市档案馆同样如此。所谓巧妇难为无米之炊，没有收藏真正为用户需要的档案，档案馆本事再大，也不能为档案用户提供其所需的档案信息，更不可能将他们吸引过来查档。当前这个问题在很大程度上困扰着所有档案馆开展档案利用工作。

当务之急就是如何将真正有价值的档案收集进馆，丰富优化馆藏。而衡量档案的价值和馆藏档案丰富优化程度都必须考虑档案用户的需求。档案馆不仅要接收政府机构的档案文件，还要收集与社会大众密切相关的婚姻档案、家庭档案等。档案法律法规以及档案利用政策制定实施都应该首先考虑对馆藏档案的正确引导和制度支持，为档案利用工作从源头加以保障。

2. 档案人员积极性不高，利用工作效率低下

档案工作属管理工作，一切管理工作必然以追求效率为目的。档案工作包含的收集、整理、鉴定、保管、检索、利用、编研以及登记统计八个环节无一不涉及效率问题。其中以全面、及时、准确和有效地为档案用户服务为指导思想的档案利用工作，效率理念表现得尤为明显，也最为重要。档案人员作为档案提供工作的主体，对于效率起着决定性的作用。

目前档案部门人员不论工作好坏工资照拿，工作有成绩也没有奖励措施，只要不犯严重错误，可以安安稳稳在档案馆工作一辈子。这种陈旧的管理方式不仅打击了档案人员的积极性，降低了他们的工作热情，使其染上得过且过的不良习气，严重影响了档案工作的发展，制约了档案作用的实现，也给社会大众留下了不良印象。

因此，除了规范档案人员提供利用工作程序外，一套系统的奖惩制度对于人员管理十分必要。要强化档案人员的责任意识，增加压力感，提高自身的素质，使其更有市场竞争力，营造一种和谐进取的档案部门文化，为档案利用工作的有效开展奠定人才基础。

3. 档案部门形象展示不够，宣传不到位

档案资源、档案人员固然重要，档案部门的形象展示问题同样不容忽视。如今已是酒香也怕巷子深的年代，对于档案部门同样适用，而且挑战似乎更为严峻。与档案相关的许多事物自古至今都带上了神秘的面纱，面对如此开放的世界，加之科学技术的进步，各种行业间的激烈竞争，档案界不能固守这份沉默。

档案部门应该以积极的姿态展现给世人。现在还有很多人对档案、档案工作不了解，对档案的利用服务心存怀疑，这表明我们档案部门做得工作还很不够，自我的宣传做得太少。档案部门不应只在本专业期刊上宣传介绍自己的主要活动，还要通过报刊、电视、广播等新闻媒介，介绍档案取得的科研成果，馆藏档案珍品。此外还可以结合节假日，印发宣传小册子，向群众展示馆藏特色，介绍档案利用方法等。档案部门要抛弃等用户上门利用档案的被动思想，应该积极地把自己的影响延伸到学校、社区、政府部门、研究机构，延伸到整个社会，让大家看到档案、档案工作和档案事业存在的价值所在。

二、典型二：上海市档案馆（外滩新馆）调研及思考

2008 年 11 月 17 日，我们对上海市档案馆（外滩新馆）进行了典型调研。上海市档案馆成立于 1959 年 12 月 31 日，作为省级综合性国家档案馆，是上

海市集中保管和开发利用档案信息资源的文化事业单位。馆内现有馆藏档案280 余万卷，其中开放档案 80 万卷，涉及民国时期档案、租界档案、声像档案、现行文件、外文资料等 18 大类，共 1600 多个全宗。馆藏声像档案包括照片档案、录音档案、录像档案，其中部分照片档案已经以数字形式进入数据库，内容涵盖了政治经济、科教医疗、文体艺术、景观人物等各个方面，共22300 多张，勾勒了上海地区近 200 年的发展轮廓。档案馆原馆址位于外滩四川中路 220 号，是一幢市级保护建筑。2004 年 5 月坐落于外滩的新馆正式对社会开放。档案新馆充分挖掘利用了独特的地理环境和人文底蕴，悉心打造出一座以现代建筑思想、装饰风格、信息技术、开放模式来解读申城百年记忆的公共文化设施。底楼大厅为开放式服务区。设有咨询服务区、查档登记服务区、文化售品服务区和休息饮品区，是为参观者及利用者精心打造的档案文化导入区。外滩新馆作为上海市档案馆的对外服务窗口，是上海市档案利用服务中心、上海市爱国主义教育基地、东方讲坛举办点。依托丰富的馆藏资源和优良的地理位置集展览教育、社会课堂、咨询利用、市场服务、学术交流、文化休闲、旅游观光等多项功能于一体。

（一）调研概况

1. 上海市档案馆档案利用服务现状

新馆内的档案文件资料查阅服务中心设有利用接待处、档案阅览大厅、专题阅览室和咨询服务室，并且在局域网和数据库基础上，设置检索系统，以浏览检索、专题检索、高级检索、搜索引擎等方式，提供档案、政府公开信息、照片、视频资料的多角度查阅服务。上海市档案馆外滩新馆常设的《城市记忆——上海近现代城市发展历史档案陈列》展以 1949 年 5 月上海解放为分界点，用两层展厅展示了旧上海和新上海的不同风貌，反映上海的历史发展。清乾隆朱批奏折、八一三期间日军使用的上海战局全图、上海市人民政府第一号布告等等富有特色的 600 多件珍贵档案、照片和实物藏品，展现近 200 年来上海城市发展的脉络轨迹。自开馆以来，外滩新馆不定期吸纳引进国内和国外富有特色的优秀展览到馆陈列，举办各种专题展览，如《中国档案文献遗产珍品展》、《抗日战争与上海》档案文献实物图片展、《海德堡的建筑》图片展等。

为方便社会各界用户利用馆藏档案，上海市档案馆自 2008 年起设立"上海市档案信息网"，以现代化的网络及通讯技术为平台，为广大用户呈现了新型便捷化的利用方式。网站内设政务公开、档案利用、网上展览等多个版块，将用户利用档案流程分专题进行介绍，为用户利用档案、网上查询、利用预约等需求开辟了有效的服务通道，从而使现代信息技术在为用户服务中发挥了更大效能。

2. 上海市档案馆档案利用政策概览

本着明晰档案提供利用，更好为用户服务的宗旨，上海市档案馆根据《上海市政府信息公开规定》，制定了《上海市档案馆查阅政府主动公开信息规定》，明确了公民、法人和其他组织进馆及在线查询政府主动公开信息的具体办法；同时，为贯彻《上海市行政规范性文件制定和备案规定》（市政府18号令）、《上海市政府信息公开规定》（市政府19号令），促进政务公开和档案馆公共服务，就做好上海市行政规范性文件，制定了《关于做好行政规范性文件开放阅览服务工作的通知》；在档案利用费用的收取方法上，上海市档案馆依据《上海市档案条例》，出台了《上海市、区县综合档案馆行政事业性收费目录》。上述政策规定均同时以纸本及网站方式予以公布，为用户利用档案提供了优化的政策性、方法性指导。

（二）调研分析及思考

1. 上海市档案馆档案利用服务的成功经验

上海市档案馆以"传承城市记忆，弘扬人类文明"为己任，在日常档案提供利用工作中，结合自身馆藏内容与特点，在档案利用与服务工作中积累了本馆之心得和体会。

第一，坚持科学发展理念，适时丰富和优化馆藏。

上海市档案馆坚持科学发展理念，对上海地区近200年的发展历史中积淀下来的历史档案进行了多方面收集，积极开展史料研究，在保存历史记忆，勾勒城市发展风貌中发挥了自身的积极效应。同时，在社会发展进程中，结合时代与社会需要，努力拓展馆藏档案的门类与形式，现已有档案涉及民国时期档案、租界档案、声像档案、现行文件、外文资料等18大类，共1600多个全宗。馆藏声像档案包括照片档案、录音档案、录像档案，内容涵盖了政治经济、科教医疗、文体艺术、景观人物等各个方面，为社会各界利用档案提供了更为丰富的视角与材料。同时，上海市档案馆在相关档案利用政策的指导下，积极优化档案利用渠道与方式，努力做到让用户以最低限度的费用消耗，最大限度地满足其对档案信息的利用需求。

第二，心系用户，积极探索多种服务方式。

上海市档案馆以自身丰富的馆藏为依托，从用户角度出发，积极探索档案提供利用的多种方式，以求用户需求与馆内档案资源的最大契合点。上海市档案馆外滩新馆共有 11 层，底层大厅设有总服务台、售品部和咖啡吧，1～2 层为主题展厅，3～4 层为专题展厅，5 层为档案文件资料查阅服务中心，6 层为电子阅览厅，7 层为多媒体视听室和学生课堂，8 层为档案工作者之家和多功能厅，9 层为会议室，10 层为报告厅和观光平台。档案文件资料查阅服务中心设有利用接待处、档案阅览大厅、专题阅览室和咨询服务室，并且在局域网和数据库基础上，设置检索系统，以浏览检索、专题检索、高级检索、搜索引擎等方式，提供档案、政府公开信息、照片、视频资料的多角度查阅服务。借此，上海市档案馆以现有软件与硬件资源为基础，适时并积极探索出多种服务方式供查档用户在利用时加以选择，在为用户提供便利的同时，也为社会各界利用档案提供了更为开放的平台和更为人性化的服务理念。

第三，挖掘内在潜质，突显地方特色发展。

作为拥有近 200 年发展史的城市，上海正以其多维度的视角展现在世人面前。作为城市中最具有影响力的公共基础性建筑的档案馆，必将与时代发展同步，以城市特色为主线来不断挖掘自身发展的内在潜质。上海市档案馆外滩新馆自开馆以来，不定期吸纳引进国内和国外富有特色的优秀展览到馆陈列，举办各种专题展览，如《中国档案文献遗产珍品展》、《抗日战争与上海》档案文献实物图片展、《海德堡的建筑》图片展等。常设的《城市记忆——上海近现代城市发展历史档案陈列》展以 1949 年 5 月上海解放为分界点，用两层展厅展示了旧上海和新上海的不同风貌，反映上海的历史发展。同时，结合历史与当代的特有馆藏，上海市档案馆将清乾隆朱批奏折、八一三期间日军使用的上海战局全图、上海市人民政府第一号布告、APEC 会议晚宴菜单等等富有特色的 600 多件珍贵档案、照片和实物藏品，一一设展，突显了申市自身的发展轨迹和时代特色。同时，上海市档案信息网网站为珍贵的特色档案开设"珍档荟萃"、"史料研究"等板块，并在网站中设有上海当地老字号及地方性行业发展的档案资料展，在维护档案自身质量的前提下，积极整合了自有的特色档案资源，并为提升特色档案的社会认知度，推广馆藏的特色发展开辟了新的渠道。

第四，树立地标性建筑，提升社会档案意识。

随着 2004 年 5 月外滩新馆的落成，上海市档案馆为社会各界认识档案、利用档案打开了新的窗口。新馆充分挖掘利用了独特的地理环境和人文底蕴，悉心打造出一座以现代建筑思想、装饰风格、信息技术、开放模式来解读申城百年记忆的公共文化设施，外滩新馆作为上海市档案馆的对外服务窗口，是上海市档案利用服务中心、上海市爱国主义教育基地、东方讲坛举办点。由此，新馆地标性建筑的辐射性必将带动在更大范围内对档案及档案事业的认识和了解，为提高社会各界的档案意识，扩展对档案的利用需求提供了新的借鉴及思路。

2. 上海市档案馆档案利用服务的问题剖析

首先，馆内基础工作较用户利用需求的缺失。

目前，上海市档案馆在档案开放中最大的瓶颈主要来自于有限的人力资源和大量的馆藏之间的冲突。数量上，全馆共有 280 万卷左右的馆藏，基数大，种类多；时间上，目前档案的开放年限是 30 年，但是上海市档案馆由于多种原因造成满 30 年不能开放的档案仍在多数，其主要原因是基础工作赶不上利用服务，目前馆内从事档案到期鉴定工作人员仅不足十人，档案的基础工作主要是由外聘的十余人进行。虽然档案进馆在近期内明确了基本要求，但是以前未经整理的档案基数仍然很大。应该说，上海市档案馆在丰富优化馆藏方面进行的努力是不容忽视的，但是由于人员等问题造成的馆内基础工作缺失较用户利用需求之间的矛盾仍然十分明显。

其次，档案开放政策缺乏有效保障。

在馆内档案开放的政策方面，虽有内部的规定和协约，但由于国家在此方面没有明确的详细的条款，使档案开放利用工作缺少了有力的政策保障。在相关规定和规范方面，上海市档案馆结合具体利用工作，制定了档案开放利用方面、政府信息查阅规定方面、档案利用费用方面的一系列规定，但是由于上述内容产出于内部，对社会各界的影响力及辐射力相对较弱，对来馆查用档案用户的约束力相对缺乏有效保障，种种方面使利用工作的顺利进行在相关政策层面暴露出一定的缺口。

再次，丰富的馆藏资源价值未被充分激活。

据实地调研结果分析，上海市档案馆 50% 以上的查阅量（主要针对原有馆藏，不包括电子文件）是由学者创造的；另外，在利用效果上，传统馆藏在利用中发挥着主导作用。换句话说，馆内类型多种、载体多样、内容丰富的庞大的档案信息库几乎处于休眠状态，利用人群数量少，偏向集中使得馆内储备的馆藏资源价值未能得到最为有效的发挥。这就使得馆藏的丰富与优化、多种信息资源的开发整合等有关工作的进行不能与用户实现对等的衔接，从而使资源浪费、价值浪费再一次突显出来。

3. 对上海市档案馆档案利用服务的发展建议

第一，丰富和优化馆藏资源，与用户的需求进行有效对接。

档案馆馆藏资源建设必须与社会各界的利用需求相契合，才能使得资源价值的发挥做到实至名归。面对数量庞杂、种类多样的馆藏档案，工作人员在进行整理、鉴定等相关工作时，必须要考虑所进行的工作与满足用户需求的有效性，相关工作人员在提高工作效率的基础上，应该将对档案的整理、鉴定、开发利用等工作分出轻重缓急，了解、发掘用户需求，急用户所急，想用户所想，使得馆藏档案的丰富与优化工作与用户需求进行有效的对接，努力做到全面、及时、准确、有效地为用户服务。由此充分调动馆内人员的工作积极性，提高用户的满意度，从而最大限度地发挥档案资源的价值，扩大档案及档案工作的社会影响力。

第二，加强宣传力度，扩大档案价值发挥的受众面。

丰富的馆藏是上海市档案馆自建馆以来宝贵的资源，其内在的知识含量及资源价值在当今的知识社会理应有更大的发挥。上海市档案馆应以外滩新馆的建设为新的发展契机，充分发挥馆藏建筑、馆藏资源、已有影响力等方面的效应，开展展览、讲座、论坛等多种利用形式，为档案用户利用档案创造方便条件，主动开展档案利用工作，同时重视对档案利用效果的掌握。使得档案利用工作从原有的利用时期相对固定、利用人员相对固定的小圈子内解放出来，在更大范围内，更广程度上宣传档案自有的资源价值，积极主动地扩大档案价值发挥的受众面。

第三，坚持特色发展道路，传承城市记忆。

上海市档案馆在"传承城市记忆，弘扬人类文明"的发展理念下，从档案收集到利用的全过程中多处体现着申市档案馆自有的特色。在此基础上，上海市档案馆应结合本地区的历史、民俗、物产、著名的人物和事件等方面的情况，积极收集与开发利用相关的档案资料，使档案馆在发展过程中表现出浓郁的地方特色，使本地区用户形成档案资源利用中的归属感与亲切感，使本馆在全国范围内树立自身的发展特色及风貌。

三、典型三：湖南省档案馆调研及思考

2008 年 8 月 27 日，我们就档案利用这个主题，对湖南省档案馆进行了调研，主要了解该馆的利用服务现状、利用中存在的问题以及实践部门对政策法规的建议。

湖南省档案馆属省级综合性国家档案馆，1997 年由中共湖南省委宣传部

授牌为"湖南省青少年爱国主义教育基地",2004 年由中共湖南省委、省人民政府赋予"湖南省现行文件服务中心"职能,开展现行文件服务工作。截至2008 年 5 月,有馆藏档案290 个全宗、40 余万卷(册),以及录音、录像、影片、照片等非纸质载体的档案。其中清代和民国档案127 个全宗,革命历史档案 10 个全宗,中华人民共和国时期档案 153 个全宗。馆藏以文书档案为主,同时涵盖有科技及其他门类的档案。

湖南省档案馆的档案利用工作由利用部负责,其职责包括:对本馆馆藏档案内容、成分的介绍和报道,向利用者提供档案和现行文件的利用与咨询服务,按照规定开放档案,开展档案史料编辑研究,收集、分析档案利用信息,建设和管理好"爱国主义教育基地"等方面。

(一)调研概况

1. 湖南省档案馆档案利用服务现状

湖南省档案馆的档案利用服务方式基本上处于传统状态,如接待查档、举办展览、开展档案编研等,但随着湖南省档案馆网站的建立,网上提供利用成为一种新的服务方式,为用户提供了更为便捷的提供利用方式,同时,湖南省档案馆结合自身的馆藏特点开展了休闲利用这种新的提供利用方式。

第一,传统档案利用。

就传统的利用服务而言,编研是湖南省档案馆的重头戏,举办展览是逐渐被重视的利用方式。

档案编研是湖南省档案馆的重头戏,是该馆主动、系统向社会提供档案信息的主要方式。由于长期的文化积淀、稳固的馆藏结构和相对大的馆藏量,湖南省档案馆在编研方面具有得天独厚的优势。该馆充分利用这一优势,投入了较大的人力物力,对社会中出现的问题进行编研,现有两个专职人员。在对外开放利用问题上,该馆坚持这样的指导思想:政治的、军事的、民族的、隐私的等文献信息内容的编研慎重对待,其他满 30 年即对外开放,满足用户的利用需求。

自 1982 年开始编研至今,该馆采用自编和合编相结合的方式,先后编辑出版了《湖南革命历史文件汇集》、《林伯渠日记》、《湘鄂赣革命根据地文献资料》、《抗日战争时期湖南地下党历史文献选编》、《湘鄂西苏区革命历史文件汇集》、《湘鄂川黔革命根据地历史文件汇编》、《湖南工运史料选编》、《湖南妇运史料选编》、《湖南青运史资料选编》、《红军长征在湖南档案史料选编》、《黄埔军校同学录》、《何键·王东原日记》、《情系故乡——刘少奇回湘档案史料辑录》、《湖南省志·建国四十年大事记述》、《中共湖南党史大事年表》、《湖南历史上的今天》等具有特色的档案史料。

举办展览在湖南省档案馆近期逐渐被重视。为发挥档案馆的宣传教育功能，湖南省档案馆利用馆藏的稀有档案，结合政治和社会中的热点问题，先后实地举办了《湖南省档案馆档案展》、《抗日战争在湖南的图片展》、《刘少奇回湘史料展》、《湘魂——湖湘人杰与近现代中国》、《江永女书文化展》、《黄埔魂·中国心——黄埔军校档案史料展》等各种类型的展览，其中女书是本馆的特色馆藏。

尽管这些展览具有爱国主义教育和宣传文化知识的作用，但由于宣传力度不够、效果并不是很好，表现为参观的人数少、影响小、收效不大。

第二，网上档案利用。

随着数字时代的到来，湖南省档案馆于 2004 年也开始了网上提供利用服务。通过湖南省档案馆网站，该馆向外公布了档案利用方面的规定、系统地介绍了馆藏、提供了档案检索目录，罗列和说明了编研成果，展示了部分稀有档案，同时对于实地展览过的档案还以数字化的形式在网上提供利用。其中网上展览效果较好，前段时间该网站登载了一些老照片，点击率较高，效果较好。

同时，该馆还在网上提供了现行文件利用服务。湖南省档案馆网站提供一级目录，突出了对现行文件服务的重视。现行文件服务效率较高，满足了用户的需求。

就目前来看，该馆工作人员认为：网上开发利用的效果优于传统提供利用方式，利用率可以高出一倍。

第三，对休闲利用的尝试。

湖南省档案馆曾尝试了休闲利用这一新方式，利用媒体宣传，采用节假日提供利用的方式，但效果并不理想，利用人数没有预想的高。只有通过组织志愿者来馆内参观，利用双休日提供开放档案展览服务，使利用效果得到了优化。休闲利用这一方式在湖南省档案馆的利用服务中目前发挥着辅助功能。

2. 档案利用服务政策概况

湖南省档案馆依据《中华人民共和国档案法》、《中华人民共和国档案法实施办法》及《档案馆工作通则》，制订了《湖南省关于利用档案的规定》，该规定明确了档案开放与控制的范围，指出了利用开放档案和未开放档案的审批手续。此外，该馆结合实际，特制订了《湖南省档案馆开放档案暂行办法》。就档案利用者的角度而言，湖南省档案馆的相关利用服务政策保证了利用者的权益，使得档案利用者通过简单的手续就可以利用有关档案。就利用手续而言，与以前相比放松了很多，可以根据用户利用档案内容的重要程度来适度提供利用，但一般利用需求仅需要身份证明及相关介绍信即可。

（二）调研分析及思考

1. 湖南省档案馆利用服务中的问题分析

第一，档案利用水平难以提高。

湖南省档案馆为了提高档案利用水平，主动、系统地编研了多种有特色的主题，举办了档案展览，在网上也公布编研成果目录以及数字化形式的档案展览，还尝试了休闲利用这一新方式，但收效甚微，没有达到预期效果。

第二，档案编研中问题难以得到有效解决。

由于档案编研是湖南省档案馆的重头戏，因而该馆觉得在档案编研中的困惑很多。首先，资源私有思想严重，造成资源难以共享和研发，影响了档案开发和编研的质量及效果；其次，保护档案与研究利用档案之间存在着矛盾，权衡利弊的尺度难于把握；再次，编研与现实形式相脱节，更多拘泥于其长远效益。

第三，已有的馆藏结构束缚了档案利用。

湖南省档案馆的馆藏结构是以文书档案为主，主要提供以行政及其他证据作用为主的利用功能服务，如果想扩展其他功能，在现有工作能力上难以实现有效性的突破。如该馆进行了休闲利用这一大胆尝试，但收效颇微，原因在于已有的馆藏结构所形成的束缚，使得已有的开放利用方式难以为继，新的利用方式的探索举步维艰。

第四，新的档案整理方法难以发挥实效。

湖南省档案馆在实践新的档案整理方法（以件为单位）中，感觉到该方法提高档案利用效率的前提是实现档案数字化管理，而对于传统的纸质文件的管理而言，仅起到了简化整理的作用，并没有起到提高利用效率的作用。

2. 湖南省档案馆对于相关政策法规的制定建议

湖南省档案馆结合本馆档案开放利用的实际情况，迫切希望提高档案利用服务水平，来带动本馆档案管理和提供利用工作的活力，为此也尝试了多种方法，但收效甚微，因而殷切地希望有相关的政策法规做指导，从制度层面为本馆的提供利用方式提供有效指导。该馆希望新的法规政策有益于优化馆藏、提高人民利用档案积极主动性、促进网上档案利用服务进展的实效性，尤其希望新的政策法规考虑实践部门的差异，具有切实的可操作性。

四、典型四：长沙市档案馆调研及思考

2008 年 8 月 26 日，我们就档案利用现状、面临的问题和实践部门对政策制定的建议对长沙市档案馆进行了调研。

（一）调研概况：长沙市档案馆档案利用现状

为了了解长沙市档案馆的档案利用现状，我们分别走访了该馆常规利用处和档案数字化建设与利用处的两位负责人，从而对长沙市档案馆的传统档案和数字档案的利用情况有了整体性的掌握。

1. 常规档案的利用

在常规档案的利用方面，总体来说，近几年长沙市档案馆的文书档案查找收效甚微。就档案利用的内容而言，主要集中在对民生档案的查找，就利用数量而言，近两年年均利用卷数为 1000 ~ 2000 卷，利用人数年均约 700 ~ 800 次。

在常规档案利用服务方面，长沙市档案馆维持着传统的服务形式，主要提供查档服务；对于利用手续而言，简便程度有了很大的突破，与群众密切相关的信息的利用只需出示身份证或户口本即可，只有特殊性的利用需求才需开具证明或介绍信。

2. 数字档案的利用

长沙市档案馆的数字档案利用走在了湖南省的前面。该馆的数字档案一方面源于对进馆档案的部分数字化；另一方面源于办公一体化中产生的数字档案，近年数字档案的接收量较往年有所增加，年均接收 4 万份。

长沙市档案馆对于数字档案的提供利用主要通过两种途径：一是通过网站，而对于具体的数字档案是否发布，则由形成档案的单位决定；二是通过外包，长沙市档案馆尝试启用中介机构（信息服务中心）来帮助数字化及其利用工作，以期提高效率，降低成本。

（二）调研分析及思考

1. 长沙市档案馆档案利用现存问题分析

第一，档案开放时间缺乏合理性。

长沙市档案馆在提供利用的实践中，明显体会到档案开放的时间存在不合理性。对档案馆来说，10 年、30 年之间跨度太大，不容易操作。该馆工作人员认为利用频繁的文件应及早开放，如某些利用价值比较大的政府文件，适时性的及早开放利于满足社会利用需求，同时利于发挥档案本身的社会价值。

第二，档案数字化面临现实考验。

数字化是网上提供利用的前提，然而，鉴于成本问题，并非所有文件都需要数字化。长沙市档案馆每年入馆量 2000 万份，由各区档案馆负责部分档案的数字化，但数字化比例问题，是亟待量化把握的问题。与此同时，档案馆为了提高档案利用效率，尝试了档案数字化外包，虽然在提高效率、降低成本方面有所突破，但随之而来就产生了档案信息市场化与档案信息安全性之间的平衡问题。

第三，档案开放利用工作中的其他问题。

长沙市档案馆在利用服务中还存在一些其他问题，如不了解市场需求，经费不足从而导致开发受到限制；原有的馆藏结构制约了档案利用服务；对如何通过有效宣传提高档案利用效率有困惑。

2. 长沙市档案馆对相关政策制度的建议

第一，经费支持，夯实基础。长沙市档案馆的数字化开发及利用工作面临着许多现实性问题，要使利用服务真正取得实质性成效，必须正视的是，经济是基础，单凭档案馆单方面的工作热情是远远不够的，需要相关政策部门切实加强在相关工作中的政策倾斜，从现实工作需要出发，配合档案馆做好在新时期新形势下做好档案的数字化开发及利用工作。

第二，政策完备，加强保障。关于档案管理工作外包方面的政策、法律、规章制度需要细化与完善，以引导实践部门更好地处理档案利用服务市场化与档案信息安全性之间的关系。

第三，制度可行，优化指引。档案利用制度有较强的可操作性才能对实践工作发挥现实指引作用，这种可操作性具体表现为：可引导实践部门科学地界定开放档案的时间；可指导实践部门根据本部门的情况明确数字化档案的比例；可提供提高档案利用效率的有效的宣传方式；可优化馆藏；可提高网上档案利用服务的效率等。

第四，因地制宜，强化落实。因地制宜是指档案利用方面的政策法规要考虑到实践部门的差异，这些差异表现在馆藏结构、经费、人员等，只有将相关政策、法规的制定工作做到细化、针对性、可行性突出，才能切实将其落在工作实处，使工作所行有根有据，更好提升档案馆的服务利用职能，更好地满足用户的利用需求。

3. 对湖南省档案馆和长沙市档案馆的调研思考

通过对省、市档案馆的调研比较，省级档案馆由于长期的文化积淀和更加稳固的馆藏结构、相对大的馆藏量，比较容易沿用原来的编研作为重头戏。同样，市级档案馆由于业务内容的更新较快、馆藏架构相对变化较大，在有经费支持的同时，会采用一些先进的信息化服务方式来满足用户需求，因此，政策的导向要兼顾不同档案馆的现状差异，既起到导向的作用，又能具有现实的可操作性，这是当前需要解决的重要问题。

五、典型五：江苏省太仓市档案馆调研及思考

2008年11月13日，我们围绕档案利用这一主题，对江苏省太仓市档案馆进行了调研。主要是了解熟悉太仓市档案馆现状，及其档案利用工作中的主要做法、亮点，并对政策、标准、规章等方面在整体把握的基础上提出一些意见和建议。

（一）调研概况

太仓市档案馆成立于1959年4月，1997年档案局、馆合并，实行合署办公。内设有办公室、业务指导科、保管利用科、征集编研科、信息技术科。

截至2008年11月，太仓市档案馆馆藏档案资料15万余卷（册），预计2008年度档案接收完毕后可接近20万卷。档案的门类包括文书、土地、房产、科技、统计、人口普查、工业普查、会计、纪检、声像、史志、宗谱、书画、婚姻、独生子女、知青、退伍士兵、实物等；馆藏资料主要有伟人著作、政策法令汇编、党报党刊、历史资料等，基本达到了"馆藏丰富、结构合理、管理科学、服务高效"的要求。

太仓市档案馆于2000年4月被苏州市评为档案系统先进单位；2000年10月晋升为江苏省一级档案馆，跨入了省先进档案馆的行列；2005年8月通过了江苏省一级馆复查验收；2008年7月通过国家二级档案馆的测评。

（二）调研分析及思考

1. 太仓市档案馆档案利用服务的特色

太仓市档案馆主要为利用者提供业务咨询、电函代查、出具证明、查档复制等服务，其中，民生档案等实用性档案的提供利用服务工作是太仓市档案工作的一大亮点。

早在2003年，太仓市档案馆就率先提出"涉民档案"的概念，较之十七大以后提出的"民生档案"概念要早数年，其间，太仓市档案馆在有关民生档案的资源建设上倾注了大量精力，这些都为太仓市档案利用工作奠定了坚实的基础。

第一，集中管理民生档案。

太仓市档案局（馆）通过与人武部、民政局、计生委等部门协商沟通，

联合下发了《关于全市退役士兵档案集中进馆的通知》、《关于接收全市各镇现存婚姻档案的通知》等文件，对全市退伍军人、婚姻、独生子女、外资登记、企业担保等档案实行提前集中进馆。其中，最具代表性的是其对退伍军人档案和独生子女档案的集中管理。

（1）退伍军人档案

退伍军人档案原分散在基层民政部门或乡镇人武部，没有实行规范化管理。太仓市档案馆利用中央为参加过"13 次战斗"退伍军人①专门发文以解决其补助问题这一契机，将退伍军人档案收集起来并以单独全宗形式管理，数量达 1.2 万卷，以便提供退伍军人身份认证利用。同时，由于退伍军人档案可能涉密，因此太仓市档案馆对这部分档案的管理工作形成了本馆的自有特色。

（2）独生子女档案

根据江苏省的规定，独生子女父母退休时可一次性享受 3000 多元的补助。原先独生子女档案审批表多存放在计生委或乡镇，难于集中管理，存在着管理不善而造成丢失的风险，再加上独生子女档案查询需求大的状况，太仓市档案馆将这类档案收集，并同样单独设立全宗进行管理，仅 2007 年就有 1000 多人次查阅独生子女档案，极大提高了档案利用率，提升了档案馆利用服务工作的针对性和实效性。

第二，以服务民生为中心，拓展档案工作服务领域。

太仓市档案馆以服务民生为重点，积极拓展档案工作的服务领域。加强对拆迁档案、宅基地档案、家庭档案的管理和指导，同时，开展对出生证明档案、信用档案、医疗卫生档案等服务领域进行探索实践，彰显了档案部门的主动服务精神和创新思想。

（1）加强拆迁档案管理

在拆迁过程中形成的材料是拆迁安置工作的真实记录，它事关企业、老百姓的切身利益。太仓市档案局（馆）深入调研，试点研究，制订出台了《太仓市拆迁安置档案归档整理实施意见》、《关于加强拆迁安置档案管理的意见》，并召开了全市拆迁安置档案工作会议，举行专题培训，全面推进拆迁安置档案工作。从 2006 年起，将拆迁档案按一户一卷进行归档，包括合同、协

---

① 所谓"13 次战斗"退伍军人是指在 1954 年 11 月 1 日以后入伍并参加过为抵御外来侵略、完成祖国统一、捍卫国家领土和主权完整、保卫国家安全而进行的武力打击或抗击敌方的军事行动，迄今已经从军队退役的人员。

议、安置记录等，按乡镇设立全宗，由于使用频繁，暂时由各乡镇保管。

（2）开展家庭档案服务

太仓市档案局（馆）以"走进千家万户，服务社会公众"为主线，下发了《太仓市家庭建档工作实施意见》、《太仓市家庭档案归档整理规则》，通过举办培训班、树立典型，逐步推开全市家庭建档服务工作。

正是由于太仓市档案馆的主动服务意识与创新精神，使得民生档案利用工作得以蓬勃开展。在太仓市，老百姓需要查阅资料时首先想到的是档案馆，而并非业务主管部门，其档案意识之高也充分证实了档案馆工作效能的社会影响力之广。

2. 太仓市档案馆开展档案工作的经验

档案工作只有不断融入到位经济社会发展的服务中来，才能体现强大的生命力。太仓市档案局（馆）以服务谋发展，以创新求突破，不断发挥档案工作在服务和谐社会建设中的作用。

（1）服务民生，挖掘内在潜质

近年来，太仓市档案馆从重在为机关团体服务转变为重在为人民群众服务。在全面开展档案接收进馆工作的同时，特别强调加大民生档案的接收进馆力度。通过科学著录、鉴别扫描、梳理提炼、数据整合，建立了独生子女、伤残优抚、宅基地批复、婚姻、林权证、小乡干部等32个专题100万页的民生专题数据库，并提供职能部门共享利用，提高了资源共享的广度，提升了服务效能。

（2）加强沟通，优化前端协调

档案利用工作顺利开展的前提是拥有丰富的档案资源。而由于相当部分民生档案大多存放在业务部门，因此，在民生档案加强管理的过程中，太仓市档案局在与业务部门沟通方面不断加强探索。如果情况比较简单，则采用直接沟通的方式，没有原则问题即可达成集中管理协议；而牵涉问题较多、比较复杂的，则由两家联合发文，或通过政府发文进行集中工作，以增强权威性。

3. 太仓市档案馆档案工作优化发展之突破层面

（1）做好基层调研，强化标准规范的适用性。档案形成时缺乏一定的标准规范加以指导约束，会给档案的后期集中管理和提供利用造成极大困难。然而，在政策制定过程中如果没有征求基层工作者意见，也会降低所出台标准规范的现实适用性。因此，上级在制定标准规范时应加强基层调研，从基层需要出发，明辨工作需求，强化政策的现实指导性，突出标准规范的适用性。

（2）加强前端协调，理顺业务部门指导规范。通过档案部门的建档指导，业务主管部门应加强制定并指导本专业的档案规范（尤其是民生档案），以促进档案工作的开展。

（3）适应实际需要，创建数字图书馆。开展数字档案馆建设时，上级部门应加强宏观规划，提供服务指导意见，避免基层档案部门盲目上马，造成人力、物力、财力的浪费。

4. 太仓市档案馆调研的思考

（1）民生档案是太仓市档案馆在开展档案利用服务中的一大亮点。俗语说得好："得民心者得天下。" 只有立足于老百姓的需求，开展档案工作，才能最大程度地实现档案工作价值，扩大档案工作影响力。

（2）注重档案标准、规范建设。制定标准、规范时要多征集基层意见，以提高所制定的标准规范的适用性。

（3）档案利用工作的关键在于做细做实。要以社会档案利用需求为导向开展工作，不做无用功、面子工程。尤其在档案数字化热潮中，档案部门要认清自我，作好规划，立足需求，切实开展数字化工程。

（4）档案工作想要做出成绩，关键要发挥档案人员的主观能动性。只有积极主动服务精神和创新意识，才能给档案工作带来持续发展的活力。

六、典型调研总结

通过对以上五个综合性档案馆进行典型调研，我们从宏观角度将我国档案利用及开发现状总结如下：

（一）我国档案利用及开发状况总体评价

首先，我国档案利用工作取得了不错的成绩。各级各地档案馆因地制宜、因馆制宜、因藏制宜地开展了一系列各具特色的档案利用工作，丰富扩大馆藏，开发丰富多样的服务方式，提供开放的平台和人性化的服务，并开展特色服务，满足用户不同层次不同方面的利用需求，提高了档案利用服务的质量和水平。

其次，我国档案利用工作仍存在诸多问题，总体状况不容乐观。虽然各档案馆在发展档案利用工作方面做出了极大的努力，但由于多方面因素的影响，问题仍然较多：档案利用率总体来说仍然较低，丰富的馆藏资源未能得到充分利用，档案利用效益不能充分实现，档案利用水平和质量较低，档案工作人员积极性不高，档案利用工作效率偏低。这些问题的存在仍然严重制约我国档案利用工作的进一步发展和深化。

（二）档案利用政策与利用活动的关系

在典型调研中，我们发现，档案利用活动的开展在很大程度上受档案利用政策的影响，同时档案利用活动也对档案利用政策产生重要的作用，而且许多档案馆基于提高档案利用工作水平的目的，在提到进一步提升档案利用水平的措施时都对档案利用政策提出了不同的建议，由此可见，档案利用活动与档案利用政策之间是相辅相成、相互制约的。

首先，档案利用政策对档案利用活动具有政策指导作用。一方面，档案利用政策为档案利用活动开展提供了政策保障和支持，从制度层面为档案利用活动提供有效指导；另一方面，档案利用政策也在制约着档案利用活动的开展。档案利用政策在一定时期内是保持相对不变的，而档案利用活动是在时刻变化发展着的，这就必然引起政策的相对滞后不能适应实践活动的发展，反而阻碍着档案利用活动的开展。

其次，档案利用活动能够推动档案利用政策的建设。实践的发展总是在一定程度上推动理论的提升，档案部门通过在实践中开展具体的档案利用活动，发现现有档案利用政策在指导实践工作中的局限性以及实际工作对档案利用政策产生的新要求，从而推动档案利用政策的进一步完善，以更好地满足实际利用工作的需要。

因此，档案利用活动与档案利用政策密不可分，二者相互影响、相互作用。这也正是我们研究档案利用政策和档案利用活动的原因所在。通过对档案利用政策的分析研究，不断完善我国档案利用政策的建设，强化制度保障和指引，从而能够更好地指导我国档案利用工作的开展。我们对档案利用政策进行研究主要用于指导档案利用活动，因而在研究政策建设时对档案利用活动进行调研和分析是十分必要，也是十分重要的。通过对实际部门中档案利用活动的调研，有助于我们清楚认识实际部门、实际工作以及档案利用者对档案利用政策的真正需求，从而有的放矢地完善我国的档案利用政策，提高档案利用工作的质量。

第四节　社会转型期完善我国档案利用服务的实现途径

档案馆是集中、永久保管档案，并提供档案为社会和公众服务的文化事业机构，它的主要职能是：接收和征集有长远保存价值的档案，积累和保管档案，维护档案的完整与安全，开展馆藏档案的登记、整理和编目，编制档案检索工具和编辑档案史料、参考资料，为用户提供所需的档案，开展参考咨询活动，公布档案文件，举办档案文件陈列展览，出版专业刊物，向社会和公民进行宣传教育等。档案利用服务是档案部门以所收藏的档案文化财富为依据，通过一定的方式方法，直接提供档案信息，为社会各项事业服务的一项业务活动。档案馆为社会各界提供档案，是档案工作的根本目的与归宿，档案的收集、整理、保管等工作都是围绕这个根本目的来开展的。但是，由于受社会背景、历史环境等各种因素的制约，我国综合性档案馆在开展利用服务工作时，距离真正意义上的公共档案馆还有差距。

近年来，随着国家各级综合性档案馆服务意识的不断增强，档案部门已制定了一系列档案开放利用措施，将服务重心由党和政府机关转向社会大众。但对于广大民众而言，相对于图书馆、博物馆等其他文化机构在人们心中的认知度，档案馆仍是个官方色彩浓重的神秘之地，不够贴近社会，贴近百姓。因此，如何在原有基础上进一步拓宽服务社会的功能，使档案馆真正成为服务社会、造福百姓的场所，一直以来都是档案工作者关注的重点问题。正如第十四届国际档案大会上提出的："数字化时代档案馆的服务范围不断扩展，从封闭的机要服务转向开放服务；从为单纯国家机构服务扩展到为全社会服务；从单纯为政府官员服务扩展到为广大民众服务"。第十五届国际档案大会则进一步将"档案与社会"作为会议的主题之一进行研讨。由此可见，档案馆要拉近与民众的距离，要最大限度地为广大民众服务，已成为国际档案界的共识。

档案利用是针对档案用户而言的，是档案用户为满足其个人或公务活动需要而利用档案的行为；档案服务则是针对档案馆而言的，是档案馆为满足用户利用档案的需要而为其提供档案的行为。因此，我们倡导档案馆的亲民利用和服务，一方面是档案用户在利用档案的过程中的易用、便捷和高效的行为，另一方面是档案馆在为用户提供档案时，在馆藏建设、档案开放程度、建筑设计理念、服务意识等方面体现出最大限度的为社会公众提供服务的行为。

随着我国信息社会的到来以及改革开放的不断深入，档案馆提供利用的功能也在发生着重要转变。各级综合性档案馆如何在原有提供档案为社会服务的基础上，更加注重档案"为民所用"，走亲民化路线，是值得我们思考的问题。具体有以下几条途径：

一、馆藏"贴民"

我国综合性档案馆是我国档案事业发展的基础和骨干，随着我国改革开放的不断深入，市场化程度的不断提高，档案馆也应融入市场大潮，强化其服务社会的功能，满足社会公众需要。档案馆在继续为党政机关及其他组织提供利用服务的同时，必须高度重视为其他社会公众提供优质服务，这是社会赋予档案馆的神圣使命。按照这一要求，档案馆应以当前和长远的用户需求为导向强化馆藏建设，贯彻"以人为本"的理念，在馆藏资源建设过程中以满足社会公众的全面需要为出发点。加强馆藏建设，建立结构合理、藏品丰富的馆藏体系是档案馆利用服务实现亲民化的物质基础。档案馆不仅要收集党政机关档案，还要加强收集贴近社会、贴近公众的多种内容、载体形式的档案，要力求在不断提高进馆档案质量、提升档案价值的基础上，丰富馆藏内容，打造贴近民众的档案馆藏。具体有以下几点措施：

（一）丰富馆藏内容——从民众中来

从长远看，我国档案利用将更趋向公众化，因此档案馆应以公众需求为导向丰富馆藏档案内容。应尽可能地把反映社会生活、有利用价值的档案收归馆藏。试想，当人们来档案馆仅仅是想找寻一些过去的记忆、体会旧时的文化内涵的时候，他并不会对某某单位形成的公文、某一时期出台的文件感兴趣。因此，应有广度、多层次地确定档案收集范围，加大接收和征集力度，调整接收和征集方向，使馆藏构成更加公众化，以适应更多公众不同的需求。

馆藏档案既要包含来源于官方在公务活动中形成的公务性档案，也应包含那些在民间机构活动、个人及其家族活动中形成的非公务档案。馆藏档案信息要为民所用，首先应来源于民众。单纯的党政机关的公务档案，必然会从客观上抑制档案利用率的上升，必须要有齐全完整，内容丰富，能从不同层面反映历史全貌的馆藏，才能满足社会的不同需求。所以，档案馆利用的公众化首先应当是馆藏档案来源的多元化。

在这方面，我们可以借鉴国外档案馆馆藏建设的经验。在馆藏档案中，哪些是人类社会长久要查找的，或世世代代都有利用价值的？带着这样的问题，我国档案学者曾先后走访了美国、英国、意大利、加拿大和法国等国家档案馆，在征询馆长或高级职员的意见，及阅读各馆有关资料后得出结论：那些"有关人生、家世、家庭、家族，有关个人的学历和履历、业绩和财产、有关城市历史变迁过程中的人物与事件，有关地方的历史风貌、人文景观和土著（原居民）历史，有关人间重大事件（战争、天灾、事故）及其后果影响，有关社会各界名流的生平事迹"是具有长久利用价值的档案，因此应当优先进馆。在西方发达国家，许多国家档案馆收藏档案的范围除政府的公文档案，还有大量反映城市历史发展和建筑艺术的绘画、雕塑、照片以及记载个人资料和家族背景的各种私人档案，甚至还有大量传单、小报、明信片、邮票等。如加拿大国家档案馆设立了艺术品专库，其馆藏是反映加拿大历史、城市风貌和地理、建筑的油画；魁北克省档案馆收藏有几十万张来自外国外省市反映各式各地不同城市建筑物和风貌街景的明信片，同时还具有邮戳价值。美国休斯敦市档案馆收集有 600 名人物口述录音、200 多万张照片底片。这些国家的档案馆除公务内容之外的档案占了馆藏档案的"半壁江山"。美国档案机构提供利用档案的原则是"公众需要什么，我们就收集什么，提供什么"，他们希望越来越多的人来利用档案，并认为档案应当体现"民有、民治、民用"的理念。档案馆为民服务不但成为了档案人员的一种工作理念，而且还已深入到广大公众的心里。

　　具体到我国，目前我国因私查档的利用需求逐年攀升，为解决个人财产继承、经济纠纷、工作待遇、劳动保险等问题、为学术研究之用、出于休闲消遣的目的而查档的公民占有相当比例。因此，一方面，在档案内容上应注意接收、征集与公众利益关系密切的档案。目前我国档案馆馆藏档案主要是各级党政机关形成的文书档案，同时也收集一部分国有企事业单位形成的档案。固然这些档案在一定时期内仍将是各级综合性档案馆的馆藏主体，而且在公众为了维护个人合法权益时，有时也需要以这部分档案佐证，做政策依据，但还有许多与公众利益相关的档案尚未进馆或未按期进馆，如：个人出生档案、学籍档案、婚姻档案、招工档案、干部人事档案、信用档案、房地产档案、诉讼档案等。这些档案内容或涉及到了百姓生活的方方面面，是为百姓排忧解难的重要凭证材料，或为民众了解家族历史，增长历史知识提供信息，因此，应当一并进馆，为百姓提供利用；另一方面，在档案形式上应注重接收公众喜闻乐见的档案。普通百姓因私查档不同于因公查档人员那样目的明确、直入主题，他们除为解决涉及个人利益问题之外，也会因出于对某一历史事件的好奇，对某个名人事迹感兴趣、为休闲娱乐之目的而来，那么要吸引他们的眼球，单靠冰冷的"白纸黑字"恐怕是行不通的。信息社会的到来，档案馆硬件设施的完善，都使我们有能力且有必要接收或征集多种形式的，公众所喜闻乐见的档案。如：著名人物的日记、手稿、口述史，记录某一宗族、家族世系发展的谱牒，体现某一地域特色的照片、视频，重要私营企业发展历程的记录，包括一些有时代印记的票证、凭据、招贴画、广告、传单、小报、纪念物品等。将内容丰富、形式多样的档案资料接收进馆，提高馆藏档案的实用性，增强档案馆为公众提供服务的能力，帮助百姓解决个人利益问题，满足公众的好奇心、求知欲，使公民乐于来馆利用档案。我们不难想象，面对如此丰富的文化宝库，公众还有什么理由不到档案馆去品味，去休闲。

（二）优化馆藏结构——到民众中去

国家及其各级行政区域的机关所形成的档案，是综合性档案馆接收的主要来源。在现今社会，公务活动频繁，文件数量激增，给文件归档及档案进馆造成了极大的空间压力。针对目前存在的问题，我们认为应当采取措施，在使馆藏档案达到最优化的同时，使民间参与档案收藏，以达到档案馆和公众双赢的目的。具体措施如下：

1. 明确归档文件价值，严格控制进馆比例

目前，我国档案馆进馆档案数量达到归档文件的 50% 甚至更高，与许多国外档案馆 10% 左右的比例相比，整整高了五倍。控制进馆档案比例已成为迫在眉睫的重要工作。正如加拿大档案学者特里·库克所说，我们的记忆宫殿是为人民，而不是为国王服务的，极少数公民同意将他们缴纳的大量税金用于资助其馆藏大多反映政府官僚活动的档案馆。在普通公民看来，档案不仅要涉及政府的职责和保护公民的个人权益，而且更多地还应为他们提供根源感、身份感、地方感和集体记忆。因此，档案馆应当在明确归档文件价值的基础上，严格控制进馆比例，做到收集档案轻共性，重个性：一方面应尽量选择同一立档单位中最能反映其主要职能活动，能反映其特色之处的那部分档案归档；另一方面，应注意以收集、征集的方式将那些最能反映当时社会最典型最生动的档案接收进馆，适当增加极具时代特色、富有民间意味的档案。

2. 开展馆藏档案的定期鉴定，鼓励民间收藏

受历史原因和观念影响，我国许多档案馆在保管档案时都存在"只藏不销"的问题。我国档案的禁毁年限是 1949 年，建国前的历史档案由于时间久远，被保存下来的数量有限而更显珍贵。但即便是建国后那些被鉴定为已无保存价值的档案，销毁的比例也是相当低的，一份被盖有"转销毁"印记的档案仍原样躺在档案库房里，那么鉴定还有什么意义呢？档案鉴定，应当是正确而全面的认识和处理档案存与弃的重要环节，一方面是为了避免让那些失去了保存价值的档案充斥库房，另一方面也是为了使有价值的档案得到更好的保管和提供利用，提高馆藏档案的质量。档案馆应使鉴定本身真正发挥其作用，对那些重复性档案和到期并已无保管价值的档案进行及时处理，以保证馆藏档案信息的"含金量"，减轻保管部门的压力。

目前，对已到期或无保存价值的档案，我国的传统处理方法是销毁。这种

做法有法可依，有据可查。无论是在过去的战争年代或是新时期，它都产生过积极的影响，不失为是一种既安全又经济的措施。当然，其前提必须是鉴定结果的正确。如果鉴定一旦出偏差，其后果也是无可挽回的。随着时代的进步，社会的开放，寻求待销档案的新去处成为可能。以北京为例，民间收藏有着充足的地域优势和人文环境。潘家园古玩市场等地出售古玩字画、老报旧刊的比比皆是，这些场所已成为爱好收藏的百姓经常光顾的地方，甚至吸引了一些档案馆的征集部门前往。这也给了我们一个重要提示，待销档案中除那些涉及国家安全、商业秘密等内容的须按规定进行销毁外，其他部分可以"藏档于民"。在经过了严格的鉴定、审批程序后，把那些原本应当销毁的档案通过转让、捐赠、拍卖等手段，转由民间保管，交由时间筛选。一方面为档案馆藏消了肿，另一方面又为待销档案搬了家。民间参与档案的收藏，对提高民众文化品味、增进社会档案意识不无裨益，不失为拉近档案馆与公众距离的重要途径。

二、开放"惠民"

吴宝康教授在《当代我国档案工作的重要文献》中曾指出："档案必须利用，通过利用来充分发挥其作用，为社会服务并同社会的政治、经济、文化、科学、教育等方面紧密联系起来，实现档案自身的社会价值"。要想真正搞好档案利用工作，档案馆必须首先将档案开放。档案馆走向开放是历史的必然。对于档案馆而言，全方位的开放档案不仅仅是对社会对公民的给予，更是一种获得，是推动档案馆自身发展的能量源泉。

建国初期，档案部门作为保密单位，使公众认为利用档案是一种神秘而遥远的行为，但是随着我国社会的发展，人们物质、精神生活的丰富，除党政机关、企事业单位利用档案外，越来越多的普通百姓走进档案馆，走近"故纸堆"。随着社会各方面对档案的需求越来越多，档案服务方向由主要为企事业单位内的对象服务转化为社会全方位服务，这一转变已成为档案管理者的共识。2004年1月，外交部档案馆正式对社会开放，《人民日报》等全国各大报刊都作了报道，因为只有30%的到期档案开放，称之为30%的遗憾，100%的进步，此举受到人民群众热烈欢迎。拓宽档案开放渠道，是对以往档案馆封闭格局的彻底变革。向广大公众全方位开放档案，使档案走向社会，为社会服务，是充分发挥档案资源的利用价值，促进档案馆发挥服务社会功能的重要举措。具体措施如下：

（一）加快档案开放低龄化进程

随着社会文明、经济发展步伐的加快，档案利用者的范围已经发生根本性变化，从编史修志到个人取证，从工作查考到学术研究，利用者的查档目的也更趋向多元化，越来越多的公民愿意走进档案馆，并将利用热情转向"低龄"档案。因此，档案馆应树立"档案开放为原则，不开放为例外"的新的指导思想，尽快将那些不涉密的档案经鉴定后向公众开放。毕竟，24%的馆藏档案开放率太低，馆藏中还有很多可以挖掘的资源可向社会开放。档案学家特鲁迪·H·皮特尔松女士在国际档案圆桌会上提出："设计并保证扩大公民查阅文件与档案权利、争取缩短档案开放的法定期限是现代化档案立法中的一个必要的具有普遍性的问题"。[①] 在当代，如何尊重和赋予公民档案利用权，成为档案管理者与档案利用者双方都普遍关注的问题。

在档案开放方面，美国有很多珍贵经验值得我们借鉴。美国于1966年颁布《信息自由法》，该法明确"民众对政府体系动作的参与和分享"，规定政府各部门有义务向民众提供尽可能多的信息，及时公布记录政府活动的档案。《信息自由法》的颁布对美国档案开放工作、档案信息的利用起了重大的影响。美国政府设立的公共档案馆对开放档案都非常积极，除涉及国防、外交、国家安全和个人隐私的文件开放期还是从严控制外，对其他档案利用限制很少，且解密时间为20年，即政府机关对形成期满20年的机密文件进行解密检查，尽可能地向公众开放。即使期满20年仍不能开放，到30年期满就自动解密。各档案馆往往有90%以上的馆藏档案对公众全方位开放。加之其进馆的档案只有归档文件的3%~5%，而且每份文件都有具体的解密日期，这使得档案开放可以有条不紊地进行，无须再做开放鉴定。在美国，无论是国家公共档案馆，还是学校、团体等档案机构，都对档案开放持积极态度。

为使公众能够获取更多的档案资源，我国各级综合性档案馆应拓宽渠道，加快开放档案的步伐。国家保密局一位参与起草《保密法》的专家曾说："该保密的要保密，不该保密的一定要开放要交流。保密是要有成本的，保密并不是越多越好，公开会促进社会进步。"

（二）完善已公开现行文件的提供利用

为民众服务，营造和谐、友好的社会氛围，是构建和谐社会的重中之重。近年来各档案馆相继向公众开放了"红头文件"，以更加积极的开放姿态亲近

---

① 黄项飞. 档案馆：走向开放 [J]. 北京档案，2005（5）：12.

公众。已公开现行文件的提供利用，打破了文件与档案的界限，扩展了档案馆服务社会的功能，将档案馆推向了更为广阔的社会舞台。继续开展与百姓生活、工作息息相关的政策、法规等文件的提供利用工作，是档案馆更新观念，服务社会的具体体现。

第一，要加强行政规范性文件的收集工作，健全交送机制，完善收集范围，确保各种文件、法律法规、政府规章、史志年鉴等完成收集、整理、利用等环节的顺利运行。《中华人民共和国政府信息公开条例》已经于 2007 年 1 月 17 日国务院第 165 次常务会议通过，并于 2008 年 5 月 1 日起施行。该条例对现行文件开放具有强制约束力，有助于在全国范围内普遍开展已公开现行文件，其影响力惠及更多的普通百姓。

第二，应加强档案馆的联动，通过兼营已公开现行文件的提供利用，将档案利用与已公开文件的利用工作有机结合，促进档案信息资源的整合与共享。

目前，各级综合性档案馆在提供档案利用的同时，还承担了提供当地已公开文件的查阅服务工作。可以说，政务信息的公开进一步满足了公众对档案的需求。实践表明，普通民众为查阅"红头"文件走进档案馆，通常是为解决个人实际问题而来，当其不能从公开文件查到有用信息时，必然会要求档案馆从档案中寻找答案。对于民众来说，不管是馆藏档案还是公开文件，解决问题才是根本目的。因此，档案馆应当抓住这一契机，将档案利用与已公开文件的利用工作有机结合，互为补充，推行人本化服务。使公众可以全面、系统地了解与个人利益相关的信息，满足其利用需求。

三、技术"便民"

在信息时代初期阶段，将海量信息集中存储在有限的空间里，并能够高效地将这些信息在同一时间提供给处于不同地理位置的利用者所利用，这曾经是档案馆梦寐以求的目标。如今，成熟的数字化技术和便捷的网络系统已经为档案馆实现这一目标揭开了序幕，同时也对档案馆信息服务工作提出了更高的要求。我们应认真分析当前信息环境的特点及社会信息需求的新变化，及时学习和掌握有关新技术和新知识，充分运用网络工具和技术，突破传统的利用服务领域，努力提高利用工作的效率与档案服务的水平，为社会创造新价值，使档案馆提供的档案信息服务更加贴近社会，更广泛地吸引社会大众，最大程度地方便社会民众以网络手段获取所需档案信息。我们认为，具体到国家综合档案馆，应从档案信息数字化的完善和档案网站建设两方面考虑：

（一）档案信息数字化的完善

档案信息的数字化是指利用数据库技术、数据压缩技术、高速扫描技术等技术手段，将纸质文件、声像文件等传统介质的文件和已归档保存的电子档案，系统组织成具有有序结构的档案信息库。档案信息数字化的建设是实现档案资源网络共享的基础性工作，因此，应不断完善档案信息数字化的建设，主要有以下两方面内容：

1. 应完善网上档案目录数据库

将已开放的档案目录全部上网，并提供基本检索和高级检索等不同方式，供不同检索需求的用户选择。

近年来，这项服务已在一些城市档案馆网站上出现，以北京为例，2000年底，北京市档案馆网站首批推出开放档案目录检索服务，当时提供2个数据库，32万条开放档案目录数据。到2002年底，实现了在因特网上提供馆藏全部开放档案的目录检索服务。目前，在网上共有明清、民国档案数据库，建国后档案数据库，劳模档案数据库，诉讼档案数据库，工商档案数据库，税务档案数据库等6个数据库，共84.73万条开放档案目录可供公众在线检索。

2. 应尽快将档案原文上网

运用现代信息技术，将档案原文进行数字化并发至网上供利用者查阅，既有效保护了档案原件，又使公众可以足不出户阅览档案。目前，我国的档案网站已经普遍建立，但真正能让公众在网上阅览原文的还属凤毛麟角。国外一些档案网站已有开展，在美国，国家档案局新近所启用的"利用档案数据"检索工具，可以使用户在线利用350多个数据库，涉及20多个机构的文件，其开放量之大，涉及面之广可想而知。我国在2004年8月，北京市档案馆网站也已经推出了开放档案全文阅览服务。第一批实验性地推出28万页开放档案全文，在内容上考虑选择内容涉及面广泛、综合的全宗。目前，该馆在网上共有5个全宗，150余万页开放档案全文，可供读者在线阅览。

（二）档案网站建设

档案网站应当是将档案信息集中发布在网上的节点。在网络环境下，在电子政务日益推进、现代科技迅猛发展的今天，档案网站应成为档案利用服务的又一重要途径和窗口，应加速网络建设，提升服务手段，使网络用户在网上利用档案的过程中，既能体验到亲自到档案馆查阅的亲切和人性化，同时还能够享受网络带来的便捷。

1. 网络服务内容

档案信息服务在档案网站上不仅体现在对传统利用服务的辅助方面，还有如通过发布馆藏介绍、来馆利用的注意事项和相关规定，展览的举办信息和参观须知，书刊的出版信息和定购指南，使公众了解档案管理部门有哪些档案资源和服务，指导公众如何利用这些资源和服务；通过网上预约调卷等功能使公众更加方便地利用这些资源和服务，而且可以通过在线信息服务的方式，提供网上展览及书刊的全文信息，使公众足不出户即可直接利用到内容丰富的档案信息资源。

2. 网络服务方式

面向公众的网络信息服务方式应该是共享与个性相结合的，且突出个性化的。档案信息的资源共享服务，是通过建立统一的数据库、统一发布或建立链接形式共享档案目录、档案全文、网上展览、档案刊物等信息资源，同时可实现现行公开文件、地域文化等信息资源共享。档案信息资源的个性服务则是指公众在网站检索档案时，可以依馆藏档案满足个人需要的那部分，自由下载到本地电脑，使其成为满足个人喜好、需求的个性化档案信息资源库，从而使档案网络信息的用户个性化需求得到充分的满足。

3. 网络安全

建立档案馆网站，一方面为档案馆接触社会，提高全民档案意识起到了推动作用，另一方面通过上网档案信息，使用户可以足不出户进行远程网上查询、检索和利用档案，真正实现资源共享。但由于网络的高分散性和信息的易拷贝性，使档案信息在共享过程中面临着网络安全和档案信息安全的问题。为此，一要加强网络安全防护措施，设置防火墙，建立电子档案备份，防范攻击，以确保档案网络安全；二要严格控制上网档案信息的范围，坚持"开放档案上网"的原则，以确保档案内容安全。

总之，综合性档案馆通过网络提供与档案信息内容相关的资源，打破了时间和空间的限制，在档案馆和社会公众之间构建了无障碍的沟通桥梁。据我们对北京档案信息网网站访问量的调查，2006 年网站访问次数 937902 次，同比增长了 30%。可见，利用网络拉近档案馆与民众的距离，是卓有成效的手段。

四、服务手段"利民"

档案是一种特殊的社会信息资源，是来自于社会各方面活动的原始记录。档案馆的生存和发展在受到社会各种因素的影响和制约的同时又以其自身优势作用于社会发展，对社会发展有着积极的推动作用。因此，档案在具有存储、保管的基本功能的同时，还具有提供利用的利用功能，即"社会功能"。

近年来，"社会记忆"已成为档案的时尚代名词，可见，档案馆的工作重心已由保管转为提供利用。档案馆是档案保管机构，也是向社会提供利用的主体。社会的档案意识与档案馆的社会意识二者应是处于互动状态的。只有将档案内容信息融入到社会活动中去，才能真正发挥其作用，实现其价值，才能完成其服务社会的使命。社会公众才能够认可档案存在的价值并接受。信息社会发展到今天，图书馆、博物馆等公共文化部门都在竭尽所能地向公众展示着自身的独特优势，档案馆也应融入其中，变被动服务为主动开放，以馆藏档案为依托，在档案馆已有服务的基础上拓展利用档案服务社会的功能，多途径、多渠道吸引更多公民，以多种形式来发挥积极的社会效应。一方面在拓宽档案服务社会的内容上要贴近公众需要，另一方面在服务形式上要便于公众的参与。服务手段由单一转变为多元化，具体包括以下两方面内容：

（一）拓宽利用举办档案展览宣传档案的功能，丰富展览形式

举办档案展览是沟通档案馆与社会的一种极佳形式，是让档案馆走向开放、贴近公众的有效途径。传统档案馆一般都以在馆内设置展柜、展览的形式展示馆藏珍贵档案，在国内一些省、市级档案馆还设有专门的展厅。但这种方式存在主题不突出，不够贴近民众的问题。因此应将展览功能予以拓展：

1. 利用馆藏资源优势，办主题展览，增近与公众的距离

可以针对馆藏有特色的内容，以某一历史事件或名人为线索，定期开展主题展览。为此，世界各国档案界都对此投入了巨大的热情，我国档案馆也做了不少努力，如北京市档案馆就办出了自己的特色，收到了很好的社会效果。

北京市档案馆自 1996 年新馆开馆以来，相继举办了如《中华民族不可侮——北京地区抗战史料展》、《抗日英雄赵登禹将军事迹展》、《古都北京展》、《让历史告诉今天——北京商业票证回顾展》等多个展览，针对普通市民开放。以《北京商业票证回顾展》为例，北京市档案馆利用丰富的馆藏档案资料，陈列上千枚各个时期珍贵的北京商品票证实物，并公布了一批鲜为人知的历史档案文件和历史老照片。通过一张张商品票证，将参观者带回到百废待兴、物资匮乏的年代。展览展示了商品票证从无到有、从有到无的历史变迁，再现了首都半个世纪以来政治、经济、社会的坎坷发展与辉煌历程。参观者从发生在身边这些看得见、摸得着的事件，深深感受到社会的发展和改革开放的巨大变化。从百姓家庭的"命根子"到文物爱好者的收藏，商品票证浓缩了 40 多年发展历程的坎坷与辉煌。在收到公众热烈反响后，档案馆又将该

展览办进社区，得到社区住户的好评，他们表示通过观看"票证展"，既能感受生活变化给人们带来的实惠，又能重温那段亲身经历的年月，同时也拉近了百姓与档案馆的距离。

2. 通过与相关单位合作办展的方法，拓展服务社会的功能

通过合作办展首先能在丰富档案馆藏方面拓展新的档案收集渠道，充分体现其价值的同时，也促进了档案馆对档案史料的研究开发和利用。在搜集展览素材的过程中，那些蕴藏在群众当中的口述档案，以及档案人员实地调查的成果，为丰富档案的内涵，扎实地做好档案的论证和研究工作，将带来了新的重要启示。同时，在走访调查过程中，也拉近了百姓与档案馆的距离。许多展览素材从群众中来，以档案史料佐证，再到群众中去，起到教育作用，发挥档案的影响力。

从 2001 年，北京市档案馆与街道社区联合推出第一个胡同展至今，举办胡同展已成为档案界开展城市记忆工程的重要组成部分。利用档案对某一区域范围进行全面、细致、扎实的历史文化调研，以此提高档案馆参与社会文化建设和社区建设的能力，以及档案对社会生活的影响力。如今看来，这一努力已得到社会各界的充分肯定，据有关方面的抽样调查显示，历次胡同展都有80%以上的当地居民观看。胡同展用百姓身边的事实，以档案馆藏为依托，全方位地表现了一个区域在政治、经济、文化、人民生活各个方面的真实历史。胡同展将胡同打造成一个浓缩的历史舞台，它能够以小见大，折射出城市发展史，它与百姓的地域情缘相结合，形成了一个文化品牌，提升了社区的文化程度，起到了叙述历史、讲好故事、服务百姓、凝聚人心的作用。它在促进社区建设、建立和谐社会中，所起到的作用是显著的。

3. 将私人收藏爱好者藏品以捐献或寄存的方式在档案馆展出，以丰富馆藏内容

平谷区档案馆于 2004 年 4 月创办"世纪阅报馆"，是目前我国最大的民间老报馆。此次展出的多为个人收藏的 19 世纪末至 20 世纪 70 年代我国各个重要历史时期出版发行的报刊原件珍品，在很大程度上反映了一个多世纪以来中国历史的变迁过程。

目前在中国集报界数量最大，品位也最高，总量在 4000 多种，6 万余件。收藏者常年致力于老报刊收藏，享有中国老报纸收藏之最的名号。"世纪阅报馆"吸引了众多爱好者前往，收到了很好的社会效益。

（二）拓展利用档案进行社会教育的功能

近几年档案馆社会教育功能越来越受到重视。建立爱国主义教育基地成为发挥这一功能的主要方式。我们认为要拓宽档案服务社会的教育功能，不必局限于"教育基地"及开展爱国教育展览这种单一的形式。综合性档案馆具有广泛参与社会教育的优势。档案以其鲜明的历史性、地方性、直观性和原始性等特点，成为社会教育的生动素材。档案馆可以利用丰富的档案资源开展各种形式的社会教育活动。

可考虑与学校合作，把档案馆当作学生的第二课堂。利用丰富的反映社会政治、经济、文化、宗教等活动的档案资料，结合相应的历史背景，使教学过程寓教于乐，一方面以富有强烈的说服力、感染力和吸引力的第一手的文献资料做辅助，使教学生动而富有成果，另一方面深入发掘了馆藏档案资源，达到双赢的效果。无形中提高了学生利用档案的意识，培养了他们了解历史，从事研究的兴趣。

近年来，北京市档案馆查档大厅里，从事学术研究的高校学生群体渐成一道风景。进入利用大厅，你会有步入课堂的感觉，十余名学生人手一台笔记本电脑，认真地摘录着档案信息。在老师的带领下来到档案馆，档案馆丰富的历史资料和现代化的查档环境深深地吸引了他们。一名学生曾欣喜地说："以前从没有来过档案馆，没想到这里的档案资料这样详实丰富，为我们的课题提供了大量的第一手资料，档案馆网站的在线检索和查档大厅里的现代化服务方式为我们获取信息提供了很大便利"。其他同学也说，档案馆是个知识宝库，假期还要来这里查资料。此外，还有大量从事课题研究的中外学者走进档案馆，从儿童教育到妇女问题，从司法警事到社会矛盾，从福利待遇到文化卫生，研究内容之广泛，利用档案信息数量之大是以前从未有过的。现在北京市档案馆每年接待的利用者中，从事学术研究的个人利用者占到30%以上，在他们汲取知识养分的同时，也使档案馆成为他们新的课堂。

此外，还可以通过各种具有地方特色的文化活动，结合档案资源，开展相应的主题活动，通过开设各种论坛、沙龙、讲座、演讲等方式将档案信息主动向公众开放，宣传，让档案馆从业人员和史学专家等学者直接与社会公众对话与交流，充分发挥综合性档案馆的社会教育功能，将其以多种形式体现出来。

五、环境氛围"亲民"

随着人民生活水平的提高和空闲时间的增加，人们对精神文化的需求也在逐步增长。从满足公众休闲利用的角度考虑，我们认为不仅要从档案基础性工作深挖，还要为利用者创造良好的外部环境，营造文化休闲的内部氛围，这对档案馆走近公众也是非常重要的途径。

作为公共文化机构，档案馆应利用自己馆藏的优势，积极创造条件把档案馆办成市民文化休闲的好去处，为市民创造精神生活的场所，推动档案馆向大众化、公共化方向发展，吸引人们到档案馆来消遣，为档案事业增添新的生机和活力。就目前来看，国外休闲利用开展的相对成熟，以法国、西班牙、美国及澳大利亚等国为代表，都很重视档案休闲服务的开展。国外休闲利用是公民的主动行为，目前我国公民利用档案意识并不高，档案馆应该主动走出去，请进来，促成休闲利用。为此，综合档案馆应从以下几个方面考虑：

（一）营造档案馆文化休闲的氛围

公众来档案馆进行"文化休闲"的目的不是为了工作需要，而是要在舒适、优雅的环境下，满足对未知世界的探求，充实自己的精神生活。文化休闲首先要以满足人的环境舒适需要为前提。所以，档案馆"要创造一个开放的具有现代气息和文化氛围的阅档环境，使档案馆在整个阅档环境气氛温和、美观、宁静、开放，为社会提供开放的文化休闲环境"。在欧美等发达国家，档案馆的建筑理念就是从"人本"的角度去设计，是从社会大文化的角度去考虑它的环境选择和建筑风格的。它与图书馆、博物馆、科技馆等风格浑然一体，使其更容易去贴近民众，而且在一些设计的细节和场馆的设施上也体现出可贵的人本观念。如瑞士的沃州档案馆是建在公园内的，一打开窗户就可以欣赏到公园风景，馆内色调和谐，环境静谧，使人倍感舒适。同时，为了阅档人员的方便，馆方所提供的纸、笔也是一应俱全。为特别照顾残疾人的需要，欧美各国的档案馆还在档案馆进门处设立残疾人轮椅车通道，有的则设立便于残疾人使用的专门窗口，有的连卫生间也设置了残疾人专用厕位。就我国目前经济发展情况来看，除北京、上海等大城市具备并已经将"人本"的理念融入硬件设施建设上，其他很多地区档案馆仍存在困难。但清静整洁的周边环境，明亮舒适的阅档场所是完全可以做得到的。

（二）通过走市场化道路，将文化与休闲相结合，打造档案馆文化品牌

档案文化资源的惟一性和稀缺性是档案馆能够在城市文化领域内大展身手的基础。档案馆要主动地"推销"自己，可以利用资源优势和行业特点，在公益性文化事业和商业性文化产业方面找到结合点，努力为文化市场服务，并以实力打造档案文化精品。

我们常常感叹社会的档案意识淡薄，常常在强调档案馆所具有的文化功

能。可是，当百姓有充裕的休闲时间，热衷于对未知世界的文化知识的渴求时，我们为什么不能主动一点，吸引群众利用档案，去了解人类自身的历史记忆呢？如同政府在向公共服务型的政府转变一样，各地集中管理党政机关档案的各级国家综合档案馆，也应该向公共档案馆转化，特别强调它服务公众的性质。在这种情况下，凭借档案馆所特有的档案优势开发文化产品，也就成为一种必然的选择。档案文化产品的出现，不仅可以满足公众日益增长的文化消费需求，对于城市档案馆而言，还具有记载、传播城市形象的意义。通过将档案文化产品推向市场的方式，宣传档案本身，打造档案精品，即提升了民众的文化底蕴，也是档案馆向社会宣传、展示自己的重要途径。由中国第一历史档案馆、故宫博物院等单位联合设置的大型历史文献记录片《清宫秘档》就是一个成功典范，它以"走出戏说、走近真实"为主题，将档案、文献、文物、历史与媒体有机结合，为大众艺术地呈现了那段不为人知的历史盛宴。纪录片现已在国内外广泛传播，成为公众文化休闲的艺术品，是档案馆走出深闺、投入市场的一次有益尝试。

第四章

发展脉络梳理：
我国档案利用政策的历史与现实

第一节　我国档案利用政策的发展进程和总体特征

一、五个重要历史分期

新中国成立以后，特别是国家档案局设立以来，国家层面的档案政策就陆续出台并发挥着指导档案事业全局的作用。由于新中国档案事业的开创者们对档案价值的深刻认识，对档案利用的高度重视，"档案利用"在早期的档案政策中已经提出，并成为了档案工作和事业发展的重心。1956年，新中国第一个纲领性档案政策——《国务院关于加强国家档案工作的决定》出台时，"便于国家各项工作的利用"已经被确立为档案工作的基本原则之一。档案利用政策的持续发布推动了我国档案利用及开发工作的拓展和深化，并且促进了我国档案利用理论的形成和发展。

我国档案利用政策演变过程可以概括归纳为五个时期——"政策方针提出期"、"政策导向确立期"、"政策强化巩固期"、"政策体系形成期"、"政策创新完善期"。

（一）政策方针提出期（建国后至"文革"前）

这一时期肇始于20世纪50年代中后期，直至60年代中期"文革"开始。当时，宏观的政策环境是社会主义新中国刚刚成立，"百废待兴"，整个档案事业和档案利用及开发工作正处于初创阶段。

档案界已经意识到了提供档案利用工作的积极意义，在着手收集革命历史档案、清理旧政权档案和加强区、乡、人民公社档案管理的同时，于1958年4月召开的全国档案工作会议（简称"四月会议"）中提出了"以利用工作为纲"的方针。"四月会议"认为："档案工作要为社会主义大跃进服务，它本身也非跃进不可，而档案工作的跃进标志就是能不能拿出档案来提供利用。因此，在社会主义建设全面大跃进的新形势下，我们重新提出了档案工作的方针和任务问题。会议确定了当前档案工作的方针应该是：档案工作应该以多快好省地开展对档案资料的利用工作为纲，充分发挥档案资料在社会主义建设中的积极作用，来为本单位的各项工作和生产服务，为经济战线、政治战线和思想战线上的社会主义革命服务，为工农业生产大跃进服务，为技术革命和文化革命服务，为科学研究服务。"①"四月会议"制定的档案工作方针，"基本上是正确的，方针中强调服务思想、强调提供利用的工作，是必要的。"②但是，由于人们对"以利用为纲"的极端认识，以及"四月会议"上提出的"全党办档案"的误导，许多地方掀起了"大办"档案的群众运动，甚至出现了浮夸、虚假和形式主义错误。

1959 年 6 月召开的全国档案资料工作先进经验交流会（简称"六月会议"）及时修正了"以利用为纲"的方针，制定了"进一步提高档案工作水平，积极开展档案资料的利用工作，为社会主义事业服务"的新方针③。"以利用为纲"方针的提出并修正，强调了档案工作的服务方向，使档案工作人员树立了为社会主义事业服务的思想，明确指出提供利用是档案工作的中心环节，为档案利用政策的充实完善确立了基本方针。

这一阶段，国家高瞻远瞩地提出了机关档案室"既便于机关当前的利用，也便于党和国家长远的利用"的服务宗旨④。县级和省级档案馆的利用与开发工作也开始建章立制，并具体化为编制参考工具、设立借阅室、明确利用手续和借阅制度、档案公布和汇编等提供利用方式。⑤尽管囿于当时的历史环境和条件，档案的利用存在较多限制，服务的政治性色彩浓厚，服务方向偏重于政治斗争，服务对象局限于机关工作者和党史研究者，但是利用意识却极为强烈，服务意识也十分突出。

---

① 国务院关于转发国家档案局关于全国档案工作会议的报告的批示（1958～06～11）[G] //国家档案局办公室.档案工作文件汇集（第一集）.北京：档案出版社，1986：20.

② 一九五八年至一九六二年全国档案工作的总结和今后的任务（1963～02～15）[G] //国家档案局办公室.档案工作文件汇集（第一集）.北京：档案出版社，1986：47.

③ 进一步提高档案工作水平，积极开展档案资料的利用工作，为社会主义事业服务——曾三局长在全国档案资料工作先进经验交流会上的报告 [G] //国家档案局办公室.档案工作文件汇集（第一集）.北京：档案出版社，1986：30～31.

④ 中共中央办公厅同意《机关档案室工作通则》的通知（1961～12～31）[G] //国家档案局办公室.档案工作文件汇集（第一集）.北京：档案出版社，1986：93.

⑤ 国家档案局发送《县档案馆工作暂行通则》和《省档案馆工作暂行通则》的函（1960～03～18）[G] //国家档案局办公室.档案工作文件汇集（第一集）.北京：档案出版社，1986：143～151.

20 世纪 50 ~ 60 年代的档案利用政策较为宏观抽象，象征性功能和导向功能比较突出。具体的利用服务规定都是阶段性的、分散性的，系统、连贯的利用服务法规规章尚未出台。

（二）政策导向确立期（"文革"后至 20 世纪 80 年代初期）

经历了十年浩劫的国家处于"万物复苏"时期，档案事业遭受了长期的中断和严重的破坏，档案政策主体——国家档案局无法行使应有的职能，初创时期确立的方针政策因未贯彻执行而成为"一纸空文"，亟需恢复并重新确立。

1979 年 4 月 21 日，根据《中共中央办公厅、国务院办公厅关于恢复中央档案馆名称和国家档案局的通知》（中办发〔1979〕10 号），国家档案局恢复工作。1979 年 8 月中断了多年的全国档案工作会议重新召开。进入 80 年代以后，我国档案事业的基础结构已初具规模，当时档案工作面临的主要任务是：提高档案工作科学管理水平，大力开发档案信息为社会主义现代化建设服务。

顺应当时我国历史科学研究（包括明清史、近代史与党史等）和老一辈无产阶级革命家传记编写工作需要，回应科技部门及经济战线各个方面日益迫切的利用档案要求，1980 年中央书记处决定开放历史档案。1980 年 3 月 17 日，国家档案局发布《关于开放历史档案的几点意见》的通知，决定"一是一九四九年以前的历史档案，即国民党统治溃灭以前的旧政权档案，除了极少数部分必须加以限制外，拟向全国史学界和有关部门开放；二是一九四九年以前的革命历史档案，除某些特定部分须限制利用外拟向搞党史研究的部门开放。"① 1982 年 11 月 20 日，中共中央办公厅、国务院办公厅转发国家档案局《关于开放历史档案问题的报告》。《报告》总结了两年多来各地贯彻"开放历史档案"方针的经验做法和现状问题，并对四个关键问题做了统一指示。②

这一阶段，档案利用政策从"以利用为纲"向"开放历史档案"深化。不但重申和确立了"积极开展档案的利用工作，为社会主义现代化建设服务"

---

① 国家档案局关于发送《关于开放历史档案的几点意见》的通知（1980 ~ 03 ~ 17）〔G〕∥国家档案局办公室. 档案工作文件汇集（第二集）. 北京：档案出版社，1985：206.

② 一是关于历史档案的开放与控制使用的界限，详细列举了 9 类控制使用的历史档案。二是关于历史档案的复制，对大量反复复制历史档案造成损坏和擅自转让档案的行为进行限制。三是关于历史档案的公布与出版，强调公布和出版历史档案是一项很严肃的工作，公布权属于党和国家，由党和国家授权档案馆执行。并要求各级档案馆除接待查阅、举办展览、举办学术报告会和编印刊物公布档案外，还应努力创造条件进行专题档案史料编辑和出版。四是关于外国学者利用历史档案，应当本着平等互利、内外有别的原则，既要热情接待，又要慎重处理。

的工作宗旨①，而且尊重了当时历史研究、科技部门及经济战线各个方面对利用档案的迫切要求，正视了"保密规定"不当和查阅批准手续太繁的问题，明确了"开放历史档案"的政策导向。如果说"以利用为纲"还只是一个抽象的档案利用政策方针，那么"开放历史档案"已经在更高层次上充实和发展了档案利用政策的空间。"开放历史档案"不仅是一个利用方针，更是一个以"开放利用为导向"，以"开放对象、范围、手续"为核心内容，明确了"利用方式、利用界限"以及"外国学者利用办法"的内涵丰富的政策专题。

这一时期的档案利用政策从象征性走向了实质性，从方针提出发展到确立具体任务和目标。"以开放利用为导向"推动了档案利用及开发工作向各个领域纵深发展。档案界至今仍然有效的三大行政法规，1980 年的《科学技术档案工作条例》、1983 年的《档案馆工作通则》和《机关档案工作条例》中都设立了专条或专章规定如何提供利用。纷纷出台的其他专门档案管理规定中也大多设立了"开放利用"专门章目。

（三）政策强化巩固期（20 世纪 80 年代中后期）

上个世纪 80 年代中后期，我国档案工作经历了"六五"时期的迅速恢复和发展，"各级档案事业管理机构已达 2512 个，发挥了对全国档案事业的宏观管理作用；各级各类档案馆已达 3004 个，比一九八〇年的 2300 个增加了 30%，馆藏档案已达 7066 万卷，比一九八〇年增加了一倍多，档案馆工作正在由封闭型、半封闭型向开放型转变。"②

在"改革、充实、巩固、提高"的方针指导下，档案利用政策从"开放历史档案"向"档案馆开放档案"进一步深化。之前提出的"开放历史档案"方针在这一时期得以巩固和贯彻。

1985 年的档案工作体制改革确认了档案馆的文化事业单位性质，促进了档案开放向档案信息资源开发的发展。1986 年 2 月 7 日，国家档案局发布《档案馆开放档案暂行办法》，将向社会开放档案确立为各级各类国家档案馆的基本任务之一。不仅明确了档案开放工作的执行主体，而且以行政法规的形式详细制定了开放的期限（30 年）和范围（6 项）、开放的条件和要求、开放档案利用手续、档案公布出版和利用档案收费等方面的内容。《档案馆开放档

① 中共中央、国务院批转国家档案局关于全国档案工作会议的报告〔1980～02～14〕［G］//国家档案局办公室. 档案工作文件汇集（第二集）. 北京：档案出版社，1985：9.

② 档案事业发展"七五"计划（1986～1990）［G］//国家档案局办公室. 档案工作文件汇集（第三集）. 北京，档案出版社，1988：13.

案暂行办法》巩固和加强了之前颁布的相关规范性文件的政策效力，将服务对象从国家机关和科研机构扩展到普通公民、社会大众。1986 年 9 月 11 日，国务院办公厅转发国家档案局《关于加强档案馆建设和进一步开放历史档案的报告》的通知，强调了胡乔木同志的意见，"档案的进一步开放（包括对国外开放），势在必行，这是繁荣我国学术事业和实行对外开放政策的必然要求，各国的通例我国不能例外。""这对于我国长期以来封闭式的档案管理方式是一大改革。因为工作量很大，只能有步骤地视轻重缓急循序进行"①。

1986 年 11 月，国家档案局制定的《档案事业发展"七五"计划》提出：要"积极开展档案的利用工作，进一步开放档案馆的档案，多形式、多渠道地开发档案信息资源，增强档案馆、档案室的活力，为社会主义的物质文明和精神文明建设服务。"② 此后，国家科委、经委、计委相继与国家档案局制定了企业、科技、科研档案管理办法和《开发利用科学技术档案信息资源暂行办法》，以推动档案信息资源的利用开发。《关于利用档案收费有关规定的通知》等相关配套政策也陆续出台。

这一时期是"档案开放、利用、开发"的高潮期和蓬勃发展期，档案利用专项政策出台的数量达到高峰，档案利用的基本政策——《档案法》及其实施办法也已颁布。随着档案提供利用工作的常规化，档案利用标准化程度也相应提高，档案利用政策中程序性政策缺乏的空白被填补。1987 年 12 月 4 日，国家档案局发布了《机关档案工作业务建设规范》，对机关档案的利用服务确立了 5 条工作标准，推动了利用工作的程序化、科学化和现代化。

（四）政策体系形成期（20 世纪 90 年代）

20 世纪的最后十年，我国的国民经济和社会发展进入了快速稳定、提高完善的"八五"和"九五"时期，建立社会主义市场经济体制成为这一时期国家的中心任务。"一个有中国特色的社会主义档案事业体系已初步建立。档案工作在为社会主义现代化建设服务中发挥了显著的社会效益和经济效益。"③

1991 年国家档案局制订了《全国档案事业发展十年规划和"八五"计划

---

① 国务院办公厅转发国家档案局．关于加强档案馆建设和进一步开放历史档案的报告》的通知（1986～09～11）[G]．//国家档案局办公室》．档案工作文件汇集（第三集）．北京：档案出版社，1988（10）：244.

② 档案事业发展"七五"计划（1986～1990）[G] //国家档案局办公室．档案工作文件汇集（第三集）．北京：档案出版社，1988（10）：15.

③ 全国档案事业发展十年规划和'八五'计划纲要 [G] //国家档案局办公室．档案工作文件汇集（第五集）．北京：档案出版社，1997（11）：77.

纲要》，1992 年在全国档案局长工作会议上，时任国家档案局局长的冯子直作了题为《关于在全国档案工作中贯彻党的十四大精神的意见》的报告，系统地阐述了 90 年代国家档案政策的基本思想：（1）档案工作必须服从并服务于经济建设这个中心。（2）在市场经济条件下，国家对档案工作的宏观控制将主要通过法律手段，因此必须加强档案法制建设。（3）在国家对档案事业的经费投入不可能大量增加的情况下，档案事业应当立足现有规模，走内涵增长型发展道路，探索适应社会主义市场经济体制的运行机制和管理方法。①

20 世纪 90 年代初期，以"档案开放"为突破，以"社会利用"为方向的档案利用政策形成了较为系统的内容体系和基本框架。如今的"档案开放、开发、提供利用"等工作所遵守和执行的法律规章都是 90 年代初期制订的。除了基本政策——《档案法》及其实施办法在 1996 年和 1999 年被修改，其他具体政策都沿用至今。如 1991 年 9 月颁布的《各级国家档案馆馆藏档案解密和划分控制使用范围的暂行规定》，1991 年 12 月颁布的《各级国家档案馆开放档案办法》、《外国组织和个人利用我国档案试行办法》。以及 1992 年 4 月出台的《利用档案收费规定》、《利用科学技术信息资源收费的规定》②。这些政策文件构成了我国档案利用政策的核心内容，再加上 1980 ～ 1983 年的"三大法规"——《科学技术档案工作条例》、《档案馆工作通则》、《机关档案工作条例》中关于提供利用的专门规定，以及一直不断增补完善的专门专业档案管理规定中的"利用、开放、公布"专章，共同组成了我国现有档案利用政策基本格局（即由基本政策、水平政策和垂直政策组成的内容体系）。

20 世纪 90 年代中后期，档案利用及开发工作融合渗透到了机关档案工作、档案馆工作、科技档案工作的具体任务之中，不再出台利用服务专项政策，但大量的综合性政策从收集、抢救、整合方面着力于"档案信息资源建设"、"档案信息资源开发"，"外强形象"更多地向"苦练内功"转变。

（五）政策完善创新期（21 世纪初至今）

21 世纪是中国不断向民主化和信息化社会迈进的时代，档案事业也在国家政治、经济、文化、社会建设取得骄人成绩的环境下得到了长足的发展。一方面，政治民主化的推进带来了档案服务对象的广泛性。另一方面，传统档案

① 王强.论国家档案政策 [J].档案学研究，1996（S1）：25.
② 是对国档发 [1987] 21 号《关于利用档案收费有关规定的通知》的修正。参见"国家档案局转发的《关于发布中央管理的档案系统行政事业性收费项目及标准》"的附件一和附件二 [G] //国家档案局办公室.档案工作文件汇集（第七集）.北京：档案出版社，1999（9）：372～376.

利用及开发借助于信息时代的科技发展坐上了信息高速公路快车，信息化建设的突飞猛进提高了档案服务的质量和速度。

由于我们收集到的 21 世纪以来的档案利用政策并不全面，这一时期的政策梳理回顾难免出现遗漏。但从档案事业的"十五"规划和"十一五"规划以及国家档案局局长重要讲话之中，仍能够概括出近年来我国档案利用政策持续完善创新的演进历程。这种完善创新主要表现在档案利用政策价值取向的"民本化"、表现形式的"法律化"、以及实施手段的"信息化"。

2000 年 12 月发布的《全国档案事业发展"十五"计划》中，将"坚持为维护最广大人民的根本利益服务的方向"写入指导思想，"为广大人民群众服务"与"为党和国家各项工作服务"同等重要。为了适应广大人民群众的档案利用需求的不断拓展，档案界开展了许多服务创新，如已公开现行文件利用、兴办校外学生课堂或教育基地、民营企业档案工作、社区档案及家庭档案的服务指导、农村档案建设，等等。国家档案局也以发布政策文件的方式及时予以鼓励支持和规范管理。如时任国家档案局局长的毛福民"在全国已公开现行文件利用工作现场会上的讲话（2005 年 6 月 29 日）"① 和"在全国民营企业档案工作座谈会上的讲话（2005 年 4 月 19 日）"②。2006 年 12 月 14 日，国家档案局局长杨冬权在档案局长馆长会议上所作的重要讲话中指出，"国家档案局在广东召开的全国档案馆拓展社会服务功能座谈会、中国档案报社和上海市档案局联合举办的档案工作服务未成年人教育研讨会，充分展示了各级国家档案馆面向社会、为最广大人民群众服务的成功做法和经验，起到了很好的引导示范作用。千方百计为人民群众提供优质服务，想方设法满足人民群众对档案工作的需求，已经成为档案馆工作的基本取向之一。"③

档案法制建设在两个五年规划中都被纳入主要任务，"十一五"规划中更是明确提出了需要修订 8 项法规，补充制订 12 项规章。其中，直接针对档案利用及开发领域的法规就达 5 项。2007 年在《档案法》颁布 20 周年之际，《档案法》修改这一重大工程正式启动。完善法制建设成为了档案工作自身和

---

① 国家档案局网站，[2007～10～27]. http：//www. saac. gov. cn/ldjh/txt/2005～07/04/content_78526. htm.

② 国家档案局网站，[2007～10～27]. http：//www. saac. gov. cn/ldjh/txt/2005～06/09/content_78672. htm.

③ 杨冬权. 团结奋斗 开拓进取——开创档案工作服务和谐社会建设的新局面［J］. 中国档案，2007（1）：11.

谐发展和实现服务功能的基本前提。国家对档案法制的重视，加快了档案利用政策的"法律化"速度，提高了政策的效力等级，扩大了政策的普适范围。

档案信息化建设早在 20 世纪 90 年代中后期已经启动，进入 21 世纪，传统档案利用及开发向数字档案信息服务发展，并进一步与国家信息化和电子政务建设联动，提升到"档案信息资源开发利用"的新高度。2005 年 12 月，国家档案局出台了《关于加强档案信息资源开发利用工作的意见》。2006 年 9 月，国家档案局、国务院信息化工作办公室经过充分酝酿和协商，联合启动了档案信息资源开发利用试点工作。试点确定了传统载体档案数字化、政务信息资源管理、已公开现行文件利用、企业档案信息资源开发利用、公共文献基础信息库建设、档案信息资源社会化服务等六个方面的主题。① 自 1984 年邓小平提出"开发信息资源，服务四化建设"掀起了"档案信息资源开发"高潮之后，档案利用的高级形式——档案信息资源开发又再次成为 21 世纪档案政策的新亮点，并体现出更为鲜明的技术推动和资源整合特色。档案利用政策与信息化政策相融合，政策之间的联动作用渐受关注。

二、我国档案利用政策的总体特征和发展趋势

对政策总体特征的把握可以从政策本身的宏观导向、内容体系和具体设计三个层面来进行，也可以从政策制定与环境变化的矛盾关系来考察。

（一）档案利用政策的总体特征

一是从政策宏观导向上看，连续性和发展性相结合。档案利用的基本宗旨具有连续性。无论是利用服务专项法规规章的总则，还是档案提供利用工作文件中的指导方针，都体现了一脉相承、一以贯之的特点。为"党和国家各项工作服务"、"便于社会各方面利用"、"为社会主义建设服务"、"为两个文明建设服务"、"服务大局服务中心工作"始终贯穿在利用服务相关规定之中，"档案社会利用观"不断被阐释和发展。同时，档案利用在不同时期的基本任务又具有发展性。从"开放"到"开发"，从"提供利用"到"信息服务"，从"为政治斗争服务"、"为历史研究服务"到为"为经济建设服务"、"为和谐社会服务"，档案提供利用的服务重心和核心任务根据党和国家不同时期中心工作的变化而不断调整。

二是从政策体系和内容结构上看，稳定性和变动性相结合。档案利用政策

---

① 蔡学美. 档案信息资源开发利用试点工作启动 [J]. 中国档案，2007（1）：21.

的基本内容框架保持相对稳定。例如我国档案利用政策的目标群体一直集中在档案室和档案馆，对于如何提供利用或如何控制使用极为重视，但档案利用者如何实施利用行为一直未能成为政策的直接对象。尽管档案提供利用工作的政策规定中也包含了对档案利用者行为的要求，但明确以利用者个人为调控对象的法规仅有《外国组织和个人利用我国档案试行办法》一项。同时，档案利用的具体规定随着外部需求发展和服务意识加强而不断修改和补充。以档案利用制度为例，虽然编制检索工具、办理借阅登记和利用手续、确定利用范围、规定利用方式、保护和利用并重等内容条款早在 20 世纪 60 年代就已经出现，并在 80 年代基本固定。但检索工具由手工编制案卷和文件目录向计算机全文检索发展，利用手续从凭介绍信向只需身份证明简化，开放时间由 30 年以上向即时开放缩短，利用方式增加了网上目录和全文公布等。

三是从政策文本的具体设计上看，原则性与灵活性相结合。例如《档案法实施办法》中关于国家档案馆保管的档案的开放时限，既规定了原则性的满 30 年定期开放，又根据档案信息内容的性质特点，规定了"自本办法实施之日起向社会开放"、"随时向社会开放"、"延期向社会开放"等灵活处理的补充规定。又如《利用档案收费规定》，既对收费范围、收费项目作了统一规定，又给具体的收费标准设置了灵活处理的空间，在收费额度上留有弹性。

四是从政策制定与环境变化的关系来看，超前性与滞后性并存。

档案利用政策"是在档案工作实践经验的基础上提炼出来的关于档案和档案工作的理性认识"，是"档案学理论运用于档案工作实践的中介和桥梁"，① 因此，政策制定都是源于却高于服务实践的，具有一定的超前性，这样才能准确识别关键问题、深刻分析主要原因、科学判断发展态势，为服务实践指明方向。

然而，从理论上说，任何政策在出台之时就已经滞后了。因为，政策面临的社会问题复杂而多变，而颁布的政策文本在一定时期却处于静止稳定的状态。所以，无论政策在制定之初多么超前，执行了一段时间后，部分条款就会逐渐产生和暴露出与时代变化不相适应的问题，表现出与现实"断裂"的滞后性。再完美的政策也需要不断地修改、补充和完善。因此，"当我们坚持一项政策的时候，最糟糕的方式是政策出台伊始就将它说得尽善尽美，最明智的

---

① 李财富. 谈档案工作政策 [J]. 档案，1996 (4)：18～19.

方式是正视它的缺陷，不是压制而是鼓励人们议论它的不足，在推行这一政策的同时，寻找配套手段，以期减少缺憾。"①

我国档案利用政策的重要专题——档案开放政策就是一例。以《各级国家档案馆开放档案办法》（1992 年施行）为代表的，形成于 20 世纪 90 年代的档案开放政策曾经是我国档案利用史上的一次具有深远意义的飞跃，它不仅给公民提供了利用档案、开启历史宝库的机会，而且促成了档案工作从封闭走向开放的转型。业内人士曾经为它的出台而欢欣鼓舞。客观来看，我国的档案开放政策规定在当时确实是进步的，"30 年"档案封闭期的原则性规定遵循了当时西方各国的惯例。② 但是，进入 21 世纪以来，西方各国以公民信息自由权为基石的信息公开制度纷纷确立。受到现行文件公开的影响，档案封闭期也相应缩短。保密文化浓厚的英国在 2000 年根据新出台的《信息公开法》（The Freedom of Information）删除了 1967《公共档案法》（The Public Records Act）中关于档案开放 30 年封闭期的规定③。在我国《政府信息公开条例》已出台的客观环境下，档案学者质疑档案开放期限的呼声日益强烈，现有档案开放政策规定的滞后性日益凸现。

（二）档案利用政策的发展趋势：对"社会服务"的倡导

从 20 世纪 50 年代的两个"利用方针"，到 80 年代两次"开放"的深化和"开发"的发展，直至 21 世纪"社会（化）服务"和"开发信息资源"并重，我国档案利用政策所倡导的"社会利用观"逐渐强化，"社会服务"的意识越来越明确，"面向社会"成为了服务宗旨和方向。

但政策对"社会服务"的倡导并不是一开始就确立的，而是经历了从"为政治斗争服务向为科学研究服务"的发展，经历了"面向机关和团体"到"面向普通公民"的转变。

新中国的档案工作是建立在国内外政治局势较为敏感和紧张的环境之下的。筹建国家档案馆、集中管理旧政权和革命历史档案，主要是为了政治斗争和对敌斗争的需要，因此一开始就十分重视向国家机关和单位提供档案利用。

① 郑也夫. 用寄宿制和公民服役制克服独子症［N］. 南方周末，2007～7～5：E30 版.

② 20 世纪 90 年代，美国档案开放利用的法律依据是 1972 年发布的 11652 号总统行政命令。英国则沿用 1958 年的《公共档案法》，其中档案的封闭期也都是"30 年"。参见黄霄羽. 外国档案工作纵横论［M］. 北京：中国档案出版社，2002（4）：213，164.

③ History of the Public Records Act［EB/OL］，［2006～08～29］. http://www. nationalarchives. gov. uk/policy/act/history. htm.

而且新中国档案事业的建设是从建立机关档案工作开始的，为机关工作服务自然成为当时的主要服务方向。"为科学研究服务"在特有的历史条件下也仅仅局限于以国家科研团体为主的，以党史研究、历史研究为主的"政治性科研"，而非纯"个人性"的学习研究。但实践证明，"以利用为纲"的档案工作方针主导了我国档案工作服务体制的发展，发挥了正面导向作用，并成为当前强化档案馆公共服务能力建设的深远思想渊源。

20世纪八九十年代，历史研究的需要推动了档案利用及开发向学术研究领域延伸，档案利用的"政治性"被两个"开放"方针所强调的"社会性"所取代。"在服务方向上，由以往主要为党政机关服务、为政治斗争服务，转变为面向社会，为党和国家各项工作服务，为对外文化学术交流服务，以适应'四化'建设和各项改革的需要。"① "开放历史档案"和"档案馆开放档案"从资源和机构两个方面体现了档案服务的"社会性"，推动了我国档案利用实践具有重大历史意义和现实意义的两次飞跃。"开发信息资源"从"信息价值"和"利用效益"上丰富了这种"社会性"，政策向"为经济建设"和"为学术交流"服务倾斜。

21世纪以来，随着改革开放的日益深入，综合国力的不断加强，公民信息权利意识的逐渐觉醒，以及利益多元化社会态势的确立，档案利用及开发工作所处的外部环境发生了新的变化，服务对象、客体资源、利益关系都在这种变化中不断拓展，并进一步走向社会化。早已确立的面向"社会服务"在这种多元化和社会化发展中融入了"科学发展观"与"和谐社会"的理念，提到了"以民为本"的"公共服务"新高度。

国家档案局局长杨冬权在"浙江省档案工作服务民生座谈会"上指出，"要建立服务民生、服务人民群众的档案利用体系。要改变过去重单位、轻个人，重业务、轻民生的档案利用观念，树立'服务民生与服务业务并重，服务领导与服务群众并重'的利用观念，把所有涉及民生、涉及人民群众直接现实利益的档案优先提供给广大人民群众利用，使档案的利用体系能够便捷高效地为民生服务、为广大人民群众服务。"② 这样一种"以民为本"的利用体

---

① 国务院办公厅转发国家档案局《关于加强档案馆建设和进一步开放历史档案的报告》的通知 (1986～09～11) ［G］//国家档案局办公室. 档案工作文件汇集（第三集）. 北京：档案出版社，1988：245.

② 国家档案局网站. 杨冬权在浙江省档案工作服务民生座谈会上的讲话［EB/OL］，［2007～10～29］. http://www.saac.gov.cn/ldjh/txt/2007～10/29/content_ 1851746. htm.

系实际上已经拓展了传统意义上的"档案利用及开发"，蕴含了以全体公民的"公共利益"为本位，具有鲜明"公共性"的"档案公共服务"。

第二节　我国档案利用政策的体系建设

一、档案利用政策内容的体系化梳理

依据时间纵向回顾现有档案利用政策的发展是一种粗线条的政策梳理，反映出政策从宏观到微观、从抽象到具体、从分散到系统的演变特征。接下来，我们将以内容为线索，横向分析现有档案利用政策的体系结构，更为系统化地进行政策梳理。

档案利用政策体系是由现行全部档案利用政策构成的具有一定结构并与社会发生相互作用的有机整体。它既是档案政策的一个子系统，也是档案利用工作的一个子系统，并且与档案法规体系形成重叠和交叉。从档案利用及开发的本质是提供"信息服务"这个角度来看，它还是国家信息政策体系的组成部分，是国家信息服务政策在档案信息服务领域的具体化。

目前档案界尚未提出档案利用政策体系的内容框架，但多年来关于完善档案法规体系的探讨一直持续不断。1992年3月30日国家档案局发布的《档案法规体系方案》中，根据立法主体和法律效力将档案法规体系划分为五个层次，档案法律、档案行政法规、中央档案行政规章、地方档案法规和地方档案行政规章。① 这一体系构成是以法规形式而非内容对象为依据的。档案学者朱玉媛（2004）② 将档案法规体系构建分为四种模式，除学界占主流的"按照档案立法主体和法律效力"进行分类和构建之外，其余三种模式均是法规内容的体系化。③ 相关学科领域中，情报学界对国家信息政策体系的研究较为深入、观点纷呈。情报学者罗曼（2005）④ 概括了国内外学者关于信息政策体系

---

① "国家档案局关于发布《档案法规体系方案》的通知（国档发〔1992〕6号）〔G〕//国家档案局办公室. 档案工作文件汇集（第五集）. 北京：档案出版社，1997（11）：279~86.

② 朱玉媛. 档案法规学新论〔M〕. 武汉：武汉大学出版社，2004：97~98.

③ 分别是：一，按照档案工作流程和内容分为档案接收获取、档案信息加工整理、档案鉴定、档案保护、档案信息资源开发利用法规。二，按照档案工作性质分为党政档案、企业档案、城建档案、高校档案、乡镇档案管理法规。三，按照档案法所调整的档案关系分为机关档案、档案馆、档案行政管理、科技档案、专门档案、私人档案等法律规范。

④ 罗曼. 信息政策〔M〕. 北京：科学出版社，2005：4~12.

构建的七类方法。① 政策学研究中政策分类方法视野开阔、简洁清晰。张金马 (1992)② 吸取西方政策科学成果,"根据所指示的方向、所要实现的目标的综合程度",将标准不一的众多公共政策分类概括为三分法,即划分为基本政策③、具体政策④和元政策⑤。这一分类方法在此后的政策学教材中一直被沿用,如陈振明(2003) 的《政策科学——公共政策分析导论(第二版)》和谢明(2004) 的《公共政策导论》。

我们博采众家之长,在综合相关研究基础上,根据对已有档案利用政策的梳理,从分散的政策文件中横向勾勒出由基本政策、水平政策、垂直政策(后两者为具体政策) 构成的我国档案利用政策内容体系。其基本框架见图 4 -1。

(一) 档案利用的基本政策

"基本政策是相对于具体政策的主导性政策,它确定具体政策所应采取的态度、所应依据的假设以及所应遵循的原则。"⑥ 1996 年 7 月 5 日修改后重新公布的《档案法》和 1999 年 5 月 5 日修改发布的《中华人民共和国档案法实施办法》(以下简称《档案法实施办法》) 是我国开展利用服务工作的基本政策。两个政策文本对档案开放、利用、公布、出版、收费等方面都作了原则性规定,具体的档案利用政策在颁布时不得与之相悖。

《档案法》及其实施办法既指明了其他具体政策所应采取的"扩大开放""简化手续""适当限制"的基本态度,也确立了档案利用具体规章制度制定时应遵循的基本原则——有效地保护和利用档案,为社会主义现代化建设服务;维护档案完整与安全,便于社会各方面的利用。1996 年修改公布的《档案法》与 1987 年发布的《档案法》相比,"强调了档案的利用,虽然利用这一方面修改的文字并不多,但是表明了国家对档案的利用是非常重视的,突出

① 如罗兰的等级式信息政策体系,莫尔的层面—因素信息政策体系,希尔、赫尔农和雷利的要素信息政策体系,兰卡斯特和伯格的层面信息政策体系,克里斯蒂安松和拉杰伯格的层面—方面信息政策体系,曼斯尔和温恩的交叠式信息政策体系,马费城等的国家信息政策体系。
② 张金马. 政策科学导论 [M]. 北京:中国人民大学出版社,1992:28~32.
③ 基本政策是党和政府给有关团体、个人的行动规定或指明大方向的公共政策。
④ 具体政策就是党或政府为解决具体问题而给有关部门和个人规定的行动准则。
⑤ "元政策"这一概念是相对于作为有关机构团体和个人的行动准则或指南的一般公共政策而言的,它指的是规范与引导政策制定行为本身的准则或指南,即关于如何制定政策的政策。元政策决定着哪些组织和个人按照怎样的程序、依据什么原则、采用什么方法来制定政策,它牵涉到整个政策制定系统。
⑥ 谢明. 公共政策导论 [M]. 北京:中国人民大学出版社,2004:21.

了档案馆在开放档案中的职责。"① 修改后的《档案法》不仅对社会各方面在档案利用中的权利、义务和责任作了更加明确的规定（比如允许干什么，不允许干什么），还增加了"档案馆应当定期公布开放档案的目录"的规定，明确了各级国家档案馆在开放档案中的法定责任。在第四章"档案的利用和公布"中，《档案法》专门设置了五项条款（第 19 条至第 23 条，占全部条款的近 1/5），对档案开放的法定期限、灵活处理依据和责任部门作了具体规定，并明确了利用手续、利用范围、未开放档案的利用办法。为了平衡档案形成者与档案利用者的利益关系，设置了优先利用权和限制利用的条款；为了平衡国家利益和社会利用的矛盾，设置了国家、集体和个人所有档案的公布权。同时，还指出了档案馆应当配备人力，加强档案的研究整理和编辑出版。

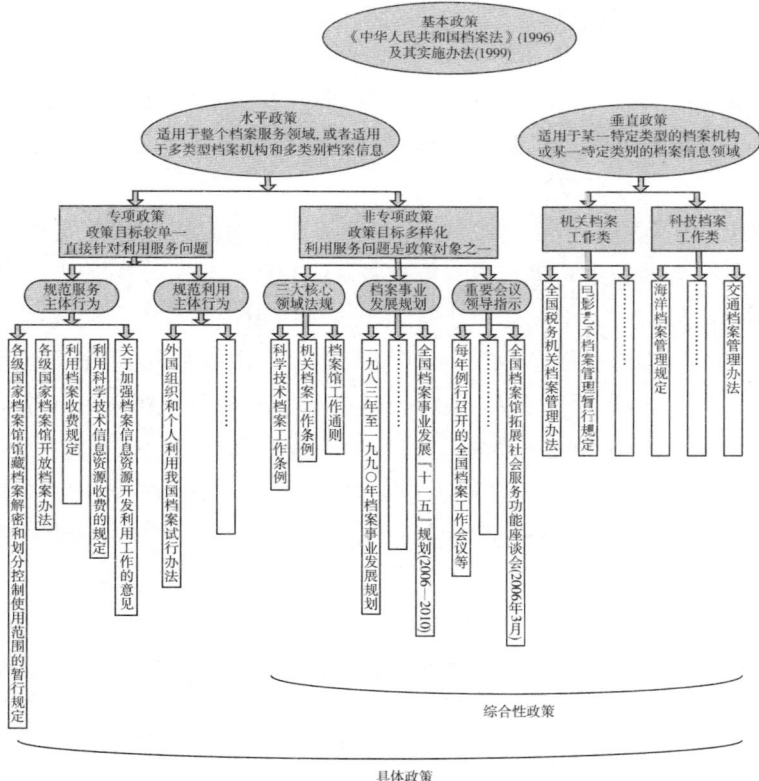

图 4-1　我国档案利用政策内容体系框架图

① 全国人大常委会法制工作委员会副主任乔晓阳同志在第二次全国档案工作法制工作会议上的讲话（1996~08~08）[G] //国家档案局办公室. 档案工作文件汇编（第六集）. 北京：档案出版社，1997：308.

1999 年发布施行的《档案法实施办法》是修改后《档案法》的配套法规，具有更多的程序性和操作性规定，在贯彻执行中与《档案法》发挥合力，不能与之割裂开来。《档案法实施办法》在利用服务方面的补充完善主要表现在对公布档案的七种行为作了更加明确的界定，细化了档案开放的起始时间和范围，确立了档案利用中缩微品和复制品的效力，将"档案的利用"定义为"对档案的阅览、复制和摘录"，规定了我国公民、外国人和组织的利用手续和审批权限，还明确了提供档案社会利用可以收费以及收费标准的制订权限。

（二）档案利用的水平政策

水平政策是指适用于整个档案利用领域，或者适用于多种类型的档案机构和多个类别的档案信息领域的政策。它是为了解决较广领域和多个部门的需要与问题而制定的。根据已经出台的档案利用政策现状，水平政策又可以按政策目标的多寡和与"利用及开发"的紧密程度分为专项政策（政策目标较为单一的利用政策）和非专项政策（政策目标对象多样化的利用政策）。

第一，档案利用的专项政策直接针对利用及开发领域的某一个或某一类问题，具有较为清晰的政策内容边界。

如解决开放问题的三个行政规章，《各级国家档案馆馆藏档案解密和划分控制使用范围的暂行规定》（1991 年 9 月 27 日发布施行）、《各级国家档案馆开放档案办法》（1992 年 7 月 1 日施行）、《外国组织和个人利用我国档案试行办法》（1992 年 7 月 1 日施行）。又如规范档案利用收费问题的《利用档案收费规定》（1992 年 4 月 1 日执行）、《利用科学技术信息资源收费的规定》（1992 年 4 月 1 日执行）。再如规范信息资源开发利用的《关于加强档案信息资源开发利用工作的意见》（2004 年 12 月 29 日发布）。这些政策的内容条款是我们研究的重中之重，将在第三节、第六章第三节作深入的专题分析，此处不再赘述。

如果以政策制定所针对的目标群体为分类依据，我们可以将专项政策分为两类：一是针对利用活动中的服务主体，为了调整规范档案机构的服务行为而出台的法规文件，二是针对利用活动中的利用主体，为了调整规范社会利用者的利用行为而出台的法规文件。当然，两类主体活动的同步性和相关性使得两类政策的内容互相交叉，规范服务主体行为的政策必然也影响到利用者的活动范围和能力。但是，尽管两者在内容上存在交叉重叠，出发点和控制点却有所不同，在政策设计上也存在差异，能够反映出政策制定者不同的关注重点。因此，两类政策不会完全重合，也不应相互替代。例如，美国在颁布了为规范政府信息服务提供者行为的《信息自由法》之后，几乎每年都出台《公民利用信息指南》，规范政府信息利用者行为，给公民利用信息以详尽细致的指导。从我们梳理出的专项政策来看，目前我国从规范利用者行为角度出台的政策仅有《外国组织和个人利用我国档案试行办法》（1992 年 7 月 1 日施行）一项，其他的政策均以档案机构作为目标群体，利用者"隐身"其后，较少成为专项政策的直接调控对象。

第二，档案利用的非专项政策并不是专门针对利用及开发问题而出台的，但利用及开发是其调控对象之一。关于利用及开发的规定与其他相关内容集中在同一政策文本之中，调控边界相对专项政策较为模糊，政策目标也相对丰富。根据其表现形式和文本特征来看，又可以分为以下三类。

一是档案政策之三大行政法规中的相关规定。即《科学技术档案工作条例》、《机关档案工作条例》和《档案馆工作通则》。机关档案（档案室）工作、档案馆工作和科技档案（技术档案）工作是我国档案政策的三大领域，占据了我国档案政策的核心地位。而三大行政法规是三大领域的行动指南和行为准则，适用于三大领域中各种类型和性质的档案机构及其所保管的档案信息。

《科学技术档案工作条例》（1980 年 12 月 27 日发布施行）共六章 36 条，除总则和附则外，主体部分为科技文件材料的形成和归档、科技档案的管理、科技档案工作管理体制和科技档案干部。该条例是"为了建立、健全科学技术档案工作，完整地保存和科学地管理科学技术档案，充分发挥科技档案在社会主义现代化建设中的作用"而制定的。其政策规定主要针对档案信息的形成、积累、整理和归档，对"利用服务"没有设置专门章节，但在第三章"科技档案的管理"的第 13 条、14 条、15 条、20 条中，规定了科技档案部门提供服务、编制检索工具和参考资料的义务；规定了借阅和复制科技档案要有一定的批准手续；规定了各单位定级审查和及时调整科技档案密级，扩大利用交流的责任；规定了对利用效果进行调查和建立借阅统计制度的要求；规定了建立重要档案副本，保证档案安全和提供利用的要求。

《机关档案工作条例》（1983 年 4 月 28 日发布施行）共六章 30 条，主体部分为机关档案工作体制、机构和干部，档案的接收，档案的管理和提供利用，档案的移交。第四章专门针对"档案提供利用"设置了若干条款，第 20 条、21 条、22 条、23 条规定了如下内容：机关档案部门编制检索工具和参考资料、主动开展利用服务、掌握利用效果，建立借阅制度、根据机密程度确定利用范围和审批手续、制作档案副本、采用先进技术进行现代化管理等。与《科学技术档案工作条例》相比，该条例对档案利用略为重视，相关规定也更加细致，但遗憾的是服务"内向性"过强，排除了"面向社会"的开放性服务。其第20条的有关内容与我国2008年5月即将施行的《政府信息公开条例》发生了冲突，即"机关档案部门保管的档案，是现行档案，主要供本机关和上级主管机关使用，不属于开放范围。对外提供利用需经上级主管机关批准"。

《档案馆工作通则》（1983年4月26日发布施行）的第四章"档案的利用"对档案馆的提供利用制定了七项条款（第18条至24条），从开放历史档案、设立阅览室、提供方便利用条件，到利用者查阅、摘录、复制开放和未开放档案的手续和程序、费用和方式均——作了具体规定。并在总则中明确了档案馆的科学文化事业机构性质和提供各方面利用的责任，以及开展利用服务的基本任务。从三大法规可见，目前我国面向社会大众、真正具有"公共性"的档案服务主要是指档案馆的提供利用工作。

二是六个档案事业发展规划中关于档案利用的部分。如《一九八三年至一九九〇年档案事业发展规划》、《档案事业发展"七五"计划（1986~1990）》、《全国档案事业发展十年规划和"八五"计划纲要（1991~2000）》、《全国档案事业发展"九五"计划（1995~2000）》、《全国档案事业发展"十五"计划（2001~2005）》、《全国档案事业发展"十一五"规划（2006~2010）》。各个时期的档案事业发展规划都在奋斗目标、指导思想和工作方针中明确了为社会主义现代化建设"有效服务"的宗旨，并在基本任务中指明了该时期档案工作的服务重点和领域，以及机关档案机构、科技档案机构和档案馆开展利用服务的切入点和着力点。

三是档案工作重要会议的领导讲话中关于档案利用的指示。如每年例行召开的全国档案工作会议、全国档案局馆长会议、全国档案馆工作会议等。又如适应时代需要召开的专项会议——全国档案资料工作先进经验交流会（1959年6月）、已公开现行文件利用工作座谈会（2004年6月）、全国档案馆拓展社会服务功能座谈会（2006年3月）等重要会议。相对于档案事业发展规划而言，档案工作重要会议是短期的事业规划和具体的工作安排，主要确立年度档案工作目标、任务、内容和方式。对于一定历史时期的重要使命和核心工作，均召开了专项会议进行周密部署。

（三）档案利用的垂直政策

垂直政策是适用于某一特定类型的档案机构或某一特定类别的档案信息领域的政策。它是为了解决特定部门和领域的问题与需要而制定的。在《档案工作文件汇集》中集中于"机关档案工作类"和"科技档案工作类"。

一是特定"机关档案"管理办法和管理规定中的有关内容。如地名档案、艺术档案、人民法院诉讼档案、会计档案、审计档案、人民检察院诉讼档案、新闻单位宣传报道档案、公证档案、企业法人登记档案、电影艺术档案、干部档案、律师业务档案、企业职工档案、罪犯劳教人员档案、中国人民保险公司档案、税务机关档案、勘界档案、国有资产产权登记档案、纪检监察机关案件档案、中国证监会派出机构档案，等等。

二是特定"科技档案"管理办法和管理规定中的有关内容。如企业档案、南极考察档案、全国海岸带和海涂资源综合调查档案、科学技术研究档案、国营企业档案、测绘科学技术档案、环境保护档案、土地管理档案、全国海岛资源综合调查档案、医药卫生档案、交通档案、技术监督档案、乡镇档案、海洋档案、国防科技工业档案，等等。

在这些内容广泛、种类繁多、特点各异的专门（专业）档案管理办法和管理规定中，大多设立了"提供利用"、"利用与开放"或"利用与开发"等专门章节或条款，以规范协调各行各业的档案机构、不同内容性质的档案信息的利用及开发活动。只是，有的档案信息开放程度较高，或者相关主管部门对提供利用较为重视，因此设置了专门一章或多个条款来规定"利用及开发"，如《电影艺术档案管理暂行规定》（1991 年 2 月 1 日颁布施行）在第四章"艺术档案的利用"中设置了 5 个条款（第 20 条至 24 条）规定了分类向社会提供使用、限制使用、保护著作权和利用手续费用等内容。又如《交通档案管理办法》（1992 年 1 月 9 日发布执行）在第六章"档案的利用与公布"中设置了 11 个条款（第 25 条至 35 条）规定了纸质档案和声像档案的借阅、复制、摘抄等利用方式，利用登记和编研出版等内容，并明确"交通系统各档案馆保管的档案向社会开放和公布，按照《档案法实施办法》和有关规定"。有的档案信息内向性较强，外部利用需求不高，仅列有一两条内容来规定基本的利用工作。如《会计档案管理办法》（1984 年 6 月 1 日公布执行）只在第 7 条笼统提及"为本单位积极提供利用"，同时严格限制外单位的借出利用。

水平政策中的档案利用非专项政策和档案利用垂直政策，都不是仅仅针对"利用及开发"领域而出台的，但又影响和决定着各类档案机构、各种档案信息的利用活动和服务行为，因此我们将这两类政策统称为"档案利用综合性政策"。

水平政策和垂直政策是根据政策的适用范围和针对领域来区分的，两者共同组成了档案利用的具体政策。

肇始于20世纪五六十年代的我国档案利用政策经历了五个重要历史时期的发展，在数量上形成了一定的规模，确立了清晰的政策导向，基本框架和内容体系也已形成。以客观的态度、历史的眼光来看，我们认为，现有的档案利用政策尽管还需在更新理念、充实内容、完善体系、科学设计、完备功能等方面不断努力，但在确立"档案社会利用观"、引导档案社会服务意识，规范利用主体和服务主体行为、协调"保密与开放"冲突、分配档案利用活动各主体利益方面都发挥了应有的历史作用，积极意义至今仍不容忽视。

二、档案利用政策体系的现存缺憾

政策体系是在政策导向"号令"下，强化政策之间的相互关系，发挥政策合力，减少政策冲突的"粘合剂"和"强力胶"。档案利用政策体系构建应该体现和彰显"共同价值观"，在推进"公共服务"的"号令"下，"管理"与"服务"并重，增加"平民意识"，关注民生、关注个体，目标对象适当地向"社会公众"倾斜。

总的来看，现有政策在总体结构上具有五多五少的鲜明特征：

一是从政策表现形式来看，领导讲话和会议文件较多，法规规章较少。

"长期以来，我国的档案利用法制化程度低，主要是依据《档案法》和《档案法实施办法》当中的一些法律条款指导利用工作，还没有形成统一而完善的档案利用法规体系"。① 实际上，由于我国档案立法的系统化和规范化时间不长，《档案法》出台至今也只有23年，惯性思维和现实条件形成了主要依靠政策文件和会议指示来指导具体档案服务工作的现状，政策法律化和程序化还有待加强。

二是从政策适用领域和范围来看，针对特定类型机构和档案信息的垂直政策、部门法规较多，整体协调、统一规范各类档案利用及开发的水平政策较少，规范与引导所有政策制定行为的"元政策"空缺。

水平政策决定了各行各业的档案信息服务意识、内容和方式的契合程度，

---

① 黄项飞. 如何克服综合档案馆开展公共服务的障碍［J］. 中国档案，2003（9）：24.

有利于打破档案管理权限和工作体制形成的"条块分割"局面，推动档案信息的整合利用与社会共享。水平政策的短缺使得不同机构和不同类型档案利用缺乏"协调"和"融合"的依据，"各自为政"、"各行其是"的现象严重影响了整体的档案利用效能。

元政策是改进政策制定系统和决策程序以提高档案政策科学化和民主化程度的武器，涉及的内容包括：哪些团体和个人，按照怎样的程序，根据什么样的原则，采用什么样的方式，如何制定政策等。元政策空缺是国家政策环境造成的，并不是档案利用政策系统的独特现象，但应该引起政策制定者的关注和重视，如鼓励公民参与政策制定，在新的利用政策出台前广泛征求社会意见等。

三是从政策客体——所要解决的社会问题来看，目标多样化的综合性政策或非专项政策较多，专门针对"利用及开发"出台的专项政策较少，利用政策在档案政策系统中"独立性"较弱。从文本数量上看，目前关于档案利用的专项政策仅32件，综合性政策为124件，专项政策仅为综合性政策的四分之一。由此可见，我国国家档案行政管理机构从政策角度辨析和界定档案利用及开发领域出现的问题，并运用政策工具专门分析和解决这一类问题，还有较大的提升空间。

我国档案利用政策体系框架在20世纪90年代就已基本形成。效力较高、适用性较广的档案利用法律、法规和规章，均出台于这一时期。21世纪以来，虽然档案利用政策以领导讲话和专门档案管理规定的形式不断产生，但利用的专项政策未见增加且修改进度较慢，政策类别比重和内容结构基本不变，"利用及开发"在档案政策中的独立地位并不明显。20世纪90年代初就已经凸现的结构缺憾至今仍然存在。"属于档案管理方面的规章多，约占全部规章的66%左右，而属于档案利用、开放与公布的规章很少，仅占全部规章的7%左右。"[①] 这种现象的改善有赖于档案政策类别结构的调整和档案利用政策的系统规划。

四是从政策客体——所要调控的目标群体来看，从服务主体角度制定的管理型规定较多，从利用者角度制定的服务型指南较少，政策体系存在"利用者缺位"的不足。

现有档案利用政策体系整体上"管理性"十分强势，"服务性"却相对弱

---

① 冯子直. 大力加强档案法制建设保障和促进全国档案事业发展——国家档案局局长冯子直同志在全国档案法制工作会议上的报告（1990年12月17日）[G] //国家档案局办公室. 档案工作文件汇集（第五集）. 北京：中国档案出版社，1997：255.

势。从档案管理和服务机构角度出发制定的政策占绝大多数，而从档案利用者角度制定的利用指南和利用办法相对缺乏。利用者被作为"管理对象"而非"服务对象"，利用手续和办法并不根据利用者类型集中颁布，而是被包含在林林总总的各类档案"管理规定"之中，在实际工作中仅成为档案管理机构的办事依据，并未成为利用者行使权利的"引路人"和"守护神"。档案工作者对这些政策耳熟能详，社会对其知悉度却十分有限。我们认为，档案政策普及面的扩大和知悉度的提高不仅需要通过档案宣传来增加社会档案意识，更加需要档案界强化社会意识，在政策制定之时就补上"利用者"应有的位子。

五是从所规范的服务主体类型来看，以国家档案馆为对象的利用政策较多，针对机关单位内部档案机构和专业部门档案机构的规定较少。

大部分利用服务规定都是围绕国家档案馆制订的，政策执行效力并不溯及档案室和内部档案机构。对机关档案和专门（专业）档案虽然也出台了少数条款，但内容过于简单，政策条款相互雷同、缺乏特色，服务要求也并不严格，缺乏与档案馆服务的衔接配合。"利用服务"，特别是面向社会的"公共服务"没有成为政策主导。无论是《科学技术档案工作条例》还是《机关档案工作条例》，涉及利用服务的条款都有待增加、细化和创新，并应该强调与其他信息服务政策之间的连接，以便档案信息服务链的形成。

三、档案利用政策体系的内容规划

档案利用政策体系的构建应该兼顾服务者和利用者的需要，以"公共利益"为最高追求，以"开放共享"和"自由公平"为核心价值，控制和规范档案服务者的权力和行为，明确档案机构（特别是国家档案馆）的责任和义务；以方便利用而非方便管理工作为目的，引导档案利用，调节利用冲突，保障档案信息公共获取和自由利用。

理想状态的档案利用政策应该能够较好地指导和解决档案信息公共获取和利用中的五个重要问题，即由谁提供利用，为谁提供利用，提供什么信息，以什么方式提供利用，实现什么利用功能。[①] 理想状态的政策内容体系应该能够

---

① 学者谢俊贵也指出，"公共信息服务政策的主要内容包括：第一，关于公共信息服务宗旨、方向、方针的规定；第二，关于公共信息服务中服务对象的规定；第三，关于公共信息服务中提供信息范围的规定；第四，关于公共信息服务方式方法的规定；第五，关于公共信息服务中是否收取服务费用以及收取费用标准的规定等"。参见谢俊贵. 公共信息学 [M]. 长沙：湖南师范大学出版社，2004：246.

涵盖并清晰反映出这五个方面。然而，这一理想状态与现有档案利用政策的内容框架相距甚远。在现状调研和理论分析刚刚起步之时①，在档案利用具体政策仍存在较多空白之际，抛开原有政策的体系结构，匆忙构建一个单一和超前的体系框架，现实价值较为有限，也有失偏颇。因此，我们并不想在理论上提出一个单一的框架模型，而致力于尊重现有政策体系结构，从内容规划角度提出档案利用政策体系构建的五个思路。只有在这五个方面的具体政策规定不断充实完善的基础上，才能实现理想状态的政策体系构建。

思路一：从"由谁提供利用"这一问题切入，分别从国家档案馆公共服务、机关档案室开放服务、专门专业档案开发利用、档案中介机构补充服务、档案信息集成网络服务等方面充实政策内容。在此基础上，根据档案信息服务供给方——档案机构的不同特点，分别制定档案信息分类管理制度、档案利用程序规范等。我国现有的档案利用政策实际上具备了从服务机构角度进行体系构建的雏形，遗憾的是后续的档案信息分类和档案利用规范未能及时出台。这种内容规划思路的优点在于便于档案事业的宏观管理和档案机构的"各司其责"，但必须注意加强服务机构之间的合作沟通，制定相应的水平政策来协调不同机构的服务活动，满足跨部门的信息需求。

思路二：从"为谁提供利用"这一问题切入，根据不同利用群体特征分别制定学者、青少年、弱势群体（如农民、进城务工人员、残障人士）的服务政策。由于不同的利用群体在利用心理、动机、需求、行为上存在较大差异，对档案服务要求不同，因此西方发达国家基于长期扎实的利用者研究，已经开始在利用政策制定上从服务机构角度向利用群体角度转变。我国的利用者研究一直处于薄弱状态，因此这条完善之路还任重道远。

思路三：从"提供什么信息"这一问题切入，根据档案信息资源的内容和"开放度"进行分类，根据"公共利用"的范围和程度进行服务分级，再进一步明确保管不同"开放度"的档案信息机构所承担的服务责任和要求，明确各类信息的利用办法、享受各级服务的申请程序。这种内容规划思路打破了信息管理机构的"条块分割"，以信息内容本身作为政策关注对象，既有利于档案信息服务的融合发展，也有利于利用者更好地实现信息权利。学者周毅（2002）② 也提出"在信息资源开放、开发与共享政策中应规定政府信息、商

---

① 对于档案利用政策内容体系的现状调研和理论分析尚未找到其他学者的系统成果。

② 周毅. 信息资源宏观配置管理研究 [J]. 北京：中国档案出版社，2002（12）：159.

用信息和公益信息三种不同信息资源的开放与共享规划，按照统筹规划、合理布局的原则实现信息资源的开放与开发"。但是由于档案信息的内容庞杂，开放鉴定较为复杂，公共利用程度不一，因此目前各国普遍做法是先将法定公开范围内的"政府信息资源"进行分类，并根据信息内容和社会需求分别采取公益性服务和经营性服务的方式。

思路四：从"以什么方式提供利用"这一问题切入，根据档案信息公共利用项目分别完善相关政策。如已公开现行文件阅览、档案信息检索查阅、档案文化展览、爱国主义教育基地、档案汇编出版、网络档案信息发布等目前我国普遍开展的利用及开发项目都亟需得到政策支持和规范。

思路五：从档案信息公共利用的功能和价值切入，分别从学术研究、宣传教育、政务公开、学习休闲、维护权益等档案利用价值实现的五个维度来完善相关政策。

档案利用政策体系的结构分析和系统构建不是一个纯理论性的学术研究，而是为了加强政策之间的配套和衔接，减少相关政策"不统一、不一致"的现象，减少政策实施过程中的相互"磨损"。为此，对于当前已经初具规模的档案利用政策体系，无论采取何种规划思路来完善内容，都必须特别关注政策的协调联动，才能真正发挥政策体系构建的意义。

四、政策联动促进档案服务融合发展

政策联动有利于促进档案信息利用及开发与其他信息服务的融合，改变服务"断流"现象，提高社会公众利用信息的效率和效益。从服务融合的两个层次四个方面来看，政策联动不仅包括档案利用政策体系内部规定的衔接，还涉及档案利用及开发与其他信息服务政策和社会服务政策的互动。应该从四个方面来完善：

一是通过政策联动促进现行文件利用和档案信息利用的融合。

如加强《政府信息公开条例》、《机关档案工作条例》之间的配套，增加机关档案室和其他公共部门（如国有企事业单位）的利用服务规定，改变档案信息公共服务主体仅为档案馆的"一枝独秀"状况，特别是增加机关档案室的"公共服务"责任。再如，在补充制定《国家档案馆已公开现行文件阅览中心管理办法》时，注意已公开现行文件查阅规定和相关档案查阅规定的一致性。

二是通过政策联动促进各种档案提供利用方式和项目之间的融合。

如在开放范围、审查程序上统一纸质档案开放与档案网上开放标准，推进档案数字化后网络服务的开展，实实在在地发挥现代档案服务技术的效能。

三是通过政策联动促进档案信息服务与图书、情报等其他信息服务的合作。

我国《档案法》第 12 条提出了"档案馆与上述单位（指博物馆、图书馆、纪念馆等单位——笔者注）应当在档案的利用方面互相协作"，但一直没有具体的政策建议和意见。2003 年，英国 MLA（The Museums, Libraries and Archives Council，博物馆、图书馆和档案馆委员会）发布了博物馆、图书馆和档案馆的标准和指南，将三个不同类型的公共文化服务机构放置在统一的国家政策框架之内。"MLA 标准和指南"包括了较为广泛的内容，如国家标准、推荐方案、专业标准、技术标准、相关立法指南、专业规则等。在该标准指南中，博物馆、图书馆和档案馆的相关政策既相互独立又相互联系，既对各自领域的标准和政策分别列出目录、内容简介和获取地址，还对三个领域的所有标准文本进行了目录汇编。同时，为了加强跨领域的信息服务融合，专门列出了适用于两个或三个领域的标准指南共计 52 个。① 如：英国国家保护办公室 1999 年制定的 The Application and Use of Standards in the Care and Management of Libraries and Archives 对图书馆和档案馆的信息保护和管理标准的应用提供了具体建议。

四是通过政策联动促进档案信息服务融入社会，融入政府向全社会提供的公共文化和教育服务之中。

档案信息服务并不是一个独立于社会的服务系统，作为国家和政府有责任提供的"公共产品"，它实际上与社会文化和教育服务是融为一体的。

英国档案信息服务的最大特色是档案馆积极参与社会文化生活，档案信息利用已经成为了公众文化休闲的一部分。如英国利物浦政府就在其官方网站的"休闲与文化"栏目下提供档案信息网络服务②，公众无需登陆专门的档案服务机构网站，就能获取档案目录并向有关机构咨询利用信息。这种向社会渗透和融合的档案信息服务最佳实践是政策推进的结果。英国传媒和运动部（DC-

① MLA. Standards and Guidelines for Museums, Libraries and Archives in the UK - 2003 [EB/OL]. [2007 ~ 05 ~ 27]. http：//www. mla. gov. uk/webdav/harmonise? Page/@ id = 73&Document/@ id = 19012&Section [@ stateId_ eq_ left_ hand_ root] /@ id = 4302.

② [2007 ~ 03 ~ 06]. http：//www. liverpool. gov. uk/Leisure_ and_ culture/Local_ history_ and_ heritage/index. asp.

MS，Department for Culture，Media and Sport）2000 年发布的《社会变革中心：所有人的博物馆、美术馆和档案馆》① 专门对档案馆和相关公共文化机构如何实施社会融入策略提供了政策制定指南。为了鼓励档案馆及其相关公共文化机构都将社会融入作为服务策略，该政策指南为档案馆等机构的社会融入政策制定提供了背景信息。如定义了社会排斥，提供了最佳实践的案例研究，分析了社会融入对档案馆、博物馆和美术馆的挑战等。还特别指出，消除社会排斥的行动需要与档案馆保存和解释馆藏、开展文化教育和鉴定新文件等责任相互平衡。

此外，档案信息服务还应该借助政策力量充分发挥其社会教育功能。我国学者已开始提出档案利用与我国教育制度联动的建议，指出目前"国家教育制度中缺乏利用档案信息资源方面的要求"。"档案馆作为'爱国主义教育基地'和'社会各方面利用档案史料的中心'作用的发挥，一般应同国家的教育制度相衔接。如果缺乏教育培养，国民的整体档案意识水平就很难得到根本性提高"。②

当然，政策联动本身需要高于具体政策的"元政策"进行协调。长期以来，受到政策科学研究环境的影响，元政策研究并没有引起足够重视。档案利用政策制定主体也只是在传统的习惯了的元政策框架内制定政策，很少考虑新的方法和程序。通过元政策的完善，如制定程序、制定原则、制定组织与公众参与等方面的改革，加强配套政策之间的联动，还做得远远不够。

第三节　我国档案利用重点政策的分析梳理

"由于提供利用涉及到社会利用需求以及档案开放和保密等较为复杂的理论问题和方针政策问题，而这些问题对具体的利用制度和利用方式又有着直接、间接的影响。因此做好提供利用工作，必须首先从理论上认识清楚并处理好这些问题。"③ 张辑哲教授一语中地道出了"档案开放"在提供利用工作中

① DCMS. Centres for Social Change：Museums，Galleries and Archives for All——Policy Guidance on Social Inc usion for DCMS funded and local authority museums，galleries and archives in England. ［EB/OL］，［2007 ~ 05 ~ 27］. http：//www. culture. gov. uk/NR/rdonlyres/D5C247C2-8BAB-4CB4-80E9-DEB168AFE8 D5/0/centers_ social_ change. pdf.

② 王英玮. 增强档案馆的社会服务能力 ［J/OL］. 人民网，［2007 ~ 12 ~ 20］. http：//paper. people. com. cn/rmrb/html/2007 ~ 11/09/content_ 30488079. htm.

③ 张辑哲. 维系之道——档案与档案管理 ［M］. 北京：中国档案出版社，1995：236.

的显要地位，同时也指出了开放和保密的复杂性、理论性和政策性。分析和梳理档案开放范围、时间等相关政策规定，应是档案利用政策研究的首要专题。

同时，冯惠玲教授则指出："各国档案工作者已经注意到，利用档案和提供档案不是单纯的业务行为，它们与公民的权利和义务紧密相关。因此对档案的定义、公民利用档案的权利、保护国家利益和个人隐私等问题都必须作出明确的法律规范；与此相适应，对档案开放范围、利用档案的方式、手续等，也需要制定合理政策。"① 因此，对档案利用方式、手续，以及收费规定的分析梳理也是档案利用政策研究的重要内容。

一、现有档案开放政策的分析梳理

我国的档案开放政策从 1980 年国家档案局发布《关于开放历史档案的几点意见》和 1982 年中央办公厅、国务院办公厅转发国家档案局《关于开放历史档案问题的报告》至今，逐渐形成了上至《档案法》及其实施办法、下至各级各类档案馆开放档案实施细则的有机体系。构筑了以《档案法》及其实施办法为根本准绳和基本政策，以三个部门规章为重要依据和具体指导，以三个保密法规为重要组成和配套规定，以三大行政法规等相关规定为补充的政策格局和内容体系。

我国现有档案开放政策体系构成见图 4 - 2 所示。

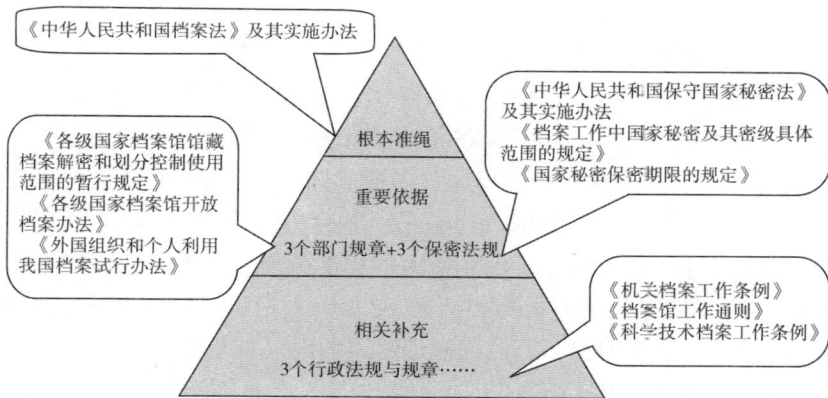

图 4 - 2　档案开放政策体系构成图

① 冯惠玲. 对档案著作的评价［R］//第十三届国际档案大会文件报告集. 北京：中国档案出版社，1997：182.

（一）根本准绳和基本政策

《档案法》及其实施办法（1988 年施行 1996 年修改，1990 年施行 1999 年修改）是我国档案开放工作的根本准绳和基本政策。

《档案法》第四章专门规范了"档案的利用与公布"，设立五个条款分别确立了档案开放期限、开放方式（目录）、已开放档案的利用、未开放档案的利用、开放利用限制和公布权归属等内容。《档案法》首次以法律形式明确了档案开放的时限，设置了档案部门对开放时间的部分自由裁量权和公布开放档案目录的义务，但《档案法》中的开放条款因封闭期设置过长、时限分档过粗而影响了对开放工作的鼓励引导，执行力和操作性并不理想。

《档案法实施办法》对应《档案法》的有关规定，在第四章"档案的利用与公布"中进一步细化档案开放起始时间、档案缩微复制品的开放、已开放和未开放档案利用的具体程序、档案公布的七种形式及内涵、不同所有权归属的档案的公布权限和程序。《办法》重点细化了档案开放和公布规定，将档案的开放时间分为四种情况，对档案公布形式和权属的明确也占用了较大篇幅。但遗憾的是，档案开放与公布被分割成两个相互独立的概念而没有在政策设计上加以衔接。

（二）重要依据和具体指导

国家档案局发布的关于档案开放利用的 3 个部门规章是我国档案开放工作的重要依据和具体指导。

《各级国家档案馆馆藏档案解密和划分控制使用范围的暂行规定》（1991 年 9 月发布施行）是为了正确处理保守国家秘密与开放档案的关系，协调《档案法》和《中华人民共和国保守国家秘密法》之间的关系而设立的。内容包括解密时间期限、执行机构和程序、形成满 30 年的已解密的档案和未定密级的其他档案的 20 条控制使用内容范围。这一规定更多地从"保密"而非"开放"角度设计条款，细化了控制使用的标准依据，却未细化强制解密和开放的标准依据；规定了"不得擅自开放或者扩大利用、接触范围"，却未有"不得擅自扩大保密范围和不得擅自拖延解密期限"的规定。

《各级国家档案馆开放档案办法》（1991 年 12 月颁布，1992 年施行）是目前直接针对"档案开放"的部门规章，其第 2 条对形成满 30 年仍不能开放的档案有更为具体的时间限定。对于到期开放的鉴定组织和审批机构、寄存档案开放办法、开放档案整理保护、档案开放形式（设置阅览室）、开放利用手续、收费、复制、公布、编研等内容也进行了规定。地方各级各类档案馆开放档案实施细则基本都以此《办法》为设计框架和蓝本进行适当修改而制定。

《办法》在开放时间上的细化规定局限于"延期开放"的情况，对"提前开放"、"按时开放"仍无明确详细的条款设计。

《外国组织和个人利用我国档案试行办法》（1991 年 12 月颁布，1992 年施行）是我国档案馆向域外人士开放档案和提供利用的部门规章，共 10 条。该规章虽然允许外国组织和个人直接到各级国家档案馆通过阅览、复制、摘录、函电等方式利用已开放的档案，但却设置了较为严格的申请手续或部门介绍等规定，并要求申请时说明利用者身份、利用目的和范围以及提前 30 天申请。尽管该《办法》没有体现出"内外一致"的平等原则，但却是我国惟一一部从利用者角度而非档案馆角度制定的档案服务规章，在政策设计的内容表述上更便于利用者理解和参照执行。

（三）重要组成和配套规定

国家保密局和国家档案局发布的 3 个保密法规是我国档案开放政策的重要组成和配套规定，也是目前制约档案开放的限制性条款。

《中华人民共和国保守国家秘密法》（1988 年 9 月颁布，1989 年 5 月实施）由总则、国家秘密的范围和密级、保密制度、法律责任、附则五章组成，共 35 条。《保密法》规定了国家秘密存在的 7 个基本方面，并将其划分为"绝密"、"机密"、"秘密"三个等级；规定了国家秘密及密级具体范围的确定权限，① 还对各级单位的密级确定和批准机构作了相应规定②，为各地各部门定密工作提供了法律依据。《中华人民共和国保守国家秘密法实施办法》于 1990 年 4 月发布，在《保密法》7 条属于国家秘密事项的基础上，又补充规定了泄密后会给国家的安全和利益造成的 8 种损害后果，扩大和细化了保密范围。在第二章"确定密级、变更密级和解密"中进一步规定了密级不明确时的定密机构和权限，以及变更和解密程序。

《国家秘密保密期限的规定》（1990 年 9 月 19 日公布）从时间上了明确了保密信息的封闭年限，是档案封闭期和开放时限的重要依据，其第 3 条规定："国家秘密的保密期限，除有特殊规定外，绝密级事项不超过 30 年，机密级

---

① 第十条：国家秘密及其密级的具体范围，由国家保密工作部门分别会同外交、公安、国家安全和其他中央有关机关规定。国防方面的国家秘密及其密级的具体范围，由中央军事委员会规定。关于国家秘密及其密级的具体范围的规定，应当在有关范围内公布。

② 第十一条：各级国家机关、单位对所产生的国家秘密事项，应当按照国家秘密及其密级具体范围的规定确定密级。对是否属于国家秘密和属于何种密级不明确的事项，由国家保密工作部门，省、自治区、直辖市的保密工作部门，省、自治区政府所在地的市和经国务院批准的较大的市的保密工作部门或者国家保密工作部门审定的机关确定。在确定密级前，产生该事项的机关、单位应当按照拟定的密级，先行采取保密措施。

事项不超过 20 年，秘密级事项不超过 10 年"。

《档案工作中国家秘密及其密级具体范围的规定》（1990 年 2 月 14 日发布）是国家档案局会同国家保密局联合制定的档案领域的保密规章。明确了档案工作中的绝密、机密、秘密事项具体范围；并规定了不属于国家秘密，但应当作为内部事项管理，不得擅自扩散的 4 类事项。

此外，由于档案开放涉及的机构组成复杂、信息内容领域广泛，仅仅依据档案法律、部门规章和保密法规无法解决所有现实问题。因此，以《机关档案工作条例》（1983 年 4 月 28 日发布施行）、《档案馆工作通则》（1983 年 4 月 26 日发布施行）、《科学技术档案工作条例》（1980 年 12 月 27 日发布施行）为代表的相关行政法规和规章、领导讲话和指示以及档案工作文件共同成为了档案开放工作的补充依据。

（四）现有档案开放政策的"责任"缺憾

我国从 1980 年至今陆续出台了一系列与档案开放有关的政策文件和法规规章，不断了完善档案馆开放工作的政策依据，逐渐向公众敞开档案利用的大门，促进了档案公共利用，为社会民主进程的推进和公民知情权的实现作出了力所能及的贡献。但是，在档案界官僚气息和行政色彩较浓时期出台的开放政策具有一定的历史局限性，档案服务主体责任意识淡薄、对档案馆开放责任认识偏差直接导致了档案开放政策在责任规定上存在较多缺憾：主要责任定位不准确、责任机制不健全。同时，受到 1988 年《保密法》影响的档案开放法规修改周期过长，与新的时代环境产生"断裂"；特别是 2007 年 4 月出台的《政府信息公开条例》在政策设计上对信息公开中政府责任的强调，对责任监督和保障的重视，使得档案开放政策的"责任"缺憾更加"刺眼"和突出。

1. "保密责任"重于"开放责任"

国家各级各类档案馆作为科学文化事业单位，应站在公众立场上摆正自己在档案开放中的位置，将自身定位于信息的"引导者"和"公民信息权的维护者"。明确其主要责任和绝对责任是"扩大开放"而非"保守秘密"，处理好开放工作中的责任冲突，实现责任平衡。基于这一理论认识重新审视相关规定，我们认为，现有档案开放政策在明确档案馆的主要责任方面存在缺憾，其条款内容更加重视"保密责任"的实现而非"开放责任"的履行，具体表现为，在开放的时间规定中设置了过长封闭期、在开放的客体规定中设置了宽泛的保密范围。

首先，档案开放政策中封闭期限的设置是开放与保密相互博弈的结果，对档案馆主要责任的定位起到一定的引导作用，封闭期过长不利于档案馆履行自身的开放责任。

    档案封闭期是为了保密需要而设立的，通过设定时间界限滞后社会对某些档案信息的接触和使用，从而防止秘密的泄露，维护相关利益。档案馆的开放责任要求尽量缩小档案形成与社会利用之间的时差，最大限度地缩短封闭期；档案馆的保密责任则需要通过拉开这种时差来防止信息扩散。从国内外档案开放政策来看，保密责任越强，封闭期限越长，为了防止泄密必须牺牲开放的及时性。例如西方各国对于涉及个人隐私的档案信息，都设置较长封闭期，日本国家档案馆个人档案的限制期限最短为 30 年，最长为 80 年以上。① 反之，开放需要越强，封闭期限则随之而缩短。

    1993 年档案学家特鲁迪·H·皮特尔松女士在国际档案圆桌会上提出："设计并保证扩大公民查阅文件与档案权利、争取缩短档案开放的法定期限是现代化档案立法中的一个必要的具有普遍性的问题。"② 档案封闭期不断缩短的趋势反映出开放责任意识对于传统保密观念的冲击和取代。各国纷纷建立的政府信息公开制度甚至取消了部分政府档案信息的封闭期。在各国信息公开制度推动下，"30 年"的档案封闭期惯例已被打破。法国于 2001 年开始着手制定新的《档案法》，增设文件形成后立即开放规定，并将开放一般期限缩短为 25 年。③ 英国根据《信息公开法》删除了 30 年封闭期的规定。④ "瑞典的官方文件的开放没有特殊的限制，只有在涉及公众利益、个人隐私和商业机密时才限制利用，没有具体的不开放期。"⑤

    我国于 20 世纪 90 年代设立的 "30 年" 封闭期⑥显然已难以适应新的政策环境，过长的封闭期设置使得档案馆过于关注自身的 "保密责任" 而忽视了及时开放档案的社会需求。2007 年 4 月出台的《政府信息公开条例》第十

---

    ① 日本. 利用具有历史价值的文件和记录带来的问题：有关保护隐私权的挑战 [J]. 外国档案工作动态，2003 (3)：43.

    ② 黄项飞. 档案馆：走向开放 [J]. 北京档案，2005 (5)：12.

    ③ 李国庆. 西方国家档案利用中的开放观 [J]. 档案与建设，2001 (2)：24.

    ④ History of the Public Records Act. [EB/OL]. [2006~08~29]. h:tp://www. nationalarchives. gov. uk/policy/act/history. htm.

    ⑤ 格兰斯特姆. 信息时代：信息的保护和利用 [J]. 外国档案工作动态，2000 (3)：11.

    ⑥ 《档案法》的具体规定是，"国家档案馆保管的档案，一般应当自形成之日起满三十年向社会开放。经济、科学、技术、文化等类档案向社会开放的期限，可以少于三十年，涉及国家安全或者重大利益以及其他到期不宜开放的档案向社会开放的期限，可以多于三十年。具体期限由国家档案行政管理部门制订，报国务院批准施行"。《各级国家档案馆开放档案办法》还进一步规定 "各级国家档案馆保存的档案，一般自形成之日起满三十年向社会开放，经济、科学、技术、文化等类档案，可提前开放，涉及国防、外交、公安、国家安全等国家重大利益的档案，可自形成之日起满五十年开放"。

八条规定:"属于主动公开范围的政府信息,应当自该政府信息形成或者变更之日起 20 个工作日内予以公开。"政府信息公开时限的设置以"工作日"为计算单位,政府信息"档案化"后的开放时限却以"30 年"为时间跨度,这种时间单位差别所体现的信息公开时效"断层"显然过大,不利于政策之间的相互衔接。而且,已经公开的政府信息移交档案馆后显然无需再设置封闭期,档案开放政策对于这类信息的开放时限应该尽快做出调整。1979 年法兰西共和国档案法第六条就规定"存放到公共档案馆之前已供自由查阅的文件,在存入档案馆后,对任何要求查阅这部分档案的人继续开放,没有任何限制。"① 我国档案界也有学者提出"不设置 30 年的封闭期,使应该开放的档案开放,应该自由利用的档案自由利用;使应该保密的保密,应该限制利用的限制利用。"② 以及"缩短档案开放期限,拓宽'随时开放'范围"的建议。③

其次,档案开放政策中开放与保密范围的设置方式反映出一定的政策倾向,开放范围模糊、保密范围宽泛的条款设计不仅不能提高档案馆的开放热情,反而一再强化了档案馆"保密优先"的错误认识。

从政策设计和立法技术的角度来看,档案开放与保密的客体范围可以采取两种方式加以设置:一是肯定概括和否定列举方式,即详细罗列不予开放的档案内容范围,将保密作为开放的"例外",凡不属于例外范畴的档案信息均视为当然开放,充分体现"以公开为原则,以不公开为例外"的政策思路。二是肯定列举和否定概括方式,即详细罗列可以开放的档案内容范围,将开放作为保密的"例外",凡不属于例外范畴的档案信息均不得在封闭期未满前开放,体现出"以保密为原则,以开放为例外"的政策思路。两种设置方式不仅在内容条款上存在差异,更重要的是反映了倾向于"保密"抑或"开放"的不同价值观,影响着档案馆在开放工作中的价值选择。

我国档案开放的根本准绳——《档案法实施办法》以肯定列举和否定概括的方式将可以提前开放(包括即日开放和随时开放)和满 30 年开放的档案分三款列出,体现出"一般为满 30 年后开放,提前开放是例外"的基本思路。

在条款设计中,一方面,肯定列举的提前开放范围边界模糊,难以操作。

① 中国档案学会对外联络部《档案学通讯》编辑部. 外国档案法规选编 [M]. 北京:档案出版社,1983(12):137.
② 吴文革,马仁杰. 论档案开放的原则 [J]. 档案学通讯,2004(4):72~75.
③ 晋平,耿景和,周倩. 论政务公开环境下档案开放范围的重新界定 [J]. 陕西档案,2004(6):32~33.

如实施办法中规定"自本法实施之日起向社会开放"的档案为"中华人民共和国成立以前的档案"（包括清代和清代以前的档案；民国时期的档案和革命历史档案）。仅从档案形成的时间特征来粗略划分"未满 30 年提前开放"的范围，在实际工作中操作性极弱。另一方面，否定概括的"满 30 年仍不开放"范围十分宽泛，缺乏必要的限制。除"前款所列（即指提前开放和 30 年开放的三款——笔者注）档案中涉及国防、外交、公安、国家安全等国家重大利益的档案"需要推迟开放外，"档案馆认为到期不宜开放的档案"也属于此列。这种开放范围模糊、不开放范围宽泛的条款设计背后隐藏着"保密优先于开放"、"保密重于开放"的保守思想。档案馆为了规避风险或是减少工作，可轻易地以"保密责任"为借口不履行"开放义务"，使得开放工作难以摆脱"过度保密"的阴影。

为了体现"以公开为原则，不公开为例外"的设计理念，国外政府信息公开制度在信息公开范围规定上大多采取肯定概括和否定列举的方式。如英国的《信息公开法》（Freedom of Information Act 2000）第二部分规定公共机关拥有的信息除了 24 种（参见 section21—section44）例外信息（exempt information）都是应当公开的。① 再如美国的《信息自由法》并不罗列可以公开的信息内容，只将不予公开的 9 种信息作为"例外"列出。② 这种条款设置方式避免了国家机关以各种借口扩大不公开的范围，架空政府信息公开制度，值得我国档案开放政策参考和借鉴。

与我国档案开放政策极为关注档案馆的"保密责任"形成鲜明对比的是，一些开放度较高的西方国家在政策设计上尽量减轻档案馆的"保密责任"，档案法规与政府信息公开立法紧密衔接，"信息公开"是档案馆的主要责任。比如在美国，无论是文件，还是档案的利用都受到《信息自由法》和《联邦文件管理法》的规范。按照规定，文件应该尽可能向社会公开，公开的方式如主动公开、请求公开、个人信息向本人公开等。文件形成 30 年后，由国家档案专员对文件的保存价值进行评估，符合条件的转入档案馆，文件进入档案馆的时间，基本上就是其被解密的时限。所以据报道，在美国档案馆中能够开放的档案占馆藏的90%以上，有的达99%。档案馆不负对开放档案的后果进行

---

① Freedom of Information Act 2000. ［EB/OL］. ［2006~08~29］h:tp：//www. opsi. gov. uk/acts/acts2000/20000036. htm.

② 周汉华. 外国政府信息公开制度比较［M］. 北京：中国法制出版社，2003（8）：58~66.

预测的责任，更无需在档案的开放与不开放之间徘徊。又比如按照荷兰档案法的规定，产生 20 年后的政府文件应转交档案馆，转交档案馆的文件原则上应当公开，供公众查阅，即使是秘密文件，原来的定密一律无效，档案不公开的例外受到法律严格限定。①

2. 责任赋予、承担和监督机制不全

我国《档案法》指出，档案馆代表国家行使档案开放和公布的权力。但《档案法》对于档案馆的开放责任却未设立强制性条款，"应当"开放而非"必须"开放折射出责任要求的宽松。相关配套政策在责任规定上的欠缺，一方面表现为，政策条文在时间和范围上对档案开放设置了过多障碍，倾向于为档案馆"保密责任"的履行提供更明确细致的指导。另一方面，现有的为数不少的开放政策在档案馆的责任规定上缺乏整体设计，未能建立起一套健全的责任机制。

完整的责任机制在内容上包括赋予职能和行使权力、承担责任和接受制裁、责任监督和保障三个环节。基于这一理论认识重新审视相关规定，我们认为，现有开放政策中责任机制的欠缺突出表现在三个方面。

第一，开放责任主体单一，责任依据过于粗放。

从档案开放政策适用主体来看，无论是《档案法》及其实施办法中提及的档案开放主体，还是《各级国家档案馆开放档案办法》本身标题的表述，抑或档案开放实际工作的开展，开放一直约定俗成地限定为"国家档案馆"、"各级各类档案馆"的职责，机关档案室并非开放责任主体。《机关档案工作条例》第二十一条还规定"机关档案部门保管的档案，是现行档案，主要供本机关和上级主管机关使用，不属于开放范围。对外提供利用需经上级主管机关批准"。开放责任主体的单一化不仅使得档案定密机关的解密工作脱离了社会公众的监督视线，成为了一项不受监督的虚设责任；另一方面将原本属于档案形成机关的解密责任也转移到档案馆身上。

我国《保密法》明确规定了解密责任应该由确定密级和保密期限的机关、单位或者其上级机关承担。② 但法规中未能明确定密主体权限，导致了保密范

---

① 秦珂. 档案管理与政府信息公开的冲突和协调［J/OL］. 档案管理, 2007（1）［2007～12～07］. http://www.1wen.com.cn/wendang/danganguanli-zhengfu.

② 第十六条：国家秘密事项的保密期限届满的，自行解密；保密期限需要延长的，由原确定密级和保密期限的机关、单位或者其上级机关决定。国家秘密事项在保密期限内不需要继续保密的，原确定密级和保密期限的机关、单位或者其上级机关应当及时解密。

围的随意化和扩大化，使得解密制度无法落实。据统计，目前我国解密的数量只占定密总数2%。① 大量无需保密的档案信息移交档案馆后尚未解密，影响了开放工作的进度。档案解密是开放利用的前提。《保密法》中定密和解密主体的宽泛和模糊，档案政策中机关开放责任的空缺，使得档案馆在开放工作中承受了过多的解密压力，也因此承担了开放不力的所有责任。此外，档案解密虽然是开放的前提却并不等同于开放利用。从档案解密到开放利用还需经历信息整理、目录公开、提供服务等工作环节，这就意味着档案开放工作实际上由档案解密和提供公共利用两项内容组成。我们认为，档案开放政策应该在增加档案开放责任主体的基础上，合理划分和进一步明确不同主体的责任范围和边界，明确档案解密是档案形成机关的职责范围，而提供公共利用才是档案馆应尽的责任，两者应该责任共担、相互合作。档案馆在档案解密和开放鉴定中应负有"审查、监督和协助"的责任。

责任主体的设定以及责任范围的划分是为了让政策赋予档案馆的职责与其实际能力和条件相匹配。但是，档案馆能否合理行使职权，切实担起责任还需要明确细致的政策依据。目前的档案开放政策原则性较强，操作性不足，程序性规定缺乏，内容条款过于粗放。《各级国家档案馆馆藏档案解密和划分控制使用范围的暂行规定》虽将控制使用的档案范围细化为20条，但政策尚未对"经济、科学、技术、文化类且不涉及国家利益"应尽快开放的档案范围进行明确，《档案提前开放实施办法》至今也未出台。"按照《档案法》及《档案法实施办法》的规定，还有很多制度需要制定和完善，现有的一些法律法规也还需要进一步细化。如，可以随时开放的档案的具体范围、延期开放的档案的具体范围，利用档案馆未开放档案的程序与办法、利用机关档案室未开放档案的程序与办法等等"。②

第二，责任承担存在缺口，政策激励不足。

王英玮教授曾指出"目前国家在制定档案开放的法律、政策方面所要解决的主要问题是谁应对档案的不适当封闭和片面保密负责，而不是谁应当对开放档案的过失负责。"③《档案法》规定了8种档案违法行为要追究责任，而对

① 课题组.保密法比较研究［M］.北京：金城出版社，2001（1）：195～196.
② 中央档案馆国家档案局法规司.加强档案法规建设 促进档案利用工作——纪念曾三同志诞辰100周年［EB/OL］，［2007～10～15］.国家档案局网站.http://saac.gov.cn/saac/00ZS/hy/hyhn07.htm.
③ 于学蕴.公共档案馆：我们离你还有多远［J］.中国档案，2007（1）：45.

于不作为的追究却是空白。规定了"擅自提供、抄录、公布属于国家所有的档案"应负法律责任，却未规定"擅自不开放档案"的法律责任。档案馆在开放工作中负有保密和开放的双重责任，却并不承担相应的双重后果，其职能与制裁并不对应，责任追究规定存在缺口。

档案馆能够承担的责任是有限的。档案开放与保密的复杂性使档案馆的开放工作较为敏感，任务繁重、压力较大。目前档案开放规定中还缺少一定的政策激励机制来鼓励档案馆敢于承担责任、不因风险存在而逃避义务；档案馆在开放利用之时也没有免责条款的保护，不能豁免其无法预料和控制而造成的部分不良后果。

第三，监督信息严重不足，沟通渠道不畅。

档案开放困局的存在，一方面与政策设计的时限过长、不够细化，责任边界模糊、责任追究不力有关；另一方面也由于政策实施缺乏社会监督和执行压力，"缺失"了相应的"监督和保障"条款。实现责任监督的前提是保持监督主体和对象之间畅通的沟通渠道，让社会公众掌握必要的监督信息。目前档案开放工作的监督信息严重不足，相关政策的缺失难逃其咎。

其一，档案开放政策中设立了四种开放时限和情况①，却没有向社会公布各种情况档案数量及类别②，使得开放工作完全是自由裁定、内部操作。社会利用者对具体档案的形成年代或许可以基本判定，但无法了解究竟哪些档案属于"经济、科学、技术、文化类且不涉及国家利益"，哪些档案属于"到期不宜开放"，只有当查阅要求被拒绝时才被告知"尚未开放"。这不仅无法由社会对开放工作进行外部监督，也削弱了档案部门向利用者解释的说服力，影响了档案馆与社会公众之间的理解沟通。其二，尽管档案法明确规定了"档案馆应该定期公布开放档案的目录"，但档案馆馆藏档案数量和可开放比例并不公开③，档案馆公布的开放档案目录是否及时全面也无衡量标准。其三，对可以开放但暂未开放档案的利用申请，因为既无明确公开的申请审批程序和依

---

① 一是即日开放（指建国前形成的历史档案）；二是按时开放（即建国后形成的档案满30年开放）；三是随时开放（即相对30年而言提前开放经济、科学、技术、文化等类档案）；四是延期开放（涉及国家安全利益或不宜开放的档案）。

② 这需要鉴定工作及时跟上，但由于历史遗留的开放鉴定工作量极大，档案部门自身对可供开放档案数量恐怕也是家底不清。

③ 有关各级各类档案馆的馆藏数量等权威性的统计数据均来自《全国档案事业基本情况统计年报》，但此统计资料在以《年鉴》形式出版前属于内部保密文件，不向社会公开，这与国家自然资源、人口、GDP、环境、贸易、金融等统计数据均及时提供网上下载和正式出版发行形成较大反差。

据，也无说明理由制度规定必须答复，常常是不了了之或简单否定，让利用者心有不甘、心生怨气。

档案开放瓶颈的突破首先需要破除"政策坚冰"。从责任角度重新审视目前我国档案开放的政策依据，借助当前《政府信息公开条例》出台这一良机，完善档案开放政策的责任机制，不失为政策破冰的一条可行之路。

二、现有档案利用方式、手续规定的分析梳理

档案利用规定主要包括利用时间、范围、方式、要求和手续等内容。由于我国的档案利用时间和范围与档案开放时间和范围具有较高的重合度，而档案开放时间和范围的相关规定作为指导档案馆开放工作的政策依据，已在前文探讨。因此，下面的分析探讨主要针对档案利用规定中指导公民利用活动的程序性规定，如档案的利用方式、要求和批准手续。

我国现有档案利用规定与档案开放规定是合二为一的。如《档案法》及其实施办法将开放、利用与公布的内容合为一章，既规定了开放的期限和范围，也规定了档案利用三类主体①、三种形式（阅览、复制和摘录）、不同主体的利用手续和程序、未开放档案的利用条件、公布形式和权限、收费原则等内容。《各级档案馆开放档案办法》中既规定了档案馆开放的时间、范围和程序，也规定了公众利用档案的手续和付费原则。从政策目录上看，利用规定与开放依据重合度较高。为避免重复，我们不再详细列出现有档案利用方式、手续相关规定，仅就具体条款规定进行分析。

（一）利用审批手续缺乏限制，利用目的审查过严

对公民档案利用要求进行一定的审查和批准，是目前我国各级各类档案馆较为通行的做法。由于档案利用法规中仅规定了"利用者服从档案馆的安排"，却没有对"档案馆的自行安排"作任何"原则性"或"具体化"的限制，使得档案馆在利用手续的审批上具有相当宽泛的权力。在现实生活中，"有关规定"演变为档案馆根据管理工作的需要自行设置的各种审查标准和手续，合理地利用审查规定演变为五花八门、甚至匪夷所思的不合理利用限制。

此外，利用目的审查是我国最为常见的"前控式"利用审批手续。《档案馆通则》第 21 条第一款规定，"利用者查阅、摘录或复制档案，必须持本单位的正式介绍信，注明利用者的身份和利用档案的目的与范围。大量利用档案

---

① 根据《档案法》及《档案法实施办法》的规定，利用档案的主体既包括我国公民个人和机关、团体、企业事业单位或其他组织，也包括台湾和港澳同胞、海外侨胞以及外国人和组织。

进行专题研究，必须事先将上级批准的研究计划抄送有关档案馆。"从文本上理解，注明利用档案目的是"必须"的，且针对所有档案信息。也就是说，即便是已经开放的档案，公众在利用时仍然需要注明利用目的并接受审查，无明确目的的利用档案不被允许，利用目的审查过于严格。

然而，我们认真查阅了国家档案局颁布的档案利用政策文件发现，除《档案馆通则》之外，无论是《档案法》及其实施办法，还是《各级国家档案馆开放档案办法》等专门法规，均未规定"注明利用目的"是利用档案的强制程序，利用目的审查也非必经手续。这一道审查手续其实是 1983 年颁布的早已需要修改的《档案馆通则》规定的内容，虽未被后续利用法规所强化，却被绝大多数档案馆忠实地执行至今，足见档案服务机构对公民利用档案"自由权"的忽视。

不限制"任何目的和理由"的档案利用是西方发达国家的重要档案利用原则之一，体现了对公民利用档案"自由"的尊重。日本《国家档案法》（2000 年 10 月 1 日通过）和《关于国家档案馆利用限制的规定》（2001 年 4 月 1 日实施）明确，"日本国家档案馆历史档案的基本利用原则是'为公民提供利用'，这也就意味着应该没有歧视地为任何目的、任何年龄和国籍的人员提供利用"。[①] 在英国公共档案馆，"当你看到人们到档案馆可以没有任何目的，完全凭自己的兴趣，任意游览、参观、阅览、购书和上网，不得不佩服英国档案同行胜你一筹"。[②] 西方档案学者加里·彼特森曾指出，信息自由法应该明确"信息对所有人开放，并且与查询信息的理由无关"。[③]

实际上，放松利用目的审查也符合档案利用者类型变化的新趋势。UNESCO（United Nations Educational, Scientific and Cultural Organization，联合国教科文组织）的一份研究报告曾经指出了西方 20 世纪 90 年代开始出现的利用者类型的变化。"在大多数情况下，那些背景和利用目的不能轻易确定的利用者数量在持续上升。他们就是保罗·康威所说的属于业余爱好者的利用者。他们中的许多人利用档案的目的是因为这里面可能有可用的内容。另一些人的利用目的只是因为对档案可以提供什么样的服务怀有好奇心。如果采取传统的

① 王红敏. 日本国家档案馆的利用原则 [J]. 外国档案工作动态, 2001 (4): 27.
② 贺冰. 英国公共档案馆：公众休闲的好去处 [J]. 档案, 2001 (1): 25.
③ 加里·彼特森. 利用与开放 [J]. 王红敏, 译. 外国档案工作动态, 2001 (4): 5.

利用方法，就会为这些用户设置更大的利用障碍"。① 为了顺应这种变化，需要修改利用规则和服务政策。我国近年来档案"休闲利用"的崭露头角也印证了"无明确目的"利用者的出现。如果不及时修改现有利用规定，那些"利用目的不能轻易确定"的"业余爱好者"将无法真正成为利用主体。

（二）利用方式限定为阅览、复制和摘录，公布权设置限制"利用"

《档案法实施办法》第22条规定"《档案法》所称档案的利用，是指对档案的阅览、复制和摘录"。"档案的利用是指利用档案的主体为解决或研究某一问题，以达到某种目的，通过阅览、复制和摘录等形式，依法利用各级各类档案馆或档案室所保存的档案的行为"。"利用档案的形式具体可以分为以下几种：1. 阅览。就是利用者到档案馆内专设的接待室查阅其所需要的档案原件或缩微品、复制件。2. 复制。就是根据利用者所利用的档案内容，由档案馆通过摄影、复印、拓印、打字等方法为其复制档案原件，供利用者利用。3. 摘录。就是利用者在档案馆利用档案过程中，将其中所需要的部分誊抄下来以供自己查证、研究之需。"②

根据上述规定，"利用"的法定概念较窄，公众利用档案的法定方式只有3种，可"自由"选择的利用形式极为有限。一方面，这3种方式仅仅是最为常见、使用频率较高的利用形式，并未全面反映公众利用档案的所有行为方式，未能完整地保护公众在利用档案方式上的"选择权"和"自由权"。一些传统的档案服务方式，如制作证明、邮寄资料和传真文件仅作为档案馆的内部工作方式，而未能成为受法律保护的公众利用"可选方式"。另一方面，肯定列举式的利用概念界定，无法顾及未来档案利用方式的发展变化。目前国外档案界已经较为普及的新型档案利用方式，如网络下载、数字拷贝、电子邮件推送，都不属于法定范畴的"利用"，无法得到法律的权威支持。1996年，美国国会通过的《电子信息自由法修正案》（此前，1966的信息自由法已于1974、1986作过两次修改）经总统签署成为法律，要求每一个政府机关以电子数据方式为公众提供索引材料或本机关指南，以便利公众提出信息申请。③ 数字形

---

① Blais Gabrielle. Access to Archival Records：A Review of Current Issues：A RAMP study （CII-95/WS/5）. P26. ［J/OL］. ［2006 ~ 08 ~ 15］. http：//unesdoc. unesco. org/images/0010/001021/102187 e. pdf.

② 国家档案局，国务院法制局档案法实施办法条文释义编写组. 中华人民共和国档案法实施办法条文释义 ［M］. 北京：档案出版社，1992：72 ~ 73.

③ 周汉华. 外国政府信息公开制度比较 ［M］. 北京：中国法制出版社，2003 (8)：46.

式的利用方式从一种可有可无的创新方式，逐渐上升为必须提供的法定方式。

此外，除了"利用"概念过窄导致公民可"自由选择"的利用方式有限之外，我国现有档案利用规定中还设置了"公布权"规定，进一步限制了档案利用和传播的"自由度"。

《档案法》及其实施办法规定了"谁所有谁公布"的原则，并特别强调了国家所有档案的公布权由档案馆和形成机关共同享有，其他单位和个人无权公布。《各级国家档案馆开放档案办法》第 11 条规定"各级国家档案馆保存的档案，其公布权属于档案馆以及国家授权的有关单位。利用者摘抄、复制的档案，如不违反国家有关规定，可以在研究著述中引用，但不得擅自以任何形式公布"。这种开放与公布、公布与利用、获取与传播（开发）相互分离的政策规定在现实社会中出现了执行上的困难，在理论探讨中凸现了逻辑上的矛盾。龙潜子女诉陆键东的"《陈寅恪的最后二十年》案"最后判决理由落在"已开放档案不能擅自公布"上实在无法以理服人，档案界对公布权的设置也一直存在争议。

我们认为，《档案法实施办法》中细化的 7 条公布形式实质都是信息传播和开发方式。"已开放档案的公布"确实存在逻辑悖论，实际应表述为"已开放档案的传播和开发"。国外政府信息公开制度中提出了"申请人获得政府信息后可以以市场化的方式对信息进行再加工或其他形式的商业开发"的"自由使用原则"。① 对公开信息的传播和开发赋予了一定的"自由权"。我国《政府信息公开条例》尚未赋予这种"自由权"，也未禁止对公开信息的传播和开发。

现有规定中的"公布权"设置将公众对档案信息的"获取"和"传播（开发）"分离开来，将"利用权"仅仅局限于"获取权"，剥离了与之休戚相关的"传播（开发）权"，损害了公民利用档案权利的完整性，限制了已开放档案利用的"自由度"。同时，"公布权"的设置还影响了档案网络服务的进度。因为，"通过公众计算机信息网络传播"是公布的一种方式，公布与开放的分离使得已开放档案信息上网需要重新进行鉴定，经历更为严格的"二次"审查。所以，目前我国档案信息化建设中普遍出现了国外罕见的"数字化突飞猛进，网络利用小步慢走"的现象。

（三）未开放档案的申请开放（利用）程序不明，权利救济缺乏政策依据

《档案法》第 19 条和第 20 条规定，"中华人民共和国公民和组织持有合法证明，可以利用已经开放的档案"。"机关、团体、企事业单位和其他组织

---

① 周汉华. 政府信息公开的基本原则 [J]. 信息化建设，2004（1）：11.

以及公民根据经济建设、国防建设、教学科研和其他各项工作的需要，可以按照有关规定，利用档案馆未开放的档案以及有关机关、团体、企业事业单位和其他组织保存的档案。利用未开放档案的办法，由国家档案行政管理部门和有关主管部门规定"。然而，从实际工作来看，已开放档案的利用尚且障碍重重，未开放档案的利用更是缺乏具体的政策依据，缺乏明确的程序规定。

档案未开放，有两种情况，应该在申请程序和对应的利用程序上加以区别对待。一是应开放而未开放。即档案信息内容本身无需保密，也不需要控制使用范围，只是由于开放鉴定工作的滞后或其他历史原因而暂未开放。二是不能开放而未开放。即档案信息属于控制使用范围，只能限于部分人在特殊条件下使用。对于前者，未开放只是工作进度问题，与信息内容无关。一旦通过个人申请予以公开后，就应该视同已开放档案来提供自由利用，以后的利用者无需再重复提交申请。对于后者，未开放是为了国家、社会和其他公众的利益。个人提交申请后，即使获得了利用权，也不得扩及其他公民，以后的利用者还需再次提交申请。

《欧洲档案利用政策标准纲要》中也指出"对于未开放的文件，法律须允许主管当局发放特殊的利用许可（如，文件产生机关根据档案馆的建议，档案行政部门根据文件产生机关的建议，或由一个部门负责对全国发放许可）。"授予特殊许可时我们可以遵循两种不同的程序，一是经特殊许可查看的文件即是解密文件，可对外提供利用。二是指文件只针对某具体研究人员开放，但仍属于保密范畴，其他研究人员如需查阅则须另外获得特殊许可。[1] 这里的"特殊许可"实质上就是"依申请开放"。

我国现有的档案利用政策只是笼统地规定了"可以利用档案馆未开放的档案"，并没有制定申请开放（利用）程序，更没有区分两种性质不同的未开放档案的利用，使得"未开放"等同于"不开放"。业界已有学者呼吁："有必要从国家档案法规的层面明确规定档案依申请开放的受理范围、运作程序以及申请人的权利与义务"。[2]

未开放档案的申请开放可以看作对公民利用档案权利的一种补充和保障。特别是在我国档案开放工作任务重、压力大的情况下，增设和明确这一开放利用方式和程序，能够在有限的人力和资源条件下，保证社会需要的档案信息能

① 王红敏. 欧洲档案利用政策标准纲要 [J]. 外国档案工作动态，2003（6）：4~5.
② 戴志强. 档案依申请开放初探 [J]. 新上海档案，2005（5）：10.

够及时开放、优先开放。同时，权利救济也是公民利用档案的另一种政策保障手段。没有救济的权利不能称其为权利。现有档案利用规定中权利救济条款的空缺与档案开放政策中责任监督条款的空缺是一个问题的两种表现。公众对侵犯权利的行为，缺乏申诉渠道；档案馆违反规定的行为，没有处罚措施，才会出现前文沈志华教授令人费解的利用遭遇。"在美国，对于行政机关拒绝申请人利用档案申请的，申请人可以提出行政复议，如果对行政复议结果不服，还可以向法院提起诉讼。美国法律对档案利用还建立有司法救济规则，在诉讼中，行政机关对有关档案公开决定的正确性负举证责任；法院审理档案公开诉讼案件，有权重新审查事实；如果原告胜诉，国家行政机关将承担原告的律师费和合理支出的其他诉讼费用；对于行政机关的违法责任人，法院还可以提出行政制裁的司法建议"。①

三、现有档案利用收费政策的分析梳理

档案馆向公众提供档案利用，是否应该收取费用；档案服务提供方如何把握无偿服务与有偿服务的界线和比重？档案利用收费应该坚持什么原则、依据什么标准保证其合理性，才能既不阻碍公共利用、不引发社会的质疑，又能促进档案信息资源多元开发、促进增值服务？自从社会主义经济体制由计划经济向市场经济转型以来，这两个问题就困扰了档案实践部门多年，也一度引发了学术界的争论高潮。进入新世纪之后，我国公共服务和信息资源开发新政的出台给档案工作提出了一系列新任务和新要求，引发了业界对"公益服务"、"民生服务"和"增值服务"等新问题的思考。新问题与老问题相互交织，社会民生与事业发展共同呼唤，《利用档案收费规定》（1992）明确列为"十一五"期间需要修订的8项档案法规之一。②

据我们整理统计，目前从国家高度统一规范我国档案利用收费的政策规定共8件。其中，以国家法律和部门规章的形式对档案利用收费做出基本规定的有2件，分别是《档案法实施办法》和《各级国家馆开放档案办法》。针对利用档案收费原则、范围、项目和标准所颁布的专门规定共5件。另外，1988年制定的《开发利用科学技术档案信息资源暂行办法》第四章对科技档案信息的使用收费和费用管理进行了补充规定，其中大部分条款内容被收入1992

---

① 秦珂. 档案管理与政府信息公开的冲突和协调［J/OL］档案管理，2007（1）. ［2007～12～07］. http：//www.danganj.net/UpLoadFiles/Article/2007～5/2007052100211998403.doc.

② 档案事业发展"十一五"规划［J］. 中国档案，2007（2）：9.

年出台的《利用科学技术档案信息资源收费的规定》之中。

现有档案利用收费政策目录和主要内容见下表。

表4-1　我国档案利用收费政策规定

性质	题名	时间及文号	内容简述
基本规定	中华人民共和国档案法实施办法	1999-06-07国家档案局令第5号	第二十二条：提供社会利用的档案，可以按照规定收取费用。收费标准由国家档案局会同国务院价格管理部门制定。
	各级国家馆开放档案办法	1991-12-26国档发〔1991〕34号	第九条：各级国家档案馆提供利用档案时，要按照国家有关规定收费，不得擅自增加收费项目和提高收费标准。
专门规定	国家档案局国家物价局关于利用档案收费有关规定的通知	1987-10-05国档发〔1987〕21号	一、收费范围： 无偿服务：利用本单位或个人形成、移交、捐赠、寄存的档案和上级机关为工作查考利用档案。 有偿服务：其他为落实房、地、财产、债务、债权、学历、工龄和解决纠纷、生产建设或进行其他盈利性、商业活动以及进行汇编出版等有经济收益的一切机关和个人利用档案，均属收费范围。 二、收费项目及标准：分为3项，复制费（含工本费和保护费）、证明费（学历工龄及办理公证等证明每份不超过2元；房、地、财产证明按经济收益2%）、咨询服务费（不能直接查用，一般为信函代办） 三、外国人利用可提高标准。 四、严格执行，不得任意增加项目和提高标准。
	国家档案局关于利用档案收费有关规定的通知的补充说明	1988-02-12、国档字（88）20号	一、关于收费范围：无偿服务之"上级机关"界定为主管档案馆的直接上级机关；无偿服务之"个人"指档案的直接形成者或直接移交、捐赠和寄存者（包括死亡后继承者）；工作查考照收复制工本费，大量复制和汇编收费。"收费"指复制、证明和咨询服务费。 二、关于收费项目及标准："保护费"是除复制工本费之外的，珍贵历史档案可提高收费。资料复制参照档案。外国人收费控制在高于国内2~5倍。

性质	题名	时间及文号	内容简述
专门规定	国家档案局关于为公、检、法部门办案调阅档案实行无偿服务的通知	1989 - 07 - 14、国档发〔1989〕19 号	凡公、检、法部门直接办理案件需要利用档案，应实行无偿服务（复制工本费除外），各级档案馆应积极配合，大力支持，不得以任何理由拒绝提供。 建议各机关、团体、企事业单位和档案部门，在公检、法直接办理案件需要利用档案时，参照上述精神。 两封复函的补充说明： 对于公证处、律师事务所等凡在受理案件中收取当事人费用的单位，不应享受无偿服务。公检法部门包括公安机构、法院、检察院及其司法机构和纪律检查部门。国家安全部门直接办理案件需要可给予无偿服务，编辑史料则不实行无偿服务。
	利用档案收费规定①	1992 - 04 - 22、国档发〔1992〕7 号	一、对象和原则：各级人民政府批准设立的综合性、专业性档案馆。有偿服务和无偿服务结合的原则。 二、收费范围：同〔1987〕21 号文。有经济收益的均收费；形成者、所有者和上级机关工作利用无偿服务（复制工本费照收）。 三、收费项目和标准：分为 4 项，档案保护费（利用一般档案复印照相需交纳，根据明清、民国、革命历史、建国后分别制定标准，特别珍贵按同期标准的 3 至 5 倍收费）、复制费（按当地实际情况）、证明费（同〔1987〕21 号文分为两类，学历、工龄仍为每份不超 2 元；房、地产证明费改为按 10 至 400 元收取）、咨询服务费（各地物价、财政部门自定）。 外国人按高于国内 2~5 倍，港澳台可酌情降低。 四、具体收费办法由省级物价、财政部门制定。
	利用科学技术档案信息资源收费的规定	1992 - 04 - 22、国档发〔1992〕7 号	一、原则：有偿服务和无偿服务结合的原则。 二、收费范围：大部分内容同〔1988〕16 号文。 有偿范围：外单位利用获得商品化成果及经济效益的。标准依据为技术先进度、开发工作量、可能经济效益，本着利于成果推广和促进生产发展原则，由主管部门提方案，省级物价、财政部门审批。 无偿范围：领导机关工作、社会公益服务及列入国家发展计划的社会公益事业，应无偿提供或只收复制工本费。本单位可不收费，外单位利用自己形成的只收复制工本费。 三、具体收费办法由省级物价、财政部门制定。

① 《利用档案收费规定》与《利用科学技术档案信息资源收费的规定》是作为附件形式发布的，原政策题名为：国家档案局转发《关于发布中央管理的档案系统行政事业性收费项目及标准（国家物价局、财政部〔1992〕价费字 130 号）》的通知。该通知还规定了政策适用范围和对收费单位的统一要求，如：规范中央管理的档案系统的行政事业性收费；收费单位要健全收费管理制度，按照规定范围和用途使用收费；需到物价部门办理收费许可证，适用财政部门统一的收费票据。

续表

性质	题名	时间及文号	内容简述
补充规定	开发利用科学技术档案信息资源暂行办法	1988–10–26、国档发〔1988〕16号	第四章科技档案信息的使用收费及费用管理 第十二条有偿使用原则： 一、各级领导机关因计划、规划、预测、决策所需应无偿提供或只收工本费。 二、社会公益性服务（指社会团体、社会服务保障部门，如气象、水文、地震预报及自然灾害抢救等）及列入国家发展计划的社会公益事业，无偿或只收工本费。但利用者不得转让营利。 三、本单位不收，外单位利用原汇交、上报和移交的只收工本费。 四、经济效益型服务应按成本费、开发转让费收取。 第十三条收费标准：标准依据为技术先进度、开发工作量、可能经济效益，本着利于成果推广和促进生产发展原则。中外合资企业需我方资料，不低于记录成果形成时成本的50%。 第十四条：收费方法：信息市场活动、技术合同方式。 第十五条费用管理。

从上述档案利用收费政策规定的主要内容可以看出，虽然具体收费办法的制定权下放到各地的省级物价部门和财政部门，国家并不作统一要求，但是在收费原则、范围、项目和标准上，现有政策均作出了较为一致的规定。在一定程度上制止了乱收费的现象，发挥了规范档案服务的作用。其积极之处表现在：第一，有偿服务和无偿服务相结合的原则丰富了档案服务方式，确立了档案利用收费的合法性。第二，是否收费的范围划定采用双重标准和依据①，符合当时利用类型以机关工作查考为主的现实情况，也有利于鼓励档案移交、捐赠和寄存以丰富馆藏。第三，收费项目设置为档案保护费、复制费、证明费和咨询服务费四项，避免了地方档案馆乱设项目，增加利用者负担。第四，收费标准的设立强制性和灵活性并重，既设立了收费额度浮动的上下限，也赋予了地方根据实际情况自定的空间。

但是，现有档案利用收费政策均制定于20世纪90年代初期，当时的社会

---

① 一是从利用活动的结果来看，是否取得经济收益；二是从利用者与所用档案的关系来看，是否为档案的形成者和所有者，是否对档案进馆具有直接贡献。

政治、经济和文化发展水平有限，公众利用档案的需求有限，档案馆的公共服务意识有限，使得政策规定不可避免地存在着"公益性"不突出、"弱势群体"不享受无偿服务以及项目标准设置未能适应时代变化等缺憾。

第一，公益服务的主导原则尚不明确，仅在《利用科学技术档案信息资源收费的规定》中略显了"公益"意识，规定社会公益服务及列入国家发展计划的社会公益事业，应无偿提供服务或只收复制工本费。有偿服务和无偿服务相结合的原则肯定了档案馆向公众提供档案利用可以收费，但档案馆以何种服务为主导缺乏明确的政策导向性意见。无偿和有偿等同并立不符合目前我国档案馆定位于公共文化机构的社会形象，也不利于档案馆代表国家向公众提供公共信息服务。

第二，无偿服务范围较窄且偏重于机关单位，服务对象"重公不重私"、"重上不重下"。现有政策中无偿服务范围主要在机关单位的工作查考，特别是上级主管机关；国家还专门发文免除了公检法办案需要的档案利用。公权机关的工作查考是为了追求更广泛的公共利益，造福于更多民众，享受无偿服务无可厚非。但是，除了档案移交、捐赠和寄存者之外，公民个人利用档案几乎都不享受费用的减免，还有待商榷。档案馆作为"公益性"事业单位，在提供服务时应该考虑到利用者的收入状况和经济条件，将残疾人、下岗职工、低保户、进城务工人员等弱势群体纳入无偿服务的对象范围。我国《政府信息公开条例》第二十八条就规定，"申请公开政府信息的公民确有经济困难的，经本人申请、政府信息公开工作机构负责人审核同意，可以减免相关费用。"

第三，收费项目和标准的设置未能及时适应时代的变化。自 1992 年《利用档案收费规定》颁布以来，十多年间，国家未对档案收费项目和标准进行修改和调整。部分收费项目（如"咨询服务费"）外延开始变宽，变相出现了新增项目，亟需规范。部分收费项目因技术条件的革新已经可以降低标准，亟需调整。

一方面，除少数经济条件较好、公益意识较强的地区适当减少了收费项目（如深圳市免除了档案保护费和咨询服务费①，北京市免除了咨询服务费②）；各地档案馆基本都参照 1992 年的政策文件将收费项目列为档案保护费、复制

---

① 深圳市档案馆利用档案收费规定 [EB/OL]，[2008～01～18]．http：//www. szdaj. gov. cn/gc-zn/cdzn/293. html.

② 《北京市档案馆利用档案收费办法 [EB/OL]，[2008～01～18]．http：//www. bjma. org. cn/dafw/lgly/xggd. ycs？GUID = 1486.

费、证明费、咨询服务费四项。但少数基层档案馆"咨询服务费"的外延从"代办服务"扩及到"查询咨询服务费"① 或者"登记咨询费"②，变相增加了档案利用的收费。1992 年收费规定未对"咨询服务费"一项进行明确解释，1987 年的通知中指出"利用者不能直接查用档案（一般为信函索取）的，档案馆为利用者付出一定的劳动，提供一定数量有价值、翔实可靠的材料"，除每人次（件）收手续费外，还可按经济收益收取咨询服务费。从政策文件中推断，"咨询服务费"实际上是提供"信息咨询"的"代办"服务，收费与否应注重结果而非过程，如果未能给利用者提供必需的"信息"，不应单独收取"查询"费用。

另一方面，档案保护费、复制费的项目标准设置是在以纸张型为主的利用环境下制定的，主要为了保护纸质档案原件的寿命。针对数字化的档案信息利用，保护费和复制费都应该适当降低或者取消（如电子拷贝的费用应该较为低廉）。

此外，随着档案信息是"公共信息"认识的深入，对于档案馆基本信息服务，国外的趋势是不断降低费用，向"公益性"发展。如"法国国家档案馆原来就规定：查阅档案目录、办理查档登记不收费；办理阅档证要收费，一年 100 法郎；调档不再收费。现在这项规定已经修改，从 2001 年 1 月起，办理阅档证也不再收费。"业界已有学者在进行国外考察后，呼吁"查档收费应当停止，不能用收取查档费（调卷费、保护费、信息费）来限制档案利用。收取档案复制费要加强成本核算，应低于市场价格。过高收取复制费是变相收取查档费，加重利用者负担，实际上起到限制查阅、复制档案的作用。"③

① 上海市卢湾区档案馆《档案利用收费标准》［EB/OL］，［2008～C1～18］. http：//daj. luwan. sh. cn/luwan/Default. aspx？tabid＝87.

② 苏州市吴中区《档案利用收费规定》. ［EB/OL］，［2008～01～18］. http：//da. szwz. gov. cn/Show. asp？id＝15.

③ 奚博凯. 中国档案工作代表团赴法国、意大利考察情况［J］ 外国档案工作动态，2001（2）：21，23.

第五章

国外经验借鉴：
代表性国家档案利用政策建设的特点及启示

第一节　国外档案利用政策建设的代表性国家
及其历史文化背景

一、基本概念

在对国外档案利用政策进行分析之前，需要再强调本章档案利用政策的基本概念和范围。

第二章对档案利用政策的概念已作出了详细的解读，需要说明的是本部分所指的档案利用政策指政党、政府和档案机构（包括档案行政管理机构和档案保管机构）为了有效开展档案利用服务工作、规范档案用户利用行为，保障公民信息权利义务的均衡，而制定的各种行为准则的总称，表现为有关档案利用的法律、法规、规章、规范、办法、方法和条例等等。

本节主要是对国外代表性国家的档案利用政策进行全面分析。因此，对文中涉及的档案利用政策的范围界定较多采纳遵循国外的惯例。本节的档案利用政策不仅包括有关档案利用的规范性文件，如法律、行政法规、规章制度、条例、规范、办法等，还按照国外的立法习惯，将包括"信息"概念下能够对档案利用起到规范和指导作用的相关规定，也将有关指导信息利用的规定纳入档案利用政策的范围，以确保档案利用政策的健全完整。

二、档案利用政策建设的代表性国家

借鉴国外发达国家档案利用政策建设的成功经验，对于完善我国当前的档案利用政策有着重要意义。综合对比国内外档案利用政策的发展状况，国外发达国家的档案理论和实践都较为先进，档案利用政策的发展水平也超过了我国。发达国家的档案利用政策体系更为成熟和完善，特别是政策的完善程度和

实施力度更是具有明显优势，有许多经验值得我们借鉴和参考。因此，综合研究发达国家的档案利用政策，挖掘其政策建设的成功经验，对我国档案利用政策的建设和优化颇有益处。我们选择美国、加拿大、英国、澳大利亚、日本等五个国家作为代表，对其档案利用政策加以梳理，分析其档案利用政策的背景、历史沿革、体系和内容等，从中提炼出适合我国参考和借鉴的档案利用政策建设的有效方法和成功经验。

美国是档案利用政策最为完善的国家之一。首先，美国对信息政策和档案利用政策的研究起步较早。从 20 世纪 50 年代开始，美国联邦政府就开始研究和制定信息政策，相继颁布了有关信息公开和档案利用的一系列法律法规等。例如 1966 年美国颁布了《信息自由法》，旨在促进联邦政府信息的公开化，明确规定除不予公开信息的例外情况外，一切政府信息都必须公开，并且对公民获取信息的权利进行保障——公民在查询信息的要求被拒绝后，可以向司法部门提起诉讼，并得到法院的优先处理。其次，美国的档案利用政策在实践中不断发展完善。随着社会环境的变化和实践工作的发展，档案利用政策作为信息政策体系中的一部分，从制定之初至今经历了很多次的更改，不断适应时代的发展。例如《信息自由法》自颁布后经历了数次修订，不断扩大信息公开范围，完善开放程序，并根据现实情况增加电子信息的公开政策。可以说，不断地修订使美国的信息政策和档案利用政策能够与时俱进，适应时代需要，内容更为完善，效果更加显著。美国是世界上档案利用政策制定最为活跃、体系内容最为完善、实施最为有效的国家之一，它在档案利用政策建设方面取得了很多成功，值得我国参考和借鉴。

加拿大在档案利用政策建设方面也具有较大发展，成绩令人瞩目。加拿大联邦政府一直很关注信息产业，积极规范和促进信息产业等相关内容的发展，以推动整个国家政治、经济、文化的全面腾飞。加拿大政府通过不断研究探索，制定了一套较为完善的信息政策和档案利用政策。其中值得一提的是，加拿大联邦信息政策体制中明确规定加拿大的国家档案馆也承担制定相关信息计划的重要职责，其档案法规、政策的制定和完善不仅仅要体现档案馆的职能，更要与国家的信息政策制定方向、内容相一致。所以加拿大国家档案馆在联邦信息政策体系中发挥其作用和特色的有益经验，也值得我国借鉴。

英国是欧洲档案事业历史悠久的国家，其档案理论和实践发展具有优良传统，档案工作水平较高，档案事业基础坚实，档案政策体系完备，对我国档案利用政策的建设和优化具有积极的借鉴意义。

澳大利亚作为国际档案界的新起之秀，在许多方面后来居上，尤其是电子文件管理的研究和实践走在了世界前列。而且，澳大利亚在标准法规的制定和水平方面的更是优于其他国家。因此，对澳大利亚档案利用政策的分析研究也可以成为我国档案利用政策发展的"他山之石"。

日本是档案利用政策发展较为突出的亚洲国家。首先，日本档案利用政策建设的总体水平要明显高于我国，特别是在立法、执法等方面更为突出。其次，日本与我国同属东亚，又是邻国，与我国有着相似的东方文化思想，受儒家思想影响比较深，这种相似的历史文化背景使得参考和借鉴日本档案利用政策的经验更加可行。

总之，基于上述考虑，我们选取这五个代表性国家，对其档案利用政策进行全面剖析，希望能够吸其之所长。同时，在介绍以上五个国家的档案利用政策时，美国和加拿大、英国和澳大利亚在地理位置、历史文化传统、档案工作水平等方面存在很多共性，具备比较研究的可行性。因此我们依据关联性将美国和加拿大放在一起研究，英国和澳大利亚放在一起研究，日本单独进行研究。

三、代表性国家历史文化背景解读

档案事业是一个国家文化事业的重要组成部分，档案利用政策的发展与一个国家历史背景、文化传统也有着千丝万缕的联系，而梳理这之间的关系正是溯本求源地了解档案利用政策发展过程的重要途径。基于这种密切关联，我们拟对这五个国家的历史文化背景进行分析解读，以便更好地理解这些代表性国家档案利用政策制定、实施、发展和执行等情况。

（一）美国和加拿大的历史文化背景解读

1. 美国的历史文化背景

美国是一个历史相对短暂的国家，从其独立至今不过只有200多年的历史。然而今天美国已成为世界上最大的发达国家，其经济发展水平和综合国力居于世界第一位，在全球的政治、经济、军事、娱乐等众多领域具有强大影响力，是其他国家难以匹敌的。美国作为一个起步较晚的国家之所以能够一跃成为世界上最为强大的国家，是与其文化传统息息相关的。美国档案工作的水平在世界上也是首屈一指，其档案利用政策与其他国家相比更为完善成熟，这些都离不开其文化传统的影响。

美国文化的主要内容是强调个人价值，追求民主自由，崇尚开拓和竞争，讲求理性和实用。

首先，美国是一个非常崇尚自由民主的国家。可以说，200多年来，美国一直是自由民主制度的"试验田"。一方面，美国是一个移民国家，最早移民到美洲大陆的欧洲人大多富有自由精神，他们或是具有冒险精神的探险家，或是富有开创精神的清教徒，或是向往自由民主而避难到美洲的欧洲贵族，一句话大多数早期到达美国的殖民者崇尚自由民主，勇于拼搏，富有创新精神，由这样一批移民建立起来的美国具有自由民主的本能。另一方面，美国社会是一个大熔炉，拥有来自世界各个国家各个地区的大量移民，将各种文化价值融入到这个大熔炉中，融入到基督教的主流价值观中。美国无疑是一个文化多元且极富包容力的国家，正是开放民主的传统让社会接纳不同的文化价值观，反过来各种文化的碰撞又让社会更加民主自由开放，可以将渴望呼吸自由的人均吸引到这片土地上。

美国对于民主有极高的期待，在200多年的发展过程中，从未停下过追求民主自由的脚步，其政治制度、法律制度不断完善，以更加接近他们所一直期待的自由民主目标。美国从建立起就在不停地变化和发展，但它保持有一种连贯性，即从成立之初就一直坚守的核心价值——自由和民主。对自由和民主的崇尚体现在美国社会各个方面，也包括美国政府。这种传统影响着美国各项法律政策的制定，其中就包含档案利用政策、信息政策等。可以说，美国的档案利用政策充分体现了这个民主国家的开放性。

其次，美国是一个极其重视个人价值的国家。美国文化的核心是个人中心主义——个人至上、私欲至上、追求个人利益和个人享受，强调通过个人奋斗、个人自我设计，追求个人价值的最终实现。个人中心主义使美国在强调开放民主自由的同时重视个人价值的实现、尊重个人的权利，这种个人中心主义体现在档案利用政策上就是对个人隐私的重视，因此美国的档案利用政策还兼顾了对个人隐私权的保护。

民主自由和个人价值是美国文化的两个核心。它们对于档案利用政策的制定产生了深远的影响，即表现为美国档案利用政策的两条主线，分别为档案开放利用和档案限制利用。因此，第二节对美国档案利用政策的内容分析也将按照这两条主线展开。

2. 加拿大的历史文化背景

加拿大同样是一个历史相对短暂的国家，也只有100多年的历史。但同美国一样，加拿大在短短的100多年间发展成为一个经济科技大国。加拿大的国土面积居于世界第二，物质资源丰富，生态环境优美，能源充足，是当代科学文化和经济水平最发达的典型资本主义国家之一。加拿大最吸引世界各国人民的是其兼容并包、开放自由的多元文化环境，这也是加拿大最显著的文化特征。加拿大多元文化的发展推动了经济、社会、科技、文化等各方面的发展，加拿大的档案工作水平之高、发展之快有目共睹。加拿大档案利用政策发展自然离不开其历史文化的影响。

加拿大是英联邦的成员国之一。历史上，加拿大曾是英国的殖民地。加拿大的原住民是印第安人和爱斯基摩人。16 世纪起，英法裔人大量涌入。其后两国展开激烈争夺，1756～1763 年英法战争爆发，英国战胜法国，迫使法国签订《巴黎条约》同意放弃加拿大和密西西比河以东地区，加拿大由此成为英国殖民地。18 世纪末，加拿大展开争取独立的运动。1867 年 7 月 1 日，英国被迫允许建立加拿大自治领，英国议会通过了《BRITISH NORTH AMERICA [BNA] ACT OF 1867》，加拿大成为英国联邦制的一个自治区。1926 年，英帝国会议宣布自治领与英国具有平等地位，承认自治领在内政和外交方面拥有独立的地位。1931 年，英国议会通过《威斯敏斯特法案》，加拿大成为一个独立国家，也是英联邦成员国，其议会获得与英国议会平等的立法权。1965 年，加拿大制定了自己的国歌、国旗。1982 年 4 月 17 日，英国女皇在渥太华宣布加拿大在立法上脱离英国，并签署《加拿大宪法草案》，即现行的加拿大宪法。

加拿大拥有悠久的移民历史和丰富多彩的多元文化，具有对多元文化的接受力、理解力和包容力。加拿大有史以来就是个移民国家，除了因纽特人和印第安人以外，其他各个民族和种族都是从世界各地迁徙而来的，经过磨合，来自亚洲、美洲、欧洲等地的不同民族相互了解，并学会了互相尊重。不同的文化无论其强弱，都在加拿大这片自由的土地上得以独立完整地保持自己的特色，而不被同化或消亡。除此之外，加拿大是当之无愧的无明显种族歧视的国家，奉行种族平等政策。不同种族文化背景的社区或团体为保持或发展本民族或种族的文化而举办的活动不仅会受到社会的尊敬，而且还会得到政府的支持。而且，多元文化的另一个重要内容是原住民的存在，他们几千年前就生活在加拿大，目前仍然保留着本民族的生活方式。可以说，加拿大是来自各地的移民共同努力奋斗建筑起来的国家，多元文化在这片土地上共存共荣、兼容并包，不同文化和种族背景的人和谐、宽容地生活在一起。

加拿大多元文化的完好保持和发展，离不开加拿大政府的多元文化政策。文化多元化受《加拿大个人权利与自由法》和《加拿大多元文化法》的鼓励和保护。加拿大政府自 1971 年确立多元文化方向以来，1988 年通过《加拿大多元文化法》，自 2003 年起每年一度举办加拿大多元文化节。借助这些举措，加拿大的多元文化形象已深入人心，不同文化间的和谐相处成为加拿大文化的最大特点。多元文化使加拿大更为生机勃勃，也是这个年轻国家活力的源泉。

加拿大极其重视人权，同时提倡个人主义。加拿大联邦和各省都有人权法，用来保障因种族、性别、肤色、官能障碍或性倾向的不同而可能受到歧视的人。如果因为上述原因而无法得到工作、住所或不能进入餐馆和酒店，就有权向联邦或省的人权委员会投诉。种族暴力、对儿童与配偶使用暴力殴打或恐吓要殴打的情况，在加拿大都是犯法的。

加拿大提倡民主自由，赋予公民个人权利和自由。加拿大个人权利与自由法作为加拿大宪法的基本部分，确立了加拿大公民生活的基本准则，保证了加拿大公民在基本自由、民主权利、迁移权利、法律权利、平等权利、官方语言选择权利、少数民族语言教育权利等诸多方面的权利和自由。

3. 美国和加拿大历史文化背景比较分析

美国和加拿大的档案工作和档案事业发展水平可以说代表着整个世界档案界的最高水平。同时，两国的历史文化背景在诸多方面存在共性，当然也存在不同之处，通过对二者进行比较，以期更深刻细致地探究美国和加拿大档案利用政策的发展。

首先，美国和加拿大在历史文化背景方面存在许多共性。其一，在政治制度方面，二者皆为联邦制国家，且其档案事业管理体制皆为分散式，联邦档案馆与地方档案馆没有任何隶属、指导与监督关系。其二，在历史进程方面，两个国家的历史都不长，属于新兴的年轻国家，发展势头强劲，发展水平较高。其三，在文化方面，二者都属于移民国家，文化呈现多元化特征，具有包容性，且崇尚自由民主，倡导个人主义，赋予公民极大权利和自由。其四，在法律方面，二者皆为法制健全的国家，这就为档案利用政策的制定奠定了坚实的法律基础。

其次，美国和加拿大也存在诸多不同，主要体现在文化方面。其一，美国文化则稍具侵略性，强调自身独有文化、主流文化，外来文化需要融入到美国的主流文化中；而加拿大文化更加柔和友好，充分尊重移民文化，通过各种政策和组织来鼓励和保护外来文化各自的特色。其二，美国文化深受古典自由主义和民粹主义的影响，以个人主义价值观为导向，具有变动的特点；加拿大文化则扎根于英国托利主义的土壤，深受重商主义的影响，注重群体价值，尊重权威，较为静态化。

总之，美国和加拿大之间的相同和不同为第二节美加两国档案利用政策的比较分析奠定了基础，帮助读者能够更好地理解两国的档案利用政策。

（二）英国和澳大利亚的历史文化背景解读

1. 英国历史文化背景

英国是一个历史悠久的欧洲国家，在长期的历史发展过程中，形成了其独具特色的以苏格兰民族文化为主体的多元文化。经过两次世界大战，英国作为世界头号强国的历史已不复存在，但其传统文化的印记一直深入影响现代英国社会的发展。其中保密文化传统的沿袭便成为隔阂政府和公众之间关系，造成社会信息权益失衡的重要障碍。另外，为适应公共服务改革运动不断发展的英国行政文化，又进一步促进这个老牌资本主义国家在矛盾的风口将民主自由的精神无限放大。英国档案利用政策的发展过程与其多元传统文化之间的博弈演变背景不无关系。

首先，英国具有深厚的保密文化传统。英国保密文化传统的形成归因于以下几个因素。英国位于北纬50度至60度之间，地处西北欧，为大西洋、北海与英吉利海峡所环绕，在地域上呈现一个自然岛国。英吉利海峡和多佛海峡把英国和欧洲大陆分开，这样的特殊地理位置使它长期游离于欧洲社会的发展主流之外，在某种程度上远离了欧洲大规模的政治和社会动荡。另外，长时期的封建统治使英国人更具容忍，安于现状的品质，更倾向于以温和、保守的方式实现和社会的变革。① 当18世纪英国人埃德蒙·柏克第一次把英国人的保守传统系统化为一种理论后，保守主义思想便迅速为英国人接受，成为影响英国政治和法律发展最主要的文化传统之一，也让保密文化传统的根源变得有迹可寻。

保守主义的主要特征，首先是极度尊重历史和传统，其次是尊重权威和秩序，它始终倾向于维护已经形成的、代表历史连续性和稳定性的事物，而不管其形成的方式如何。其作用于保密文化上主要体现在宪法惯例和议会的制定法上，英国前首相布莱尔在《你的知情权》白皮书中指出："只有赋予英国人民法律上的知情权才能打破英国的保密文化传统。尤其是法律规定上的要求保密的传统。"② 这充分说明堂而皇之的法律保障成为保密文化滋生的摇篮，也成为信息公开，档案开放利用政策发展进程中的巨大障碍。

---

① 鲁莉. 英国文化之探索与启示［J］. 科技信息，2009（31）：988.

② Your Rights to Know-The Government's Proposal for a Freedom of Information Act，1997.

英国保密文化传统首先体现在宪法惯例上。英国是依据不成文的柔性宪法运作的国家，宪法惯例也称政治习惯，对英国的保密文化的形成发挥了重要作用，其中主要是大臣责任制和王室特权。其一，大臣责任制是保密文化形成的基础。传统的大臣责任制要求政府大臣必须为本人所在的部门，为他们所授权的，或者是他们知道或者已经应当知道的政策、行为和疏漏承担责任。对本部门的公务员未经授权的或者是不适当的，他们不知道或者不能够知道的行为，大臣不承担责任，但有向下院说明发生了什么事情，以及采取什么措施或将采取什么措施对犯错公务员进行惩戒的义务。随着时间的推移该制度的发展渐渐跳出传统模式，一方面大臣能够根据意愿决定向议会公开什么信息不公开什么信息，另一方面大臣的保守政府秘密的特权进一步妨碍了下院要求履行说明的责任。并且随着政府功能的日益庞杂，政府控制的信息越来越多，大臣已不能完全知悉掌握所有信息，向议会履行说明义务更显力不从心，进一步阻碍了公众对公共部门信息的了解，更无从谈及利用。其二，王室特权是保密文化的重要构成，该制度规定：如果大臣认为开放信息会违背公共利益，法院将无权公开有关政府工作的记录。这些特权让公众接触公共部门信息的途径更为狭窄，信息牢牢掌握在以政府为代表的权威公共部门中。①

英国保密文化传统体现之二是议会制定法。保密文化在成文法中的表现就是 1911 年的《公务员保密法》（Official Secrets Act 1911），该法的第二条指出王的文官未经授权传播任何官方信息都是犯罪。而其列出的官方信息包括了所有的官方文件和信息，甚至没有信息的种类和等级差别。犯罪主体也很宽泛，无论文官的职责、重要程度如何，统统囊括，进一步加深了该法的打击力度。在这样一种近乎苛刻的法律条文面前，文官保护自己的最有效的办法就是不披露信息，在这种不作为的规避风险行为影响下，保密文化的根基愈加巩固。

保密文化让英国传统的保守主义思潮体现的淋漓尽致，却也进一步昭示英国信息公开、档案利用政策发展进程缓慢艰难的处境。

其次，英国行政文化中的知情权博弈使英国热衷传统保守的同时崇尚公平民主。"英吉利民族的特征是存在着未解决的矛盾，是截然相反的东西的合一。"② 他们一方面在热衷于保守、传统和权威，一方面又崇尚个人自由、尊重公平民主，这种矛盾主导了英国经验主义的哲学观，也创造了英国独特的行

---

① 周汉华. 外国政府信息公开制度比较 [M]. 北京：中国法制出版社，2003：138.
② 鲁莉. 英国文化之探索与启示 [J]. 科技信息，2009（31）：988.

政文化。

英国对个人权利的尊重来源于他们民族强烈的主体性认识，它主张人要认识、尊重自己，并积极追求一种社会性的自由、发展和进步。它要求政府在尊重个人自由和发展的同时，倡导形成一种和平合作和宽容妥协的社会文化，力主推进英国政治制度的改革，并不断在改革中寻求对公众的最佳服务模式。[①]个人权利的核心是界定个人和政府之间的关系，强调有限的、人为政府和无限的、天赋自由。基于这样一种认识，英国的制度在根本上要求对政府的权利加以限制。

政务信息公开是政府推进行政改革的重要举措，同时也是改造保密文化传统，促进政权和知情权博弈的一个过程。一方面它体现了英国行政文化自身进步的要求，另一方面它深受国际社会的影响，其中美国《信息自由法》（Freedom of Information Act 1966）的颁布大大促进了英国信息公开时代的来临。1971 年《弗兰克报告》对 1911《公务员保密法》中的保密条款提出公开审查与 1978 年《官方信息公开法案》首次提倡"一切都应当公开"来改变政府的态度，成为改造英国保密文化的"破冰"之举。20 世纪 90 年代《公民宪章》、《开放政府》、《获得政府信息使用守则》、《你的知情权》等重要规章制度的推出，加速了信息公开进程的完成。直到 2005 年 1 月 1 日具有标志意义的《信息公开法》的正式生效，英国完成了信息开放对保密的初次博弈，在经历多次的反复和阻碍后，公民知情权益从法律上得到确认，取得了政府改革和公众信息权益上的双重进步，更深层次将英国行政文化中的矛盾统一展现的一览无余。英国档案利用政策也正衍生和发展于这样保守和进步共存的文化背景之中，关于这个反复艰难的过程将在第三节中详述。

2. 澳大利亚历史文化背景

澳大利亚是英联邦的成员国之一，所谓英联邦是英国对联邦其他成员国在政治、军事、财政、经济和文化上施加影响的组织。历史上，澳大利亚曾是英国的殖民地。自 1770 年英国航海家库克发现澳大利亚东海岸，将其命名为"新威尔士"，并宣称其是英国的属地，英国先后在澳大利亚建立六个殖民地，进行了长达 130 余年的殖民统治。1901 年，英国议会制定了澳大利亚宪法，原来的六个殖民地经联合组成一个有王权的国家，即澳大利亚联邦，澳大利亚由英属殖民地变为英国的自治领。1931 年，英国正式议会通过《巴尔福宣

---

① 蓝恭彦. 浅议英国行政文化对政府公共服务改革德影响 [J]. 理论界，2008（1）：221～222.

言》，即《威斯敏斯特法案》，给予自治领内政、外事独立自主权，澳大利亚成为英联邦内的独立国家。但因与英国有立宪联系，其名义上的君主仍为英女王，女王任命总督为其代表，但实际上不干预政府运作。澳大利亚与英国在历史上的渊源联系，使其今天的社会发展都带有浓郁的英伦气息，同时澳大利亚作为一个移民国家，多民族、种族的融合，使其易于接受各种新生的、进步的观念和主张，对其多元社会文化的形成进一步发挥了作用。

澳大利亚的政府机构以英国和北美模式为基础，其政治体制建立在西方"自由民主"的传统之上，其多元文化以西欧文化体系为发展基体，同时也融入了独特的澳大利亚特色：

首先，澳大利亚承袭英国，实行责任政府制，也称代议制民主制。联邦宪法赋予澳大利亚人民对政府的最终控制权，人民通过选举议会成员来行使这一权利。澳大利亚政府在全民选举的议会基础上产生，该议会有两个议院：众议院和参议院。由议会从这些议院中任命的部长们行使行政权利。法律的制定和政策的决定是在内阁会议上做出的，除了宣布政府决定之外，内阁讨论的内容不会透露，部长们按照内阁团结的原则站在一起。① 这些都严格地遵循了英国内阁政府对议会负责的模式。

其次，澳大利亚的成文宪法。澳大利亚在宪法方面与英国不同，而与美国一样，有一部成文宪法。澳大利亚宪法规定了联邦政府的责任，包括外交、贸易、国防和移民。州政府和区政府负责处理联邦政府职责以外的所有事务。修改宪法需经过公民投票。在澳大利亚公民投票的提案需大多数选民和州的同意才能成为法律。即使修改宪法的提案得到了大多数选民和州的同意，联邦最高法院仍然可以提出异议或重新解释。② 澳大利亚在宪法制定与英国宪法惯例上的不同为其对自身法律体系的完善和发展遗留了空间。

第三，澳大利亚传承了英国的保密文化传统，却又恰当吸收北美的开放风尚，文化制度兼容并蓄。澳大利亚在历史上深受英国法律制度的影响，英国传统上认为，应充分尊重政府并依照政府尤其是大臣们的裁量权来决定是否向公众披露信息，并且坚定认为保密制度是可最理想地服务于一般公众利益的制度。这种保密制度的法律根基在长期的殖民统治中得到了有效的灌输，澳大利亚 1914 年《犯罪法》（Criminal Act 1914）中有关保密信息规定之严厉程度不

---

① 王宗文．澳大利亚的政治体制［J］．英语知识，2002（9）：6～7.
② 涂文文．澳大利亚政治制度［J］．自学英语，2001（4）：47～48.

逊于 1911 年的《公务员保密法》，而且该规定得到其他立法的保密条款的支持，成为战后草拟国家政策的依据。这些常规和立法所产生的共同后果便是，在公共领域，尤其是行政领域，保密理念地位得到了巩固。

1931 年《威斯敏斯特法案》后，澳大利亚获得内政和外交自由，极大促进了它与其他国家的联系和交流，特别是北美发达国家的联系。1966 年美国出台了《信息自由法》后，与英国一样，在长期保密阴云控制下的澳大利亚也着手考虑信息公开立法的问题。除了开始让政府公职人员参与公开论坛外，联邦政府还逐步采取措施有针对性地向公众披露信息。另外，基于代议民主制的精神，人民对政府决策要有充分检审、讨论和参与的权利的呼声越高，对信息的开放程度要求也愈大，其造成的直接结果便是法律变革接踵而至。澳大利亚不但进行了司法改革，也同时加速了行政法的发展，截止 1972 年澳大利亚联邦大选，信息自由立法已成为民众广泛关注的议题。澳政府为此组建跨机构委员会就本国的信息自由立法提交调查报告和政策建议，经过 10 余年的发展和反复，终于在 1981 年 4 月通过澳大利亚的第一个《信息自由法》，并于 1982 年 12 月 1 日生效，走出了澳大利亚信息公开利用的重要一步。澳大利亚兼容并蓄的多元文化背景决定了其档案利用政策的发展特点。

3. 英国和澳大利亚历史文化背景的比较分析

依据上述对英国和澳大利亚历史文化背景的解读，我们不难看出两国之间既有相同也有不同。其中相同表现为两点：一是澳大利亚承袭了英国的代议民主政治体制和行政文化中的保密主义，二是英国和澳大利亚的发展都深受国际惯例的影响，尤以美国的影响最为显著。而两国的不同主要体现在决定历史文化发展的因素和发展后续动力上。一方面，英国本土文化的传承递进对其文化发展走向起决定性作用，而作为新兴移民国家的澳大利亚更倾向于本土文化与外来文化的糅合发展，文化多元性更为明显；另一方面，澳大利亚文化的兼容并蓄性为其社会发展提供了更大动力，在政治改革和制度革新方面要比英国更加迅速彻底。这些相同和不同为第三节英澳两国档案利用政策的比较分析做了背景铺垫。

（三）日本的历史文化背景

日本是位于东亚的群岛国家，在地理面积上，日本是一个仅 37 万多平方公里的小国，在经济上，日本却是一个现代工业发达的经济大国。与其经济发展所取得的巨大成就一样，日本的档案事业也取得了较为突出的成就，表现在其档案利用政策方面——严格的政策制定程序、完备的政策体系，成熟的政策内容及有效的政策实施与落实。不管怎样，日本各方面的腾飞离不开其历史文化的影响。

日本文化是一种独具一格的东方文化，并呈现出矛盾的特征，这一特征深深影响了日本的发展。日本文化中矛盾特征中的对立与统一主要表现在文化的独立性和吸收性两个方面。

首先，日本文化具有强大的独立性，即对本土文化的保持和发扬。日本是一个传统的国家，尽管注重吸纳外来文化，却也从不忽略对本土文化的保留，所以日本在现代化的帷幕背后仍旧保留了许多属于本土文化的东西，例如，日本人爱吃生冷的食物，比较崇尚原味；喜好素淡的颜色和天然情趣；家族势力、家族意识和集团意识很强；民间信仰和巫术特盛；女子对男子的温顺和依赖等。与此同时，日本也在不断向外推销自己的文化，并提出了战略性的口号，即前首相中曾根康弘所说的"国际化"，而且在这方面，日本政府投入了大量的资金来推销本国文化，收效显著。日本的茶道、花道之所以享誉世界，日本的文学作品之所以有众多语种质量较好的译本，和这些举措是有密切关系的。可以说，日本从未真正脱离其最古老的本土文化根源。

其次，日本文化具有强大的吸收性，即对外来文化的学习和借鉴。从历史上看，公元7世纪，日本进行"大化革新"，大规模吸收了中国的大唐文化。1868年德川政权崩溃、明治维新开始后，日本进入了"文明开化"时期。在这个时期，日本按照全盘接受中国文化的方法引进西方的文明，大规模地吸收与输入西方文化，并取得了巨大的效果，为建设一个现代化的国家奠定了基础。因此说，日本是个十分重视也十分善于吸收和输入外来文化的民族，不断从其他国家和民族的文化中吸取营养、发展自己。日本文化的吸收性对日本的发展进步起到了巨大的推动作用。

日本文化的特征深深影响了日本各项事业的发展，包括档案工作以及档案利用政策。日本档案利用政策也呈现出独立性和吸收性的融合，一方面，日本档案利用政策不可避免地保留了本土文化特征，另一方面，日本档案利用政策又受到西方的影响，如日本档案利用政策的制定、框架体系及内容规定无不带有浓郁的西方色彩，是借鉴学习西方档案利用政策制定的结果。档案利用政策中本土与外来的结合使日本的档案利用政策制定更为科学、体系更为完备、内容更为成熟，值得我国借鉴。

第二节　美国和加拿大档案利用政策分析比较

一、美国和加拿大档案利用政策概述

同属于北美地区的美国国家档案与文件署（NARA）和加拿大国家图书与档案馆的工作人员自 20 世纪初开始制定档案利用政策时，就认为，档案指的是值得永久保存的文件，主要是由联邦政府部门在处理事务过程中接收或形成的档案、其他机构组织在处理其事务进程中所产生的档案和个人在处理其个人事务过程中所产生的档案这三方面构成。简单而言，美加档案利用政策中的档案形成者包括联邦行政部门、其他机构和个人。

在经历了近一个世纪的发展后，美加对于"档案"的理解没有发生本质的变化，但两国的档案利用工作以及档案利用政策却悄然无声地发生着巨大的变化。

自 20 世纪七八十年代，信息技术的飞速发展所带来的计算机普及和电子文件的大量生成后，档案与文件的区别不再那么明显，美加两国联邦政府部门、档案馆工作人员已经意识到信息技术的发展使得最初制定的《国家档案法》中有关档案利用条款的规定已经无法满足现实生活中利用工作的需要；特别是 20 世纪 90 年代进入知识经济社会后，信息全球化的发展潮流促使两国社会公众把档案作为一个最普通的信息资源和其他类型的信息资源共同进行开发利用时，两国档案工作者积极与联邦政府部门、高校档案学者、档案协会的工作人员等合作商讨，着手努力修订、完善档案利用政策，以便更好地维护公众的利用权利，维护国家的安全利益。因此美加两国所认定的档案利用政策范围有了新的变化，目前已经包含了联邦行政部门、其他机构组织的文件（包括现行文件、半现行文件）、档案、其他相关信息的利用条款以及个人信息的利用条款。

到目前为止，美国有关档案利用的条款包含在美国的《信息自由法》、《隐私法》、《电子政府法》、《电子信息自由法修正案》、《A-130 号通告》等众多法律、法规中，而且其涉及的对象已经包含了联邦政府部门、其他机构组织的现行文件、半现行文件、档案、其他相关的信息和个人信息。另外，美国的档案利用条款中还增加了 NARA 本馆的档案和文件利用规定。

加拿大有关档案利用的条款大部分涵盖在《信息利用法》、《隐私法》、《政府信息管理政策》、《信息管理框架》、《个人信息保护与电子文件法》、

《隐私规章》、《获取公开可获得信息》等法律法规中。与美国相似的是，加拿大的档案利用条款所涉及的对象也涵盖了联邦政府部门、其他机构组织的现行文件、半现行文件、档案、他相关信息和个人信息，却并未增加加拿大国家图书与档案馆对于本馆文件、档案以及相关信息的利用条款。

由此可以得知，本节所分析比较的美加档案利用政策不是一项专门的档案利用法律、法规或规章等，而是由包含了档案利用条款的法律、法规、条例、规章等构成的集合体，具体而言，是美国、加拿大相关的信息法、隐私法、政府信息法等法律、法规中关于档案利用条款的总和。其涉及的范围包含了联邦政府部门、其他机构组织的现行文件、半现行文件、档案、其他相关的信息和个人信息，此外，美国还包含了 NARA 本馆的现行文仵、半现行文件、档案。

二、美国和加拿大档案利用政策的制定主体

（一）美国档案利用政策的制定主体

美国的法律体系十分完备，制定的有关档案工作的法律数量之多，条款之全，在世界上首屈一指。美国档案利用政策的制定主体较多，涉及了美国的国会、联邦政府、州政府等等。

表 5－1　美国"档案利用政策"制定主体

制定主体	政策层面	政策
国会	法律层面	《信息自由法》、《隐私法》、《版权法》、《文书削减法》等
联邦政府部门（主要是指总统办公室及联邦行政部门）	制度层面	《63 号总统决定指令》、《电子政府法》、《13011 号行政命令》、《联邦信息安全管理法》、《A-130 号通告—联邦信息资源的管理》等
州政府	法规层面	各州档案工作法规
NARA	指导条例层面	《档案利用指导条例》

美国是一个联邦制国家，国会、联邦政府和州政府都有立法权，其档案事业管理体制属于分散式，档案工作属于联邦和各州分权管理的事项，没有统一领导全国档案事务的档案法规体系，国会和联邦政府可以指定档案法律法规，但只在联邦政府机构中生效，州及所属市、县政府机关档案工作则由各州制定档案法规加以规范，因此美国州政府同样可以是档案利用政策的制定主体。而 NARA 是美国的一个独立机构，其制定的《档案利用指导条例》只需遵守美国的宪法规定，符合公众的需求，符合时代的发展潮沆而不受国会和联邦行政

部门的约束。由于美国总统制的特点，其档案利用政策在每一位总统任职期间具有这样一种特点：每一位总统都可以在不违背宪法的前提下，根据自己的政治立场和利益倾向，根据社会现实状况等制定出符合其根本利益要求的档案利用政策，而不受前任总统制定的规章制度的约束。

其中，国会和联邦政府部门之间既是互相合作又是互相制约的关系，这是由美国"三权分立"的政治制度决定的。美国联邦政府部门在国会的授权下建立法规、制度、指令等，但是所制定的法规、制度、指令等只对总统负责，对国会不负责；而国会按照宪法所赋予的权力制定法律，但不能因为联邦政府部门的法规、制度等问题而迫使总统辞职、联邦政府部门解散。

在这样的政治制度背景下，我们认为目前制定档案利用政策的"国会"和"联邦政府部门"是一种既制约又合作的关系。

国会与联邦政府部门之间的"制约"主要体现在：

国会主要负责相关法律的制定、建设工作，通过宪法确定的立法程序制定信息政策。国会制定的法律在符合时代发展潮流的情况下，不仅必须遵守宪法规定的立法程序，还不得违背《信息自由法》的宗旨，即"政府信息公开是原则，不公开是例外，公众享有从档案馆、图书馆、情报所等获取并利用信息的权利"，对于联邦政府部门制定的规章制度等不符合宪法要求时，国会有权力进行弹劾、否决。

联邦政府部门在国会授权下，主要负责一些规章制度的建设，发布行政指令、函件等。联邦政府部门在制定规章制度时，在不违背成文法①的前提下，只需考虑当时的社会发展背景，主要体现总统的政治立场，对于国会的意见或建议可以置之不理。

国会与联邦政府部门之间的"合作"主要体现在：

美国宪法明确规定，国会在制定信息政策时，应先提交议案，再举行听证会，最后投票表决，表决通过后经总统签署就成为成文法，并收入《美国法典》。由立法程序可以看出，美国每一部法律的颁布都会涉及国会、联邦政府部门（总统是联邦政府部门的代表）、公众。这促进了国会、联邦政府部门、公众之间的合作、交流，保障了国会、联邦政府部门与公众之间的利益不受侵

---

① 成文法：指由立法机关通过立法程序制定的法律，其形式是立法机关的制定法或委托行政机关进行的立法，如：环境保护法、对外贸易法、反托拉斯法等，与此相对应的是"判例法"，指由法官在司法审判过程中创造出的法律。

犯。因此，目前美国的档案利用政策涵盖在《信息自由法》、《隐私法》、《电子政府法》、《13011 号行政命令》、《联邦信息安全管理法》、《A-130 号通告——联邦信息资源的管理》等法律、法规、政策中。另外，美国档案利用政策涉及的领域与加拿大一样，都跨出了档案利用工作领域，涉及到信息管理领域、技术安全领域等，其涉及层次也涵盖了法律、制度和规章等多种层次。

（二）加拿大档案利用政策的制定主体

加拿大能够在档案工作、档案利用政策等方面等取得快速发展，档案利用政策及信息政策的制定主体功不可没，因为只有这些制定主体制定出科学有效符合社会发展潮流的政策，才能推动档案工作的持续健康发展。

加拿大联邦政府早期就确定档案为信息的一个组成部分，并将档案政策列为信息政策的一部分。因此，档案利用政策的制定、修订必须与加拿大"信息政策"制定主体、制定目的、制定程序等相一致。

表 5-2　加拿大"档案利用政策"制定主体

政策类型	制定主体	制定的政策
综述	加拿大财政局	《信息利用法》、《加拿大政府中信息技术管理的战略方向》、《政府信息管理政策：实施与执行支持》等法律、法规
政策	产业部	《信息技术管理政策》等
标准	关键基础设施保护局	《信息技术安全标准》、《信息安全法运行标准》等
指导方针	加拿大隐私办公室	《隐私法》、《个人信息保护和电子文件法》等
计划	加拿大国家图书与档案馆	《联合构建计划》等

从表 5-2 我们可以看出，加拿大档案利用政策制定主体众多，而且其涉及领域也十分广泛。制定主体在制定政策时，既各负其责，又共同协作，最后促使该政策不断优化、完善。

首先，制定主体"各负其责"。在整个政策制定过程中，产业部主要负责加拿大大部分知识产权和电子商务的相关政策制定和实施；关键基础设施保护局主要负责关于信息技术标准、信息技术基础设施建设标准和维护的相关条例制定；隐私办公室则不受联邦政府其他部门的干预，独立进行联邦公共部门和私营部门中隐私投诉调查，以提高公共部门和私营部门处理个人信息的效率，提高公民对隐私问题的了解和认识。

其次，制定主体"共同协作"。在整个政策制定过程中，有两个部门一直担当了"协调员"的角色，促使各部门并非只顾本部门政策的研究和制定，而是互相联系，互相协作。其中一个是财政局，它发挥着领导和协调者的作用，引导着加拿大信息政策的发展方向，积极协调联邦政府各部门的政策制定工作，促进信息法规、政策的实施。另一个是国家图书与档案馆，它一方面根据信息法的相关规定提高图书与档案的收集、处理、利用、共享等工作效率和质量，并根据实际使用状况向联邦政府、议会等作出年度报告，以便更好地促进信息法规的发展；另一方面还肩负"建设信息共享高速公路"的职责，以最经济、有效的方式投资、维护和管理联邦政府各部门必须具备的信息管理基础设施，目的是将联邦政府各部门联合起来，为各界人士和各组织提供有社会价值的信息，真正实现信息共享。

加拿大档案利用政策和信息政策制定主体的广泛性对政策涉及的层面、领域等方面都产生了广泛的影响。第一，政策涉及的政策层面已经从国家法律、法规、制度到具体的实施细则和计划安排。第二，政策涉及的领域跳出了最初的档案领域，拓展到技术标准领域、隐私保护领域、信息管理领域。第三，国家图书与档案馆的工作职责已经不仅仅局限于图书与档案，"建设信息共享高速公路"将是其今后的工作重点之一。

（三）两国档案利用政策制定主体的比较分析

美国和加拿大的档案利用政策虽然都是在同一个时代背景下制定的，但因国情不同，两国的档案利用政策存在相似和不同之处。

1. 相似之处

第一，制定主体多元化。两国国情虽然不同，美国是总统制，加拿大具有美国的联邦制、英国的君主立宪制和议会民主制三重特点，但由于档案利用政策隶属于信息政策，而且两国对信息政策的制定十分重视，因此在制定、发展、修订档案利用政策时，联邦政府部门和其他机构组织在各负其责的前提下，共同协作促进该政策的完善。这一点在加拿大极其明显，加拿大档案利用政策制定主体多达五个部门，这五个部门都隶属不同领域，在制定档案利用政策时，他们分别制定本领域的法规、条例等，但是在财政局和国家图书与档案馆的协调下，共同合作，促进档案利用政策的完善。

第二，制定主体平等化，彼此之间没有隶属关系。无论是美国还是加拿大，两国档案利用政策的制定主体之间没有任何的隶属关系，因此在制定政策时，各机构部门在不违反宪法的前提下，可按照各自管辖的范围要求，制定符合时代发展潮流的具体政策，再经过各部门之间的沟通、交流和协作，最终出台的政策更为合理和适用。

2. 不同之处

美加两国都建立了比较完善的档案利用政策，而且其国家档案馆在整个政策制定过程中扮演了不可或缺的角色，但两国国家档案馆在制定主体中的地位却不相同。加拿大国家图书与档案馆已经明确被政府列为档案利用政策，甚至信息政策的一个重要制定主体，还承担了"建设信息共享高速公路"的重要职责。相比之下，NARA 就没有如此高的地位。不过 NARA 还是加入国家信息化建设的行列，和国际组织、联邦政府部门等合作开展多项国际项目，为国家或国际信息化建设作出了努力。

三、美国和加拿大档案利用政策的发展历程

（一）美国档案利用政策的发展历程

美国档案利用政策具有起步早、发展快、体系较为完备的总体特点。自20 世纪 50 年代以来，联邦政府加快了信息资源的开发和利用，开始制定相应的信息政策，其中包括档案利用政策。后来随着档案理论和实践的不断发展，联邦政府对档案信息的开发和利用政策进行了不同程度地调整和修订，以适应时代发展的需要。美国档案利用政策的发展历程可概括为四个阶段。

1. 20 世纪 50 ~ 70 年代：美国迈开档案利用政策建设步伐

20 世纪 50 ~ 70 年代，随着政治、经济和文化的迅速发展，联邦政府加大了信息政策的制定力度，要求相关部门进行一系列有关信息政策的研究，并借助行政或法律手段促进社会信息事业的发展。在这样的社会背景下，1966 年国会颁布了《信息自由法》，旨在促进联邦政府信息的公开化。该法对联邦政府机构的政府信息公开进行规范，提出"政府信息公开是原则，不公开是例外，公众享有从档案馆、图书馆、情报所等获取并利用信息的权利"。1974 年国会对《信息自由法》进行修订，在政府信息免于公开范围内缩小了执法豁免与国家安全豁免的范围；而在程序方面进行了收费、时限和法院的不公开审查等内容的补充。同年，联邦政府颁布了《个人隐私法》；1976 年，联邦政府出台了《洛克菲勒报告》。这些法律、法规推动了《国家档案法》的颁布，规定了联邦政府档案和电子文件的可利用范围和利用条件等内容。这一阶段是美国档案利用政策建设的起步阶段。

2. 20 世纪 80 年代：美国档案利用政策建设脚步停止

20 世纪 80 年代全世界处于冷战时期，联邦政府为防止本国政治、经济、科技等国家机密落入他国手中，在政策规定中扩大了政府有偿信息服务的范

围，限制政府信息的公开传播。这一阶段，《信息自由法》、《个人隐私法》、《国家档案法》等都进行了一定调整，对于联邦政府文件和档案的利用范围都有所限制，特别是针对高科技方面的文件和档案，《国家档案法》、《政府信息管理政策》等政策都规定未经相关部门的授权和批准，任何人都不得随意利用，目的是保障国家利益。

3. 20 世纪 90 年代：美国档案利用政策建设脚步加速

20 世纪 90 年代，美国档案利用政策真正得到发展和完善。这一时期，由于政治、经济全球化浪潮的推进，社会信息化的势头越发迅猛，再加上公众因知情权意识增强而对档案利用的需求不断增加，联邦政府推出了《国家信息基础设施：行动计划》和《全球信息基础设施》计划，加快了信息高速公路建设和信息政策的修订。90 年代中期颁布的《文书削减法》（修正稿）、《A-130 号通告》、《12958 号行政命令》、《电子信息自由法》及其《修正案》，2002 年颁布的《电子政府法》等都涉及了信息技术时代电子文件和档案的利用条件及利用方式。可以说，这一阶段不仅是美国档案利用政策发展历程中的波峰期，也是信息政策发展历程的波峰期，所有关于电子文件利用、档案利用、电子信息利用的政策在这一时期都得到了新增或完善。

4. 21 世纪初：美国档案利用政策建设脚步受阻

进入 21 世纪，美国档案利用政策的发展遇到一定阻力。小布什总统上台以后，加强了电子政府的推进力度。但由于 "9·11" 事件的影响，联邦政府将保卫国家安全、反恐视为头等大事，而且从法律、行政法规的角度出台各项限制信息利用的条款，档案利用政策也受到很大影响。例如《信息自由法》（修正）明确指出，"关键基础设施"（桥梁、工厂、水坝、港口、化工厂等）的信息都不向公众提供利用；《电子信息自由法》（修正案）中也规定了有关国家安全、高科技产品的联邦政府及其独立机构的文件及档案利用需进行限制；NARA 的《档案利用说明》更是明确强调，涉及国家安全的档案和政府文件利用必须严格遵守《国家安全法》（修正案）的有关规定；而《电子政府法》规定所有联邦部门都必须从本部门网站上删除涉及国家安全的信息。这些变化表明，21 世纪美国档案利用政策建设进入波谷期。

（二）加拿大档案利用政策的发展历程

加拿大档案利用政策的发展历程可大致分为两个时期。

1. 20 世纪 40～70 年代：加拿大档案利用政策起步和初步发展

加拿大档案利用政策的制定先是从各省起步，进而从省扩展到联邦政府，推动联邦政府档案利用政策开始发展。加拿大档案政策的制定活动开始于1945年，萨斯喀彻温省在1945和1955年通过了关于档案的一些法规、制度等，其中"关于处理省级档案"的法规为其他各省的档案立法提供了一个榜样。从1965到1975年，由于计算机技术的普及，加拿大的电子文件越来越多，因此，安大略省率先建立了"新时代文件管理"项目，旨在研究如何保管、处理、维护和利用电子文件，该项目的成立为新时期各省档案政策的修订——关于电子文件的保管和利用提供了很大帮助。1983年魁北克和纽芬兰、2001年马尼托巴等各省都通过了新的档案法规、制度等，这些新档案法规、制度重点包含省政府档案利用条例和隐私保护条例。在各省积极开展"电子文件研究"项目之时，1969年加拿大通信部也组织召开了"关于电信、计算机公司与信息和数据系统之间的关系"研讨会，旨在研究在计算机技术飞速发展的时代，联邦政府和社会组织如何在保障公民知情权的同时，更好地保护公民的隐私。这是加拿大联邦政府档案利用政策建设历程中的第一个关键点，不仅促进了联邦政府电子文件和信息利用的发展，还促使联邦政府真正开始了档案利用政策的建设。

2. 20 世纪 80 年代至今：加拿大档案利用政策加快发展

20 世纪 80 年代以来，加拿大档案利用政策快速发展。社会科学和人文学研究委员会在1980年发表了《加拿大档案》一文，着重强调了档案对于加拿大历史研究的重要性，呼吁社会各界增强利用档案的兴趣。这篇文章当时震动了整个联邦政府。随着全球信息化速度加快，公众对于信息利用的热情程度日益加大，联邦政府于1993年11月出台了《加拿大利用法规》，提出了利用网络技术将家庭、企业、学校和政府部门连接起来的"全国信息高速公路"战略。同年成立了"利用加拿大"机构，和各个政府部门紧密合作，在"全国信息高速公路"战略中发挥重要的协调作用。这两个举措成为加拿大档案利用政策建设的又一个关键点，无论是政策的出台，还是机构的成立，都引起了极大的社会反响，推动了档案利用工作的进一步发展。

（三）两国档案利用政策发展历程的异同比较

1. 相同相似之处

第一，两国联邦政府在发展信息利用工作之时，均将档案作为信息的组成部分，因此在制定和完善信息政策时，也将档案利用政策涵盖在内，客观上促进了档案利用政策制定主体的多元化发展，内容也得以不断修订和完善。特别是信息技术的发展导致电子文件大量生成和利用，进一步推动了档案利用政策的发展和完善。两国均出台了电子文件利用的一系列新政策。

第二，两国档案利用政策建设都是一个不断完善的过程，也是一个不断摸索前进的过程。因为两国在制定档案利用政策之初，都只是建立了一项法规，没有构建一个整体性的框架。但是随着社会的发展、科技的进步，档案新载体的出现，两国的档案利用政策也不断拓展，先后加入了信息法规、隐私保护法、电子政府法等政策，逐步地形成了一个较为完善的体系。

2. 不同之处

主要表现为：美国档案利用政策在波折中不断前进，而加拿大档案利用政策在摸索中不断平稳前进。

在美国档案利用政策发展历程中，出现了两次波折。之所以称其为"波折"，是因为美国是一个重视、向往"自由"的国家，无论社会环境发生了怎样的变化，美国依然坚持"信息公开利用"的原则。借助上文阐述我们发现，冷战的特殊环境和"9·11"事件的发生，导致美国对"信息公开利用"的程度有所收紧。例如，里根总统时期《信息自由法》等政策规定有关的科技信息不得随意公开；布什总统时期《爱国者法》等政策规定涉及国家安全信息的利用需严格限制，这些措施都从一定程度上阻碍了文件、档案及信息的公开利用。不过从整体发展来看，美国的档案利用政策还是在不断发展和完善。

美国档案利用政策在波折中前进的原因主要有三点：

首先，美国宪法要求联邦政府及其他机构组织坚持"信息公开是原则，不公开是例外"。宪法规定：无论是联邦政府部门还是其他机构组织制定的规章制度必须符合美国宪法，任何违宪的规章制度都可以受到国会弹劾，甚至废除。这条法律规定促使联邦政府在制定档案利用政策过程时，必须以宪法倡导的原则——加强档案公开利用为中心。

其次，美国公众具有强烈的信息公开利用意识。由于美国从建国起就一直注重、追求信息自由利用、人身自由，这种文化推动公众形成了强烈的档案信息公开利用意识。

再次，信息公开及信息共享是全社会发展的必然趋势。不仅美国，世界各国都高度重视和强调"信息公开"和"信息共享"。这意味着"信息公开"和"信息共享"是一个全球发展趋势，信息技术的飞速发展更是为信息公开和信息共享提供了有力的保障。这样一来，美国联邦政府在建设档案利用政策时，必须符合社会发展趋势，最好能引领社会的发展潮流，否则就会被社会所淘汰。

相比之下，加拿大档案利用政策的建设历程没有经历明显的波折，一直是平稳发展。只是出现了两次关键点：第一次是加拿大通信部主办"关于电信、计算机公司与信息和数据系统之间的关系"研讨会；第二次是 1993 年 11 月加拿大联邦政府出台《加拿大利用法规》。这两次关键点都促进了加拿大档案利用工作的蓬勃开展和档案利用政策的迅速发展。

加拿大档案利用政策建设平稳发展的原因主要有两点：

第一，有效开展档案利用工作是加拿大国家图书与档案馆的职责所在。联邦政府一直将加拿大国家图书与档案馆作为加拿大文化遗产的宣传者和弘扬者，因此，加拿大在制定、完善档案利用政策时，不可能以"限制利用"为主，而是积极加强文化宣传，促进公众对档案的利用。

第二，加拿大目前信息政策的制定原则决定着档案利用政策的发展趋势。联邦政府正在积极建设国家级"信息政策"，该政策制定原则之一就是加强信息公开利用，作为"信息政策"的一个组成部分，档案利用政策的建设也必须遵守信息公开的基本精神。

四、美国和加拿大档案利用政策的体系

（一）美国档案利用政策的体系

美国有关档案工作的法律数量众多，比较齐全完善。美国联邦政府及各州都制定有自己的档案法规。据统计，在美国现行的档案法规中，国会通过的直接关于档案工作的法规有 24 部、间接涉及的档案工作法规有 38 部，关于档案工作的总统行政命令有 7 部。在 50 个州中，有 18 个州制定了 29 部关于档案工作的法规。美国的档案法律体系如此完备，其中涉及到档案开放与利用的条款也是名目繁多。除了专门的档案与文件管理法，美国还出台了一系列的政府信息公开法，形成了政府信息公开法的体系。政府信息公开法体系由四部法案——《信息自由法案》、《隐私法》、《阳光法案》及《电子政务法》共同构成。这四部法律各有其侧重指向对象和内容。

美国的档案利用政策涉及法律、法规、规章、制度、条例等各个层次，而且每个层面政策的制定都是围绕两根主线进行，一是"利用"主线，二是"隐私保护"主线，这些法律、法规、条例等共同组成档案利用政策体系，形成了完备的体系。

表5－3　美国档案利用政策体系

制定主体	所属层次	政策
国会	法律层次	《信息自由法》 《电子信息自由法修正案》 《个人隐私法》 《国家档案法》 《文书削减法》
联邦政府部门（主要指总统办公室、联邦行政部门）	规章制度层次	《12958 号行政命令》 《电子政府法》 《13011 号行政命令》 《联邦信息安全管理法》 《A-130 号通告—联邦信息资源的管理》 《档案利用说明》

（二）加拿大档案利用政策的体系

加拿大档案利用政策的体系与美国有很多相似之处，都包含法律、法规、规章、制度、条例等多个层次，并且也是围绕利用和隐私保护这两条主线进行。可以说，加拿大档案利用政策的体系相当完备，涉及范围广，覆盖面大，且较为具体，针对性和操作性较强。下表列出了加拿大档案利用政策体系的组成。

表5－4　加拿大档案利用政策体系

制定主体	所属层次	政策名称
加拿大财政局	法律层次	《信息利用法》 《隐私法》 《国家档案馆法》
产业部、关键基础设施保护局、加拿大隐私办公室	规章层次	《加拿大政府中信息技术管理的战略方向》 《个人信息保护和电子文件法》 《隐私和数据保护政策》 《电子网络使用官方语言政策及其他非官方语言政策》 《政府信息管理政策：实施与执行支持》 《网络化电子出版物政策与指导方针》 《电子网络利用政策》
产业部、关键基础设施保护局、国家图书与档案馆	制度层次	《利用公共关键基础设施的加密和数字签名技术创建记录的指导方针》 《加拿大政府互联网指南》 《联合构建计划》 《获取公开可获得信息》

（三）两国档案利用政策体系分析

两国档案利用政策的体系十分清晰。

首先，两国都主要从法律、规章两个层次制定档案利用政策。在法律层次，两国都涉及《信息法》、《保密法》（或《隐私法》）、《档案法》；在规章层次，两国则都从电子政府信息利用的角度、网络安全角度制定档案利用的规章制度，体现了政策制定符合时代发展潮流。

其次，两国政策的制定都围绕两根主线进行，一根是"利用"，另一根则是"隐私保护"。无论是法律层次还是规章层次，两国都从"利用"和"隐私保护"的角度规定档案利用条款。

从法律层次看，"利用"方面的法律涉及加拿大的《信息利用法》、《加拿大政府中信息技术管理的战略方向》、美国的《信息自曰法》、《电子信息自由法修正案》，"隐私保护"方面的法律涉及加拿大的《隐私法》，美国的《个人隐私法》。

从规章层次看，"利用"方面的规章制度涉及加拿大的《电子网络使用官方语言政策及其他非官方语言政策》、《政府信息管理政策：实施与执行支持》、《网络化电子出版物政策与指导方针》、《电子网络利用政策》，美国的《文书削减法》、《13011 号行政命令》、《档案利用说明》、《A-130 号通告—联邦信息资源的管理》、《12958 号行政命令》等；"隐私保护"方面的规章制度则涉及加拿大的《个人信息保护和电子文件法》、《隐私和数据保护政策》，美国的《个人隐私法》、《电子政府法》等。

再次，两国政策整体而言是相互配套的。无论是"利用"还是"隐私保护"方面，两国都从国家法律角度、联邦政府的政策制度角度进行相应的规定。从国家法律角度制定的法律主要是从利用原则、指导方针的角度规定档案利用宗旨，而联邦政府制定的档案利用政策则是对该宗旨的具体阐述，具有较强的实践操作性。比如，美国的《信息自由法》主要阐述了档案利用宗旨"政府信息公开是原则，不公开是例外，公众享有从档案馆、图书馆、情报所等获取并利用信息的权利"，而随后颁布的美国《A-130 号通告—联邦信息资源的管理》、《12958 号行政命令》等则是从实际情况出发，内容更详细、更具有实际操作性。

五、美国和加拿大档案利用政策的内容

两国档案利用政策涉及的内容主要围绕"利用"、"隐私保护"两个方面展开。因此，我们将从这两个方面来解读美国和加拿大档案利用政策的内容。

（一）两国档案利用政策中有关"利用"方面的内容

两国档案利用政策中的一个重点内容就是关于档案"公开利用"条款的规定，两国分别是从以下几个方面进行阐述。

1. "政府档案利用"方面

我们选择两国联邦政府的档案利用政策进行分析，发现两国政策中具有"政府档案利用"的相关内容。但两国阐述的侧重点有所不同：美国重点阐述的是提供政府档案利用的文件中心的地址、开放时间，以及政府档案利用的程序等内容；加拿大重点阐述有哪些联邦政府部门的档案可以利用以及政府在整个档案利用过程中应该承担的责任和义务。

美国"政府档案利用"方面的条款，主要包括联邦文件中心的利用地址和开放时间。美国《信息自由法》、《电子政府法》、《A-130 号通告—联邦信息资源的管理》、《档案利用指导条例》对此有一定涉及。《信息自由法》的第 1253.3 条款和第 1253.4 条款，《电子政府法》第三部分和《A-130 号通告—联邦信息资源的管理》分别阐述了"NARA"、"总统图书馆"、"华盛顿国家文件中心"的具体地址、开放时间、联系方式、联系人、可以采用的利用方式等；NARA 的《档案利用指导条例》则着重阐述了"总统图书馆"各分馆的开放时间、具体地址和联系方式等。

加拿大档案利用政策中对政府文件的利用规定是从国家图书与档案馆内所涉及哪些联邦政府部门的文件和联邦政府应承担的职责角度出发的。《信息利用法》、《国家档案法》将所涉及的联邦政府部门一一列出。根据《电子网络使用官方语言政策及其他非官方语言政策》的规定，在《信息利用法》的附录（一）中、在《国家档案法》附录中，政策制定者就用英语和法语两种语言将档案利用政策中所涉及的联邦政府部门和其他机构组织一一列出，以便公众及时查询自己所需档案是否在国家图书与档案馆。另一方面，《信息利用法》、《政府信息管理政策：实施与执行支持》明确指出政府组织所应承担的义务和责任。《信息利用法》第三部分和《政府信息管理政策：实施与执行支持》第四部分明确指出：基于"方便利用"的目的而从加拿大枢密院选出的大臣必须积极促进联邦政府部门就自身的相关情况定期（一年不少于一次）出版成册。该出版物应包含每年每一个政府部门的组织机构变化及其相关责任的变化；处于政府组织管辖范围内所有文件的种类；政府组织工作人员用来管理、执行政府项目所使用的规范说明手册；每一个政府部门的相关负责人姓名及其办公地址。除此之外，从加拿大枢密院选出的大臣需至少每年两次就政府部门的情况变更进行公告并就本政策使用的最新状况公布于众。对于这些出版物和公告，任何公众都有权知晓、使用。

2. "档案利用程序"方面

两国档案利用政策就利用程序也做了相应的规定，但规定的侧重点有所不同，美国侧重点是公众在利用档案之前，政府工作人员应采取的审批程序；而加拿大的侧重点是公众在档案利用后发生不满，政府工作人员应采取的调查程序。

一方面，我们看看美国档案利用程序的有关规定。

美国对联邦政府文件的利用程序有详细规定：如果公众要利用政府的文件与档案时，需要向 NARA 的工作人员提交一份 FOIA request（FOIA 申请）①，经工作人员仔细审核后，再决定是否向利用者提供服务。《信息自由法》中第 1250 条规定，公众对于政府文件的利用应经过以下程序：递交 FOIA 申请（FOIA request）→馆员审核 FOIA 申请中所涉及的文件种类→馆员在规定时间内（通常是 7 个工作日）回复申请人审核结果→（如果审核通过）申请人在规定时间内进行申请利用。

公众也可以通过互联网递交 FOIA 申请，馆员同样在规定时间内以电子邮件的方式回复审核结果。如果审核通过，申请人可以去馆内实施利用。

对于 NARA 馆藏档案利用程序，NARA 有单独的规定。当公众利用 NARA 的文件与档案时，无需提交 FOIA 申请，可直接以研究者的身份到馆内进行利用或是通过互联网进行利用。

档案利用程序有政策规定，方便了公众的档案利用，使其清楚了解档案利用的程序和途径，而对于"馆员在 7 个工作日内给予申请人回复"的规定，更是维护了公众的利用权利。

另一方面，我们再看看加拿大档案利用政策的有关规定。

加拿大档案利用政策规定：公众对于档案利用有权抱怨、投诉，信息委员会在收到抱怨或投诉后，必须进行调查。具体包括：将公众反应的内容书面化（60 天之内）→通知被投诉的政府部门→信息委员会陈述投诉内容并展开秘密调查→信息委员会公开调查结果→被投诉的政府部门或投诉者展开复审。

这些规定不仅维护了公众档案利用的合法权益，还突出了联邦政府部门应

---

① FOIA 申请：指根据《信息自由法》相关规定，公众提交的联邦政府法文件、档案及相关信息利用申请。

尽的责任和义务。

3. "电子文件利用"方面

美国有关电子文件利用的条款相比加拿大更为系统。

美国国会、联邦政府部门和 NARA 制定了《电子信息自由法》（修正案）、《电子政府法》等，规定了电子信息利用条件和利用范围。NARA 在《档案利用指导条例》中规定了多媒体档案的利用条件及其产品的出售条件。

多媒体技术的发展使 NARA 的馆藏文件、档案的载体有了新的变化，而且新载体档案的数量也大幅增加。NARA 为了让公众更充分地利用本馆档案资源，《档案利用指导条例》明确规定，对于联邦政府文件、档案等，利用者必须使用 NARA 提供的设备（如录音机、视听设备）并根据设备种类支付一定的费用；对于非联邦政府的文件、档案及相关信息，利用者可使用自己携带的设备，但这些设备必须符合 NARA 的设备要求。

相比之下，加拿大对于电子文件利用条款的规定就没有如此系统。《信息利用法》规定加拿大联邦政府部门就自身的相关情况定期（一年不少于一次）出版成册，同时还要通过网络公布于众，并在政府门户网站上标注该出版物可在何处购得。而对于联邦政府电子文件利用，国家图书与档案馆会提供哪些设备，个人可以携带哪些设备，尚未有任何系统阐述。

（二）两国档案利用政策中有关"隐私保护"方面的内容

两国档案利用政策中均有"限制利用"的条款，但两国的侧重点有所差异：美国主要关注涉及国家安全的档案限制利用；而加拿大主要关注政府档案有可能涉及的第三方信息、个人信息的限制利用。

1. 美国档案利用政策中的相关规定

美国档案利用政策中有关"限制利用"条款均围绕国家安全展开。无论是里根总统时期颁布的一系列政策，还是"9·11"事件后，美国政府出台新的《国家安全法》、《爱国者法》都强化了国家安全条款的规定，《信息自由法》、《电子信息自由法》（修正案）、《档案利用指导条例》等随之也有所变更。

前文已提到，《信息自由法》明确指出"关键基础设施"（桥梁、工厂、水坝、港口、化工厂等）的信息等都不向公众提供利用；《电子信息自由法》（修正案）中也规定有关国家安全、高科技产品的联邦政府及其独立机构的文件及档案需限制利用；NARA 的《档案利用指导条例》则明确说明，涉及国家安全的档案和政府文件的利用需遵守《国家安全法》（修正案）、《爱国者法》的有关规定；《电子政府法》则规定，所有联邦政府部门都必须从本部门网站上删除涉及国家安全的档案信息。这些新条款的出台是为了适应当时社会环境变化，为维护美国的国家安全，同时这些条款的出台也有利于消除网络时代电子信息跨时空的利用有可能带来的隐患。

2. 加拿大档案利用政策中的相关规定

第一，"利用的档案含有第三方信息"的有关条款。

政府形成的档案中大多含有第三方的相关信息。这些信息可能包含第三方的基本情况、贸易、财政、科技秘密等内容，又也可能包含第三方基于对政府的信任向政府提供的自身秘密。

加拿大《隐私法》规定，对于该类信息的，都属于第三方而非政府部门，所以在公众利用跟这方面有关的政府档案时，档案馆工作人员有权利且有义务与政府部门和涉及到的第三方进行沟通、交流，以取得政府部门和第三方对此档案公开利用的意见和态度，以确保第三方的隐私、利益不受侵犯。

从该条款可以看出，加拿大十分注重隐私保护。尽管当下信息公开占据主导地位，联邦政府并未因此忽视对任何组织机构的隐私或是利益保护。联邦政府和有关部门就"档案公开"和"隐私保护"这两方面同时兼顾，在确保双方的合法权益不受侵犯的前提下开展档案利用的这种做法值得各国借鉴和学习。

第二，个人隐私保护的有关条款。

该部分内容可以说是加拿大档案利用政策内容的一大特色。之所以这么说，是因为加拿大《隐私法》、《个人信息保护和电子文件法》对于该部分内容的规定，不仅包含可以而且必须公开的个人信息，还包括政府部门或是其他机构不应公开的个人信息。

《个人信息保护和电子文件法》规定可以公开的个人信息有：即将公开的与某人密切相关的档案；公众人物档案；不违背《隐私法》相关条例的其他个人档案。虽然只是简单的三句话，却包含了很多内容，特别是最后一部分"不违背《隐私法》相关条例的其他的个人档案"。据我们调查，加拿大《隐私法》对于禁止利用的个人信息包括有：个人的血型、住址、个人观点（该观点必须是自己个人意愿的表达，不是基于某个目的而表达的）、个人的教育背景和生活经历的等共18条。

这部分条款是加拿大档案利用政策关于"利用"和"隐私保护"齐头并进的最有力体现。正如上文提到的"有关于第三方信息利用的条款"一样，政策制定者在制定个人信息利用条款时，充分考虑到《隐私法》、《个人信息保护和电子文件法》关于这部分内容的条款，在不违背《隐私法》以及《个人信息保护和电子文件法》有关规定的前提下，最大程度地公开个人信息。

（三）两国档案利用政策内容的比较分析

第一，两国档案利用政策条款具体、细致且具有条理性。

两国档案利用政策的条款十分细致、具体。每一个条款都有其适用对象，都具有可操作性。

比如说，加拿大档案利用政策的内容包含政策制定的目的→公众可以利用的档案种类及利用过程→馆内工作人员应提供的服务和应注意的问题→公众对于利用如有不满可采取的措施以及信息委员会应提供的审核，这些条款阐述的实际上是公众利用档案的过程，每一条都十分具体、详细，具有可操作性，确保档案利用能落到实处。档案利用者据此可了解自己拥有的权利和必须付出的义务。

第二，两国档案利用政策的内容规定分散在各项政策、制度中，不利于公众的查找。

两国未将档案利用政策进行整合，单列为一项政策或是规章，致使公众在进行法规、规章查询时可能会产生一定的困难。因为不同部门的档案利用条例分散在不同的部门规章制度里，而这些部门规章制度有的是独立存在的，而有的又包含在其上级部门的规章制度中，如果利用者对国家的法律体系、政策法规的制定程序等不了解，可能会增加档案利用的难度，某种程度上甚至可能削弱公众对档案利用的热情。

六、美国和加拿大档案利用政策的优势

通过上文对美国和加拿大档案利用政策制定主体、发展历程、政策体系、政策内容等方面的分析研究，我们将两国档案利用政策的优势归结为三点。

（一）两国将档案利用政策纳入各自的"信息政策"体系中进行建设和完善，提高了档案利用政策的地位和社会影响

两国档案利用政策并非只是若干关于"档案利用"的法律、法规或制度，而是由一系列法律、法规、制度、规章、条例等构成的体系，包含了文件、档案、信息的综合性政策。这种建设方式决定了两国档案利用政策的制定主体、内容和适用领域不是单一的，其适用对象和范围比较广泛，可促使公众更加重视档案利用政策。

两国联邦政府将档案利用政策作为信息政策的一个组成部分，使得档案利

用政策紧随"信息政策"的变化而变化。在信息社会，公众会更加关注信息政策以及档案利用政策的发展和变化。这也能促进档案利用政策在信息活动不断深入发展的进程中更好地充实和进步。从而推动档案利用政策的地位逐步提高，社会影响不断增强。

（二）两国档案利用政策的内容建设始终保持"利用"和"限制"的有机平衡

两国档案利用政策的内容一直将"利用"与"限制"作为不可或缺的组成部分。美国档案利用政策主要是提出一方面加大政府文件、NARA 档案的公开利用，另一方面合法限制涉及国家安全的档案信息利用；加拿大则主要是强调保持政府文件档案利用与个人隐私保护之间的有机平衡。

两国围绕"利用"与"限制"展开档案利用政策建设是符合社会发展潮流的。利用与限制是一对矛盾，只有合理把握二者的关系，实现它们的有机平衡，才能真正提高档案利用政策的建设质量。

（三）两国档案利用政策实现了传统与现代的结合

两国档案利用政策均兼顾了传统与现代。之所以这么说，是因为两国政策既包含了传统的档案利用条款，还包含了电子文件利用条款。而且两国在修订档案利用条款时，充分尊重政策的原有基础，同时基于时代发展和环境变化，对原有条款进行补充和完善。加拿大档案利用政策在兼顾传统与现代这一点上尤为突出，在制定《信息利用法》新利用条款时，联邦政府明确指出，这些条款的制定并非要替代以前的档案利用条款，而是作为以前条款的补充，目的是使本国的档案利用政策更加完善。美国档案利用政策兼顾传统与现代的特点体现在《信息自由法》和 NARA《档案利用指导条例》关于多媒体档案的利用条款上，因为这部分档案是新时代、新技术的产物，美国联邦政府将多媒体档案的利用单独制定为一项政策，并纳入《美国法典》作为对《美国法典》的发展。

第三节　英国和澳大利亚档案利用政策分析

一、英国和澳大利亚档案利用政策之建设

各个国家的档案利用政策因其政治文化背景的不同，在发展历程上也呈现差异性。随着政策制度的不断成熟和完善，档案利用政策的内容也日益丰富和全面，逐渐跳离了以规范提供档案利用的机关工作范畴，在不断要求打破保密

传统，开放档案信息范围并保持特定信息的限制利用之间的平衡的同时，将保护个人信息的内容单独提出，将保护公民隐私的概念引入其内容框架之中。档案利用政策的建设也顺应和尊重这种发展趋势，本节将从信息开放利用和保护公民隐私权益两条主线出发，阐述英国和澳大利亚档案利用政策的建设状况，并进行比较分析。

（一）英国档案利用政策之建设

1. 以信息开放利用为主线的政策建设

（1）以规范档案的开放利用为内容的政策建设

从档案法律层次看，1838 年英国颁布第一部《公共档案法》（Public Archives Act 1838），根据该法创立英国公共档案馆，作为英国国家档案典藏与管理机构，由管卷大臣掌管，确立全国档案工作依法行事的制度。

1958 年英国重新颁布《公共档案法》，撤销了执行长达 120 余年的 1838 年档案法，新《公共档案法》中指明"公共档案馆馆长有权从事各种他认为对发挥公共档案馆作用有必要或有益的工作"，而这些有必要或有益的工作就包括为馆藏档案编制索引、目录和指南等工具以方便开展利用工作，并且该法第五章明确规定了"公共档案馆馆长有义务为公众查阅和复制公共档案馆对外开放的公共档案提供适宜的便利条件。"[1]

1967 年首次对《公共档案法》进行了修订，将档案的封闭期从 50 年缩减为 30 年，这一修订使得形成于第一次世界大战和 1923 年之前的档案都能够得以开放。这是早期英国围绕档案利用的零散规定，此时保密文化传统仍占据英国社会主流。

2000 年，随着《信息公开法》的颁布，英国再次对《公共档案法》进行了修订，主要是删除并修订与信息公开法中内容相冲突或有违信息公开精神的关于档案利用的保密条款。

从档案法规规章层次看，1990 年，博物馆档案馆标准会议（SCAM）首次草拟了《博物馆档案实践守则》（A Code of Practice on Archives for Museums and Galleries）[2]，规定了博物馆内档案的标准化管理，并对馆藏资源进行建议和指导。1999 年，SCAM 在《博物馆档案实践指南 4：博物馆中的档案利用》

---

[1]　Public Archives Act 1958. section 2

[2]　SCAM, Scandal Conference on Archives and Museums 简称，是英国博物馆协会、档案工作者协会及独立博物馆协会的常设代表会议。

（Archives Practice Guidelines for Museum4：Access to Archives）中提出要建立博物馆的档案利用政策。①

1999 年，上议院大法官欧文向国会提交《政府关于档案的政策》（Government Policy on Archives），这是政府关于档案的第一次全面声明，内中强调了档案利用的重要性，要求档案机构要将档案利用的范围扩展到全社会各类人群，并鼓励档案馆要加强与其性质相近的博物馆和图书馆等部门之间的协同合作。

2000 年欧洲委员会部长委员会制定了《关于欧洲委员会成员国档案利用建议第 R（2000）13 号》（Recommendation No. R（2000）13 of the Committee of Ministers to member states on a European policy on access to archives）文件，该文件是欧洲委员会关于档案利用问题所做的第一次规范，对成员国具有较为普遍的指导意义，从而对英国的档案利用工作也有规范作用。

（2）以规范信息的开放利用为内容的政策建设

自 20 世纪 70 年代开始，英国开始了以公共部门为中心的信息公开立法历程，公共档案作为公共信息的有机组成，信息公开立法历程，也是档案利用政策不断充实和发展的过程：

1971 年，英国成立一个对《公务员保密法》第二条的运用进行审查的委员会。该委员会于 1972 年提交《弗兰克报告》（Franks Report），要求制定一部《官方信息法》取代 1911 年的《公务员保密法》第二条，并建议将信息保密的范围严格限制在有关国防、外交、内部安全等保密信息、有可能帮助犯罪活动或者阻止执行法律的信息、内阁文件和私人委托政府管理的信息。②

1978 年，英国下议院弗罗德议员提出《官方信息公开法案》的提案。其内容有：1. 确立使用政府信息的权利；2. 废止《公务员保密法》第二条；3. 建议制定法律取代《公务员保密法》。③ 然而，遗憾的是"弗兰克斯报告"和《官方信息公开法案》的提案并没有在立法程序上取得任何实际成果，只是为后来的政务公开作了思想方面的准备，但是其打破了英国行政文化中严格保密

---

① 博物馆档案标准会议共出版了《博物馆档案实践指南》，该指南主要包括五部分内容，其中第四部分主要关于档案的利用，其他部分分别关于博物馆中档案的收集、整理、保管和行政性文件的管理。

② Lord Franks, Chairman of Departmental Committee on Section 2 of Official Secrets Act 1911, 1972 (1).

③ A Brief History of Freedom of Information in the UK, http；//. cfoi org. uk/foihistory. html.

信息的坚冰，具有特殊意义。

1984 年《地方政府法》（Local Government Act 1984）通过，给予了公众更多的获知地方议会的会议、报告和文件的权利。1987 年通过《个人资料获得法案》（Access to Personal Files Act），它赋予了公众获知本人的社会保障信息和房产信息、学业信息等信息的权利。1988 年通过《医疗报告获得法案》（Access to Medical Reports Act），它赋予了公众查阅自己医疗信息、查阅医师出具的诊疗报告和相关医疗保险信息的权利。1988 年通过《环境和安全信息法案》（Environment and Safety Information Act），本法案规定，当有机构或组织违反环境保护和安全的法令时，公众有获知相关信息和处理措施的权利。

1989 年英政府对《公务员保密法》第二部分作出了修正，缩小了保守秘密的范围，将其限定在国家安全、国防、外交以及法律知行等领域。它与 1911 年《公务员保密法》相比并没有确立新的公众利用政府信息的权利，但其建立在新的损害原则之上，刑法只保护有限范围的种类的信息，该法的修改对英国信息公开立法发展具有里程碑的意义。

1990 年在经过英国国会下院两次详尽讨论之后，《健康数据获得法案》（Access to Health Reports Act）获得通过，该法案赋予公众在 1991 年之后查阅自己医疗信息的权利。1993 年《环境信息规章》（Environmental Information Regulations）生效，根据欧盟的指令，公众有获知自己生活的周边环境信息的权利。

1993 年 7 月英国政府出版了《开放政府》白皮书（Open Government White Paper），赋予了公众两项信息权利：查阅政府关于个人信息的手工记录，查阅个人健康和安全信息。但是获得其他官方信息，要以英国议会督察专员监督修订后的《获得政府信息使用守则》（下简称《实用守则》（Code of Practice））为依据，该《实用守则》于 1994 年 4 月生效。1997 年 12 月，政府出版了题为《你的知情权》的信息公开白皮书，白皮书成为英国国家和人民的关系的分水岭，政府已经准备好赋予人民法律上的获得信息的权利。

2000 年 11 月 30 日英国《信息公开法》通过，并于 2005 年 1 月 1 日正式生效。英国人民终于获得了法律上利用政府信息的权利，同时也将信息利用政策的实施主体扩展至包括公共档案馆、政府、教育机构、医疗机构等众多公共部门。该法案一经出台即成为英国信息法规的风向标，包括《公共档案法》、《数据保护法》在内的相关法律皆因与法案规定的内容相冲突而再次被修订。

2. 以隐私权益保护为主线的政策建设

20 世纪 70 年代电脑的普及带来了数据的迅速处理，已有的法律对于因信息管理机构掌握大量电子形式的个人数据而造成的侵权问题束手无策。1974年英国制定了《消费信贷法》，该法规定的数据保护涉及的是对消费者信贷相关的个人数据的公开处理，保护对象是与个人信用交易相关的个人数据。

1984 年英国通过《数据保护法》（Data Protection Act 1984），该法赋予个人查看储存在计算机中的关于他们自己的信息，仅适用于个人信息，并且仅适用于自动运行的设备记录的个人信息，不包括人工记录的个人信息。

1995 年欧盟通过《EU 数据保护指令》，规定"加盟国为遵守本指令，自本指令通过之日其，三年之内让必要的法律、法规以及行政规定生效。"① 英国作为其成员国，为将"EU 指令"作为国内法发挥作用，修订 1984 年《数据保护法》，形成 1998 年新《数据保护法》，新法扩展了个人信息适用的范围，将个人手工记录的信息也纳入其中，且赋予公民更多权利，让其得到更好保障。《信息自由法》颁布后，1998 年《数据保护法》得到较大修订。

（二）澳大利亚档案利用政策之建设

1. 以档案信息开放利用为主线的政策建设

早期澳大利亚的档案工作与图书馆工作并无明确的界限，各州及联邦政府的档案均保存在图书馆内，档案被参照图书的方式予以管理。1961 年《国家图书馆法》（National Library Act）颁布后，档案机构正式脱离图书馆而独立，并成立了国家档案馆，负责保管并提供利用联邦政府在全国所设各机构以及这些机构管理的企事业单位形成的档案。

1983 年《档案法》（Archives Act 1983）的颁布，正式确立国家档案馆地位。该档案法是继 1960 年新南威尔士档案法和 1973 年维多利亚档案法等州档案立法后的关于联邦政府档案管理的法律规范，它不但明确了国家档案馆的性质、地位和职责，还在第三部分中规定了国家档案馆及相关公共机关开放档案以提供利用的内容，将公众利用公共档案的权利法定化。1983 年档案法成为指导澳大利亚联邦档案利用工作的主要依据之一。

---

① EU 数据保护指令，European Union Data Protection recommendation 1995，即《1995 年 10 月 24日欧洲议会和欧盟理事会关于在个人数据处理过程中的当事人保护及个人数据自由流通的第 95/46/EC号指令》简称

"EU 指令"。该指令不仅对欧盟国个人信息保护法律的构建有引导作用，而且对其他国家也产生极大影响。

另一部规范联邦政府档案利用工作的法律是《信息自由法》。该法颁布于1982年，其形成的直接动因是公众知情权与传统保密文化在民主进程中的矛盾锐化。如前所述，澳大利亚采用了英国的代议制民主政体，自实行该制度以来，在被选举者和全体选民之间适中存在一种紧张关系，即前者应向后者提供多少政府信息。但由于历史上的保密文化传统，政府向公众提供信息的实际状况是不容乐观的。澳大利亚原检查总长鲍温曾说："就公共服务而言……泄露信息即违法，而不论信息是否为保密或并非保密范畴，它不取决于保密与否。"① 1966年美国信息自由法的颁布，让信息公开成为政府行政的一个重要内容，同时也掀起了其他国家纷纷开始信息公开立法的热潮。在经过一系列的行政法改革和跨机构委员会的调研论证后，《信息自由法》于1982年开始生效，它使澳大利亚与获得政府掌握的信息相关的法律发生了根本性变化，对政府保密信息的界限提出了挑战。

该法实施后分别在1983年、1986年和1991年进行了实体上的修正。在利用方面的修改包括：1983年修正案，规定要较大范围的利用《信息自由法》制定前所产生的文件的权利，对联邦与各州关系的豁免信息适用压倒一切的公共利益标准，并将对获得文件请求的回复时间由60天缩为30天；1988年修正案是基于《隐私法》（Privacy Act）的制定而进行的，在信息公开利用上，主要强调了第三方的权益；1991年修正案，澄清了对《信息自由法》关于豁免条款的解释，并重新界定"个人信息"一词与《隐私法》保持一致。这些修正一方面说明该法在制定之初有诸多的不完善，条件限制过严，在体制上不够成熟；另一方面，其不断修正的过程也可以看出澳大利亚自由法案在信息保密与公开之间的矛盾是动态演进的，总体趋势是信息愈加开放，公民权益愈加得到保障。

2002年澳大利亚颁布实施了《本土文件法》（Territory Records Act 2002），其中规定可以对行政机关、高级法院、裁判法庭、ATCT、立法大会秘书处、公共管理部门、调查委员会、司法委员会、皇家委员会等机构的信息予以公共利用，其利用的原则严格遵照1989年《信息自由法》的规定。

除了上述主要信息法律对档案利用工作的涉及，1968年《版权法》（Copyrights Act 1968）、1995年《证据法》（Evidence Act 1995）等也有少许对档案利用可借鉴和参照的内容，但主要集中在档案利益中的权益保护和主张问

---

① 周汉华. 外国政府信息公开制度比较［M］. 北京：中国法制出版社，2003：179.

题。为了配合主要信息法律的施行，澳大利亚联邦还发布了一系列相应法律法规的实施规则，如《档案法条令》（Archives Regulations）、《信息自由法条令》（关于费用）（Freedom of Information Regulations（About Fees））、《版权法条令》（Copyrights Regulation）、《证据法条令》（Evidence Regulations）等，具体解释了信息法规中主要条款的详细情况和现实适用，这些共同构成了澳大利亚的档案利用政策体系。

2. 以隐私权益保护为主线的政策建设

澳大利亚在 1988 年制定了适用于所有联邦州的《隐私法》（Privacy Act 1988），主要吸收了联合国的"关于市民及政治权利的协定"第 17 条及 1980 年的 OECD 劝告书的核心内容①。虽然以"隐私法"命名，但其对象并不涉及隐私的全部，而仅限定于个人信息的保护。该法律在 1990 年得到修订，并开始施行。此时制定的隐私法适用对象的个人信息主要是指政府机关所持有的个人信息，而对于州、地方政府所持有的信息仅限于税款账本号及消费信贷信息等，存在着一定的局限性。

为解决这一问题，同时针对私营部门持有的个人信息实施个人隐私保护，2000 年澳大利亚政府修订了《隐私法》，这就是所谓的 2000 年修订法。该法的修订背景是 1995 年制定的"EU 指令"，该指令要求其成员国于 1998 年设立保护法，并且要求成员国就信息向欧盟以外转移提供保护，澳大利亚方面也被要求采取相应的措施，并且于 2001 年 12 月实行《隐私法修改法》。该修改法的最大特征是将隐私权保护委员的权限扩大至私人领域。另外，该法中的诸条款为个人信息的搜集、使用及安全地持有与提供确定了方法。澳大利亚的国民有权知道成为该法使用对象的组织持有与自己相关的信息有哪些，并且能在自己的信息有误时有权进行修改。

隐私法规定设置隐私权保护委员会和隐私权保护委员，用来监管隐私法的执行，从而保证公民个人的信息隐私权益不受其他组织或其他个人的侵犯。2001 年，澳大利亚隐私权保护委员会制定了《隐私法修改法规则》用以对隐私法的主要内容和基本宗旨进行详细解释，从而更好地保障该法律条文的贯彻和实施。

---

① OECD 劝告书，国际经济合作与发展组织（OECD）于 1980 年 9 月 23 日通过的《关于隐私保护与个人数据国际流通的理事会劝告》（OECD Recommendation Concerning and Guidelines Governing the Protection of Privacy and Trans border Flows of Personal Data O. E. C. D Document C（80）58（Final））。

（三）两国档案利用政策建设之比较分析

1. 两国档案利用政策建设的整体特点

保持一般档案的合理利用和保证特殊档案限制利用之间的平衡，一直是档案利用工作的核心要义。我们知道，档案的开放是一个必然的趋势，无论是现实中能直接提供利用的一般档案，还是因涉及敏感领域或携有敏感信息而被限制利用的档案，其最终的结果都是走向开放，而这个过程可能是比较缓慢的，甚至是曲折的。在走向最终开放的过程中，协调档案利用与保密之间的关系，权衡公民利用信息的权利与保护其他相关权益如公共利益，第三方利益不受损害，一直是档案利用政策的基本精神所在。

随着国际社会对公民人权的日益重视，在确保公民信息开放利用权益顺利实现的同时，合理保护公民个人信息隐私权益不受损害，努力实现公民开放利用行为与限制利用行为之间的平衡，以及实现公民利用权益与隐私权益之间的平衡，成为国际社会制定档案或者信息利用政策的基本态势。在这种态势的影响下，美国的档案利用政策建设实践率先为其他国家树立了典范，形成了在内容上开放和保护相平衡，在体系上开放利用和隐私权保障相适应相协调的基本格局。英国和澳大利亚两国档案利用政策的建设状况也充分反映了这样的特点。

一方面，无论是两国的档案法、信息自由法还是隐私法都赋予了公众开放利用档案信息权利，同时又以列举例外信息为手段，规定了限制利用的情况，在内容上实现了开放和保护的平衡；另一方面，在将公民信息公开利用的权利通过法律加以实现的同时，又响应国际社会呼吁，颁布专门法律来保障公民的隐私权益不受侵犯，保护公民的个人信息不被恶意使用，从而实现政策体系构建上的平衡。因此，英国和澳大利亚在开放档案利用的过程中，努力寻求不同利益主体之间的均衡，实现政策建设的双向平衡，是两国档案利用政策建设的整体特点，更是两国档案利用政策的本质所在。

2. 两国档案利用政策发展沿革特点

上文对英国和澳大利亚档案利用政策建设状况的阐述，集中体现了两国政策的发展沿革，其本质上反映了以信息公开利用为主要实现手段的知情权打破和改造传统保密文化的过程，是公民知情权和政府保密制度之间的博弈平衡。

从共同点上而言，首先，两国兼具过程的艰巨性。英国关于档案利用政策的指导思想从最初的1958年档案法规定的大量豁免和保密为宗旨转变为《信息公开法》确立的"以利用为原则，保密为例外"的精神，其中经历了大量的曲折和反复，体现在信息公开立法时间的漫长性上，从筹备到最终颁布经历了 30 余年。澳大利亚以信息公开利用为手段推进民主制度的发展，经历了一系列的行政法改革，并且自《信息自由法》颁布后修正次数较为频繁，也客观体现了公众权利挑战保密传统的困难。

其次，两国发展沿革的诱因趋同性。从本质上而言，档案开放利用是信息社会发展的必然趋势，也是民主社会进化的必要结果，是社会进步发展的内在需求。从外在影响因素而言，两国在信息开放利用的发展中都受国际信息社会氛围的影响，包括政务信息公开研究热潮的兴起、公民隐私权益保护意识的觉醒和信息技术进步带来的信息形成、保管和利用方式的变革。

再次，两国政府在政策发展沿革中集阻碍与促进作用于一身。一方面，对于两国而言，实现档案信息公开利用的阻力直接源于政府对传统行政文化的保护，从而让公众信息权益的主张屡次遭到败诉；另一方面，政府的公共行政权又极大地减少了开放利用过程中的羁绊，加速了开放利用的进程。档案利用政策的建设和发展离不开政府等公共部门的配合和支持。

两国档案利用开放政策发展沿革的不同点主要体现在两国的推进方式不同。英国采取的是缓慢渐进的方式，通过逐步、分散开放不同领域信息的方式，小心求证后慢慢向所有领域覆盖，最终形成对所有门类的信息均能适用的开放利用政策，这与其传统的保守主义思想是分不开的。澳大利亚则采取全面覆盖，纠错补差的方式延续发展，这集中体现在澳联邦《信息自由法》颁布过程较为简便，但后续修正较为频繁。

英国和澳大利亚两国档案利用政策在沿革特点上的同异，体现了两者之间的内部继承和发展的关系。

3. 两国档案利用政策体系特点

从上述两国档案利用政策建设的情况来看，我们认为不难发现，两国的档案利用政策均呈现一定的体系性。我们认为政策体系可分三个层次：法律层次，行政法规层次和行政规章层次。套用在档案利用政策上，即为档案利用相关法律、档案利用相关行政法规、档案利用行政规章。档案利用相关法律，是指国家立法机关制定、颁布的有关档案利用的法律条款，在政策体系中具有最高效力；档案利用相关行政法规，是指由政府颁布的有关档案利用的规范性文件；档案利用行政规章，是指由国家档案馆或相关机构制定或颁布的用于指导档案利用工作的各类规范性文件。通过对档案利用政策体系的一个宽泛认识，可利用下表厘清英国和澳大利亚的政策体系：

表 5 – 5 英国和澳大利亚档案利用政策体系

国家	法律层次	行政法规层次	行政规章层次
英国	《公共档案法》、《信息公开法》、《数据保护法》等	《政府关于档案的政策》、《获得政府信息实用守则》等	《英国国家档案馆利用规则》、《博物馆档案实践守则》、《数字档案项目：数字档案策略》等
澳大利亚	《档案法》、《信息自由法》、《本土文件法》、《隐私法》《版权法》等	《档案法条令》、《信息自由法条令》、《隐私法条令》、《版权法条令》等	《澳大利亚国家档案馆利用规则》、《管理电子文件——共同的责任》等

　　从上表，我们看出不论是英国还是澳大利亚，在档案利用政策体系建设方面还是比较完善的，体系结构较为完整。

　　首先，两国在包括档案法、信息公开法以及隐私法在内信息法律中均有指导和规范联邦档案利用工作的法律条文，赋予档案利用工作法律效力上的最高保障；其次，两国政府均就档案开放信息利用的问题制定了相关的行政法规，充分发挥了政府在促进档案利用政策发展过程中的主导性作用；再次，国家档案馆、博物馆以及文献考古中心等就保藏在馆的档案制定了符合本馆特色的档案利用规则。但是两国的档案利用政策体系也存在着一定的缺陷，主要是议会没有制定关于档案利用问题的专门立法，联邦政府也没有制定直接以利用为主题的针对性更强的行政法规，所有关于档案利用的法律法规条文都是分散地规定在不同部门法的有关条款中，未形成集中的统一规定，这样易造成在援引相关法规中的相关条文时，可能会导致不完全适用或生搬硬套情况的发生，对具体利用实践的可操作性较差。

　　另外，两国在有关档案利用法律法规的配套补充上呈现不同。在英国，有关档案利用的法律与有关档案利用的法规在公布实施上是较为独立的，政府并没有针对相关法律制定相配套的法律解释或实施细则，仅是根据信息开放需求适时适当推出自己的关于档案利用的相关政策。而澳大利亚关于档案利用法律法规在实践中是配套补充的，从上表我们看出，澳大利亚每颁布一个相关法律，其后必跟随联邦政府关于该法律的详细阐述的条例，如《档案法》和《档案法条令》，《隐私法》和《隐私法条令》等。这种紧密联系的配套性使其在现实操作中更具指导意义。

　　4. 两国档案利用政策发展模式

　　英国和澳大利亚在档案利用政策发展模式从总体上看都属于综合发展模

式，两国针对档案利用的具体问题都没有设置专门的机构或形成专门的法规措施，一直都将档案利用作为信息公开大概念大范畴内的一部分，进行研究和探讨。但是在档案利用政策的不同主线上却体现差异性。

第一，在档案信息开放利用主线上，如前所述，英国实行的是稳扎稳打，逐步推进的发展模式，而澳大利亚实行的则是全面覆盖，因时革新的发展模式，这充分体现了欧洲传统国家和新兴移民国家在选择信息开放道路上的文化历史差异。

第二，在保护公民隐私权益主线上，英国对于本国 1984 年和 1998 年《数据保护法》的制定完全依赖于"OECD 原则"① 和"EU 指令"，重点移植其关于个人数据保护的一般性原则和敏感信息特殊原则的做法，并根据国内的实际情况进行简单修改，其隐私法发展走的是直接套用模式。澳大利亚的隐私法制定依据也是"OECD 原则"和"EU 指令"，但其结合实际将其发展成为具备本国特色的 NPP（National Privacy Protection）模式②，即澳大利亚的个人信息保护采取法律制度和自主基准的共同监管模式。该模式为 IT 环境的新个人信息保护法制指明了道路和方向。

综上对英国和澳大利亚档案利用政策不同主线发展模式的比较，可以归纳出英国的档案利用政策主要采用的是保守推进模式，而澳大利亚则主要是积极创新模式。这也是两国政策建设继承和发展的又一体现。

二、英国和澳大利亚典型政策内容比较分析

英澳两国档案利用政策建设的特点是要寻求开放利用和限制利用之间的平衡，其沿革的特点也要求不断打破传统保密文化，实现公民对信息的知情权和合理利用。这些特色在两国的档案利用政策的内容上也有充分体现。下文我们也将遵循这个特点，分别从档案信息的开放利用和档案信息的限制利用两个方面选取两国典型政策的内容进行比较和分析。

（一）两国有关档案信息开放利用的规定之比较

1. 档案法中关于档案信息开放利用的政策规定之比较

两国档案法中关于档案开放利用的规定有诸多条款，我们选取档案开放利

---

① "OECD 原则"即上文注解中 OECD 劝告书的主要内容，是有关个人信息保护的八大基本原则的简称。

② NPP 模式主要指对公共部门和私人部门所辖的个人信息均受法律规范制约，同时各组织和行业根据法律要旨，可自主制定规章，国家鼓励采取这种方法，将法律规范与民间规章相结合的模式。

用的对象资格、档案开放利用的范围、档案开放利用的期限、档案开放利用的形式等四个方面加以比较：

首先，从档案开放利用的对象资格来看，两国几乎都没有什么限制，即任何人都有权利到档案馆利用档案。这个"任何人"有两层含义，不但包括两国公民，还包括外国人，不但代指自然人，也指代法人。但在利用对象资格确认的发展过程看，两国并不一致。英国并非从档案法立法伊始就规定任何人都有查阅档案的权利，根据其 1958 年和 1967 年《公共档案法》，公共档案实行由大法官全面负责的制度，在开放档案提供利用的对象资格方面，是由大法官指派公共档案馆馆长规定的，如该法第五章的利用条款第四条规定公共档案馆馆长允许一个由政府部门或其他机关官员赋予了特权的人查阅任何档案。而其最终取消这种身份限制，是由 2000 年的《信息公开法》所导向，并删除了原档案法中第四条的规定。澳大利亚自 1983 年公布《档案法》并没有限制档案利用对象的资格，这与其 1982 年的《信息自由法》的精神是一致的，客观体现了一种进步性。

其次，从档案开放利用的范围上看，两国既有相同点也有不同点。一方面，从档案载体上看，两国开放的范围是一致的。英国档案法中规定档案表示的是一种确定的定义，不仅包括书面档案，也包括以其他任何一种媒介传达的档案；同时澳大利亚档案法中，也规定以任何形式或载体记录或储存的信息的记录都为档案。这说明两国档案开放利用的范围既包括传统类型档案的开放，也包括新型档案的开放，如电子文件等。另一方面，从档案内容上看，两国开放的范围又不尽一致，但在条文上规定都遵循了"肯定概括"和"否定列举"的方式，即肯定开放是原则，不开放是例外，通过列举例外信息来明确开放的范围。英国档案法参照信息公开法共列举了 23 项豁免，而澳大利亚档案法中仅列举了 9 项，豁免信息的详细内容将在下文中阐述。这表明澳大利亚档案法在开放档案内容的范围上要广于英国，公众的信息权利也能更加体现。

再次，从档案开放利用的期限上看，两国都规定了 30 年的封闭期限，但在英国这是一个渐进的过程。1958 年英国《公共档案法》第五章第一条规定已入馆保藏的公共档案不同于移交前保存在公共文件办公室的档案，馆藏档案在不满 50 年或不到不到大法官规定的其他或长或短的期限，不得对外开放；1967 年修订《公共档案法》，将保管期限由 50 年减为 30 年，但规定特级档案的开放期仍为 50 年；根据《信息公开法》对档案法的修订，删除了原档案法

第五章第一条的内容，以信息公开法确定的新的规则取代了档案法中关于保管期限的规定，档案的开放期限仍为 30 年，但根据该法，信息固定在每年的 1 月 1 日开放，通过在档案中的最后一份文件或记录满 30 年后，再多加一年的期限的方法，以确保该卷宗中的所有文件都至少有 30 年的封闭期，这个过程被称为"新年开放"。

在澳大利亚，根据 1983 年《档案法》联邦档案只要达到以下三个条件就可以向公众提供利用：已满 30 年封闭期，已被移交保管在国家档案馆或联邦机构，非豁免信息或不包含豁免信息。但是，"参议院、众议院、国会所拥有的关于这些机构的记录"以及"法院拥有的关于该法院和法庭登记处的记录"不参照该规定。该法所规定的普通档案的开放期为 30 年，而内阁档案则要求 50 年，人口普查档案则长至 100 年。虽然两国在某些特许档案的保管期限的规定上有所不同，但在公共档案开放上采取了国际上普遍适用的 30 年封闭期的规定，体现了对国际惯例的继承。

第四，从档案开放利用的形式上看，澳大利亚所能提供的利用形式较英国要更为丰富。英国《公共档案法》中并无条文具体规定档案利用的方式，但参照 2000 年《信息公开法》的规定，主要有以下三种：以永久形式的复印件或者其他申请人接受的方式；提供适当的机会查看相关的信息；永久的形式或者其他申请人可接受的方式提供包含相关信息的摘抄等。

澳大利亚 1983 年《档案法》中规定了多种档案利用方式，这与其《信息自由法》中关于信息利用的方式比较一致，主要有：①提供查阅档案的机会；②根据法律规定向公众提供档案副本，并收取相关成本费；③通过电脑、投影机或其他设备提供声像档案利用，并根据规定收取费用；④对于已被加工或编纂的档案，可提供该档案或包含有该档案的摘录材料，并收取相关费用。① 除了上述四种方式，档案馆还可根据档案用户要求的特定方式来提供档案，但前提是不会干扰档案馆或联邦机构的档案管理业务，且考虑到档案的物理属性适当，不会不利于档案的保存，最后不能侵犯版权，否则将会遭到拒绝。因此，从档案利用方式角度看，英国所提供利用的形式较少，且反映在法律条文上也不甚清晰，主要是针对信息利用的大范围而言的，虽对档案利用工作有规范作用，但其现实操作性要比澳大利亚档案法的相关规定要差。

档案法作为两国规范档案利用工作的最高效力的法律，两者之间的异同反

---

① The Archives Act 1983.

映出两国档案开放利用的程度、开放利用工作水平的差异，这种差异性体现了两国政策之间的继承和发展。

2. 信息公开法关于档案信息开放利用的规定之比较

除了两国档案法中关于档案利用的规定外，两国信息公开法中也规定了信息利用的一般性规则，对档案部门或者其他公共机构开放档案信息也具有指导和约束作用。我们将从信息开放利用的基本原则、信息申请的反馈时间、信息救济制度三个方面来阐述比较。

从信息开放利用的基本原则上看，两国都确立了"信息开放为原则，保密为例外"的原则，要求充分满足公众的知情权。两国的信息公开法适用范围都较为广泛，确立人人（含外国人）皆有获悉官方持有之信息的一般性权利。英国《信息公开法》第一条规定了公众获得信息的权利，包括两项内容：要求公共部门答复是否拥有被申请的信息；如果公共部门拥有该信息，则要依法提供该信息。用户所申请的信息是法案所规定的例外（或豁免）信息则除外。

澳大利亚联邦《信息自由法》的第 3 条阐述的该法的目的是"尽可能地扩大澳大利亚社会获得联邦政府掌握的信息的权利"，从而加强公众对政府的检查和政府负有的责任，提高公众参与决策和治理的水平以及保证获得个人信息的权利。这表明了澳洲议会的明确意图，即要以促进信息披露的方式来解释该法。一方面，该法认为公共部门有公开信息的义务，如其第 8 条要求公布行政机关的基本信息以及从这些机关可获得的信息；另一方面，该法赋予了公众检索利用信息的权利，如第 11 条规定了每个人均享有法律上可实施的权利以获得使用"某机关的文件"以及"某部长的正式文件"，但"豁免信息"除外，第 18 条规定，只要提出合法申请，即应披露申请人所寻求的信息。两国信息公开法所倡导的信息公开利用的原则是顺应国际信息社会发展的体现，而且对于打破两国深厚的保密文化传统也具有新的意义。

从信息申请的反馈时间上看，虽然两国都强调处理公众信息申请的时效性，但在具体规定上体现一定的差异性。根据英国《信息公开法》的规定，如果公共机关认为申请的信息属于应当公开的信息，则公共机关在收到申请后，应当在 20 个工作日内将信息提供给申请人，将收费通知交给申请人之日起到收到费用之日的期间不计算在 20 个工作日内。国务秘书可以以规章的规定延期提供信息，但最长不得超过 60 个工作日。国务秘书可以按规章规定对不同情况规定不同期限，授予信息专员一定的自由裁量权。

澳大利亚《信息自由法》在信息申请反馈时间的规定方面呈现了递减的特点。如在 1982 年《信息自由法》中最初要求对获得文件的请求的回复时间为 60 天，1984 年经修订后减为 45 天，1986 年又减为 30 天。根据该法第 15 条第六款，如要求机关在做出是否准许申请人获得文件的决定之前须与第三方协商，30 天时限可再延展 30 天。虽然澳大利亚有预期在 20 世纪 90 年代将《信息自由法》规定的申请回复时间从 30 天减少为 14 天，但最终并未实现。澳大利亚在处理信息申请时间的递减特征，是建立在公众利用需求日益高涨，联邦政府不断实现的基础上的，客观体现了知情权的迂回前进。两国关于信息申请的反馈时间的规定，对档案机构处理用户档案信息申请的时间限制方面有较为鲜明的导向作用，特别是英国，其《信息公开法》要求档案法相关内容体现的精神不能与其相违背，更要求档案机构在实践中要以信息公开法的规定为纲。

从信息救济制度方面看，两国都建立了有效完善的审查制度，从而保证当公民的信息申请遭到拒绝时能够通过一定程序得到救济，这是两国信息公开法成功运作的重要原因。英国采用"穷尽内部行政救济原则"，包括信息专员的决定制定、信息裁判所的裁判制度和法院的上诉制度。通过从行政救济、信息专员、信息裁判所和法院这样一个从行政到司法的司法化程序渐进的结构，既有利于充分利用较低成本的救济手段，同时又保证了司法的最终救济。澳大利亚主要采取行政决议复议制度，根据规定如公众要求获得信息的请求被拒绝，行政机关必须向申请人全部或部分地说明理由，对行政机关的决定不服的，可以申请行政复议，对行政复议不满的还可以申请联邦行政上诉法院对此进行外部审查。

3. 其他法规条例中关于档案信息开放利用的规定之比较

上述档案法和信息公开法中关于档案利用的规定是档案利用政策的主要内容，同时还有一些法规条例中的相关规定进一步完善和充实了该政策的内容。

英国在 1999 年《博物馆档案实践指南 4：博物馆中的档案利用》中指出保管档案是为了更好地利用档案，博物馆为发挥馆藏档案的价值应该制定一个书面形式的利用政策，旨在工作人员能在适宜的时间和技能范围内以最小的风险提供最有效的利用。该规章中还涉及建立博物馆研究阅览室，在阅览室内配备利用指南、馆藏档案清单和相关手册等，要求入馆利用人员要进行身份识别，不可携包入内，要尊重档案，不可折损撕毁等具体操作规范。

1999 年英国《政府关于档案的政策》的声明，强调了最大限度挖掘社会档案用户的重要性，它认为社会对于档案利用政策的需求是建立在良好的文件管理基础之上的。该声明建议从立法上规范档案利用，鼓励对封闭期少于 30 年档案的利用，但要与 1998 年《数据保护法》相兼容，并指出现行的立法行动（包括信息公开立法在内）并没有突破 30 年封闭期的规定，政府需要在适当时期反思档案立法。同时，声明还要求要采取加强档案利用实践的措施，如充分利用信息和通信技术以及提高公共服务标准来促进和拓宽社会各界对档案的利用。这是英国第一次从国家层面以全面声明的形式呼吁全社会对档案的利用。①

在政策规章方面指导澳大利亚档案利用政策实践的主要是《澳大利亚国家档案馆利用规则》。该规则的制定依据是 1982 年《信息自由法》和 1983 年《档案法》，其明确了国家档案馆在开展档案利用工作中的具体要求，内容涉及档案的公开利用、特殊利用、官方利用、内部使用以及电子文件利用等不同的利用途径，并明确做了在不同利用方式下，国家档案馆提供档案利用要求主客体应满足的条件，是档案馆进行档案利用工作的行动指南。除此之外，澳大利亚还制定了与主要信息法律相配套的法规章程，如《档案法条令》、《信息自由法条令》等用以辅助档案法和信息公开法的贯彻实施。

虽然两国关于档案利用在法规章程方面的制定和侧重的方向并不一致，但都客观充实了档案利用政策的内容，完善了档案利用政策的体系，体现了两国开展档案利用工作的实践方向，也是两国政策水平的客观显现。

（二）两国有关档案信息限制利用的规定之比较

档案利用政策中有关限制利用的规定，我们认为主要包括两个方面：一是两国档案法、信息法及相关档案利用规章条例中涉及的属于应公开信息之外的"豁免信息"或"例外信息"的规定。规定例外信息实际上是处理公开与保密的平衡关系，具体的确定什么信息应该是保密的，而什么信息又应当是公开的。从信息政策的本质而言，其要保证的是社会信息权益的一个均衡，即当公共机关规定的知情权益与法律保护的其他利益相冲突时，信息政策的规定就要能够对相互冲突的利益进行平衡。一是基于保护公民隐私权益而涉及的关于个人数据或信息的限制利用的规定，主要包含在两国的《隐私权法》或《数据保护法》中。

---

① National Policy on Archives 1999.

1. 档案法和信息公开法中关于档案信息限制利用的规定之比较

因考虑到两国档案法和信息公开法中关于档案信息限制利用的规定都较为集中统一，尤其是英国，档案法中并没有规定档案限制利用的条款，完全依赖其信息公开法中的有效参照，故我们将档案法和信息公开法中关于档案限制利用的规定放在一起比较，以尊重客观现实。下文将从档案信息限制利用的范围和档案限制利用的考量因素两个方面进行比较。

（1）从档案信息限制利用的范围来看，英国限制利用的范围要广于澳大利亚

英国在其1958年《公共档案法》的附表二中规定了广泛的不可向公众开放的豁免档案的范围，但由于与2000年《信息公开法》规定的例外信息的范围有一定的冲突，于是在对档案法的再次修订中，删除了原附表二中关于豁免档案的相关内容。至此，关于英国档案信息限制利用的规定，即以《信息公开法》中规定的例外信息相关内容为准。据此，《信息自由法》第二章21～44条，列举了23项例外事由，依其公开所涉及的公益高低，分为绝对例外事由和有条件例外事由两类。其中，绝对例外8项，有条件例外15项。对于绝对例外信息公共机关不但可以拒绝提供信息，还可以拒绝回答是否拥有该信息，因为对某些机构而言回答是否拥有的问题其本身已经构成了泄密。有条件例外信息，可以在利用主体满足法案规定的授权条件时得以利用，但这种利用不是公开利用的常态，而仅是特殊利用的个案。

澳大利亚1982年《信息自由法》规定了18类豁免信息，1983年《档案法》中同样有关于档案豁免利用的规定，但其限定的范围要少于《信息自由法的规定》，仅有9类，并且与英国不同，澳大利亚规定的豁免信息没有绝对豁免和有条件豁免的区分。现将两国主要豁免信息的种类图示如下：

表 5 – 6　英国和澳大利亚豁免信息种类

英国	《信息公开法》（《档案法》）	绝对例外信息	申请人可通过其他方式获得的、将要公开或已经公开的信息；由国家安全或情报机构提供的、有关该机关的信息；因个案审理而提出于法院，或由法院掌握，或法院所制作的文书中的信息，以及机关为进行仲裁而取得的信息；与议会特权有关的信息；与对公共事务的有效管理有关的信息；与个人信息有关的信息；公共机关获得的以保密为前提的信息；其公开为其他法律所禁止、或违反欧盟义务的履行或将构成在法院起诉的藐视法庭罪的信息。
		有条件例外信息	机关或个人为将来公开的目的（无论公开目的是否确定）而持有的信息；对于非绝对豁免的情报信息，为维护国家安全，部长可以证书形式拒绝公开该信息；可能对大不列颠群岛或属地的防卫造成损害，或有关军队的能力、效率的信息豁免公开，且无义务回答是否拥有；损害大不列颠联合王国内部的关系的信息；损害国际关系的信息；损害英国经济利益的信息；与法律行为实施有关的信息；与公共机关实施的侦查和诉讼有关的信息；妨害机关对其他政府机关进行财务稽核或效率考核的信息；与政府政策制定有关的信息；与女王陛下、其他王室成员及其家族的通信有关的信息；与个人健康、安全有关的信息；不公开之益大于公开之益的官方持有的环境信息；主张法律职业特权的信息；构成营业秘密，公开将损害持有该信息的主体的商业利益的信息豁免公开。
澳大利亚	《信息自由法》		损害国家安全、国防和联邦政府内部关系的信息；开放会危害联邦政府与州之间关系的信息，或可能会泄露联邦与州之间秘密沟通的信息；内阁文件；行政会议的文件；内部工作文件；影响法律实施或危及公共安全保障的文件；其他法律规定的要保密的文件；关于联邦政府经济或财政利益的文件；有关机构审计、稽查、核算等行为的文件；关于个人隐私的文件；关于法律职业特权的文件；有关商业活动事务的文件；与研究活动有关的文件；影响国家经济的文件；包含有秘密材料的文件；披露文件会造成藐视议会或法庭的信息；一些来源于公司或证券立法的文件；选民名册及有关文件等。
	《档案法》		危害国家安全、国防和国际关系的档案；联邦政府当局或以联邦政府当局的名义授权个人与外国政府或外国政府某部或国际组织进行的保密性沟通的档案，披露会造成泄密的档案；开放会损及联邦政府或联邦机构的财务或财产利益的档案；开放会造成泄密的档案；公开将造成法律执行、行政监管等活动失败或可能失败，或可能会违反法律，或可能造成行政、执法人员身份的泄密，或会危害任何个体人身安全的档案；公开将会损害某人或某案件的公正裁决和审判，或将会披露侦查、调查等行动合法的方式或程序，从而损害这些程序和发放的有效性，或将损害公共安全的保持和维护的档案；公开将会披露任何个人信息（包括死人）的档案；有关商业秘密的档案；有关个人、企业或组织在商业活动或专业活动中的档案（不同于上述商业秘密）等豁免使用。

从上述两国法律所规定的豁免信息范围的比较来看，一方面，英国信息公开法所列豁免信息远超出澳大利亚档案豁免信息的范围，这是与英国传统保密文化的遗传所分不开的；另一方面就澳大利亚国内两法的规定而言，其信息自由法所列豁免信息的范围又远超出档案法所指出的豁免信息，并且档案法规定的豁免信息范围要更精简，同时在豁免项的设置上也更加具体，在档案馆确定豁免档案的类别时也更容易操作。同时，在关于公共机关是否答复豁免信息存在与否的问题上，英国信息自由法规定的八类绝对豁免信息是不予答复的，因为答复本身就会造成泄密，而澳大利亚信息自由法和档案法都将包含关系到国家安全、防卫、国际关系的文件；涉及影响联邦与州之间关系的文件；关于以警察、检察、行刑目的为中心内容的执法信息等三类文件纳入不允答复范围中，较英国要小。两相比较，澳大利亚比英国的档案信息限制利用的程度要轻，更符合民主代议制的精神，更能满足公众对信息的需求，但是这种进步和优势是相对的、带有局限性的。

（2）从档案限制利用的考量因素来看，两者基于相同的利益权衡限定豁免信息

限制档案利用实际上是处理公开与保密的平衡关系，从政策的本质而言，其要保证的是社会信息权益的一个均衡。英国信息公开法关于豁免档案的限制性利用包括的范围较之前公共档案法有了很大的缩减，其在平衡利益冲突中主要考虑两个因素：一是公共利益，即信息申请人的知情权获得不能以损害公共利益为代价；一是知情权要与第三人的利益相比较，不能以损害第三人利益为代价，其中第三人利益主要指公共机关拥有的第三人的商业秘密、公共机关、法律职业者的特权利益、他人的个人数据等。

从澳大利亚信息自由法和档案法规定的豁免条款的内容来看，这些豁免主要可以分为两大类：与政府责任和运作相关的条款，如有关国家安全、内阁文件和行政会议的文件等和旨在保护第三方信息的条款，如关于个人隐私、法律职业特权和关涉商业事务的文件等。结合上述内容，我们认为不难看出这些豁免文件的设置也是联邦政府基于知情权与公共利益以及知情权与第三方权益的综合权衡的结果，是处理信息开放和保密制度协调的结果。法律条款中并没有限定绝对豁免的信息，但条款内容反映了在申请该豁免信息的使用过程中，部长发布的结论性证明、与第三方信息者的磋商的结果，以及政府基于知情效益是否大于公共利益的裁量等三个方面对最终申请者能否得到授权予以利用具有重要影响力。

两国关于档案限制利用条款的规定，充分继承了国际社会关于"公共利益"引入和第三方权益权衡的一般原则，同时又根据各自国情有不同的发展。

2. 隐私法中关于档案信息限制利用的规定之比较

个人隐私作为人格权的一种，其定义的是一种个人不被打扰，不被侵犯的一种状态，表现在信息领域，就是要保护个人的数据或信息不被侵犯。在上述两国档案法和信息公开法中都明确了涉及个人信息的档案要限制利用的规定，将个人信息纳入了豁免信息的范畴之中。而在保护公民个人信息隐私权益不受侵犯方面，两国均制定了专门的法律予以制约和控制，如英国的《数据保护法》和澳大利亚的《隐私法》。

从适用范围上而言，根据国际数据保护法的精神，无论是涉及隐私内容的个人数据还是可公开的个人数据都同样受到法律的保护。在英国，1998 年《数据保护法》规定，个人数据既包括公共机关所保存的，也包括私人部门所拥有的个人数据，既有自动化处理的数据，也有人工记录，这是在 1984 年数据保护法的基础上发展而来的。在澳大利亚，保护公民个人隐私信息的法律主要是《隐私权法》，根据规定，该法的适用范围不仅包括公共部门所持有的个人信息，也将私人部门或民间组织所掌握的个人信息纳入体系。这里的民间组织具体而言就是"个人"、"法人"、"团体"、"其他无法人的社团"、"合同企业"等。因此无论从个人信息的形式上看，还是从控制个人信息单位类型看，两国隐私法所适用的范围基本上是一致的。

从隐私法保护个人信息所倡导的数据保护的主要内容上看，两国的规定基本相同。由前文两国隐私法的建设状况我们易知，英国的《数据保护法》和澳大利亚《隐私法》的建设基础是相同，即都基于"OECD 原则"和"EU 指令"，反映在两国隐私法以数据保护为主要内容的规定上也有很强的继承性：

英国在 1998 年数据保护法 1984 年数据保护法的基础上重新修订了数据保护的一般原则，即个人数据应该公平地获取和处理；个人数据信息只能为了一个或更多特定的合法目的而获取，而且不能用任何与此目的不相符的方式对该数据信息进行处理；使用或透露个人数据信息的方式不能与持有该个人数据信息的目的相冲突；个人数据信息必须准确，对于以最新材料存档的那些内容来讲，必须不陈旧，不过时；如果持有某些个人数据信息要达到的目的是有期限的，则持有时间不得超过该期限；个人数据信息应该根据该个人数据信息主体根据本法所享有的权利进行处理；必须采用包括技术和组织等安全措施，以防止个人数据信息未经许可被扩散、更改、透露或销毁；个人数据信息不应该转移到欧洲经济区以外的国家或领土，除非该国家或领土确保有足够水平在进行处理时对个人数据信息主体的权利和自由提供保护。该八项原则主要沿袭了"EU 令"的主要意旨，代表了欧盟国家在隐私保护全球化下的较高水平，协调了信息流通和信息保密之间的平衡关系。同时该法还规定了处理个人敏感性信息的特殊原则，对数据客体的种族、道德、政治观点、宗教信仰或与此类似的其他信仰、工会所属关系、生理或心理状况、性生活、代理或所公布的代理关系，或与此有关的诉讼等八类敏感信息，要求除非满足一些先决条件，否则这些数据不能被随意处理。

澳大利亚隐私法规定的联邦个人隐私原则（NPP），承袭"OECD 原则"和"EU 指令"，包括十大内容：搜集、利用及公开、数据的质量、数据的安全性、公开性、访问及修改、用于核对个人的识别事项、匿名性、针对国外的数据流通、敏感信息。关于搜集，要求除信息为一个或多个组织的经营活动所必需情形外，该组织不得搜集个人信息；关于利用公开，要求除搜集的主要目的外，组织不得利用或公开个人信息；关于数据的安全性，要求组织必须采取保护所持有个人信息的合理程序，无论出于什么目的，如果不再需要个人信息，组织必需销毁或永久不能识别个人信息；关于公开性，要求组织必须明确设定个人信息管理的相关方针，无论是持有何种信息，或者以任何目的、任何方法搜集、持有、利用及提供该信息时，必须将相关事项告知个人；组织必须许可个人根据需要访问本人信息，如果该信息不准确、完整或最新时，必须修订信息；对于包括人种、政治思想、加入团体以及犯罪经历等敏感信息，除一定情况外，组织不得搜集。上述两国隐私法均从个人信息获取、保管、利用等方面进行了相近限定；既有对一般数据保护的相关规定，也有对敏感信息的特殊规定，法律条款设计的较为全面、协调，集中反映了两国关于个人信息利用与保护之间的权衡关系。

最后，从隐私法的贯彻执行上看，两国既有相同也有不同。相同点是英国和澳大利亚都设置了数据（隐私权）保护委员会和数据（隐私权）保护专员用以对隐私法的贯彻和执行监督，从而切实保护公众个人信息隐私不被侵犯。不同点是澳大利亚隐私权委员会需贯彻执行的范围要更为广泛，它不但要监督隐私法中的相关规定的贯彻执行，还要求不同组织要严格履行其根据法律制定的自主隐私保护规章，从而保证组织自主监管的实效。这个不同点是与澳大利亚通过法律保护和自主监管相结合的手段，有效实行共同监管的隐私保护模式分不开的，具有本国特色，适合本国的实际情况，同时也是在继承的基础上对国际隐私保护模式的新发展，具有积极的创新意义。

三、继承与发展——两国档案利用政策比较之总结

通过对英国和澳大利亚档案利用政策建设状况及典型政策内容的比较分析，我们可以发现两者之间存在着一定的联系性，即呈现一定的继承发展关系，这是两国历史文化发展的客观体现，也是两国档案利用政策的主要特点。这种继承和发展的关系是比较宽泛的，主要包含两层含义：一是因历史发展的渊源性，澳大利亚档案利用政策在诸多方面对英国有所继承，同时澳大利亚根据实际需要在继承的基础上又有一定的发展，体现出本国特色；二是英国和澳大利亚在档案利用政策的发展中都不同程度地受到国际惯例的影响，一定程度上顺应了国际社会发展的大趋势，在此趋势的诱导下根据两国具体国情丰富和发展了档案利用政策的内容。下文对两国档案利用政策之间的继承关系的阐述分析即是建立在上述对继承发展概念的理解之上。

（一）两国历史文化上的继承发展对档案利用政策建设的影响

从第一节英国和澳大利亚两国的历史文化背景的阐述中不难看出，两国在历史文化上具有继承和发展的关系，概括而言表现在三个方面：一是政治体制上的继承性，澳大利亚作为英联邦的成员国之一，在政治体制上继承了英国的代议制民主政体，表现形式较为一致，英王是名义上的统治者，国家权利实质上掌握在议会手中，人民通过选举议会成员来行使权利，从而确保人民对政权的最终控制；二是历史深沉的保密主义的遗留性，英国资本主义制度的确立发展的过程中一直带有封建保守主义的残留，随着这种保守主义与社会文化、民族性格的融合逐渐形成具有英国特色的文化现象，集中体现为政治体制和社会意识中的保密文化，并通过宪法惯例和制定法加以固着，澳大利亚在历史上与英国之间的渊源联系，其继承了英国保守主义和保密文化的传统，并成为国家政策制定和实施的依据之一和澳大利亚多元文化的重要组成部分；三是公共民主制度的发展和完善都有借鉴国外经验，英国和澳大利亚公共民主制度的演变一方面体现了民主制度自我进步发展的内在要求，同时因保密文化的影响，在打破传统过程中两国更是吸收并采用了国际社会发展的外在助力，在这个过程中，澳大利亚作为移民国家其兼容并蓄的文化张力更进一步促进国内民主的发展。

两国在历史文化上的继承发展的客观性，决定和影响了英国和澳大利亚档案利用政策建设的继承和发展关系。从上述对两国政策建设状况内容的阐述和分析中，我们可以看出澳大利亚档案利用政策的发展过程与英国档案利用政策

的发展过程一样，一直在强调要打破和改造两个国家传统中的保密文化，其表现主要体现在档案利用政策发展中的"保守主义"和基于公众知情权益保障立场的博弈演变上。

首先，从档案利用政策的沿革上看，两国均以信息公开法的颁布为档案利用政策发展的转折阶段。在英国，2000 年《信息公开法》颁布实施前，关于档案利用的规定主要体现在 1957 年《公共档案法》中，此时档案法中的规定不仅不成体系，而且更多的是强调档案的限制利用，设置了广泛的限制利用的范围，关于公开利用的条款设计空泛，很不具备操作性。另外，档案法赋予大法官全面负责档案事务权力的规定，在利用方面给予大法官大量的自由裁量权，又极大削弱了法律规范的约束性。保密文化仍然作为主流文化引导着档案利用工作。而在澳大利亚，虽在 1960 年就成立了国家档案馆作为负责联邦政府档案管理工作的独立机构，但其正式地位一直到 1983 年《档案法》的颁布才得以确立，在没有法律授权的运作模式下，其作用的发挥是得不到保障的。在公众民主权益不断得到伸张的情况下，两国信息公开法案的颁布实施，首次确立了公民有利用公共信息的权利的基本思想，这是公众知情权益对保密文化的第一次冲击和挑战。

其次，在信息公开立法的进程中，保守主义的阻力是导致两国立法缓慢的主要原因，但同时基于"公共利益"理论的引入又促使政府推进了公民知情权益的扩大。英国从 20 世纪 70 年代开始筹备信息公开立法事宜，但却历经 30 余年才完成。这之间更是经历了许多的曲折和困难，来自议会和政府的保密行政文化的压力是最直接的原因。澳大利亚的信息公开立法也经历了十余年的运作，为了要求公共部门向社会公开信息，澳大利亚更是经历了一系列的司法和行政改革，才初步为实现信息公开扫清道路，保密文化的根基依然稳固。虽然两国的立法过程充满艰辛，却在一定程度上撼动了保守主义在行政文化中的主导地位，一方面体现了代议民主政体的内在要求，另一方面在于英国和澳大利亚信息公开立法的进程都受到美国信息公开立法的影响，其中最主要的影响就是引入了美国关于"公共利益"考量标准的信息公开理念。该理念使人们认清限制信息利用的保密文化服务于政府利益的实质，并确立了信息公开应遵循的标准和"信息开放是原则，保密是例外"的基本原则，从而扩大了公民信息知情权益。

再次，信息公开法颁布后，档案利用政策中关于例外信息的广泛设置，继续显示开放利用机制的不完善，同时暗示两国对保密文化改造的不彻底。虽然两国信息公开法最终确立了开放利用的基本原则和指导思想，但两国的法律之中均设置了较为广泛的例外信息，这在很大程度上影响了公众利用信息权利的主张。并且对于例外信息的授权利用，也主要取决于国会秘书的自由裁量权。因此，信息公开法的颁布并没有彻底改造保密文化在档案公开利用的影响力。英国和澳大利亚在档案开放利用政策的建设过程中，依然任重而道远。

综上，英国和澳大利亚的"保守主义"一直影响着档案利用政策沿革和发展，但开放利用作为档案工作发展的大趋势，不断要求改造和消除保密文化的影响的民主呼声必然同步发展。

（二）两国档案利用政策利用与限制平衡关系上的继承发展

无论是从两国档案利用政策建设状况的阐述，还是对两国政策内容的分析来看，当前两国档案利用政策的核心都是实现开放利用与限制利用之间的平衡。这种平衡指在利益均衡条件下，档案开放利用力度最大，而限制利用力度最小，包括两层含义：一方面在不损害公共利益和第三方利益的条件下尽可能多地开放利用信息，尽可能减少利用活动中的障碍，即开放利用的力度要大；另一方面要在各种利益的均衡考虑之上，有选择、有斟酌地设定限制利用的条件，并动态缩小限制利用的范围，即限制利用的力度要小。通过上文的介绍我们知道，追求档案开放利用与限制利用的平衡是国际档案界普遍认可的做法，各国政策建设的核心都紧紧围绕这一目标展开，英国和澳大利亚档案利用政策的发展也不例外。同时，两国政策发展的外在联系性，也客观导致两国档案利用政策利用与限制平衡力度上的继承发展，除了两国纵向上的继承发展，更集中体现在两国对比中澳大利亚对英国的继承和发展。

1. 两国档案利用政策开放利用力度的继承发展

第一，在档案利用政策体系上，澳大利亚进一步完善了政策体系。英国和澳大利亚均包括档案利用法律层次、档案利用行政法规层次、档案利用行政规章层次三个方面，但是英国各层次之间并无明显的配套性，多数是独立发挥作用。而澳大利亚在不同层次的配套适用方面优势较为明显，尤其在法律和法规层次，每一部相关信息法律背后，必然有联邦政府制定的相应的行政规章用以辅助档案法律精神的贯彻实施。另外，行政法规多是对法律的解读，它能详尽解释法律适用中的重要款项，让法律的适用变得更加清晰，从而能更好地指导档案利用的实践。

第二，从两国政策开放档案利用内容的丰富程度和可操作性上看，虽然两国在档案利用政策的内容方面，都涉及到了档案可开放利用的期限、开放形式、信息申请反馈时间以及信息救济等方面的内容，但是英国政策规定的内容在丰富和翔实程度上远不如澳大利亚。比如，英国《公共档案法》中关于档案利用的第五章仅包含 5 个条款，后经《信息公开法》的修正只余 2 条，且在内容表现上只是原则性规范，操作性较差；而澳大利亚关于档案利用在第三章中规定了十个方面，该十条下面又设诸多小点，内容详尽，实践操作性较好。

第三，从档案开放利用的原则和开放利用的程度上看，结合上面关于档案利用内容的比较，我们容易看出，两国从纵向上比较开放利用档案政策的内容较之以前，特别在信息自由法案颁布实施前有了较大的进步，并树立了"开放是原则，保密是例外"的基本原则，要从体制上彻底抛弃保密文化的传统；从横向比较上来看，澳大利亚较之英国在档案开放利用上的程度要更加深入，它不但从客观上减少减轻对档案利用的限制条件，更从主动服务上丰富和优化对档案用户提供服务的方式和途径。

2. 两国档案利用政策限制利用力度的继承发展

第一，从限制利用信息的范围上看，英国《信息公开法》共列出了 23 项例外信息，其中 8 项为绝对例外信息，15 项为有条件例外信息，根据 2000 年修正案，《公共档案法》的例外信息照此适用，而澳大利亚《信息自由法》列举了 18 项豁免信息，其《档案法》仅列举了 9 项更为具体的豁免信息。

国外学者根据对多个国家豁免信息的研究统计，归纳总结档案法或信息法规定的豁免信息主要包括如下四类：保护个人隐私的信息，保护国家和公共安全利益的信息，保护企事业单位和个人的经济利益的信息，和保护版权的信息。从上文的论述看，英国的例外信息已明显超出了这个范围，而澳大利亚的例外信息基本锁定在这个范围之内。例外信息的范围越广泛，则能够提供公共利用的信息范围越窄，一定程度上说明了信息开放利用体制的不完善，其对公众信息利用需求的满足程度便越低。从历史上而言，英国和澳大利亚都受保密传统的制约，这是两国例外信息限定范围广泛的主要原因。而澳大利亚的例外信息尤其是豁免档案的限定范围远小于英国，客观上说明了澳联邦在改造传统的道路上，比英国行进得要更为彻底一些。

第二，从影响档案限制利用的考量因素上看，两者所要追求的目标都是一致的，即要达到信息利用和信息保密的平衡，实现社会信息权益的均衡分配。根据上文的介绍，英国和澳大利亚在平衡冲突时考虑的因素是相同的。一是都要保护公共利益不受损害。这里所说的保护公共利益实质上是对两种不同公共利益在相互冲突时或两相比较的斟酌选择。一般说来，开放档案信息是为了满足人们不断高涨的公共知情权，而当满足公共知情权下会损害其他公共利益，或者不开放比开放更能保障公共利益时，对档案的限制利用便达到保护的目的。二是都要保护第三方权益不受损害。这里所说的第三方是除利用者本人和公共机关之外的其他个人或组织。保护第三方的权益主要是保护公民个人的隐私权以及企事业、个人的经济利益不受侵犯。国际社会对人权的日益重视，将个人隐私上升为人格权的一种而受到保护，英国和澳大利亚两国实行对有关涉及个人隐私档案的限制利用成为档案利用政策跟随时代进步的现实体现。

第三，两国隐私法关于个人信息保护的比较。从制定的依据上来说，英国和澳大利亚隐私法的制定依据都是"OECD 原则"和"EU 指令"，不同的是英国直接套用了 OECD 的八项原则，而澳大利亚则是在此基础上形成了适合自己国情的 NPP 原则；从适用对象的扩展而言，英国数据保护法的适用对象是从包括公共机关、私营组织掌握的自动运行的个人数据扩展至包括人工记录的个人数据，而澳大利亚是将适用对象从公共机关持有的个人信息扩展至公共机关和私营组织持有的个人记录，加强了对私营组织个人信息的保护，从而发展了隐私法法律制度和自主基准共同监管的新模式。这些都表明在个人信息保护上，澳大利亚比英国更具自己特色，也逐渐确立起自己国际档案新秀的地位。

上文集中反映了澳大利亚在档案开放利用的程度方面比英国要大，而在档案限制利用方的程度方面则比英国要小，客观说明了两国档案利用政策利用和限制平衡程度上的继承发展。虽然澳大利亚在政策建设过程中深受英国和国际社会的影响，体现了一定的继承性，更重要的是其在继承的同时注重对政策的发展，以适应本国需要，从而澳大利亚档案利用政策的发展水平客观上高于英国。

（三）两国关于构建电子文件利用政策的发展表现

随着科学技术的发展，档案载体有了新的变化，电子文件的迅猛发展重创了以纸质档案为代表的传统档案管理方式。国际文件管理有了新进展，电子文件管理趋势的增强，迫使研究电子文件的利用也成为档案利用政策的题中之义。英国和澳大利亚档案政策也受到国际趋势的导向，在加强电子文件保管和利用方面采取了一系列措施，电子文件研究专门化趋势明显。

英国公共文件署在 20 世纪末实施两项计划，其一是办公系统的电子文件计划（简称 EROS），EROS 计划的目标是确保政府公共事务中产生的长期保存的电子文件能够实现长期存取，根据该计划，英国于 1997 年 9 月发布了《办公系统电子文件管理指南》（草案）。其二是英国国家数字化档案（数据集合）计划（简称 UKNDA），UKNDA 计划是针对已组织好的数据集合，如一些调查文件和数据库等进行保存和提供利用。英国公共档案馆按《公共档案法》的要求，负责对英国政府各部门形成的具有永久保存价值的各种介质的档案进行收集、保管和提供利用。

英国档案馆是国际档案界较早开展电子文件管理研究和国际互联网上开通自己主页的档案馆之一。其 1996 年实施的"AD2001"项目，通过将馆藏目录等检索工具与互联网相连，实现档案的远程在线检索，并将档案以数字图像形式直接上网，尽可能地满足社会对档案资源的需求。

2000 年，英国遗产考古中心制定了《数字档案项目：数字档案策略》，该策略为考古中心数字档案制定全面的管理策略是对这些藏品实施更好的保存和更广泛的利用项目的第一个阶段。

在国际电子文件管理研究热潮下，澳大利亚在电子文件管理问题上一直保持积极的态度。1995 年澳大利亚国家档案馆出版了《管理电子文件——共同的责任》小册子，提出"分布式保管"，随着研究的加深，该册子成为澳大利亚电子文件管理总策略。1996 年 12 月，澳大利亚政府又颁布了具有文件价值的《电子消息文件管理政策与实施细则》，这份文件规定，只要是联邦政府与社会需要，应尽可能长久地保留这类具有文件价值的电子消息。同年，通过澳大利亚文件管理标准 AS4390，后成为国际文件管理标准 ISO15489 制定基础。在此标准颁布不久，新南威尔士州和国家档案馆联合开发了新的文件管理方法，称为文件管理系统设计和应用手册（简称 DIRKS 手册）。使用 DIRKS 手册，能保证电子文件和档案的及时创建和产生，并保证在真实、可靠、完整和安全的状态下提供电子文件的利用。

在推进电子文件立法方面，澳大利亚步履紧凑。1999 年澳联邦通过《电子业务法》，要求实现对电子通信活动的监管，促进社会对电子通信的利用。2005 年通过了《国家档案保管政策》，这是一个国家层面的对档案主要是是电子文件保管的一种策略。2007 年制定《通信立法修订法令》，其内容主要是关于信息共享与数据广播的相关诠释。这些策略、标准和法规条令在技术和政策上保证了电子文件能够得以长久安全保管并予以利用。

这些举措和立法都客观说明，在国际电子文件管理发展的大趋势下，英国和澳大利亚都积极应对这种趋势所带来的信息管理方面的巨大变革。一方面档案载体形式上的差异要求两国都要探寻新的管理方法以适应发展，对档案的利用工作的开展也同样提出新的要求；另一方面，计算机技术和通信技术的发展，使电子文件在信息管理方面的权重日益增大，电子文件管理专门化趋势增强，有关电子文件利用的规定在档案利用政策中的地位会日渐突出，而且更加具体和有针对性，内容也会更加丰富，不仅涉及理论层次的构建，同时也注重提供电子文件利用的技术保障的规范。虽然从目前的研究现状来看，两国电子文件利用政策的发展尚存在一定的缺陷与不足，但研究和发展电子文件的利用将成为英国和澳大利亚，乃至国际信息社会日益重视的热点问题这一趋势是毋庸置疑的，并且这一认识会进一步推动两国档案利用政策体系上的不断完善和内容上的渐渐成熟。

综上所述，英国和澳大利亚档案利用政策的继承和发展关系，既是两国历史文化牵连背景下的产物，更集中体现了传统档案国家和国际档案新秀在发展中的模式和道路的一种选择，同时也客观说明了政策是各种因素综合作用的结果。

第四节　日本档案利用政策分析

本节选取的档案利用政策，从横向上覆盖档案政策、信息公开政策；纵向上包括法律、地方自治条例和部门规章制度。因受地域、语言以及资料获取途径的限制，本节所涉及的档案利用政策不包含地方档案政策与部门信息公开政策。本节所涉及的具体政策如下表：

表 5 – 7　日本档案利用政策和信息公开政策

	档案政策	信息公开政策
法律	《公文书馆法》 《国立公文书馆法》	《关于行政机关保有的信息公开的法律》 《关于独立行政法人等保有的信息公开的法律》 《关于行政机关保有的个人信息保护的法律》 《关于独立行政法人等保有的个人信息保护的法律》 《信息公开及个人信息保护审查会设置法》
地方 自治条例		《金山镇公文书公开条例》 《神奈川县机关公文书公开条例》
部门 规章制度	《日本国立公文书馆章程》 《日本国立公文书馆利用规则》 《亚洲历史资料数据库使用规则》	

一、日本档案利用政策发展的历史沿革

日本的档案利用政策的制定与发展是一段漫长的历程。其历史沿革可分为三大阶段：第一阶段，档案法与档案利用规则的出台；第二阶段，信息公开条例的制定；第三阶段：信息公开法的颁布。

（一）档案法颁布与档案利用规则出台

1. 《日本国立公文书馆利用规则》出台

日本国立公文书馆成立于 1971 年 7 月 1 日。1972 年 4 月 25 日总理府告示第 10 号颁布了《日本国立公文书馆利用规则》。该规则对档案馆开展利用工作的内容、开馆日期、开馆时间、利用手续、利用对象等进行了详细的描述。该规则是日本公文书馆颁布的最早的档案利用政策。

2. 《公文书馆法》颁布

1987 年 12 月 15 日颁布《公文书馆法》（法律第 115 号），于 1988 年 6 月 1 日生效，最后修改时间为 2000 年 5 月 26 日（法律第 161 号）。

日本学术会议早在 1959 年 11 月就提出了《关于防止档案散失的建议》，并于 1969 年、1977 年、1988 年分别提出了《关于制定历史资料保存法》、《关于官厅文书资料的保存》、《关于制定公文书馆法》等一系列建议。

1987 年 12 月 10 日，《公文书馆法》得以在第 111 次临时会上通过，并于15 日颁布。日本学术界在《公文书馆法》的制定过程中有着举足轻重的作用。

在《公文书馆法》的颁布过程中，上议院议员岩上二郎先生的推动作用也是不可忽视的。岩上二郎是茨城县知事自民党参议院议员，1975 年知事卸任后，担当茨城县公文书馆馆长，并对《公文书馆法》的制定倾注大量心血。他认为历史文书的保存极为重要，并提交了关于制定《公文书馆法》的议案，得到自民党文化振兴特别委员会委员长的支持，使得该议案得以实现。

《公文书馆法》是日本第一部档案法，虽然其内容总共只有短短的八条，但是具有划时代的意义。首先，它明确了档案作为历史资料而保存和提供利用的重要性。其次，它对档案的概念进行了定义，指出档案是国家或地方政府机构保管的档案及其他原始记录。再次，它对档案馆的性质与作用进行定位，档案馆的不仅要集中保存、保管重要的档案，而且要提供阅览并进行有关的调查研究。最后，明确了政府的责任义务：一方面国家应尽力为地方政府机构在档案馆建设上提供必要的资金；另一方面应根据地方政府机构的要求对档案馆的管理工作给予政策上的指导或提出建议。因此，《公文书馆法》是日本档案工作方面的纲要性的法律，对档案工作具有宏观指导作用。

3.《国立公文书馆法》颁布

1999 年 6 月 23 日颁布《国立公文书馆法》（法律第 79 号），于 2000 年 5 月 26 日进行最后修改（法律第 84 号）。

《国立公文书馆法》是在日本政府开始实施独立行政法人制度，对中央政府部门进行重组的历史背景下制定的。日本国立公文书馆 1971 年成立时，下属于首相办公室。2001 年 4 月，日本政府开始实施独立行政法人制度，日本国立公文书馆开始成为独立行政法人。独立行政法人是为了提高行政效率，确保工作透明度而建立的在法律上独立于国家政府，但是承担履行国家政策职责的行政机构。因此，《国立公文书馆法》中对档案馆的定位相对于《公文书馆法》具有较大的差异。《国立公文书馆法》第二章指出，根据《独立行政法人法律》有关条例（General Law of Independent Administrative Institutions），国立公文书馆将被界定为独立行政法人。

同时，《国立公文书馆法》是遵循《公文书馆法》的指导精神，相对《公文书馆法》更为具体的一部档案法。它通过对档案形成主体、档案保管方式、档案利用方式等进行规定，将《公文书馆法》具体化。

（二）地方信息公开条例陆续制定

日本的一些社会团体对建立信息公开制度起到了非常积极的作用，在这些社会团体的带领与指导下，信息公开政策的制定逐渐拉开了帷幕。

一方面，20 世纪 70 年代日本金钱政治、贪污受贿与政府腐败现象日益严重，导致公众对政府不满，对信息公开的呼声越来越高。1972 年田中首相的秘密金库问题、1976 年的洛克希德飞机公司行贿事件、1979 年的铁路公团等特殊法人公费不当支出问题等被揭露，使公众普遍认识到为防止政治家和公务员的腐败，确立信息公开制度非常必要。日本自由人权协会在 1979 年 9 月发表了《信息公开法纲要》。1980 年 3 月，由多家社会团体与新闻界组成了"要求信息公开立法的市民运动"的联合团体。该"市民运动"于 1981 年 1 月发表了《信息公开权利宣言》以及《信息公开八项原则》，反映了广大市民要求建立日本信息公开制度的强烈愿望。①

另一方面，知情权、信息公开法的引入，为解决民众与腐败政府的矛盾找到了解决方法。20 世纪 80 年代日本报刊开始介绍美国的《信息自由法》、《隐私法》、《阳光下的政府法》等与信息公开制度有关的法律，并连载《采访信

---

① 刘杰. 日本信息公开法研究 [M]. 北京：中国检察出版社，2008：2.

息公开》、《开放的政府》等文章，并引发了关于信息公开与国民知情权的讨论。在国民强烈的要求下，各个地方公共团体开始建立实施信息公开制度。山形县金山镇于 1982 年 4 月率先制定实施了《金山镇公文书公开条例》，1982 年 10 月神奈川县制定了《神奈川县机关公文书公开条例》，为最早制定信息公开条例的县。1982 年 10 月静冈县蒲原镇制定实施了《蒲原镇信息公开条例》，该条例还将电子计算机保存的资料作为公开的信息。此外，也有的地方公共团体制定纲要实施信息公开制度，如冈山县 1984 年 6 月制定实施了《关于公文书公开实施纲要》，开始了以纲要实施信息公开制度的先例。到 1997 年 4 月，47 个都、道、府、县中，有 44 个指定了信息公开条例，另外 3 个县制定了纲要，3255 个市、县、镇、村中，有 328 个指定了信息公开条例。各地方公共团体基本上建立起信息公开制度。①

随着信息公开条例如火如荼的制定，保护个人信息的议题也逐渐提上日程。1975 年日本东京都国立市制定了第一个个人信息保护条例，许多地方公共团体相继制定了涉及个人信息保护的相关规范。据日本总务省调查统计，截至 2000 年 4 月 1 日，共有 1748 个地方公共团体制定了相关个人信息保护条例；截至 2003 年，大多数地方政府均制定了《个人信息保护条例》。

（三）信息公开法颁布

1999 年 5 月 14 日法律第 42 号颁布了《关于行政机关保有的信息公开的法律》（简称《行政信息公开法》），最后修改时间为 2005 年 10 月 21 日。②2001 年 12 月 5 日法律第 140 号颁布了《关于独立行政法人等保有的信息公开的法律》，最后修改于 2005 年 10 月 21 日。2003 年 5 月 30 日法律第 58 号颁布了《关于行政机关保有的个人信息保护的法律》。2003 年 5 月 30 日法律第 59 号颁布了《关于独立行政法人等保有的个人信息保护的法律》。2003 年 5 月 30 日法律第 60 号颁布了《信息公开及个人信息保护审查会设置法》。

《关于行政机关保有的信息公开的法律》是日本最具有代表性的信息公开法。下面将以《关于行政机关保有的信息公开的法律》的制定历程为例，以期对日本信息公开法的整体制定历程窥见一斑。日本《关于行政机关保有的信息公开的法律》的制定是在地方信息公开条例的制定与实施的推动之下开

---

① 刘杰．日本信息公开法研究［M］．北京：中国检察出版社，2008：18～19．
② 该法原名为《信息公开法》，由于 2001 年 12 月 5 日颁布了《关于独立行政法人等保有的信息公开的法律》（简称《独立行政法人信息公开法》），因此现称《关于行政机关保有的信息公开的法律》，简称《行政信息公开法》。

始进行的，是建立在地方信息公开条例基础之上的。日本《行政信息公开法》的制定从 1981 年开始准备到 1999 年正式颁布，经历了漫长的 18 年，是一个曲折前进的过程。总的来说，该法的制定程序可分为三个阶段：

第一阶段：筹备工作陆续开展。

在《行政信息公开法》制定之前，日本政府做了大量的基础性工作和调研论证工作。组织政府人员及高校学者，开展各类调查与研究。分别于 1981 年 3 月设置临时行政调查会及 1984 年 3 月在总务厅设立信息公开问题研究会。

临时行政调查会主要任务是讨论研究信息公开法的各类立法问题。1983 年 3 月临时行政调查会发表了《最终咨询报告》，该报告持相对保守态度：一方面指出"行政运营，原则上应贯彻公开精神，非公开应限制在最小限度内"，"信息公开制度应组为积极前进的探讨课题"；另一方面，它又指出"该制度在我国是全新领域的事物，对于我国的信息处理及有关议论动向、为制定实施信息公开制度进行与其他相关制度的广泛复杂的调整，制定的时效性和费用对效果，以及制度实施伴随的缺点等问题，有必要进行考虑。"[①]

1991 年，由各省厅文书课长等组成的"关于信息公开问题联络会议"，经过讨论与协商出台了《关于行政信息公开标准》。该标准被吸收进 1992 年的行政改革大纲，对之后行政信息公开法的运用中的审查标准的制定奠定了坚实的基础。

1993 年细川联合政府成立，在执政党内部开始确定"为了信息公开法制定的计划"。1994 年 2 月，内阁会议决定"关于行政信息公开有关的制度开始进行检讨"，并决定在"行政改革委员会"进行调查审议。3 月，内阁向议会提出《行政改革委员会设置法案》，规定该委员会的任务之一就是"调查审议行政机关保有的与信息公开有关的制度事项"。1994 年 6 月村山联合政府成立，继续推进信息公开法的制定。对《行政改革委员会设置法案》中关于信息公开制度部分进行修改，明确规定行政改革委员会的任务之一为调查审议关于行政机关保有的信息公开的法律制定及其他制度的整备事项。

第二阶段：信息公开部会的审议。

1995 年 3 月，行政改革委员会内设立行政信息公开部会，开始了关于信息公开法的调查审议。行政信息公开部会的审议，从 1995 年 3 月 17 日召开第

---

① 日本临时行政调查会：《关于行政改革的第 5 次咨询报告——最终咨询报告》（1983 年 3 月 14 日）。

1 次会议开始，到 1996 年 1 月，共召开了 57 次。首先，是对信息公开这一主题进行自由讨论。之后，行政信息公开部会听取了地方信息公开条例的制定与实施报告及美国、法国、英国的信息公开制度的报告。随后听取了社会各界，如新闻界、市民团体、各省厅意见，并对专门问题进行反复讨论、调查等。最后于 1996 年 4 月 24 日，公布了《信息公开法纲要案》（中间报告）。该报告公布后，行政信息公开部会又针对不同意见又听取了市民团体、新闻协会、经团联、各省厅、专门委员等各界的意见，于 1996 年 11 月 1 日，向行政委员会提交了《行政信息公开部会报告》，继而行政改革委员会提出了最终报告《信息公开法纲要案》。12 月 25 日，内阁会议决定于 1997 年向国会提出信息公开法案。

第三阶段：行政信息公开法案提出并通过。

1998 年 3 月 23 日执政党内部达成一致意见，准备向国会提出法案，并设立正式的检讨机关，决定在信息公开法案和关系法律整备法案通过后的两年内向国会提出关于特殊法人信息公开的法案。

国会于 1998 年 4 月 28 日开始在众议院大会上听取政府 3 月 27 日提交的法案说明，一共经过了四次审议。第一次审议时，在野党提出了三点要求：1. 将"知情权"、公众的"参加"、"监视"等内容写入即将颁布的行政信息公开法；2. 把特殊法人作为实施机关；3. 修改外交、犯罪搜查信息等过程中产生的有关信息公开的条款。第二次审议，在野党与执政党的矛盾主要集中在以下几个方面：手续费问题、诉讼管辖问题、信息是否公开的审查标准等问题。第三次审议，没有将信息公开法的成立作为目标，所以没有进行实质的审议，会议决定继续审议。第四次审议，执政党与在野党对诉讼管辖问题、手续费问题等方面达成一致。该修正案于 2 月 12 日在众议院内阁委员会通过，2 月 16 日在众议院全体会议一致通过。此后，该法案进入参议院进行审议。在野党要求增加那霸地方法院为起诉地法院，与执政党形成对立。4 月 27 日，在参议院执政党和在野党终于达成一致，28 日信息公开法案参议院全体会议一致通过。随后该法案送至众议院，5 月 7 日通过众议院的审议。《关于行政机关保有的信息公开的法律实施相关的法律整备法律案》于 1994 年 4 月 28 日在参议院最后通过，《行政信息公开法》于 2001 年开始实行。

（四）日本档案利用政策发展进程的特点

从以上分析论述来看，我们可以总结出以下日本档案利用政策发展过程中的特点及经验。

1. 发展较为艰巨

从 1972 年颁布最早的档案利用政策——《日本国立公文书馆利用规则》，到 2003 年颁布《关于行政机关保有的个人信息保护的法律》、《关于独立行政法人等保有的个人信息保护的法律》和《信息公开及个人信息保护审查会设置法》颁布，日本的档案利用政策的制定实施经历了 31 年。这段路程是非常艰巨的。

首先，日本档案工作起步较晚。日本是一个发达资本主义国家，在明治维新之后积累了大量的资本。但由于其军事帝国主义的本质，导致资本主要投入到了对外侵略战争中，为了节省开支，甚至压缩档案机构，这就导致了档案工作的发展。日本国家档案馆于 1971 年建立，比 1789 年建立的第一个近代国家档案馆——法国国家档案馆晚了近两个世纪。档案机构设置时间较晚，在一定程度上又导致了立法工作的延迟。1987 年《日本公文书馆法》颁布之前，日本是联合国教科文组织 120 个成员国中惟一没有颁布档案法的国家。

其次，日本官僚思想阻碍信息公开进展。虽然日本在"明治维新"之后，借鉴西方国家的经验，建立了近代行政机关。但是日本传统文化中的保守、封建等思想，导致其议会民主制带有非常浓烈的官僚色彩。日本天皇世袭制、官僚机构家族性等封建体制仍然存在。信息公开使得政府与国民分享信息，为实现国民的参政议政权与监督权奠定了基础，这样必然会侵害日本政府的既得权力。导致在野党多次提出的信息公开法案最终成为废案；出现信息公开法案提起及法案的审议等立法过程被延长等情况。

2. 采取地方先行的立法模式

日本档案利用政策采取的是地方先行立法模式。地方先行立法模式是指在国家信息公开立法存在"空白"的情况下，由地方在立法机关在其立法权限范围内先制定低位阶的法律规范，来规制本地方的政府的信息公开活动。① 从前文中阐述的日本档案利用政策的发展历程中，可以得知，日本国家《行政信息公开法》颁布之前，各个地方公共团体（都道府县和市村町）在各自的自治范围之内相继制定了有关的地方性法规——地方公共团体的信息公开条例。因此，作为法律颁布的《行政信息公开法》不仅在内容方面是信息公开制度的一个中心，在时间上还是对日本建立行政信息公开制度方面所进行的探索实践活动的一个总结。

---

① 颜海．政府信息公开理论与实践［M］．武汉：武汉大学出版社，2008：147．

日本在信息公开立法过程中采取这种从下至上的立法模式有其独特优势。首先，信息公开是保障国民参政议政权与知情权的举措，从地方开始更能贴近国民，听取一线的呼声。其次，信息公开法在日本是新生事物，缺乏丰富的实践经验，地方先行能积累丰富的经验供制定信息公开法时参考。

3. 注重个人信息保护与档案利用协调发展

各国的档案利用政策建设都以信息公开与信息保护平衡发展为主线。例如，美国于 1966 年制定《信息自由法》，1972 年制定《咨询委员会法》、1974 年制定《隐私权法》、1976 年制定《阳光下的政府法》，这种历程所体现的是对信息公开与信息保护平衡的追求，既积极公开信息满足公众需求，又合理合法地保护个人隐私。

日本的档案利用政策建设也不例外。在各类档案利用的政策颁布之后，个人信息的保护问题也得到了日本民众、公共团体及政府的重视。为了平衡个人信息保护与档案利用两者之间的利益平衡，日本于 2003 年 5 月 30 日颁布了《关于行政机关保有的个人信息保护的法律》和《关于独立行政法人等保有的个人信息保护的法律》，将个人信息保护提升到法律层次，充分体现了个人信息保护的重要性以及日本在处理个人信息保护与档案利用两者矛盾时所做的努力。这也是值得我国在制定档案利用政策时借鉴的经验。

4. 遵循档案利用政策制定的国际惯例

国际档案利用政策制定过程中都体现出这样两个特点：首先从档案立法开始，然后扩展到信息公开立法；在档案立法与信息公开立法过程中，又体现为从下向上的发展，先从权限比较低的规则、自治条例开始，最终上升到法律层面。

日本档案利用政策制定也遵循了这一国际惯例。日本最早的档案政策制定于 1971 年，比第一个信息公开政策的制定早了 11 年。在档案政策中，又始于具备最低法律效力的部门规章政策——《日本国立公文书馆利用规则》，继而才发展为国家层面的档案法。信息公开政策的制定，也遵循了这一惯例，最先制定了地方信息公开条例，最后颁布国家层面的《关于行政机关保有的信息公开的法律》与《关于独立行政法人等保有的信息公开的法律》。

二、日本档案利用政策的框架体系

档案利用政策的体系由纵向和横向组成。纵向结构是指由具有不同立法权限的部门在各自职权范围内制定的政策。横向结构是指各政策之间的有机联系。一个完备的档案利用政策框架体系应该是一个有机的整体，体系内使用统一的标准并相互协调兼容。

（一）档案利用政策的纵向层次

公共政策纵向层次划分有两种方式：一是按政策制定和实施主体的隶属关系来划分，可以分为中央政策、地方政策和基层政策；一是按政策适用的空间范围来划分，则有全国政策、区域政策和部门政策。① 由于日本档案利用政策适用范围具有明显的区域性，而且这种区域性的差异主要由档案利用政策的制定主体决定。因此，本节将按政策适用的空间范围为划分方式，以政策制定主体为主线，将日本档案利用体系纵向分为：全国性档案利用政策、区域性档案利用政策、部门档案利用政策。

1. 全国性档案利用政策

顾名思义，全国档案利用政策即在全国范围内通用的，指导档案利用工作的政策，主要表现为法律、法令等。它由国家立法机关制定颁布，具有最高的法律效力。日本法制体制是根据第二次世界大战后制定的"和平宪法"建立而成的，是一种中央集权和地方自治共存的立法体制。《日本国宪法》第41条规定，国会是国家惟一的立法机关，统一行使国家立法权，对需由国家以立法管制、调控的事项，均可制定法律。宪法上所谓"惟一的立法机关"，是指立法过程中要遵循国会中心立法原则与国会单独立法原则。也就是说国家的所有立法，都应该由国会负责进行，任何国会以外的机关不得进行国家立法。同时，国会在立法过程中不受任何其他国家机关的干预，只有国会的决议才能制定法律。

日本全国性的信息公开政策有：1999 年 5 月 14 日颁布的《关于行政机关保有的个人信息公开的法律》、2001 年 12 月 5 日颁布的《关于独立行政法人保有的个人信息公开的法律》、2003 年 5 月 30 日颁布的《关于行政机关保有的个人信息保护的法律》（法律第 58 号）、2003 年 5 月 30 日颁布的《关于独立行政法人等保有的个人信息保护的法律》（法律第 59 号）、2003 年 5 月 30 日颁布的《信息公开及个人信息保护审查会设置法》。

日本全国性的档案政策有：1978 年颁布的《公文书馆法》以及 1999 年颁布的《国立公文书馆法》。

以上信息公开政策和档案政策的制定都经历了提议、审议、通过、颁布四个程序，并最后由参议院与众议院审核通过，在全国范围内都具有非常强的法

---

① http：//course. cug. edu. cn/cugThird/common_ policy/pages/3. 1. 2a. htm.

律效力。因此，在档案利用政策纵向层次中位于最上层，归属国家政策。

2. 区域性档案利用政策

区域政策即在一定区域内具有法律效力的，指导档案利用工作的行为规范准则，在日本档案利用政策中体现为各地方自治区所制定的信息公开条例或信息公开纲要。在原材料的收集过程中，区域性的档案利用政策以地方信息公开条例最为突出与丰富，因此本节论述的区域性档案利用政策以地方信息公开制度为主。

日本为了保证国民充分享有政治民主权与参与权，宪法还赋予地方较大的自治权，自治单位可以在法定范围内行驶条例特定权。日本《宪法》第 92 条至第 95 条规定了"地方自治"，其中第 94 条规定："地方公共团体有管理财产、处理事务及执行行政的权能，可以在法律范围内制定条例。"《地方自治法》第 14 条第 1 项规定："普通地方公共团体在不违反法令的限度内，关于第 2 条第 2 项的事务，可以制定条例。"因此，各地方均具有根据管理需要制定相关条例的权利。

由各地方公共团体制定的地方性信息公开条例，是根据本地的具体政治、文化、经济等因素而制定的，具有较强的针对性，因此仅在小范围内具有法律效用。日本几乎各地方公共团体都制定实施的地方性档案利用条例，比如：1982 年 4 月山形县金山镇制定的《金山镇公文书公开条例》、1982 年 10 月神奈川县制定的《神奈川县机关公文书公开条例》、1982 年 10 月静冈县蒲原镇制定的《蒲原镇信息公开条例》等。

3. 部门档案利用政策

部门档案利用政策是指由国家档案馆、档案局或其他档案专业机构、协会等制定的，指导档案利用工作的政策，一般体现为规章、制度、规则等。因材料到的部门档案利用政策有限，本文中的部门档案利用政策主要为档案政策。

日本公文书馆所颁布的各类规章制度在档案系统内具有指导、引导和规范的作用，是相对具体并具有针对性的档案利用政策。由公文书馆制定的部门规章和规则有：《日本档案馆利用规则》、《亚洲历史资料数据库使用规则》、《亚洲历史资料中心下载资料的二次利用附则》、《日本国立公文书馆馆利用规则》等。

（二）档案利用政策的横向结构

任何一项工作的开展都需要法规政策的规范和指导，但是一项政策制定实施的效果并不仅仅取决于该政策内容的完备性，还应注重与其他相关法律的协调性与适应性等。从宏观角度来看，日本档案利用政策是一个相对庞大的法律体系，它不仅包括信息公开、档案利用的法律还包括个人信息保护、司法救济等法律，可以说日本的档案利用政策的配套体系是相当健全的。

1. 档案政策与信息公开政策

档案政策与信息公开政策并行对档案利用工作进行指导与约束。档案政策与信息公开政策都是对政府所保有的档案进行公开并向公众提供利用服务。但两者各有侧重点。

档案政策的主要管理对象主要是指档案馆保存的历史记录。无论是档案法还是档案法规、条例都明确规定，档案馆不仅仅是保存档案实体的场所，更应该是向公众提供档案利用服务的机构。因此，日本的档案政策的实施主体是档案馆，而公开对象是档案馆馆藏。

信息公开政策强调的则是对政府文书的利用与公开。信息公开法指出行政机构、独立行政法人职员等在职务上形成或是取得的，在组织上使用的，作为该行政机关保有的文书、图书以及电磁记录都应该予以公开。信息公开法中的公开对象为已经处理完毕，但是尚未移交到档案馆的文书。

综上所述，日本通过档案政策与信息公开政策的横向结合，覆盖了文件生命周期的两个阶段——档案与文件，拓展了档案公开对象的范围。使档案利用工作不仅仅停留在传统的档案利用上，而是拓展到了现行文件公开利用的范围，是档案利用工作的发展与进步。

2. 信息公开政策中的横向配套

日本信息公开政策主要有以下五部：《关于行政机关保有的信息公开的法律》、《关于独立行政法人保有的信息公开的法律》、《关于行政机关保有的个人信息保护的法律》、《关于独立行政机关保有的信息公开的法律》和《信息公开及个人信息保护审查会设置法》。

（1）信息公开与信息保护制度的可协调性

《关于行政机关保有的信息公开的法律》和《关于独立行政法人保有的信息公开的法律》颁布后，为了进一步完善信息公开制度，协调和平衡信息公开与个人信息保护的利益关系，日本国会于2003年5月30日公布了《关于行政机关保有的个人信息保护的法律》，于2005年4月1日开始实施，并于2005年7月16日进行了修改；同时颁布的还有《关于独立行政法人保有的个人信息保护的法律》，同样从2005年4月1日开始实施，并于2005年7月6日进行修改。

　　各地方公共团体各自颁布了地方信息公开条例之后，也针对个人信息保护工作陆续开展个人信息保护法律的制定。根据总务省对日本全国的地方公共团体制定《个人信息保护条例》状况的调查，到 2003 年 4 月，全国所有的 47 各都道府县都制定了《个人信息保护条例》。根据总务省同时对《信息安全措施》的制定状况的调查，全国所有的 47 各都道府县都在 2004 年 7 月底以前制定了《信息安全措施》。①

　　《关于行政机关保有的信息公开的法律》与《关于行政机关保有的个人信息保护的法律》、《关于独立行政法人保有的信息公开的法律》与《关于行政机关保有的个人信息保护的法律》之间存在着紧密的联系。首先，他们的适用主体相同。四部法律均在第 2 条明确指出了该法律的适用机构，而且每对法律中适用主体的内涵与外延都具有一致性。其次，两对法律存在着对应性。以《关于行政机关保有的信息公开的法律》与《关于行政机关保有的个人信息保护的法律》为例。《关于行政机关保有的个人信息保护的法律》第四章对个人信息开示的请求人、程序等进行了规定，与《关于行政机关保有的信息公开的法律》第二章对行政文书的请求人、程序等的内容是非常吻合与一致的。

　　（2）行政机关信息公开与独立行政法人信息公开相对应性

　　《关于行政机关保有的信息公开的法律》与《关于独立行政法人等保有的信息公开的法律》无论是从结构上还是内容上都是非常相似的，呈现出对应关系。

　　《关于行政机关保有的信息公开的法律》由以下几个部分构成：总则，包括对该法律制定目的和"行政机关"、"行政文书"定义的阐释；行政文书的开示；不服申请；补则。《关于独立行政法人等保有的信息公开的法律》的组成部分为：总则，包括对该法律制定目的和"独立行政法人"、"法人文书"定义的解释；法人文书的开示；异议申请；信息提供；补则。从体系结构上看，两者仅有"信息提供"这一个部分是不同的，究其原因主要是针对独立行政法人的特殊性而专门定制约束其保有的相关信息以匦民容易利用的方法向国民提供。

　　从内容上看，两者也存在着多处对应关系。《关于行政机关保有的信息公开的法律》第 16 条对手续费进行了规定：1. 开示请求人或行政文书开示的接受人，应当根据政令的规定，分别缴纳在收费范围内有政令规定数额的开示请

---

　　① 刘杰. 日本信息公开法研究 ［M］. 北京：中国检察出版社，2008. 128.

求有关的手续费和开示实施有关的手续费；2. 前项的手续费的数额确定时，应当尽可能本着容易利用的数额考虑确定；3. 行政机关的长官，认为有经济困难的或者有其他特别理由的，可以根据政令的规定，减少或免除第 1 项规定的手续费。《关于独立行政法人等保有的信息公开的法律》中对费用的规定与《关于行政机关保有的信息公开的法律》相似，并指出：独立行政法人等，在认为有经济困难的或者有其他特别理由的，可以根据行政法人规定的参考行政机关信息公开法第 16 条第 3 项规定的有关政令的规定和独立行政法人等的规定，减少或免除第 1 项规定的手续费。可见，两者的部分条款是对应，甚至是可以相互替代的。

（3）信息利用与司法救济制度的配套性

《信息公开及个人信息保护审查会设置法》是为了更好地调节《关于行政机关保有的信息公开的法律》、《关于独立行政法人等保有的信息公开的法律》、《关于行政机关保有的个人信息保护的法律》、《关于独立行政法人保有的个人信息保护的法律》四部法律在执行过程中出现的异议情况而制定的。

《信息公开及个人信息保护审查会设置法》设置是为应对根据下列法律规定的咨询，对不服申请进行调查审议，在内阁府设立信息公开和个人信息保护审查会。1. 关于行政机关保有的信息公开的法律第 18 条；2. 关于独立行政法人等保有的信息可公开的法律第 18 条第 2 项；3. 关于行政机关保有的个人信息保护的法律第 42 条；4. 关于独立行政法人等保有的个人信息保护的法律第 42 条第 2 项。

信息公开及个人信息保护审查会主要是以第三方的立场，对有关信息公开的处分存在异议的案件进行调查审理，并提供相应的咨询报告。在咨询报告中信息公开及个人信息保护审查会应该提出对该信息是否公开的意见与理由。虽然该咨询报告没有法律强制性，但具备相当的权威性。可知，这是专门针对信息公开和信息保护而制定的一项法律，因此在内容上也是非常具有针对性，是与四部信息公开法配套使用的一部法律。

从上述日本档案利用政策框架体系的分析中，我们可以得出日本政策的一个优点——框架体系完备。具体表现为：纵向层次清晰、横向结构完备。一方面，日本档案利用政策既有法律层面的《公文书馆法》、《行政信息公开法》等，将档案工作提升到了国家的阶段，从宏观上指导规范档案利用工作；又有区域性的档案利用条例，根据自治区的不同实情制定更具针对性的信息公开条例，体现了实事求是、具体问题具体分析的哲学思想；还有档案部门的部门规章制度，从更专业的角度对档案利用进行指导。另一方面，档案政策与信息政策相结合，覆盖了文件生命周期中的两个阶段，将公开对象的范围扩大，提升了可利用档案的数量。此外，在信息政策中又有信息公开、信息保护与关于信息公开及个人信息保护审查会的设置法。在信息公开的同时注重个人信息的保护，调节两者的矛盾关系，指导信息公开与信息保护的平衡发展。

三、日本档案利用政策的内容特点

日本档案利用政策的内容及其丰富，本节从档案利用实施主体、公开请求权主体、公开对象文件、档案利用程序与费用等方面来分析日本档案利用政策的内容特点。

（一）档案利用实施主体

档案利用实施主体是指档案利用政策中所规定的应履行档案公开、提供档案利用服务的机构，它包括档案形成机构及保存机构。档案利用实施主体作为档案利用工作的重要组成部分，对档案利用工作开展的深度、广度都有很大的影响。随着知情权、民主主义逐渐深入人心，公众利用档案不仅仅局限于科学研究或是文化休闲方面，更多的是要实现宪法赋予公民的参政议政与监督权。如果档案利用实施主体范围过窄，相应地也会使得公众所能利用的档案范围的缩小，从而导致档案利用工作的局限性。

1. 档案法中对档案利用实施主体的规定

档案法对档案利用实施主体规定比较简单，范围也局限于档案机构。《公文书馆法》第五条对公文书馆的设置进行了规定，指出国家公文书馆由国家级地方公共团体设置，地方公共档案馆的设置由该地方公共团体设置。由此可见，《公文书馆法》的实施主体为全国的公文书馆，既包括国家公文书馆也包括各地方公文书馆。《国立公文书馆法》是对国家独立行政法人及国家机关中的档案工作进行规范与指导，因此其实施主体为各类独立行政法人和各级国家机关。《日本国家档案馆利用规则》由国家档案馆制定，规定的是档案馆馆藏利用工作。因此，其实施主体就是日本国家档案馆，它指出国家档案馆管理的档案，实施对外开放。

2. 信息公开法中对档案利用实施主体的规定

信息公开法的颁布使得档案利用实施主体的范围得到扩展，档案利用工作再也不停留于档案馆，而是遍布到了各级行政机关和独立行政法人之中。

针对行政机关制定的《关于行政机关保有的信息公开的法律》和《关于行政机关保有的个人信息保护的法律》中将应履行信息公开的行政机关归纳

为以下几类：1. 内阁官房、内阁法制局、人事院等内阁设置的机关以及在内阁所辖之下设置的机关。2. 警察厅、宫内厅、内阁府、国家公安委员会、金融厅等内阁府设置法规的机关。3. 各省、府、委员会及厅。4. 国立大学、监狱、监察厅等《国家行政组织法》第 8 条第 2 项的设施等机关以及第八条第 3 项的特别机关。5. 会计检察院。

《关于独立行政法人保有的信息公开的法律》和《关于独立行政法人保有的个人信息保护的法律》的实施主体是日本的独立行政法人。独立行政法人是指《独立行政法人通则法》第 2 条第 1 项规定的独立行政法人，是指从国民生活及社会经济安定等公共立场出发有确实是必要的事务及事业，国家自己作为主体直接实施没有必要的，其中委以民间主体实施又未必能够实施的，并且有必要由一个主体进行垄断而且是有效率和有效果的，以此目的设立的法人。而地方公共团体信息公开条例的实施主体自然是各地方公共团体。以日本国会、法院为实施主体的信息公开政策分别是：《日本国宪法》、《国会法》以及《关于最高法院保有的司法行政文书开示等事务处理纲要》和《关于法院保有的司法行政文书开示的事务基本处理的通知》。①

随着时间的前进，档案利用实施主体的范围呈现逐渐扩大的趋势。档案法中对档案利用政策实施主体均界定在档案领域内，仅包括各级各类档案馆。随着信息公开法的颁布，档案利用实施主体范围急速扩大。从国家行政机关到独立行政法人都被归为档案利用实施主体，均须对本单位形成的各类档案进行公开。出现这种变化的最直接的原因是信息公开法的颁布，正是因为信息公开法将国家机关和独立行政法人列入到档案利用实施主体，才将原本局限于档案机构的档案利用实施主体范围扩大。

（二）公开请求权主体

公开请求权主体也就是档案利用者，公开请求权主体的范围在一定程度上体现档案利用与信息公开的目的。如果将公开请求权主体限定在很小的范围内，仅极少数组织或个人能利用相关档案的话，那么就不能说档案利用的目的是为了体现政府的说明责任、为了保障公民的知情权，其本质仍然是政府对信息的独占性。只有公开请求权主体范围较广，能为一般民众所利用时，才能真正达到档案利用的目的。

---

① 刘杰. 日本信息公开法研究 [M]. 北京：中国检察出版社，2008：111.

1. 档案法中对档案公开请求权主体的规定

《公文书馆法》和《国立公文书馆法》对公开请求权主体没有明确的规定。《公文书馆法》指出公文书馆的主要责任为保存国家及地方公共团体的有关历史资料和重要公文书，档案的保密年限为三十年，对于无保密必要的档案可以提前供公众阅览。因此，在《公文书馆法》中只指出了公文书馆有向公众提供档案阅览的责任，但是是否所有的公众都可以利用档案、公众作为利用者有没有另外的限制，在该法中都没有详细的规定。《国立公文书馆法》在《公文书馆法》的基础上设置了独立的一章对档案利用工作进行规范，指出保管与公文书馆中的政府文书除不适宜公开的文书外应该供公众使用。同样，《国立公文书馆法》也没有对档案利用主体进行具体的规定。

《日本公文书馆利用规则》（1972 年 4 月 25 日，总理府告示第 10 号）对档案利用者有年龄等方面的限制。首先，年满二十岁为学术研究的人才可借阅档案，如果有特殊情况馆长可允许未满二十岁者阅览。其次，在利用档案过程中干扰、妨碍其他利用者的利用者，可拒绝其档案利用要求，并可命令其退馆，并且可以拒绝其再次入馆。馆长对违反此规则或其他规则者，对不服从馆长指示者，可以停止其利用档案。

2. 信息公开法中对档案公开请求权主体的规定

《关于行政机关保有的信息公开的法律》和《关于独立行政法人保有的信息公开的法律》对请求公开主体则更为宽泛。它们规定：任何人都可以根据本法律的规定，对行政机关的长官（独立行政法人）提出要求开示该行政机关（独立行政法人）保有的行政文书的请求。这里使用的是"任何人"来表示请求公开者，没有年龄、国籍、与请求公开信息的利害关系等限制。

从以上规定中，我们可以看出对档案公开请求主体的规定经历了一个从无到有的过程，并且对公开主体的规定也是越来越细，明显呈现出档案利用主体范围的扩展性。对比《日本国家档案馆利用规则》与两部信息公开法，信息公开法的请求权主体范围显然要大很多，这体现的也是一种进步。许多早于日本制定信息公开法的国家，其公开请求权人都包括外国人。日本在立法过程中，专门听取了美国、法国、英联邦诸国的信息公开制度的报告或专门委员会的报告，在由行政改革委员会提出的《信息公开法纲要案的思路》中指出："国民构成行驶公共请求权主体的中心。但是其并不是将主体仅仅限定在国民的范围中，在排除外国人方面不具有积极意义。"因此，信息公开法中信息公开请求主体"任何人"包含了在日本定居的外国人，同时还包含了无权利能力的社团。①

虽然，公开请求权主体的范围在逐渐扩大，体现了民主的进步。但是《日本国家档案馆利用规则》对公开请求权主体的规定却体现了一定程度的主观性色彩。该规则对档案利用者进行了两方面的限制，但同时也赋予了档案馆馆长对上述两项政策的解释权，明文规定当馆长觉得有必要时，可以放宽限制。

（三）公开对象

公开对象是指在档案利用政策中规定的可以被公众所利用的各类档案。公开对象的范围直接体现档案利用的广度。公开对象数量越多、范围越广，公众所能获取的信息也越多，公众的知情权也才能切实得到保障。

1. 档案法中对公开对象的规定

《国立公文书馆法》第十六条指出保存于公文书馆的档案均应提供给公众利用，但是出于保护隐私或其他合理理由不适宜公开的档案除外。

《日本国家档案馆利用规则》中规定的公开对象为档案馆管理的档案。但是对于捐赠或委托保管的档案以及牵涉到个人秘密或在一定期间内不宜于开发那个的档案的利用，要加以限制。馆长对珍贵档案、贵重图书以及其他容易损坏的档案，可以根据情况提供复制品。

2. 信息公开法中对公开对象的规定

信息公开法对公开对象采取的是信息公开与信息保护并行的方针，既对应公开的档案进行规定，也限定了不宜公开的档案范围。

《关于行政机关保有的信息公开的法律》和《关于独立行政法人等保有的信息公开的法律》中所规定的公开对象为行政文书和法人文书。行政文书（'法人文书'）是指行政机关（独立行政法人）的职员职务上做成或者取得的、在组织上使用的，作为该行政机关保有的文书、图画以及电磁记录。但是官报、白皮书、报纸、杂志、等以向不特定多数人出售为目的的发行物；在依政令规定的公文书馆以及其他机关，根据政令规定作为历史的或者文化的资料或者学术研究用的资料被特别管理的除外。

同时，为了平衡信息公开与信息保护，保护个人的隐私不被侵犯、国家的安全不受影响、法人等的合法权益不被损害，也对不便公开的信息进行了规定。

---

① 周汉华. 外国政府信息公开制度比较［M］. 北京：中国法制出版社，2003：89.

在《关于行政机关保有的个人信息保护的法律》和《关于独立行政法人等保有的个人信息保护的法律》中规定下列信息不予公开：1. 个人信息（姓名、出生年月日及其他根据记述能识别出特定个人的信息）；2. 法人及其他团体有关的信息或经营事业的个人与该事业有关的信息；3. 公开可能会妨碍国家安全、损害与其他国家或国际机关之间的信赖关系或造成与其他国家及国际机关的谈判中的不利影响的信息。并且，为了进一步确保个人信息的安全特指出："有关个人信息的利用应当限制于执行法令规定的管辖事务的必要情况下，并且其利用目的应当尽可能是特定的；行政机关（独立行政法人等）不得超过根据前项规定达到特定利用目的的必要范围保有个人信息；行政机关（独立行政法人等）在利用目的的变更时，不得超过预变更前的利用目的有相当的关联性的被认为合理的范围"。

总结上述条款，可以看出日本档案利用的对象采取的是以公开为原则，不公开为例外的方式，公开与保护并行前进的模式。在界定档案公开范围方面，越来越成熟。从最初的以宽泛的"保护隐私"与"其他合理理由"为划分标准，到详细规定应公开信息及不可公开的六类不可公开信息，这一过程是一个发展的过程，为档案利用工作的开展提供了详细的、操作性较强的指导性规范。并且，在信息公开的同时注重保障个人隐私与国家安全、法人的合法权利，在保障个人信息的同时又强调从大局着眼，切实维护国家民众的利益。

（四）档案利用程序与费用

1. 档案法中对档案利用程序与费用的规定

《公文书馆法》和《国立公文书馆法》更强调在宏观上对档案工作进行指导与约束，因此对于档案利用的程序与费用没有作具体的规定。

《日本国家档案馆利用规则》中规定档案馆提供阅览、复制、参考调查、借出、展览五种利用方式。年满 20 周岁为进行学术研究要求借阅档案者，首先，填写阅览许可申请书提出申请，然后领取阅览许可证，阅览许可证有效期一般不超过一年。接下来，即可出示阅览许可证并将要求事项填入阅览申请单。借阅档案只能在阅览室内进行，原则上规定一小时之内借阅数量不能超过五册。归还档案时需经过工作人员检查。对于次日及以后还希望继续阅读的档案应提出申请。要求复制档案时，也须填写复制许可申请书，经馆长批准后可选择以下任一方式进行复制：胶卷负片、胶卷正片、放大照片、静电复制品、手抄本。除特殊情况，复制应该在馆内制定场所由工作人员进行。利用者复制档案时，应缴纳费用，费用的款额和缴纳方式由馆长另行规定。如复制品需要出版或刊登时，须填写复制许可申请书及出版刊登许可申请书经馆长批准方可。档案馆提供的参考调查方式有：提供档案检索工具、提供有关特定档案内容情报、提供有关档案的参考文献以及专门调查机构情报。档案馆展览的方式分为两种，一是以学术、社会教育等公共事业为目的举办展览会时，经馆长批准在确保档案不受损坏的前提下，可以借出，原则上借出时间不超过一个月；二是在馆内举行档案展览，供普通利用者参观。

2. 信息公开法中对档案利用程序与费用的规定

《关于行政机关保有的信息公开的法律》与《关于独立行政法人等保有的信息公开的法律》中公开请求的程序要简单得多。首先，填写公开请求书。公开请求书包含的内容有请求人姓名或名称、住所或住址、法人或者其他团体的代表人的姓名；然后，将请求公开文书的名称及其他能反映请求公开的文书特征的其他信息以书面形式告知保有信息的行政机关或独立行政法人等。当信息公开主体认为公开请求书在形式上不完备时，可以确定相当的期限要求提出公开请求人进行补正。同时，信息公开主体应协助公开请求人补充有效信息，为其提供作为补正参考的信息。公开请求人应分别缴纳在成本范围内由政令规定数额的公开请求有关的手续费和公开实施有关的手续费。在确定缴纳费用的数额时，应本着容易利用的数额考虑确定，对于经济困难或有其他特别理由的，可以根据政令的规定，减免相关的手续费。

综上所述，日本档案利用程序与手续费的缴纳存在非常明显的特点。第一，档案利用手续越来越简便。1972 年出台的《日本国家档案馆利用规则》对于利用程序的规定非常的繁琐，首先要填写申请书领取阅览许可证，然后才能填写阅览申请书进行阅览或复制。而信息公开法则只需以书面形式告知利用者的相关信息与请求公开的文书的特定信息即可。利用程序的简化，能进一步提高档案利用的效率也能吸引更多的档案利用者。第二，人文思想表现充分。《日本国家档案馆利用规则》中对于手续费的具体数额没有具体的规定，而是由馆长另行规定，因此存在较大的解释空间与暗箱操作的可能性。而信息公开法则将手续费的缴纳范围控制在了"实费范围"之内，也就是成本费之内，并对经济困难或有其他特别理由的可减少或免除手续费。

四、日本档案利用政策的优点

日本与我国同属亚洲国家，地域上的短距离，就已经为中日文化交流提供了条件。中日文化交流是一种双向的、长久的影响。早在唐朝就有大量日本使节和留学人员前来唐朝朝贡、学习或经商。它依靠输入东亚大陆唐代中国的法律文化，实现了从原始宗教性的习惯法向发达的人文道德性法律体系的升华。① 至晚清，内忧外患的清政府，意识到向西方学习的必要性，权衡之下，选择了日本作为学习对象。一方面，兼通中日文的中国人较多，另一方面，日本已经吸收了西方先进文化。从中日文化交流史，我们可以看出，中日文化本身就是相互影响，具备共同之处的。因此，中日文化交流是可行的，向另一方吸取经验也是有效的。目前，我国的档案利用工作还存在一定的问题，而日本的档案利用政策制定在框架体系、内容设置方面都有其优势，因此向日本学习将会是有益我国档案利用政策建设的。

上文分别对日本档案利用政策的历史沿革、框架体系和内容进行了分析与提炼，从上述特点中我们又可以总结出日本档案利用政策在体系与内容方面的优点。

（一）立法层次高，有利于统领档案利用工作

日本的《公文书馆法》、《国立公文书馆法》、《关于行政机关保有的信息公开的法律》、《关于独立行政法人等保有的信息公开的法律》等都是国家层面的档案利用政策。它们具有较高的法律效力，将档案利用工作提升到了国家层面。

（二）地方先行的政策制定模式

前文已经提到，日本信息公开法制定采取的是地方先行的模式。地方先行模式具备许多优势。首先，地方先行模式具有较强的针对性，根据各自治地区的具体政情、民情等分别制定信息公开条例。其次，地方先行模式能为国家信息公开法奠定基础，积累经验。信息公开是信息时代兴起的一项新兴事务，虽然在日本制定信息公开法之前已有美国、加拿大等西方国家成功地制定了信息公开法，但是对于日本来说仍然缺乏实践经验。从地方开始制定信息公开条例，能在本土化的环境下积累经验。

日本中央政府在地方信息公开条例制定之后，也开始筹备信息公开法的立法工作。并于1999年5月14日颁布了《关于行政机关抱有的信息公开的法律》和2001年12月5日颁布的《关于独立行政法人等保有的信息公开的法律》。我国目前仍要加大地方制定信息公开的力度，为信息公开法的制定积累经验。

---

① 张中秋. 中日法律文化交流比较研究［M］. 北京：法律出版社，2009：2.

（三）完备的档案利用政策体系

档案利用政策体系由多部相关法律、法规、部门规章等组成，一个完善的体系应该是相互衔接、相互补充、相互兼容的一个有机整体。日本档案利用政策框架体系十分完善，具有纵向层次清晰、横向结构完备的突出优点。

日本档案利用政策可以纵向地分为国家性政策、区域性政策与部门政策。这样层级分明的政策体系，既能在宏观上把握档案利用的方向与宗旨，又能具有针对性的指导、规范档案利用工作实务。日本档案利用政策的横向既体现为档案法与信息公开法的齐头并进，又体现为在信息公开法体系中的信息利用与信息保护的协调。

此外，日本对于利用与保密的关系处理工作比较成熟，值得借鉴。日本在制定信息公开法的同时还及时地补充了信息保护法，为了使两者更加融合与协调，又制定了《信息公开与个人信息保护审查会设置法》，且三部法的内容是非常相协调的。对于法律的实施对象、实施主体、实施程序等都有具体的规定，且具备一致性，可操作性较强。

（四）完善的信息救济制度

目前，救济制度有两种：一是行政救济，二是司法救济。行政救济制度是指：行政机关管理相对人在其合法权益受到行政机关的违法失职行为侵犯后依法提出申诉，由有监督权的行政机关按法定程序对其予以救济的一种法律制度。[①] 司法救济是指：司法机关按照法定的权限和程序，通过对具体案件的当事人间权利义务的判断来对权利受损害者的权利进行补救的机制。[②] 无论是行政救济还是司法救济，其目的都是为了保障公民、组织或法人的权益不被行政机关非法侵犯，是民主意识的体现。行政救济具有操作简单、处理效率高、申请程序简单等优点。但是其实施主体由行政机关本身或其上级机关决定，由于部门之间的利益关系，在公正问题上不可避免受到一些负面影响。司法救济是最公平公正的救济制度，但是需要付出的时间成本、金钱成本、人力成本等较高。

日本信息公开救济制度同样包含行政救济和司法救济。信息公开行政救济，即行政不服审查制度，是信息公开的申请人或第三人，根据《行政不服审查法》规定，对《行政信息公开法》第九条规定的行政机关做出"开示决

---

① 韩德培．人权的理论与实践［M］．武汉：武汉大学出版社，1995：699．
② 陈焱光．公民权利救济论［M］．北京：中国社会科学出版社，2008：145．

定等"提出不服申请，由法律规定的行政机关进行处理的制度。司法救济，即信息公开的申请人或第三人对有关信息公开的行政机关的处分不服，根据《行政案件诉讼法》的规定提出行政诉讼，由法院进行裁判的制度。

日本信息公开制度中的行政不服审查制度，最大特色是规定了"信息公开及个人信息保护审查会"制度，它构成了日本信息公开制度中的行政救济制度。1999 年颁布的《关于日本行政机关保有的信息公开的法律》（最后修改：1999 年法 160 号）中信息公开审查会和审查会的调查审议程序是以第三章不服申请中第二节和第三节出现的。随着信息公开工作日益成熟，一个专门规范信息公开审查会的法律——《信息公开及个人信息保护审查会设置法》应运而生。信息公开及个人信息保护审查会是介于信息公开机关与信息利用者之间的第三者，设立于内阁府之下。信息公开与个人信息保护审查会是区别于信息公开法与信息利用方的第三者。因此，在审查的过程中其中立的身份将会使审查更公平公正。该审查会共有 15 名委员，其中最多只能有 5 人为全职，其他皆为兼职；委员从卓越学识的人中挑选，须经两议院批准通过，由内阁总理大臣任命。这样既保证了救济过程中的专业性与公正性，又降低了救济成本。审查会认为必要时，可以要求相关行政机关或独立行政法人出示行政文书等或者保有个人信息，行政机关或独立行政法人不可拒绝，并且必要时还要对该信息按照审查会的要求分类；审查会就不服申请案件，可以要求不服申请人、参加人以及相关行政机关或独立行政法人提出意见书或资料，可以要求适当的人对其所知道的事实进行陈述或要求进行鉴定，以及进行其他必要的调查。在审查过程中充分听取双方与第三方的意见，争取作出最客观的判断。

第五节　国外档案利用政策的启示

通过前四节的阐述，我们已经对国外代表性国家的档案利用政策进行了全面系统地分析，较为深入地研究了这些国家档案利用政策的发展历程、政策体系和政策内容等信息，帮助读者了解代表性国家档案利用政策的综合特征。本节我们将从较为宏观的角度出发，综合提炼国外（以前四节涉及的发达国家为主，还包括国外其他一些发达国家）档案利用政策带给我国的启示，具体启示从政策发展历程、政策体系和政策内容三个方面着手归纳。

一、国外档案利用政策发展历程的启示

通过对上述代表性国家档案利用政策发展历程的梳理，我们发现国外档案

利用政策发展历程的共性较为明显，档案利用政策建设的思路和模式大体相同。我们将国外档案利用政策发展历程及建设模式的启示概括为以下三点。

（一）档案利用政策应适应时代发展需要，紧跟时代发展潮流

综观国外发达国家档案利用政策的发展历程，无一不是在满足时代需要的过程中逐渐发展成熟。从 20 世纪四五十年代起，随着经济社会的发展，加上信息技术的推进，人们开始步入信息社会。在信息社会，人们更加关注信息，注重信息的公开利用，各国也相应加大对信息政策的研究，于是发达国家纷纷适应时代发展变化制定出台各项信息公开政策，档案利用政策的相关内容也包含在这些政策中，如美国国会 1966 年颁布了《信息自由法》，以促进联邦政府信息的公开和利用；日本自由人权协会在 1979 年 9 月发表了《信息公开法纲要》；英国 2000 年 11 月通过了《信息公开法》。20 世纪 80 年代后，电子文件管理成为发达国家研究的热点，电子文件利用的政策建设也开始出现需求。为顺应这一需求，发达国家出台了一些关于电子文件利用方面的法律法规，如美国国会、联邦政府部门和国家档案与文件署（NARA）制定了《电子信息自由法》（修正案）、《电子政府法》等，规定了电子信息利用条件和利用范围；英国于 1997 年 9 月发布了《办公系统电子文件管理指南》（草案）；1999 年澳大利亚联邦通过《电子业务法》，要求实现对电子通信活动的监管，促进社会对电子通信的利用。

上述立法举措表明，档案利用政策应不断适应时代新变化和新环境。一方面，当前信息政策的建设和研究是一大趋势，档案利用政策的制定应与信息利用政策的制定有机结合。另一方面，电子文件管理也将是很长一段时期内档案工作的热点，电子文件的开发利用将越发受到国际档案界的重视。因此，国外档案利用政策建设将会把电子文件利用政策作为一个重点，不断进行制定、发展和完善。我国应及时关注发达国家档案利用政策的走势，结合国情切实做好本国档案利用政策的建设和完善工作。

（二）档案利用政策应该保持开放利用与限制利用的平衡

档案利用政策在本质上体现了开放利用和限制利用之间的平衡，或者说公民知情权与政府保密制度之间的博弈。毋庸置疑，信息公开利用是社会发展的必然趋势，各国普遍遵循"信息公开是原则，不公开是例外"的指导思想。正是基于此，各国不断出台关于信息公开利用的政策，信息公开的力度不断增大。但国外经验也告诉我们，对信息的限制利用也是不可或缺的，这样既顾及了政府机密信息保密的需要，也出于公民隐私权保护的考虑。发达国家档案、

信息利用政策中一直包含着限制利用的相关内容，或者是直接出台隐私法来保护公民的隐私权。

可见，档案利用政策必须处理好开放利用与限制利用的关系，过多强调开放或过多强调保密都是有失偏颇的，保持二者之间的平衡是档案利用政策建设科学合理的必要条件。

（三）融合发展模式成为发达国家档案利用政策普遍采用的模式

前四节对发达国家档案利用政策的建设历程进行了详细的解读，我们发现这些国家普遍采用了融合发展模式来进行档案利用政策建设，即是指基于档案是信息组成部分的认识，把档案利用视为信息公开不可或缺的一部分，将档案利用政策融入到信息利用政策中，使二者交融形成一个有机结合、相互配套的完整体系。这种模式可为我国提供参考。

二、国外档案利用政策体系的启示

发达国家档案利用政策的体系具有齐备完善的突出优点，主要有两点经验值得我国借鉴和参考。

（一）档案利用政策体系应做到纵向结构分明、横向结构完整

首先，从纵向结构来说，国外档案利用政策体系一般都分为三个层次：档案利用相关法律、档案利用相关行政法规、档案利用规章条例，对应的制定主体分别为国家最高立法机构、政府部门、各级档案馆。这一政策体系既包括宏观层面的指导性政策，又有适应地方特色的地区性政策，还有档案部门自己制定的一些行业性政策体系，这就保证了档案利用政策体系的全面完善，使档案利用政策体系成为一个相互补充、配套和衔接的有机整体。

以美国为例，其档案利用政策体系十分完备。美国制定的有关档案工作的法律数量之多，条款之全，在世界上可谓首屈一指。第二节已提到，美国虽然没有制定一部具有最高统一效力的《档案法》，但是其各个州都有自己的档案法规。据统计，在美国现行的档案法规中，国会通过的直接关于档案工作的法规有 24 个、间接涉及的档案工作法规有 38 个，关于档案工作的总统行政命令有 7 个。在美国 50 个州中，有 18 个州制定了 29 个关于档案工作的法规。[①] 美国的档案法律体系如此完备，其中涉及到档案开放与利用的条款也是名目繁多，这就为档案利用工作的开展提供了完善的制度保障。

---

① 赵力华. 美国档案立法的启示 [J]. 中国档案，2005（11）：62.

我国的档案利用政策体系有国家性政策、区域性政策与部门政策。国家性档案利用政策主要以《中华人民共和国档案法》为主。《档案法》是目前我国法律权限最高的档案政策，在全国范围内都具备法律效力。区域性政策主要是指有权制定地方性法规的各省市所制定的信息公开规定与办法。部门政策主要指档案行政规章，即相关行政部门所制定的档案规章。

我国目前的档案利用政策体系还有待完备：档案方面的法律仅有一部《档案法》，其中第 20～26 条对档案利用进行了规定，可以说其涉及到档案开放与利用的内容也很有限而且不够具体，只是明确了档案开放和利用工作的大框架，缺乏进一步的约束和规范；在规章方面，目前主要有 1986 年 2 月国家档案局颁布的《档案馆开放档案暂行办法》，后经过对其内容的补充和修改，国家档案局又于 1991 年 12 月 26 日颁布了《各级国家档案馆开放档案办法》，并于 1992 年 7 月 1 日起开始施行；我国档案利用政策体系结构缺乏连续性和完整性，各级法律、规章之间的衔接和配合不够紧密，造成了一些政策"断层"的存在，覆盖面也不够广。因此，我国在进行档案利用政策体系建设时应借鉴发达国家的成功经验，做到纵向层次分明，确保体系的完整性。

其次，从横向结构而言，发达国家档案利用政策体系一般紧紧围绕档案开放利用和限制利用两条主线，并将档案利用政策与信息公开政策结合，保证体系的齐全。第二节已提到，美国和加拿大在制定档案政策时均围绕"开放利用"和"隐私保护"两条主线进行。而且美国在颁布专门档案与文件管理法的同时，还出台了一系列的政府信息公开法，形成了政府信息公开法的体系，美国的政府信息公开法体系由《信息自由法案》、《隐私法》、《阳光法案》及《电子政务法》四部法案共同构成，各部法律之间的条款相互配合，减少漏洞，使得法律体系更加严密，从而在更广义的层面给以档案开放和利用工作提供了制度保障。① 第三、四节对英澳两国以及日本档案利用政策体系横向结构的充分论述也表明，发达国家档案利用政策体系的横向结构相当齐全、完整。

相比之下，我国档案利用政策体系的横向结构不够完善。我国尚未制定信息公开法，仅制定出台了《政府信息公开条例》，致使档案利用对象停留在传统的档案范畴。而《信息公开法》的缺失导致档案政策与信息公开政策共同指导档案利用工作方面出现了"跛脚"情况，信息公开政策的法律效力明显不如档案政策；此外，我国档案利用政策在处理档案开放利用和限制利用的关

---

① 郝建苹. 中外档案信息政策法规标准及其比较研究 [J]. 浙江档案，2003 (8)：16～18.

系，即"开放"与"保密"的关系时未能保持其应有的平衡关系，或是过度强调开放，或是过度强调保密，未能有完善详尽的法律法规进行规范。

借鉴发达国家的经验，我们应该积极克服档案利用政策体系的现有不足，做到纵向结构分明、横向结构完备。具体内容，我们将在第六章第二节详细阐述。

（二）档案利用政策体系应保证政策的配套性

发达国家档案利用政策体系非常注重政策的配套性，使政策在具体实施中更具指导意义。例如，法国的档案利用法律、法规体系十分完备，除了具有最高法律效力的《法兰西共和国档案法》之外，还有一系列的档案法令、法规与其相配套，可以说是涵盖了档案工作的方方面面以及档案的各种门类，包括《法国国家档案馆和省档案馆文件开放利用法令》、《关于法国外交部档案的法令》、《关于法国国防档案的法令》及《关于法国公共档案提供利用的法令》等。第二节提到，美国的《信息自由法》主要阐述了档案利用宗旨"政府信息公开是原则，不公开是例外，公众享有从档案馆、图书馆、情报所等获取并利用信息的权利"，而随后颁布的美国《A-130 号通告—联邦信息资源的管理》、《12958 号行政命令》等则都是从具体的实际情况出发，制定的更为详细、更具有实际操作指导意义的政策，与之前的信息自由法相配套。第三节也提到，澳大利亚每颁布一个相关法律，其后必跟随联邦政府关于该法律的详细阐述的条例，如《档案法》和《档案法条令》，《隐私法》和《隐私法条令》等。

我国目前的档案利用政策缺少相应的配套性政策，相关条款还有待进一步细化、量化和具体化，使档案利用政策法规真正起到应有的引导和制约作用。仅以《政府信息公开条例》为例，它的公布是我国政府信息公开和信息化建设的一个里程碑性事件。但综合分析《条例》的内容，我们不难发现，它更像是从原来的信息保密到未来的信息公开的一个缓冲和过渡，因此其具体内容与发达国家相比还比较保守，如 2003 年的《政府信息公开条例专家建议稿》第 2 条规定了："政府信息以公开为原则，不公开为例外。"这一点已经被世界上大多数国家所采纳并写入自己的《信息自由法》等法规中，但是我国最终颁布的《政府信息公开条例》没有采取建议稿的条文，而是具体规定了各级政府部门应当主动公开的事项范围。① 因此，我国在制定档案利用政策时应

---

① 赵阳. 略论〈政府信息公开条例〉几点得失 [J]. 时代法学，2007（6）：71~76.

加强政策的配套性建设，使档案利用政策更具有针对性和具体性，更具实际操作性。

三、国外档案利用政策内容的启示

（一）关于开放利用范围

总体而言，国外档案利用政策在对档案开放利用范围的规定上较为具体详细，可操作性较强。

例如，法国对档案开放利用范围的规定非常具体，针对不同类型档案分别规定了详细的档案开放范围。《关于法国外交部档案的法令》第二章第八条规定："凡期满60年的下列档案可供自由查阅：定为'保密'和'极密'级的文件；涉及国家安全和国防的案卷和报告；涉及私生活的案卷、报告和人名资料卡片；在移交或归档时确定为涉及国家安全、国防或个人私生活的部机关、驻外使领馆机构、驻国际组织代表机构和外交部下属机构的档案；有关边界的文件"。《关于法国国防档案的法令》第二章第6条则规定："凡满60年期限的下述文件可以提供利用：定为'保密'和'极密'级的文件；与私生活有关或涉及国家安全或国防的案卷、报告和人名资料卡片；参谋部二局和情报与国际军事关系局的案卷；外国情报与反间谍局的案卷；与私生活有关或涉及国家安全或国防的宪兵队档案；军事安全档案。"《关于法国公共档案提供利用的法令》中对档案开放范围的规定是："凡满60年期限的下述档案可供利用：共和国总统和总理所属部门的档案；在向公共档案馆移交时注明涉及国家安全的内政部长和省政府的档案；与私生活有关的或涉及国家安全或国防的国家治安部门的档案；涉及私生活或国家安全的政府各部总监的报告；含有涉及自然人遗产的情报或有关私生活的其他材料的财政和公有案卷；含有涉及国家安全或国防的公有案卷；同国外进行财政、货币、贸易谈判的有关文件；含有同外国尚未解决的涉及国家或翻过自然人或法人争端的文件；与勘探和开发矿产有关的档案；战争损失的档案。"

又如，美国对档案开放利用的范围也作了详细的规定。美国国家档案馆根据《信息自由法案》对文件开放的要求专门开设了"信息自由阅览室"（FOIA Reading room），按照《信息自由法案》中的具体要求开放文件供读者阅览，开放文件主要包括如下几类：（1）国家档案馆发布的最终决定；（2）由国家档案馆签署的但尚未在联邦登记室提供借阅的文件；（3）工作人员的工作记录手册；（4）被提出超过三次以上的利用请求的文件的复制件；（5）

根据保管文件编制的最新的检索工具。① 美国另一部针对文件收集、保管、利用的大法是《联邦登记法》，其中关于文件开放与公布的条款内容规定如下文件应当予以公布："（1）总统发布的声明及可供执行的命令，但是不具有普遍法律效力的内容除外；（2）由总统确定的具有法律效力和通用效力的文件或文件类别；（3）议会法案要求公布的文件。"②

《加拿大内阁关于开放公共文件的指示》是一部专门用于指导和约束档案开放和利用工作的政策，于1978年11月14日出台。该政策对几个重要概念"拒绝文件"、"公共文件"等做出了界定和阐释，所谓"拒绝文件"即免于开放和公开利用的文件，"公共文件"即可以公开提供利用的文件。《指示》对不允许开放的档案的范围也进行了严格限定，并规定了相关的问责措施，确保档案开放和利用的有效开展。《指示》第一条中对"拒绝文件"的界定包含以下内容："一、所含情报若予公布：将违反法律具体规定；根据加拿大政府与其他政府的谅解，是受到限制的；可能被其他政府看成是滥用加拿大政府信誉的；可能影响加拿大政府与其他政府关系的；可能损害个人权利及其私生活的。二、有关安全和情报问题的；三、有关职员的案卷，从职员出生之日起算，九十年后才不属于决绝文件。"同时《指示》第五条规定："情报若予以公布是违法的。"

发达国家在档案利用政策中对档案开放利用范围做出界定，有利于明确法律责任，保证了档案开放和利用在政策规定的范围内进行。国外档案利用政策中对档案开放利用范围的规定十分详细，既有关于开放档案范围的规定，又有关于限制利用档案范围的规定，可操作性更强。相比之下，我国虽然在档案利用政策中也规定有档案开放利用的范围，但以限制性利用居多。这一点我们可以借鉴发达国家的经验，在档案利用政策的内容中保持合法开放与限制的平衡。

（二）关于开放期限

国外大多数国家包括国际组织在内在档案开放期限的划定上基本一致，普通档案的开放期限以30年居多。

如欧盟对于普通档案开放期限的划定是30年。欧盟作为一个跨国性的组织，由欧洲议会、欧盟委员会、欧盟理事会、欧洲理事会等机构组成，这些众

---

① http：//www. archives. gov/about/regulations/part-1250. html.

② http：//www. archives. gov/about/laws/cfr. html#documents.

多的机构在日常工作中势必会产生大量的文件，为了更好地管理、利用这些文件，同时也促进欧盟组织和成员国之间的信息沟通、交流和共享，欧盟出台一系列相应的制度和政策。欧盟现有的约束内部机构及成员国档案文件管理及开放的政策主要有《关于理事会的档案方案》及《扩大后欧盟的档案报告——增加在欧洲档案的合作》等，其中也对档案的开放进行了规定，即："欧盟的机构必须服从30年的规则"，这就意味着文件自生成之日起，最长的保存期限是30年就要对外开放，但是涉及到隐私、安全、商业利益等的特殊情况除外。欧盟强调尊重每个机构和组织各自的特点，但是要在尊重共同体法的基础上，加强向公众开放历史档案和不同档案服务机构之间的紧密联系。许多国家档案馆的领导认为共同体档案开放政策的设想，有助于欧盟成员国档案服务的紧密合作。另外，欧盟成员国在欧盟的倡议下还发行了一本关于欧洲档案方面的期刊《档案信息摘要》。成为加强成员国之间档案工作及档案信息互通交流的重要纽带。2001年4月4日，成员国的国家档案馆提出了关于协调欧洲档案理事会的新草案，经过修改，2003年5月6日，欧盟采纳了理事会关于档案的解决方案，该方案有涉及档案开放及利用的条款，提到"提高成员国在档案服务之间的协调、信息共享和良好实践的交换"；以及"进一步加强在欧盟层次上档案专家组与其他活动尤其是电子欧洲行动方案整合的可能性"，同时还有"把建立欧洲文件和互联网作为优先行动，通过互联网实现欧盟机构和成员国档案服务的跨国利用"。①

然而，有的国家并未遵循国际惯例将档案开放期限划定为30年，而是采取了适合本国的划定方法，如《瑞士联邦档案馆条例》第三章第7条规定："在不损害国家利益的前提下，已超过50年期限的档案文件可以向公众开放。"《瑞士联邦档案馆条例》除了和一般的国家档案馆条例内容类似的条款内容之外，同时也有一些颇具自身特色的条款和规定。如规定："在不损害国家利益的前提下，已经超过50年期限的档案文件可以向公众开放。如有疑问，联邦档案馆领导人应采纳文件移交部门的意见。"在之后出台的《瑞士联邦委员会对〈瑞士联邦档案馆条例〉的修正条款》中，又对档案的开放年限进行了修改，即："为便于从历史角度对构成一个时间单元的文件进行研究，35年的开放期限可对档案全宗的全部或部分例外予以缩短。"由此可见虽然瑞典对于档案的开放年限几经修改，但仍旧长于世界上大多数国家的"30年"的开

① 迪莉娅. 欧盟的档案政策 [J]. 北京档案，2007 (10)：45.

放期限，可见瑞典对于档案的开放是持比较保守、谨慎的态度，同时，《条例》也赋予了文件移交部门一定的权利，可以参与制定特殊文件的具体开放年限，这样就使《条例》在执行时既有严格性，同时也有一定的灵活性。

除此之外，针对特殊情况的档案国外许多国家则实施灵活的政策。对于具体的开放期限，各国均有自己的详细规定。法国对于档案的开放期限统一划定为 30 年，而对于各种特殊情况，又有细致的划分，分别设定了具体的开放年限，如《法兰西共和国档案法》第二章第 7 条明确规定："可供自由查阅的公共档案的期限：一、个人医疗文件，从产生之日起算满 150 年。二、人事案卷，从产生之日起满 120 年。三、与司法事务有关的文件，包括特赦决书，公证人的文件原本和目录，以及户籍和公民状况登记册，从文件产生或案卷完成之日算起满 100 年。四、凡涉及个人情况，如私人和家庭生活的文件，以及一般由公共事业部门调查来的有关私人情况和行为的材料，从普查和调查之日起满 100 年。五、处理与私人生活有关的诉讼案的文件，或涉及国家安全或国防的文件，从产生之日起满 60 年。"对于其他不属于上述类别的一般性的档案文件，法律第六条规定"凡满 30 年或达到第七条规定的特别期限的其他所有的公共档案文件，均可自由查阅。"这就保证了档案开放与利用工作的有序进行，保证了档案实体的安全及相关利益者的合法权益，并且也使档案工作者在提供利用工作中有了充分的依据，一定程度上减少了工作的阻力和难度。

而英国 1956 年出台的《公共档案法》中第五章专门针对公共档案的开放和利用制定了一系列的规章条款，如：对于档案开放期限的一般规定是"这些馆藏档案如果不满 30 年（从案卷产生的下一年 1 月 1 日算起）或不到大法官规定的其他或长或短的期限，则不得对公众开放。在征得有关大臣或其他官员同意后，或者根据这些人的要求，大法官可以对某些公共档案做出开放的期限规定。"由此可见英国对于档案开放期限的把握除了对于一般情况的档案划定 30 年的界限外，对于其他特殊情况的档案并没有制定较为具体的开放期限，而是将这一权限赋予大法官，由其根据档案内容及利用需要的具体情况决定开放的期限，因此对于开放期限的把握是较为灵活的，这与其国情及政治体制密切相关，由于英国法律规定"公共档案由大法官全面负责"，因此，大法官在档案管理规定的制定与执行中具有最高等级的权力。

关于我国的档案开放期限问题，我国《档案法实施办法》具体规定了以下几种情况：

中华人民共和国成立以前的档案范围包括清代和清代以前的档案、民国时期的档案和革命历史档案，上述档案从形成时间上说，自形成之日起均超过30 年，所以自《档案法实施办法》实施之日起应当向社会开放。中华人民共和国成立以后各级国家机构、组织、团体以及个人从事政治、经济、科学、技术、文化、宗教等活动形成的，对国家和社会有保存价值的全部档案，自形成之日起期满 30 年按规定分期、分批地向社会开放。经济、科学、技术、文化等类档案与社会主义经济建设等紧密相关，并且利用率极高，如果满 30 年再开放，很可能使其中的许多档案失去其应有的使用价值，因此《档案法》规定上述档案的开放期限可以少于 30 年，《档案法实施办法》则进一步明确规定这类档案可以随时开放，这样规定有利于发挥这部分档案的社会效益和经济效益，同时也有利于社会主义现代化建设以及公民在科学、文化生活等方面的需要。上述所列档案中涉及国防、外交、公安、国家安全等国家重大利益的档案，以及其他虽自形成之日起已满 30 年，但档案馆认为仍不宜开放的档案，经上一级档案行政管理部门批准，可以延期向社会开放。

由此可见，我国在普通档案开放期限上遵循了国际惯例，即 30 年的保管期限，并且针对具体情况采取灵活的措施，适当延长或缩短档案的开放期限，既有利于档案的保护，又有利于档案的开发利用。

（三）关于开放利用费用

对档案利用服务进行收费，中外各国均有政策规定，只不过收费项目、收费标准略有不同而已。英国在 1838 年 8 月 14 日通过的《公共档案法》中就明确地规定了管卷大臣有权制定规章，确定收费的标准和免费事项，不过一切规章均应及时向议会通报。加拿大 1987 年新《档案法》规定：档案馆按照价目表随时提供各种复制件和缩微胶卷，同时档案馆为每个工作人员配一台计算机，以满足用户的各种需要。俄罗斯联邦政府 1992 年 6 月 24 日颁布的《档案事务委员会条例》第二部分规定：组织俄罗斯联邦政府各档案机构按收费标准向有关机关、组织和公民提供计价服务和有偿服务。①

我国档案法规中涉及到利用收费的政策大致有如下规定：《档案法实施办法》第 22 条规定："各级各类档案馆应当为社会利用档案创造便利条件。提供社会利用的档案，可以按照规定收取费用。收费标准由国家档案局会同国务院价格管理部门制定。"这就明确地指出了档案利用服务可以按照规定收费，做到了有法可依。为了更加具体地执行档案利用服务收费，做到有章可循，国

---

① 程栋梁．档案利用服务收费合法性之我见［J］．兰台世界，2008（2）：.6.

家档案局会同国家物价局会同 1987 年 10 月 5 日发出《关于利用档案收费有关规定的通知》。该《通知》的出台，对于改变过去各级各类档案馆收费混乱的局面起到了积极的作用，也使档案利用服务收费有章可循。各专门行业也纷纷制定了档案利用服务收费的规定，如《开发利用科学技术档案信息资源暂行办法》第 12 条中就明确了利用科学技术档案的有偿使用原则，并且在 13、14、15 条明确规定了收费的标准、收费方法及费用管理。在《利用科技档案信息资源收费的规定》中将有偿服务定义为"外单位利用开发成果，为生产经营、研究和设计参考，从而获得商品化成果及一定的经济效益"，并且在《规定》中明确了收费的范围。《私营企业档案馆管理暂行规定》第 24 条规定："除公、检、法及工商行政管理机关外，任何单位或公民利用私营企业档案，应支付费用，收费标准参照国家档案局和国家物价管理部门制定的标准执行。"同时，各省、市、县等也根据本地的实际情况，制定了有关档案利用服务收费的标准。① 而对于外籍人士利用档案，我国的收费标准是不一致的，国家档案局、国家物价局《关于利用档案和收费有关规定的通知》有"外国人利用档案，收费标准可酌情提高"的条款，一些省份则有"在同等条件下，外国人利用档案时，按国内标准的五倍收费，港澳台同胞和华侨利用档案时，按大陆标准的三倍收费，对于珍贵档案，可按双方协商办法收费"诸如此类的规定。②

我国的档案馆等部门是非营利性的政府部门，但我国档案利用政策中对于档案利用收费标准过高，且收费标准不统一、不规范，是对公民权利的不尊重，影响了公民利用档案的积极性，影响了档案开放利用工作的开展。在这一点上，我国应借鉴国外的档案利用收费政策，将收费标准降低，且统一收费标准，保障公民利用档案的权利。有关这一点，我们将在第六章第三节详细阐述。

（四）关于档案利用者的资格

发达国家档案利用政策中对档案利用者的资格，限制非常少。美国国家档案馆一直以其开放性而著称，其馆藏 80% 以上的档案都可以毫无限制地向社会公众开放。在美国，只要是年满 14 周岁的公民，持自己的身份证，经过简

---

① 程栋梁．档案利用服务收费合法性之我见［J］．兰台世界，2008（2）：6.

② 张会超．档案馆的另一道风景——中外对待外国人查档比较［J］．山西档案，2004（2）：12.

单的登记，写明利用的目的之后，就可以走进利用大厅，开始查阅档案资料。根据《信息自由法案》的规定，外国利用者在美国国家档案馆查阅档案，不会因为国籍方面的问题而受到限制。美国之所以有如此开放的利用政策，究其根源，美国人本身关于"外国"、"本国"的意识比较淡漠，因为美国也只有200多年的历史，其移民文化具有很强的开放性和包容性；其次，在美国学界流行的看法是，学术不分领域，从本质上说，它应被视作一个"共同体"。他们认为，文化遗产需要由整个学术共同体来继承，而不应为某个集团所垄断。只有经过不同国度学者的共同努力，才能将学术问题研究地更加深入和全面。因此，美国人从观念上就具有更强的开放性。这自然会在其档案利用政策中有所体现。

英国公共档案馆对利用者也采取一视同仁的态度，不论本国公民，还是外国人，都一样对待。利用者来馆后，首先凭身份证、护照等证件办理利用出入证，手续极为简单，利用者本人可利用档案馆配备的计算机打印填写自己身份以及利用档案目的即可。出入证有效期3年，到期后可以补办。英国国家档案馆的丘园新馆每天接待用户约100人，其中不少是外国利用者，对他们也并无特别限制。由于历史原因，英国国家档案馆保存了不少具有世界历史意义的档案。国内外许多学者通过电话、信函或电子邮件等方式向档案馆查询所需档案，档案馆都予以了认真答复。①

相比国外利用档案的近乎零限制，我国档案利用政策相关的规定则较为复杂，对档案利用者资格的限制较多。

首先，对于中华人民共和国公民利用国内已开放档案，凡是持有合法证明均可以到各级各类档案馆利用已开放的档案，有提供利用义务的单位不得拒绝提供利用。这里的合法证明，一般是指单位介绍信、工作证、居民身份证、学生证等合法证件。公民或者组织利用已开放的档案，只要有以上合法证件之一即可。

其次，对于港澳台同胞和海外华侨利用国内已开放档案，分为两种情况，查取本人及其亲属证明可持本人回乡证或身份证等有效证件直接到有关档案馆利用，利用其他档案须持有我国境内的有关国家机关的介绍信等合法证明，并经其前往的档案馆同意才能利用。这里的有关国家机关指负责台港澳事务、外

---

① 张会超. 档案馆的另一道风景——中外对待外国人查档比较 [J]. 山西档案，2004（2）：11.

事事务、统战、安全、保密等国家机关。

再次，对于外国人或组织利用我国已开放档案，必须经我国有关主管部门的介绍和前往的档案馆的同意。这里的有关主管部门指的是我国负责外事工作的部门或接待单位的主管部门。

以上是利用国内已开放档案时对档案利用者的资格要求，而对于保存在各级各类档案馆的未到法定开放期限的档案，利用者如果要求利用，应符合以下条件：利用主体必须是我国的国家机关、团体、企业事业单位和其他组织以及公民个人；确为经济建设、国防建设、教学科研和其它各项工作的需要；须依据国家制定的利用未开放档案办法规定；须经保存该档案的档案馆同意，必要时还须经有关的档案行政管理部门审查同意。机关、团体、企业事业单位和其他组织内的档案机构所保存的尚未移交档案馆的档案，本单位因工作需要可以利用，本单位以外的中国公民和组织如需要利用，必须经过档案保存单位的批准。

与国外相比，我国档案利用政策对档案利用者的资格限制太多，不利于公民平等地利用档案，在这一方面，我国应参考国外经验，将对档案利用者的限制减少，尽量达到"零限制"，保障普通公民以及国外利用者利用档案的权利，这样做既能促进档案部门档案开放利用工作的有效开展，充分发挥档案的各项价值；也是档案馆"亲民"的重要举措，有利于拉近档案部门与公民的距离，增强公民的档案意识，提升档案部门在公民心中的地位和形象。

（五）关于档案利用中档案机构的职责

国外档案利用政策中对档案机构的职责有着明确的规定，确保了档案利用者的权利以及档案机构职能的有效发挥。

瑞典档案利用政策中对国家和地方档案馆的职责作出了明确的规定，其国家档案馆条例规定："国家档案馆必须为研究人员利用瑞典的和外国的文件提供文件。国家档案馆不仅要出版瑞典国家档案馆简报，而且还要公布对科学研究最有价值的文件。"上述条例在《瑞典地方档案馆条例》中也有所体现，《条例》规定："研究人员和大学生必须按照规定的合理方式利用档案和收藏品，地方档案馆必须向研究人员提供有关所藏文件的情况的资料，并协助科研工作的开展。"由此可见，瑞典国家档案馆对与档案开发和利用工作的重视，除了要求定期出版二次和三次文献之外，还要求档案工作为科学研究工作提供充分的资料支持。

英国《公共档案法》中也规定："公共档案馆馆长有义务为公众查阅和复

制公共档案馆对外开放的公共档案提供适宜的便利条件"以及"为了便于公众查阅档案，大法官应注意整理保存在公共档案馆外的那些依据本法制定的保存地点的公共档案，并要遵守上述各种限制规定。"上述规定进一步明确了档案机构和档案工作者应履行的义务，为档案开放和利用工作的顺利开展提供制度上的保障。

此外，俄罗斯档案利用政策也对档案机构的职责作出了明确的说明。2004年10月，俄罗斯联邦前总统普京签署的《俄罗斯联邦档案事业法》正式公布并自公布之日起开始生效。该法是继1993年《俄罗斯联邦档案全宗和档案馆法》之后的一部新的档案大法。其中，涉及到档案开放与利用的条款及内容主要集中在第六章，明确规定了档案文件利用者的权力，以及档案馆、博物馆、图书馆等机构的职责。该法第26条规定，档案文件利用者有权为了任何合法目的和采取任何合法方式，利用、转递、传播提供给他的档案文件和档案文件副本中所含有的信息；国家和市立档案馆、博物馆、图书馆和俄罗斯科学院组织要为档案文件利用者提供必要的查找和研究档案文件的条件；从事不具有法人资格的企业活动的国家机关、地方自治机关、组织和公民，必须按照规定的制度，以其拥有的相关档案文件为利用者无偿提供与公民的社会保障有关的，包含有养老保险以及依法获得其他优惠待遇和补偿的档案证明或档案文件副本；地方和市立档案馆、博物馆、图书馆和俄罗斯科学院组织，以及国家和市政组织，可依法在其拥有的档案文件和检索工具的基础上，为档案文件利用者提供有偿的信息服务，可与他们签订利用档案文件和检索工具的协议；国家和市立档案馆的档案利用制度由联邦政府专门授权的联邦执行权力机关制定，国家机关、地方自治机关、国家和市政组织、国家和市立的博物馆、图书馆、俄罗斯科学院组织的档案利用制度，由它们根据联邦法律，以及联邦政府专门授权的联邦执行权力机关制定的规则来确定；对受到俄罗斯联邦知识产权法调整的档案文件的利用要考虑到该法的要求；国家和市立档案馆、博物馆、图书馆和俄罗斯科学院组织，国家机关档案馆、地方自治机关档案馆、国家和市政组织档案馆，要为国家机关和地方自治机关实现其权力提供必要的档案信息和档案文件副本，公布和展览档案文件，编制关于馆藏文件内容成为的信息检索出版物；根据俄罗斯联邦法律作为物证没收的档案文件必须归还给档案文件的所有者或占有者。① 新制定的《俄罗斯联邦档案事业法》对档案提供利用的义

---

① 肖秋惠. 俄罗斯档案立法的最新进展［J］. 中国档案，2006（6）：57.

务和职责进行了更加明确和详细的规定，充分到了存在的各种客观情况，这样就为档案提供利用工作的顺利开展奠定了基础。

我国相关法律法规中对档案机构的职责也进行了说明。我国宪法第 47 条规定："中华人民共和国公民有进行科学研究、文学艺术创作和其他文化活动的自由。国家对于从事教育、科学、技术、文学、艺术和其他文化事业的公民的有益于人民的创造性工作，给以鼓励和帮助。"为了满足我国公民利用档案的正当需要，《档案法》第 19 条和《档案法实施办法》第 20 条均规定了有关档案开放的原则。这些规定将宪法的规定进一步具体化，为公民和组织利用档案的民主权利得以实现提供了法律依据和保障。《档案法实施办法》第 20 条规定："各级国家档案馆保管的档案应当按照《档案法》的有关规定，分期分批地向社会开放，并同时公布开放档案的目录"。这里所称的国家档案馆指"负责接收、保管档案的社会开放"，是因为考虑到目前各级各类档案馆所保存的档案中，属于到期应向社会开放的数量很大，而各档案馆的人力、财力有限，配合开放档案所做的准备工作一时难以完成，因此明确可以"分期分批"地开放，使各级负有开放任务的档案馆能够积极稳妥地做好这一工作。

在对档案机构职责界定上，我国对档案机构职责界定过于笼统，在某种程度上不利于档案机构权利和义务的明确，而国外档案利用政策体现出具体详实的特点，并且充分考虑到了存在的客观情况，有利于档案机构工作的开展，值得我国借鉴。

总之，通过对以上中外档案利用政策主要内容的对比分析，我国可以从两个方面优化档案利用政策内容的建设。一方面是加强档案利用政策内容的可操作性，即将档案利用政策的具体条款进一步细化、量化和具体化，加强针对性和具体性，增强操作性，使档案利用政策法规真正起到应有的引导和制约作用；另一方面是加强档案利用政策内容的时效性，目前我国档案利用政策中一个突出问题是政策内容过于陈旧和滞后，跟不上时代的发展，现在电子文件的应用已经相当普及，不再是什么新鲜事物，但是针对电子文件利用的专门规章制度或有关条款还比较少见。因此，我国应当尽快出台一些针对电子文件利用的政策法规，同时，原有政策的某些条款如果不再适应实际工作的需要，就要及时地进行修订，以保证档案利用政策的时效性。

第六章

完善对策建议：
社会转型期我国档案利用政策的改进策略

第一节　社会转型期我国档案利用政策建设的导向建议：
基于休闲

随着社会的发展和科技的进步，人们拥有越来越多可自由支配的时间。大众休闲时间的增多一方面使人们有条件参加更多的休闲娱乐活动，并在休闲娱乐的同时使自身的个人修养得到提高；另一方面也对社会文化提出了多元化的要求，社会文化领域需要及时采取行动，以培养和满足大众个人的兴趣。这样的形势推动了提供文化产品和文化服务消费的休闲产业的兴起。档案作为人类文化遗产的主要传承者，潜藏巨大的文化价值，在休闲产业中具有重要的作用。发掘其中沉睡的文化价值，为其在休闲文化中"开辟市场"，为档案利用服务寻找新的形式，这将成为档案工作不可推卸的责任。可以说，休闲利用是档案利用的新趋势，因此，我们在研究档案利用政策时，将休闲导向的档案利用政策建设作为一个重要方面进行阐述。

一、档案休闲利用概念及理论基础

（一）档案休闲利用概念

第 14 届国际档案大会第三次全体会议的主题报告是"档案在休闲社会中的作用"。主报告指出，档案在休闲社会有重要的地位，因为其文化职能可促进开发新的产品和服务。此外，主报告还详细阐述了"自由时间"和"休闲"的概念，并将两者进行了比较。报告提出："'休闲'是指在一个人自由支配的时间（业余时间）里，能使他享有某种体验和感受的特定的短暂时间。这段时间是他可以不去完成作为一个社会成员应该从事的工作和生产，而可以解放心灵，充分享受的美好时光。'自由时间'是指在完成工作、家务及其他社会责任后的剩余时间，而休闲则是以积极的方式来利用的自由时间。休闲的功能不仅是指休息、娱乐和消遣，更是指培养个人的素质和才能。因而，从这个意义说，档案的休闲利用是人们在基本需求得到满足的前提下，利用自由时间去档案馆查询档案以满足个人的兴趣和爱好，达到休息、消遣的目的，并且使自己的素质得到提高的活动。"① 这也是我们对档案休闲利用概念的理解，本节提到的档案休闲利用正是建立在这样的概念基础之上。

（二）档案休闲利用概念产生的原因

休闲利用作为档案利用领域的发展趋势，其概念的出现有着各方面的原因，我们从客观与主观两个方面，从休闲社会的出现、档案部门服务方式创新的推动与公民主体意识的增强三个角度来分析档案休闲利用概念产生的原因。

1. 休闲社会的来临

有人预测，2015 年前后，发达国家将进入"休闲时代"，发展中国家将紧随其后。进入 21 世纪以来，现代科技革命引起了生产方式和生活方式的变革，全方位地改变了人们的生活。人们的休闲意识观念得以转变，休闲内容和休闲方式不断得以拓展和更新，在当代休闲已成为人们的基本权利，也成为社会发展和进步的标志，休闲社会悄然而至。在休闲社会，一方面，社会生产力已经高度发达，生产效率远远超过以前，导致工作时间削减，人们自由时间相应增加，产生了休闲的可能。如目前我国节假日每年有 110 多天，几乎占到了全年的三分之一，因此公众有大量的时间可以自己支配。另一方面，先进生产力的发展使脑力劳动的工作量极大增强，人们对休息的需求也相应增加，产生了休闲的需要，即希望通过积极从事与工作相反的活动以达到消释工作带来的紧张和提高个人素质的目的。在这种背景下，图书馆和博物馆都成已为文化休闲的场所，档案馆和图书馆与博物馆在提供信息利用的本质上是一致的，为何不能休闲利用呢？

2. 档案机构创新服务方式的实践推动

为了提高档案的利用率，档案馆不断改进方法，创新服务形式，通过座谈会、展览、纪录片、甚至是制作发行一些网络产品等方式传播档案知识，以吸引人们眼球，提升自己在人们心目中的地位。有些档案馆紧跟社会形势变化，推出一些应时的档案或档案信息成果供大家利用。如上海市档案局制作的关于

---

① 傅荣校，郭佩素. 从普遍利用到休闲利用——对档案馆与社会公众关系的考察［J］. 档案管理，2005（6）：30.

上海历史变迁的一个纪录片就是一个很好的例子。人们到档案馆看上海历史变迁的纪录片并不是有目的的来学习或者查档，很多人是在假期闲暇时间去档案馆，把看档案纪录片作为文化休闲的一种体验方式。另外，档案部门还通过建立数字档案馆，以其丰富的馆藏、便捷的检索工具，来吸引人们的注意力，激发人们的使用兴趣，使档案已成为人们各式各样信息来源之一。档案馆开展的多种服务方式方法使得人们在考虑如何休闲时把档案馆也纳入备选范围，为人们休闲利用创造了条件，促进了档案休闲利用的产生与发展。

3. 公民主体意识的增强

20 世纪 60 年代以来，关于公民自由获取信息的权利的法律法规相继颁布，如《信息自由法》等，档案利用已成为公民的一项民主权利，也就是所谓的"档案民主化"。它使查阅档案成为任何一个公民在其日常生活中均可享有的自由获取信息的公共权利，越来越多的人们开始意识到这种权利，并合法地使用它。档案个人利用已经在档案馆的利用中占据主力的位置，如近年来在上海出现的"知青档案"、"独生子女档案"和"房地产档案"等的大量利用。信息权利的进一步明确还体现在人们对档案馆的监督上，随着《中华人民共和国政府信息公开条例》的颁布和实施，档案馆也成了政府信息公开的平台，有权利也有义务向公众及时地公布政府信息，公众对档案馆"不作为"的行为可以提起申诉。另外，在档案的"依法申请利用方面"，已经出现了公民把档案部门告上法庭的情况。由此看来，公民的档案利用权力意识正逐步增强。人们也必然会争取自己档案休闲利用的权利，这使得档案休闲利用不得不"应需而生"。

（三）档案休闲利用产生的理论基础

档案休闲利用的出现不是一个偶然现象，它具备产生的理论基础。

1. 档案休闲利用产生的功能基础

档案的休闲文化功能主要来自于档案的内容以及档案外观所蕴含的文化元素。首先，档案是历史的真实记录，因此档案具有丰富的休闲文化底蕴来揭示历史之谜，满足人们的好奇之心。档案具有贯穿古今、衔接未来的文化穿透力，档案记录着人类社会发展的历史，沉淀着经验、教训、成功、失败。许多历史上曾发生过的由于当时的社会环境、社会压力或政治因素等问题而保密的事件之谜。而这些谜有的永远长眠于历史海底，有的随着时间推移以及档案密级自然递减规律逐渐豁然于众。如 20 世纪 50～60 年代中苏关系突变之谜的档案，随着 30 年的保密期限的结束，现得以解密，不仅为史学者提供了研究资料，也满足了部分关注此事的"休闲人士"的好奇之心。其次，档案是一部记载人类社会发展的史书，串古系今，积淀着渊远的历史文化，特别是名人档案，不仅是现代综合档案馆藏的一项重要内容，更是中华文化的精髓。名人的手稿、信件、日记、个人珍藏，代表着各地区、各民族的文化特色，不但能开阔眼界、增长知识和增进对名人的真实了解，还能感受各地文化的熏陶。再次，档案是人类几千年社会发展、历史变迁的真实见证。各种载体的档案，如图片、声像、实物、精品和特色的陈列展，均是人们摆脱快节奏、强竞争、高效率带来的工作压力，调节情绪的好去处。

2. 档案休闲利用产生的价值基础

一般认为档案具有两大基本价值：凭证价值和情报价值。在这里，档案是以信息的身份被当作凭证和情报，利用者在利用档案前有明确的目的，利用后能直接运用到实践中去，产生实际功效。这里我们可以从另一个角度来分析档案信息的价值，即信息具备实用和享用价值。通俗的说，实用价值就是信息能满足人们特定目的的实际需要而具备的价值，享用价值是信息满足人们精神享受需要而具备的价值。档案信息作为信息的一种，其功用决不仅仅是使用或者说是实用价值，它还具有享用价值。比如，当你为了某项工程而去查找图纸，那么你获得信息后可以直接使用于实践，满足工程需求，这是实用价值的体现。如果你在空闲期间随手看本小说或电影，那么你获得的信息不能满足你某项实践的需求，只是让利用者在精神上得到某种收获，这就是信息的享用价值。档案信息亦是如此，我们看到档案的凭证和情报价值，仅仅看到了它的实用价值，忽略了其作为信息的一种而天然具有的享用价值。这样说来，档案的休闲利用就水到渠成了，它认识到了档案的享用功能，是对档案利用理论的一个完善与补充。

3. 档案休闲利用产生的思想基础

档案的"休闲利用"反映了档案学理念的巨大变化，即从根据国家档案概念建立起来的以司法—行政管理为基础的档案工作向建立在更广泛的公共政策和利用基础上的社会—文化档案工作的转变，也就是从"国家范式"向"社会范式"转变。在这一转变中，我们无法否认欧美发达国家先进的一面及其在信息服务社会化方面所做的工作与所取得的成绩。"欧美国家档案工作者与理论工作者坚信档案应当反映产生它们的社会，即从一个国家的理论发展到一种全社会的理论。借用亚伯拉罕·林肯的名言表示，档案是'民治、民有、民享'，我们的'记忆宫殿'是为人民而不是为国王服务的。"① 档案的休闲利用正是档案工作范式转变的一个最好证明。另外，随着"三个代表"、"亲民政府"等思想的提出与发展，有学者提出档案馆"亲民"战略。如冯惠玲在《论档案馆的"亲民"战略》一文中明确提出亲近民众是档案馆存在和健康发展的基本理由。档案的休闲利用正是贴近民众的一个很好的方式，是"亲民"思想的一种体现。

二、档案休闲利用的实践

(一) 国外档案休闲利用的实践

对于档案馆的休闲功能，国外档案学者早就有所认识和研究。如英国著名档案学家迈克尔·库克指出："整个社会应该把档案馆看作是它的一个文化机构，即使是贴上'文化娱乐'、甚至'消遣'的标签也是无可厚非的。虽然档案馆像博物馆和参考图书馆一样与纯娱乐性机构相比有更严肃的目的，但是他们有个共同点：如果人们愿意，闲之无事时，就可以去这些由社会建立起来的机构，按照个人兴趣进行活动。"② 在国外，许多国家的档案馆在增强社会性、树立亲民形象、打造公共档案馆的进程中，正为公众描绘着一幅幅优美的画面，也不断发出一个个诱人的信号：档案馆不再是公务人员所独享，同样接待因私利用者；档案馆不仅能查档，也能参观展览；档案馆不仅能帮助用户维护个人权益、进行民主监督、从事学术研究，而且还是用户一身轻松、心旷神怡地休闲的理想场所。国外档案馆的休闲利用实践主要呈现出以下特点：

1. 以丰富的馆藏为支撑

丰富的馆藏是档案休闲利用的基础和支撑。所谓丰富的馆藏是指其内容既包括各个国家机关、企事业单位、社会团体和组织、著名个人等多层次的社会结构整体，又包括政治、经济、军事、科学、文化、艺术等方面内容的结构领域，既包括不同载体的档案（纸质档案，声像档案，电子档案等），又包括不同类型的档案（文书档案科技档案、专门档案、地名档案、会计档案、文学艺术档案、人物档案等），既包括社会活动历史真实记录的档案，又包括相关的、有参考价值的图书、情报资料（家谱、族谱、地方史志等）。丰富的馆藏能满足各方面、各个年龄层次对档案的不同需求，它是提供利用的基础，没有

---

① Archives in the Post-custodial World; Interaction of Archival Theory and Practice Since the Publication of THE DUTCH MANUAL in 1989, TERRY COOK, National Archives of Canada, P11.

② 彼得·瓦尔纳. 现代档案与管理必读 [M]. 北京：档案出版社，1992：38.

丰富的馆藏，档案的利用特别是休闲利用就成了"无源之水，无本之木"。美国、英国、加拿大、澳大利亚等国都是在档案的休闲利用方面实践得比较早的国家，他们所具有的丰富馆藏是其提供档案休闲利用的基础。

如美国国家档案馆收藏有 100 多亿卷纸质档案，3000 万照片档案和近 300 万图纸档案。如美国文件与档案管理署网站①上有一幅老照片，上面写着：Discovery your family history（发掘家族历史），在其统计的"most requested"一栏排在前列的大多是关于二战照片之类的档案，这些档案在一定程度上迎合了人们休闲利用的需要。英国国家档案馆拥有的馆藏是从 1086 年的英国土地志到近年开放的政府文件，跨越了英国 1000 年历史。加拿大国家档案馆收藏有 71000 多小时的短、长胶片（最久的胶片生成于 1897 年），250 多万张建筑制图、平面图和图纸，其中一些可以追溯到 17 世纪初，约 3180 万兆电子信息，包括联机利用的 9500 册加拿大期刊和书籍，上百万册适应于不同品味和年龄的多语种书籍，自 19 世纪 50 年代拍摄的 21300 多万盒的影像，联邦的、省的、领土的和外国政府的文本文档和印刷品，270000 小时的录像和录音；343000 部艺术作品，世界上最大的加拿大活页乐谱，加拿大邮政档案等等。澳大利亚国家档案馆保管着自 1901 年澳大利亚共和国建立时创建的联邦政府文件，使它们可供世代利用。尽管收藏的多数是文件，但也有一些具有重大意义的照片、海报，图纸、建筑图纸、胶片、剧本原稿、乐谱和录音。这些收藏全部可以为公众提供利用。如此浩瀚的馆藏是研究澳大利亚历史、澳大利亚社会和澳大利亚人民的丰富资源。由此我们可以看出许多国外档案馆的馆藏内容是非常丰富的，不仅有跨越不同领域、不同年代的档案，还包含有不同载体类型的档案，这就为国外档案休闲利用实践提供了重要条件。

2. 利用手续的简单化

利用手续的简单与否是档案休闲利用实现的一个很大的制约因素。何为"休闲"？"休闲"一词在《辞海》里解释为"无事而休息"。哲学上赋予"休闲"的基本内涵是自在生命的自由体验。所以，"休闲"就是劳作之余的闲暇消遣，从事一些轻松愉悦的活动，起到休养身心的作用。繁琐的利用手续不符合"休闲"的要求，没人愿意把自己的休闲时光花费在繁琐的手续上，那样会使人们的利用兴致全无。国外在档案休闲利用方面实践的比较早的一些国家就为用户提供了简便的利用手续。如在澳大利亚国家档案馆查阅档案，手续十

---

① ［2009～04～30］．http：//www. archives. gov.

分简便，并不需要繁琐的证件，而且都是免费利用，如需复印、打印，也只收取成本费。到美国国家档案馆利用档案，手续也十分简便，用户只需要领取身份卡片，在两年有效期内可自由出入档案馆阅览室，外国利用者也没有特别的保密限制。由此我们可以看出，国内外在档案利用的手续方面还是存在差距的，这也是我国档案馆门前冷落鞍马稀、走不进寻常百姓家的一个重要原因。

3. 利用方式的便捷化、多样化

利用方式的便捷化、多样化是档案休闲利用的有效推动因素。多样化的利用方式不仅满足了不同层次的用户需求，也是吸引用户去档案馆利用档案的一大亮点。在档案馆中，人们可以到档案馆亲自利用档案，也可以在网络远程利用；可以自己动手查找档案，也可以让档案馆里的专门工作人员代劳查档；可以观看虚拟档案展览，也可以完全凭自己的兴趣，任意游览、参观、阅览、购书和上网。

如在英国国家档案馆，公众可以自由查找档案，也可以在档案人员的帮助下自己查找；可以根据联机目录自己做些初始化查询，还可以雇佣一个独立查询员代为查询。英国国家档案馆既是利用档案的地方，也是公众休闲的地方，小孩子看虚拟档案展览，老人看原件，年轻人上网、购书、喝咖啡。档案馆还利用面具、鬼脸和声、光、电等技术手段，吸引公众的兴趣。公众到档案馆可以不带有任何目的，完全凭自己的兴趣，任意游览、参观、阅览、购书和上网。

在澳大利亚，利用者既可以直接到档案馆查阅档案，也可以致电、写信、发传真、寄电子邮件等形式要求档案馆给予提供有关档案。

在美国，国家档案馆通过设立研究顾问，帮助用户查档；公开档案目录，方便用户使用检索工具；为用户提供理想的阅览设施和充裕的阅览时间；大面积、高数量地出售文件副本，方便用户开放利用馆藏资源等。此外，美国国家档案馆里还设有档案商店，为公众提供精美的礼物，如描述国家档案馆的建筑物结构和自由宪章组成部分图像的独特手工珠宝；在档案馆拥有的德文尖角体活字族谱图的基础上设计的独特陶器；公众需要用来记录和保存自己人生中重要时刻记忆的任何东西，包括相册、档案盒等。据统计，美国国家档案馆每年接待参观者达百万之众，这个数字或多或少能让人体会到"大众休闲"的意味。

在加拿大，档案馆提供利用的形式，既有传统的室内阅览服务，也有较新的电话查询、复制档案文件、提供缩微品、电子邮件服务等。加拿大国家档案馆还为一些特殊公众利用档案提供了便利，如：提供轮椅的使用；为残疾人提供的公共盥洗室；配备为残疾人使用的计算机工作站（可调性桌子和大屏幕）；为近视患者提供的计算机工作站（可放大性屏幕和 Jaws 软件）、放大镜及能够放大书和单片缩影胶片的阅读器；为盲人提供的盲人键盘。由此我们可以看出便捷、多样化的利用方式为用户的休闲利用提供了很大的方便，这也是在休闲社会中，档案馆能成为公众休闲的好去处的一个原因。

4. 利用主体的广泛化及目的的休闲化

利用主体的广泛化及目的的休闲化是档案休闲利用的重要体现。广泛的利用主体使档案馆深入人心，使各行各业、各个年龄层次的人都接触档案、了解档案，可以增强社会的档案意识，也可以促进档案的休闲利用的实现。因为档案休闲利用的主体也是很广泛的，每个人都有休闲的权力。

国外档案馆的利用主体广泛。如澳大利亚国家档案馆每年有上千人次利用馆藏进行研究，包括学术研究者、系谱学家、地方志学家、爱好者、新闻记者、学生、专业历史学家和律师。无论公众的研究目的是什么或者公众的需求特征如何，档案馆都非常欢迎他们的到来。加拿大国家档案馆从政府机关、科学文化研究人员到普通利用者，都可前来阅览室查阅档案，外国利用者也没有任何特别限制。英国国家档案馆既是利用档案的地方，也是公众休闲的地方，正如上文提到的小孩子可以看虚拟档案展览，老人可以看原件，年轻人可以上网、读书、喝咖啡。由此可以看出，在国外，档案利用的主体不仅包括学者、学生、记者等各行各业的人，还包括小孩子、老人、年轻人等各个年龄层次的人；不仅包括本国利用者，还包括外国利用者。档案利用的目的也趋向休闲化，人们到档案馆并不全是带着特定的利用目的，有很多利用者就是希望在档案馆度过闲暇时间。这一特征使得人们休闲的领域渐渐向档案馆转移。

上述国外档案馆休闲利用实践的四个特征，不仅使档案的休闲利用成为可能，还使档案馆变成了公众休闲的好去处，因为这里不仅有丰富的馆藏，使人们休闲之余学到知识，还有人性化的服务，能够满足各个方面的不同层次的用户需求。

（二）国内档案休闲利用的实践

与国外档案馆提供休闲利用的情况相比，国内档案馆的休闲功能在实践中还处在刚刚起步阶段。档案休闲利用至今还局限于学术的探讨上，只有部分档案馆对休闲利用进行了尝试。如上文提到的上海市档案局制作上海城市变迁纪录片供人们参观欣赏。另外，青岛档案信息网①上专门设置了"照片银行"、"展览厅"、"视频青岛"和"岛城览胜"等专栏，为档案的休闲利用提供了途径。浙江档案网②也有类似的"网上展厅"、"视频点播"等专栏，在视频点播一栏内，有一些利用馆藏档案信息资源做成的视频，例如《舟山渔民勇救英军战俘》等，人们在闲暇时间通过上网的方式就可以实现档案的休闲利用。总体来说，我国档案休闲利用实践还处在起步状态，提供档案休闲利用的档案部门较少，档案休闲利用的内容和形式仍显单薄。

我国档案馆在休闲利用实践方面发展迟缓与我国目前仍对档案馆是否具备休闲功能存在争议有一定关系。根据我们对档案馆休闲利用相关文献的梳理，发现有一部分学者认为档案馆有休闲功能，另一部分学者则认为档案馆没有休闲功能。前者认为随着社会物质财富的丰富和人们生活水平的提高，越来越多的人开始追求更高的精神生活，节假日读书、学习已成为当今社会一种新的健康流行时尚，因此，社会文化领域必须及时采取行动，注意培养和满足大众兴趣，其中有学者认为档案馆的休闲功能体现在档案馆作为爱国主义教育基地，拓展了工作领域和服务空间，举办的一些展览集教育和欣赏为一体，人们利用空闲来档案馆参观展览，就是休闲；后者则认为休闲是工作、学习后的一种轻松悠闲的生活，让人从疲倦、紧张、枯燥的氛围中获得情感释放。而档案馆提供的开放档案和馆藏资料，很难满足人们的休闲需求。开放档案一般是30年前或更早的故纸堆，若非对某段历史有特殊感情，难以引起民众兴趣。至于馆藏资料其数量种类均无法与图书馆相比。加之档案馆多设在机关大院，进出不便，更有严谨的机关作息时间，民众再想休闲，也难实现。而经费不足又使档案馆的征集工作遭遇尴尬，没有丰富的馆藏，也就不具备休闲的前提条件。更有学者坦言："档案馆难以发挥休闲功能，与其地理位置、建筑结构、历史传统未能打造文化休闲场所必需的优势有关；亦和体制上局馆合一，档案局肩负政府职能，主要面向领导机关，多设于政府大院僻静之处不无关联。故虽有临街者，也习惯将大门开在胡同内，不像文化馆、电影院、快餐店专寻繁华市井，格外注重人气。正是这些客观历史原因使得档案馆最终远离休闲娱乐和广大民众。"由此看来，人们对档案休闲利用观念上的分歧一定程度上制约了档案休闲利用实践的发展。我们当前面临的首要任务是在休闲利用上统一思想，

① ［2009～05～04］．青岛档案信息网 http：//www. qdda. gov. cn.
② ［2009～05～04］．浙江档案网 http：//www. zjda. gov. cn.

为休闲利用实践扫清障碍。

三、休闲导向的档案利用法规政策建设的必要性

由上文可以看出，档案休闲利用已经作为一种档案利用的新趋势获得越来越多的接受与认可，尤其是国外档案休闲利用的发展已经较为成熟。但是，档案的休闲利用实践在我国的发展并不顺利。其原因有很多方面，例如，我国档案意识薄弱；档案管理传统理念的影响；档案馆的客观条件限制等等。我们认为，档案利用法规政策的建设与档案休闲利用实践的发展也有着直接的关系，休闲利用导向的档案利用法规政策是促进档案休闲利用蓬勃发展的强大动力。

（一）休闲利用导向的档案利用法规政策建设的社会背景

随着社会生产力的发展、人们生活水平的提高和空余时间的增多，"休闲"成为越来越多人的生活方式。从节假日里图书馆、博物馆里的人员爆满到全国各地旅游景点和文化场所的人流，可以感觉到公众在休闲中对文化的需求。而作为人类文化遗产主要传承者的档案也应积极融入文化休闲的历史潮流中。档案休闲利用这一趋势的产生是有其广泛的社会背景的。

1. 政治背景

随着经济体制改革的深化与社会主义市场经济体制的不断完善，我国政府由"经济建设型政府"向"公共服务型政府"转变已成为一种必然的趋势。在这一转型过程中，执政理念和政府的职能都发生了重大变化，积极打造透明政府、推行阳光执政以及充分确保公众的知情权乃至其他利益。我国政府决策正力图并逐步走向民主化、科学化和公开化。通过电子政务公开和发布政务信息，切实扩大公众的知情权和参与权，提高他们对政治生活的关切度，赋予他们对政府等政治组织决策有更多的建议、咨询、参谋的机会；通过政策公示制度、政策咨询制度、政策听证制度、政策效果评估制度，鼓励人民群众参与管理国家事务和社会事务，管理经济和文化事业，参与公共政策的制定和执行。通过设立诸如"领导接待日"、"热线电话"、"市长信箱"等方法来监督政府施政过程。另外，政府建立健全决策问责制度，避免行政决策的随意性和盲目性。这充分体现了我国打造"阳光政府"的决心，这也为公众的休闲提供了一个宽松的政治环境。

2. 经济背景

进入社会转型期以来我国市场经济的快速发展为人们的休闲生活提供了可能和必要的物质基础。人们的需求目标由物质逐渐转向精神，需求结构的变化使"休闲社会"成为可能。工业时代所创造出空前丰富的物质财富使得人们

不必花费绝大多数的精力和时间去获取温饱，物质需要易于满足，人们精神需求就变得日益突出，追求生活的多样化、内心的充实感、精神的愉悦满足度将成为人们需求结构的主要组成部分，而这一切就构成了人们"休闲"的理由，因此可以说物质生产的极大发展是休闲社会存在的前提和基础。随着物质生活的满足，人们开始越来越注重精神生活的富足，"休闲产业"、"休闲文化"、"休闲消费"等词应运而生。档案作为文化的传承者、一个特殊的文化载体，其在未来休闲社会中或满足人们研究历史的学术需要，或满足人们猎奇的文化需要，或满足人们追溯过去寻根探源的情感需要，它所起的作用是不容忽视的。

3. 法律背景

近年来，我国的立法进程取得较大的成果，中国的法治建设取得巨大成就，一些与人民群众切身利益相关的法律法规不断建立。我国的法律体系不断健全，到 2010 年基本形成健全的法律体系的目标正在不断地得到实现。通过改革开放以来近 30 年的普法教育，广大人民群众的法治观念不断增强，民众利用法律保护自己的利益的意识不断深入人心，法律成为民众利益的"保护伞"，如 2008 年 5 月 1 日起正式实施的《政府信息公开条例》，它的颁布实施将大大提高政府办公的透明度，老百姓可以最大限度地获取已公开的内容，并可通过不同渠道获取信息，规范了政府信息公开工作，强化了行政机关公开政府信息的责任，明确了政府信息公开的范围，畅通了政府信息的公开渠道，完善了政府信息公开工作的监督和保障机制，也为公众知情权的实现提供了法律保障。

当然，法律总是根据现实社会的需要制定的，法律既是对历史经验的总结，也是对未来社会发展的引导。由于社会环境的日新月异，因而一定程度的滞后性是法律所不可避免的。这就需要根据时代的特征不断发展和完善我国的法律体系。档案的休闲利用作为当前档案利用的发展趋势，具有极强的时代性，因此我们要在原有的档案法律法规体系的基础上注入休闲利用的成分，使"档案休闲利用理念"在付诸实践的过程中有法可依。

4. 文化背景

中华民族创造了灿烂的文化，其精髓源远流长、博大精深。这些优秀文化遗产是维系民族成员的心理纽带，对于中华民族的繁衍、统一稳定和自立于世界民族之林起着巨大的作用。人文精神是整个人类所体现的最根本的精神，它以追求真、善、美等崇高价值观为核心，以人的自由和全面发展作为目的，弘扬科学精神和人文精神，是弘扬民族文化的具体体现。档案信息本身就是对文化的记录与传承，档案部门应最大限度的挖掘档案信息的价值，通过各种方式提供利用。

随着公众收入水平的提高，消费结构的变化和空暇时间的增加，休闲文化应运而生。休闲文化旨在通过休闲娱乐的过程，用喜闻乐见的形式向人们潜移默化地施加科学精神和人文精神的影响，使人们在休闲中得到身体的放松和精神的升华。比如美国一件200多年的《独立宣言》被视为绝世珍宝，世界各地慕名去参观的人们络绎不绝。人们通过参观既放松了自己也陶冶了情操。中国数千年的文字记载历史和遗迹是值得国人骄傲的民族文化，对现代人有着强大的吸引，对外国人则更是充满了神秘的东方色彩。贵如《独立宣言》类的档案在中国比比皆是，但是愿意到中国档案馆的人却寥寥无几。究其原因，则是因为我国档案部门没有意识到很多档案还可以用来"休闲"。所以，档案部门必须立足于传统文化和现代文化特色去挖掘古老档案在现代生活中的利用价值。

综上所述，在我国，公开民主的政治环境、稳定繁荣的经济背景、日益健全的法律体系和休闲文化的出现给我国档案的休闲利用提供了肥沃的土壤。但是，档案的休闲利用并没有出现茁壮成长的势头，休闲利用导向的法规政策的缺失无疑成了制约其发展的关键因素。

（二）休闲利用导向的档案利用法规政策建设的专业背景

1. 我国的档案利用法规政策现状分析

我国真正具有较系统、确切的档案工作立法是在新中国建立以后，以1987年《档案法》的颁布为标志。建国初期，党和国家制定了一系列档案工作原则和制度。十一届三中全会后，档案立法工作有了迅速发展。《档案法》颁布之前，制定了大量全国性的档案法规、规章和规范性文件，这段时期，我国已出台了《科学技术档案工作条例》、《档案馆工作通则》、《机关档案工作条例》、《机关档案工作业务建设规范》、《各级国家档案馆收集档案范围的规定》、《国家档案局关于机关档案保管期的规定》、《机关文件材料归档和不归档的范围》及其它一些专门档案管理的办法等法规规章，统一了我国档案工作的管理体制、原则和制度，促进了社会主义档案事业的不断发展。《档案法》颁布之后，档案立法工作进一步走上正轨，档案法的制度建设进入了一个新的阶段。《档案法实施办法》及馆网布局、执法监督检查、开放利用及专门档案管理方面的法规和规章陆续出台。截至1990年，除国家颁布了《档案法》和《档案法实施办法》外，党中央国务院制定颁布的档案行政法规，国家档案局制定或与有关部门联合制定的档案工作规章及规范性文件达 180 多件。1995 年，全国第一部地方性档案法规《上海市档案条例》颁布后，地方档案立法工作逐步发展起来。同时，《档案法》及《档案法实施办法》等法律法规和规章经过修改，质量也进一步提高。特别是 1997 年，《中华人民共和国刑法》（修订）的颁布，新刑法首次纳入了有关档案犯罪的专门条款。这是继《中华人民共和国档案法》实施后我国档案立法方面的又一重要建树。档案法规和规章为我国档案事业的发展提供了法律依据和保障，促进了档案的安全保护和广泛有效的利用，提高了档案事业为社会主义现代化建设服务的整体水平。

另外，在电子档案的法规建设方面，我国国家档案局也于 1996 年 9 月成立了电子文件归档问题领导小组，制定出《办公自动化电子文件归档与电子档案管理办法》，并在上海、杭州、广东等地政府试行。但它只是电子文件和电子档案管理中的一般方法，可操作性不强，还有许多需要完善的地方。国家科委、建设部、档案局等五部委也制定了《电子光盘存储、归档与档案管理要求》。目前，我国已经形成了以《中华人民共和国档案法》为核心，包括国家有关法律中针对档案工作的法律规范的国家档案法律，由国务院及所属各部、委制定的档案行政法规、规章、由地方权力机关和人民政府制定的地方性档案法规、规章组成的一个比较系统的体系。同时，各级党委、政府、人大常委会和有关部门及社会各方面越来越重视和支持档案工作。机关、团体、企业事业单位的档案机构和各级各类档案部门依法加强了自身建设。各级档案行政管理部门认真组织实施档案法规和规章，并对实施情况加强了监督检查。档案法制建设所取得的重大成就，充分证明了档案法制建设在档案事业中的重要地位和作用。

从我国在档案法制建设方面的成果可以看出：我国的档案法规体系正在逐步的建立和完善，档案利用工作作为档案工作的一个重要组成部分，关于档案开放利用的法律法规条文也只是零星地分布在这些关于档案工作的法律法规体系内部，档案休闲方面的档案法规政策严重不足。随着信息技术的日新月异、政府职能的不断扩展和公众主体意识的不断增强，各国纷纷出台了政府信息公开的规章条例，这可以算得上是档案信息利用立法方面的一大实质性的突破，而档案休闲利用作为一种新呼声，目前在国内还存在一定的争议，要将其纳入档案利用法规政策体系中还是需要一定的时间。

2. 利用法规政策休闲成分不足的原因

（1）"档案休闲利用理念"发展不充分

随着人们生活水平的不断提高和物质生活的不断丰富，"休闲"、"休闲文化"、"假日经济"等词应运而生，反映在档案领域，就是产生了新的呼声——档案休闲利用。"档案休闲利用概念"的正式提出是在 2000 年举办的第 14 届国际档案大会上。在过去的十年左右时间内，一些欧美国家对这一理念进行了实践，并卓有成效。他们从档案馆的地理位置、建筑结构、整体布局和馆藏的内容结构等充分体现出休闲的色彩。如美国国家档案馆是美国保管联邦政府档案的机构，建立于 1934 年，直属联邦政府，馆长由总统任命。1949年改属美国国家档案与文件署。馆址在华盛顿。馆藏档案截至 1984 年达 140万立方英尺，计有约 30 亿页原件、14 万卷影片、500 万张照片、200 万幅地图和图表、20 万件建筑和工程设计图、11 万件录音档案、800 万张宇航照片。1968 年在费城、芝加哥、堪萨斯、西雅图等 11 个城市建立分馆，保存联邦政府在地区性活动中产生的档案文件和国家档案馆馆藏中对地方研究有价值的档案缩微副本。国家档案馆及其分馆均向社会开放。不管是在传统观念还是在原有的法律（如信息自由法、知情权法等）基础上，档案的休闲利用对他们来说是水到渠成的一件事。

但是在我国，档案休闲利用理念还是显得较为"年轻"，在理论上尚且存在争议。有些学者还是不能接受档案的休闲利用这一概念，认为档案馆是严肃的地方，如果给其增加了"休闲"的功能，就沦为和咖啡馆、音乐厅一样的公共场所，有失庄重。在实践上仅仅有部分档案机构开始尝试档案的"休闲"利用，如上海市档案馆外滩新馆。上海市档案馆外滩新馆共有 11 层，底层大厅设有总服务台、售品部和咖啡吧，1~2 层为主题展厅，3~4 层为专题展厅，5 层为档案文件资料查阅服务中心，6 层为电子阅览厅，7 层为多媒体视听室和学生课堂，8 层为档案工作者之家和多功能厅，9 层为会议室，10 层为报告厅和观光平台。上海市档案馆外滩新馆自开馆以来，不定期吸纳引进国内和国外富有特色的优秀展览到馆陈列，举办各种专题展览，如《中国档案文献遗产珍品展》、《抗日战争与上海》档案文献实物图片展、《海德堡的建筑》图片展等。常设的《城市记忆——上海近现代城市发展历史档案陈列》展以 1949年 5 月上海解放为分界点，用两层展厅展示了旧上海和新上海的不同风貌，反映上海的历史发展。清乾隆朱批奏折、八一三期间日军使用的上海战局全图、上海市人民政府第一号布告、APEC 会议晚宴菜单等等富有特色的 600 多件珍贵档案、照片和实物藏品，展现近 200 年来上海城市发展的脉络轨迹。上海市档案馆外滩新馆不管是从地理位置，总体布局，还是服务方式上，都体现出了休闲的气息。这是与上海市的经济发展和人们开放的思想意识分不开的，是一次"档案休闲利用理念"的可贵尝试。但在国内其他地方，档案馆还只是传统意义上的，还是位于政府大院内或者是偏离市中心的，不管从馆藏内容还是从方便程度上，都难以满足人们的休闲需求。因此，档案休闲利用在我国还只是新事物，发展还不充分，还没有影响到档案法制建设层次上来。

（2）档案界对档案利用法规政策研究不足

总体来说，目前档案界对档案利用法规政策研究不足。一方面，档案界的研究重点多倾向于档案的整理及如何更好地实现档案利用这个大方向，如电子文件管理、企业档案管理、数字档案馆的建设、民生档案、家庭档案、档案信息化建设、档案信息资源的开发利用、档案的知识管理等问题，对档案利用法规政策的研究略显冷清。

另一方面，虽然档案利用工作作为档案工作的一个重要组成部分，但是到目前为止还没有一部真正意义上的档案利用法。档案界对档案法制建设的研究多着眼于《档案法》的修订和中外档案立法比较上，很少有专门对档案利用法规政策进行研究的。另外，对档案法规政策的研究重点也集中在档案的管理、档案机构的职责等方面，对档案利用这一领域的研究很少，如《归档文件整理规则》、《电子文件归档与管理规范》、《国家重大建设项目文件归档要求与档案整理规范》、《档案著录规则》等大多围绕档案整理这一主题，档案利用方面的法规政策很少。

综上所述，目前我国档案政策体系正在不断发展和完善，但是档案利用政策却有待完善，且档案利用政策中的休闲成分不足。众所周知，政策能够对人们的行为产生重要的影响，因此建立休闲导向的档案利用法规政策，能对人们的休闲利用行为产生直接的影响。可以说，建设休闲导向的档案利用政策对档案休闲利用的发展具有重要的意义。中国在 1997 年将依法治国基本方略写入党的十五大报告，时至今天，法治思想已经深入人心，上至国家干部下至市井百姓都深刻体会到了"法比天大"的精神实质。在这种社会背景下，法律以及国家政策所否定的，大家一定认为那是绝对不能染指的。相反，法规政策鼓励和引导的，也一定能在群众心中产生强烈反应。正如 2008 年 1 月，中宣部下发了《关于全国博物馆、纪念馆免费开放的通知》，一时间门可罗雀的各个博物馆顿时变得门庭若市。2007 年 1 月《中华人民共和国政府信息公开条例》

的颁布，也使得全国自上而下参政议政的热情一度高涨。试想当初国家建立博物馆的初衷大抵是为了让广大群众到馆中参观学习，可博物馆建成后，并没有引起人们的关注，为了吸引观众可谓是想尽办法，绞尽脑汁，但效果不甚理想。后来源因一纸文件的下发，问题迎刃而解。这一小小的实例着实应该让我们档案人擦亮眼睛，他山之石，可以攻玉，我们在讨论各种措施以提高档案利用率时是否可以摆脱"丰富优化馆藏"、"改善馆藏结构"、"加大编研力度"的窠臼，借力于档案法规政策的作用或许能起到意想不到的效果。

四、如何建设休闲导向的档案利用法规政策

法规政策的建设是一个系统的工程，绝不是一朝一夕，一年两年能够完成的，更不是一章一节，一篇两篇文章能够说明清楚的。休闲利用导向的档案利用法规政策建设亦是如此。我们对这一领域的研究有限，加上目前可参考的这方面的研究成果极少，所以我们仅从宏观层面诸如建设原则及建设方法与思路等方面阐述休闲利用导向的档案利用法规政策建设。

（一）休闲利用导向的档案利用法规政策建设的原则

原则就是标杆。在休闲利用导向的档案利用法规政策建设时，首先要树立一个标杆，有一个建设的指导精神，这样才能少走弯路，不走错路。以下是我们认为在休闲利用导向的档案利用法规政策建设时要特别注意的几点原则。

1. 休闲导向原则

提到档案利用，人们一般会想到档案的学术利用、普遍利用和实际利用，我们认为学术利用和实际利用都属于上文提到的档案"实用"的范畴，休闲利用作为普遍利用中的一个重要分支，应属于档案"享用"的范畴。谈到休闲利用导向的法规政策建设，在涉及档案利用方面的法规政策中，档案"享用"的理念要作为一个与档案"实用"思想并列的主线体现出来。档案工作是个复杂的系统工作，整个管理流程有很多环节，要想起到良好的休闲利用效果，鉴定、收集、整理、保管、检索、统计、编研等各个环节都要相互衔接，配套政策规定要到位。这就要求我们在档案休闲利用导向的法规政策建设时，在收集、整理等模块的法规政策中都要体现"休闲"的思想，起到休闲利用的导向作用。比如，规定收集时要兼顾文化休闲类文件资料的积累，如各个时代的音乐、电影和画报等；鉴定时要在不损害各方利益前提下尽早开放可供用户休闲利用的档案，如一些经济、科学、技术、文化等类档案；编研时针对时下大众的口味推出一些有吸引力的出版物，比如曾在大江南北普遍热播的两部电视作品《我的团长我的团》和《潜伏》，分别讲述抗日战争时期的缅甸远征

军和国内战争时期国共谍战的故事，档案部门应该抓住时机，根据库房里宝贵真实的历史档案，推出一些相关历史时期的作品，提供休闲利用，必定会引起广大群众的利用热潮。

2. 公平公正原则

公民的档案利用权是信息权利的一种，它是公民享有的到国家档案保管部门自由获取档案信息的权利。利用档案是公民的一项权利，国家赋予公民享有了解、获取、存储、开发利用档案的权利。公民档案利用权的产生始于法国大革命时期，美国档案学者谢伦伯格在《现代档案——原则与技术》中指出：法国的稿月法令中关于公众利用档案权利原则的确立，被称为是档案的"人权宣言"。德国档案学者厄恩斯特·波兹奈尔总结法国大革命对近现代档案事业的贡献之一就是：公民利用档案权利的确定。

同样，公民都平等的拥有档案"休闲利用"的权利，在休闲利用导向的法规政策制定时要体现公平公正的原则。这里主要指的是法制内权利主体的公平公正，即广大档案用户平等的拥有档案休闲利用的权利并且拥有能够平等的实现档案休闲利用的权利。一方面，目前的法规政策中，一些条款或直接或间接的影响到了档案用户休闲利用档案的平等权利。如关于一些文化休闲类档案的开放时间规定，档案用户利用档案的身份限定，利用档案的费用问题等不同程度的影响到了用户的权利实现。另一方面，不同地区档案机构不同的档案管理政策与办法，以及对档案法规执行程度的差别也使得不同地区档案用户的权利受到影响。例如，我们所在省区的省级国家档案馆就坐落在省委大院内部，要到档案馆利用档案，要先过门口警卫一关，很多普通群众无法得到进门许可，何谈进馆"休闲"利用？这些都是休闲利用导向的法规政策建设要解决的问题。

3. 便民利民原则

档案法规政策建设的目的之一就是满足档案用户需要，方便其实现利用目的，实现档案的自身价值。休闲利用导向的法规政策建设的宗旨更是使档案的休闲利用理念深入人心，促进档案的休闲利用成为档案利用的又一主流形式。反观目前的档案利用法规政策，多是笼统规定一下档案开放的时间，档案用户的身份限定以及利用的程序，档案机构或单位提供档案利用服务资格的界定等等，并没有制定出一些具体的体现便民原则的法规政策条文。

以档案保管期限划分为例，档案法规政策及一些省市档案管理条例只是宽泛的说明。如《档案法》规定，"国家档案馆保管的档案，一般应当自形成之日起满 30 年向社会开放。经济、科学、技术、文化等类档案向社会开放的期限，可以少于 30 年，涉及国家安全或者重大利益以及其他到期不宜开放的档案向社会开放的期限，可以多于 30 年"。在这里，"经济、科学、技术、文化等类档案"的开放时间就变得"灵活"起来，"可以少于 30 年"，那也就是说不少于 30 年也没有问题；另外，少于 30 年也有不同的理解，25 年是少于 30 年，一年、两年也是少于 30 年。这样，一些档案保管机构本着"保护档案，减少风险"的保守思想，保管期限制定尽量靠上限，能不开放的档案就不开放。最终造成档案馆外馆内一热一冷的局面，一方面档案利用者亟需利用某些档案，而档案保管机构坚守不合时宜的档案开放制度，让本可以开放档案常年孤独的躺在阴暗的库房里，使得档案的现行价值随着时间的推移渐渐消失殆尽。据统计，全国各省、自治区、直辖市各级综合性档案馆已开放各类档案占馆藏总量的比例，2002 年是 24%，2003 年是 22.6%，开放比例最高的是北京，55.9%。虽然开放的绝对数量一直在增加，但是开放与保密档案的相对比例却下降。又如外交档案的开放比例，我国 1955 年以前的外交档案开放 30%，而美国 1975 年以前的外交档案开放程度达到 90%，可见我国目前档案的开放程度使得档案利用变得极为不便。

4. 与时俱进原则

档案工作是发展的，其内容不是一成不变的，而是随着社会时代的进步、变化而发生变化的，这是因为档案本生就是历史的真实记录，现实社会发展的烙印深深地反映在档案之中。因此，当社会新的领域出现时，档案工作就应当延伸其中，拓展服务对象与方式，与时俱进，促使档案工作水平全面提升。

休闲利用导向的法规政策建设亦如此。休闲利用不同于传统档案利用，因为档案用户到档案部门"享用"档案的目的性并不是很明确，可能纯粹是打发闲暇时间，也可能是特有的某种爱好。所以其利用行为具有不确定性，变数很大。正如上文所说，一部深入人心的影视作品都可能会激起档案用户的休闲利用需求。基于这种情况，在休闲利用导向的档案法规政策建设时，要避免"新瓶装旧酒"的现象，要具有较强的时效性，符合当下档案利用形式发展的需要。

由于档案法律法规一经制定便具有相对的稳定性，政府和部门不可能在短时间内根据社会上出现的变化随时修改更换法律法规，所以在这里相关档案政策作用的优势就体现出来。可以通过下发文件或规定的形式来保证档案法规政策紧跟形式。如 2004 年 12 月中共中央办公厅和国务院办公厅发布《关于加强信息资源开发利用工作的若干意见》，即 34 号文件，对我国信息资源开发的重要性、紧迫性、指导思想、主要原则、总体任务等，作了全面规定。国务院办公厅《2006～2020 年国家信息化发展战略》，把加强信息资源开发利用作为我国信息化战略重点之一，决定优先实施网络媒体信息资源开发利用计划。为适应信息技术的发展，2006 年 10 月国家档案局、国务院信息办下发了《关于开展档案信息资源开发利用试点工作的通知》，在全国档案系统范围内开展了试点工作。

（二）休闲利用导向的档案利用法规政策建设的方法

1. 现有档案法规政策建设的主要问题

我国利用档案法规政策建设已经走过了风风雨雨数十年。到目前，我国档案法规政策体系内部形成了一个自上而下的网络。这里面包括档案法律，国务院颁布的档案行政法规，国务院各部委、省自治区、直辖市等颁布的行政规章以及一些档案行业标准等。随着国家经济建设的进一步发展和社会文明的不断进步这些法规政策与当今形势的发展和要求已不相适应，某些方面又存在明显的漏洞或缺陷，已明显不适应依法管理档案事业的需要，需要及时弥补或修正。主要表现在以下几个方面：

首先，现有档案利用法规政策缺乏执行力。《档案法》、《档案法实施办法》以及各个地方的档案管理条例虽然都或多或少涉及到了档案利用的条文模块，但是现有档案法规的这些条款大多显得原则抽象，伸缩性较大，因而很难起到很好的指导与引导作用。比如在档案利用权与档案公布权的规定反面，《档案法》规定了依法利用档案是公民的一项法定权利，如"中华人民共和国公民和组织持有合法证明，可以利用已经开放的档案"，"机关团体、企业事业单位和其他组织以及公民根据经济建设、国防建设、教学科研和其他各项工作的需要，可以按照有关规定，利用档案馆未开放的档案以及有关机关、团体、企业事业单位和其他组织保存的档案"。同时，《档案法》第 22 条第一款对国有档案的公布权做出规定"未经档案馆或者有关机关同意，任何组织和个人无权公布"。国家一方面积极扩大开放范围，鼓励公众利用档案；另一方面又在制度上牢牢把持着档案的公布权。这既违反了法律制定的同一性、协调性原则，也使得利用者进退维谷、无所适从。公民在利用档案过程中利用权与公布权的冲突由此产生：一方面公民可以利用已开放档案，另一方面又无权公布国有档案。对尚未公布的档案，公民只能查阅其内容，不得将之公之于众。这就无法实现真正意义上的档案利用，也更谈不上创建休闲利用环境了。

其次是利用法规政策的缺失。主要有四个方面：一是专门利用法的缺失。最大程度的提供利用是档案馆和档案人的光荣使命，但是目前档案相关法规政策中还没有一部真正意义上的"档案利用法"。相比于国外通过《信息自由法》、《知情权法》等使得档案的休闲利用水到渠成，我国亟待一部类似于"档案利用法"的档案利用的专门法律。二是档案利用法规政策中利用条款的缺失。从《档案法》规定的条款数与内容来看，第三章为档案管理，10 条至18 条，共 9 条；第四章为档案利用与开放，19 条至 23 条，共 5 条。两者比较，其中档案管理比档案利用开放多 4 条，将近一倍，再看各个地区档案条理，大部分都是是模仿档案法形式，关于"休闲利用"的字眼更是极少体现。三是法律责任规定的缺失。《档案法》第 19 条，只规定期限的一般标准，而没有相应的法律保障其实施。在《档案法》中的"法律责任"，以及《档案法实施办法》中，均没有相应的条款来说明开放期限用什么措施保障其实施，如果开放期限没有得到保证，也没有具体条款可依据去追究相关机构和人员的法律责任，所以很难保证在档案馆的档案能够及时开放，从而影响用户的利用行为。四是档案利用中隐私权保护法的缺失。档案是一种重要的原始信息，也是记录隐私的载体，档案开放利用的过程涉及到隐私的保密和公开，档案的开放利用与隐私权的保护一直就是一对尖锐的矛盾，我们要用辩证的眼光看待问题，不能只是一味强调档案的开发利用，而忽视了档案形成者或隐私关联人的隐私权。目前，我国还没有一部正规的隐私权法出台，关于隐私权保护的法律依据分布在各部档案工作中关于隐私保护的法律法规中，可操作性不强。国外对涉及个人隐私档案的开放主要还是进行时间限制的做法[1]，具有很强的操作性，值得借鉴。我们国家也可以对有含有隐私的档案的开放期限延长，并用法律的形式确定下来。只有正确处理好开放利用与隐私权保护之间的矛盾，才能使档案工作正常进行，社会才能稳定有序地发展。

2. 休闲利用导向的档案利用法规政策建设思路

针对在档案法规政策建设中所存在的问题，我们的思路如下：

（1）对原有档案利用法规政策进行增补

首先，加大对专门的档案利用法规政策的研究力度，及时出台专门档案利用法规政策。在档案利用法规政策建设中，我们认为主题思想要突出一个灵魂，两个方向。一个灵魂，就是实现利用；两个方向，就是传统和休闲。要通

---

① 赵秀娇. 档案开放、公布与利用中的法律问题研究 [D]. 湘潭：湘潭大学，2004.

过法规政策的建设，给"休闲利用"正名，使人们意识到档案的休闲利用并非部分学者的异想天开，它必将成为未来休闲社会中档案利用发展的一个重要方向，对它的未来充满信心。目前我国在法律层次上只有一部《中华人民共和国档案法》。根据目前我国档案事业发展的形势，我们可以考虑出台档案利用方面的专门法，如"中华人民共和国档案利用法"。

其次，在现有档案法规政策内容中，增加涉及档案休闲利用相关条款的比重。可在现有法规政策条款中有意出现"休闲利用"字眼，以体现当今档案利用发展的新形势。如各省在制定档案管理条例时，可以明文规定，档案馆可以根据需要设立档案休闲利用的部门，如档案休闲利用中心或档案休闲利用科（处），专职档案休闲利用工作，这样能够给档案休闲利用提供充足的人力与物力保障。

另外，应增加相关违法违规处理办法条款。有法可依，违法必究。但是目前我国现有的档案法规政策体系内缺乏相应的处理条款，导致档案法规政策执行力不强。现在的《档案法》给档案部门赋予了很多的权利，相比之下利用者在利用过程中除了服从档案部门的安排之外，很难按照自己的意愿对档案部门提出要求，对档案部门不作为、渎职等行为无可奈何。这样的利用过程必然给利用者造成不便。建议在第五章法律责任中，针对档案部门提供利用中的不作为、渎职行为，设定专门条款。比如可增加一条："当第四章规定的利用者权利无法实现时，利用者有权针对档案部门关于利用档案的决定，向其上一级机关申请复议，上级机关有义务受理利用者的复议申请，并必须在接到复议后一个星期内给出答复。"这样才能使得档案部门在监管利用者的同时，受到应有的法律约束。

（2）对原有档案利用法规政策进行修改

对现有档案法规政策进行修改是档案学界探讨档案法规政策建设问题的一个常规思路。正如上文提到档案利用法规政策建设应尽量做到与时俱进，考虑到时代特征的变化，目前应对档案利用法规政策中不利于档案休闲利用行为实现的条款进行修改。

比如，《档案法》中第 23 条就可以将现在的"各级各类档案馆应当配备研究人员，加强对档案的研究整理，有计划地组织出版档案材料，在不同范围内发行。"修改为"各级各类档案馆、机关、团体、企业事业单位和其他组织的档案机构，应当配备研究人员，'以时代特征和用户需求为导向'加强对档案的研究整理，有计划地组织出版档案材料，在不同范围内传播。"这里面

'以时代特征和用户需求为导向'就可以指导档案馆根据用户休闲利用的需求，积极主动提供档案休闲利用。

再如，《档案法》第 20 条规定，"机关、团体、企业事业单位和其他组织以及公民根据经济建设、国防建设、教学科研和其他各项工作的需要，可以按照有关规定，利用档案馆未开放的档案以及有关机关、团体、企业事业单位和其他组织保存的档案。"它规定中国公民和组织，只能因"工作"特殊需要利用未开放档案，至于"个人休闲"、"维护个人利益"等，则不能成为公民利用未开放档案的合法理由，给档案的利用工作带来了很大的约束，同时与《档案法》的立法目的——便于社会各方面的利用不相吻合。建议将其修改为"机关、团体、企业事业单位和其他组织以及公民根据经济建设、国防建设、教学科研和文化休闲等各种需要，可以按照有关规定，利用档案馆未开放的档案以及有关机关、团体、企业事业单位和其他组织保存的档案。"

（3）对原有档案利用法规政策进行重新解释

根据我们对参考文献的分析，发现档案学界探讨档案法规政策建设的文章一般只把着眼点放在对现有法规政策条文的修改上。从这些文献的题名可以看出来，比如《〈档案法〉修订应充分体现档案信息资源开发的思想》、《对修改〈机关档案工作条例〉的认识及建议》、《从公民知情权的实现谈〈档案法〉的修改》、《从立法原则角度审视〈档案法〉的修改》、《关于档案密级问题的再思考——兼谈〈档案法〉相关条款修订》等。我们认为"重新解释"可以作为档案法规政策建设研究的一个新思路。重新解释是我们在阅读法律专业文献时获得的灵感。在法律领域有"司法解释"一词，就是司法机关对法律、法规的具体应用问题所做的说明。一般有"解释"、"规定"、"批复"、"决定"等四种形式。[1] 我们提出的档案法规政策的重新解释就是通过"规定"、"决定"等形式对档案法规政策如何具体理解与执行进行重新解释说明，以适应当前的实际需要。档案法规政策因其制定程序决定了其具有相对的稳定性，不能也不方便随时更改，否则出现法令"朝令夕改"的现象，有损其法律权威。如我国《档案法》一般十年一修订，在两次修订时间内必定会出现法规条文不适应现实需要的情况。在这种情况下，重新解释便弥补了这一缺陷。国家和政府机构以及档案行政管理机关可以通过下发文件的形式对档案法规政策部分条文进行解释，保证其适用性。如 2006 年 12 月 18 日，国家档案局第 8

---

① 最高人民法院关于司法解释工作的规定. 2007 年 4 月 1 日实施.

号令《机关文件归档范围和文书档案保管期限规定》，《规定》详细确定了机关文件归档范围和文书档案保管期限，并将保管期限限定为永久和定期两种情况，正是对原有档案归档范围和保管期限的一种重新解释。

另外，针对档案工作发展面临的新情况——档案休闲利用，档案行政管理部门可以在不变动现有法规政策条文的情况下，对档案馆职能范围进行重新解释，正式确立公共档案馆具有"休闲"功能。

第二节　社会转型期我国档案利用政策体系的完善措施

第四章第三节阐述了我国档案利用政策体系建设的基本内容，本节在进一步剖析政策体系层次与特点的基础上就如何完善社会转型期档案利用政策体系提出建议。

一、档案利用政策体系的现状评析

自《档案法》颁布实施以来，我国的档案工作政策体系建设进入了前所未有的高速发展时期，至目前为止已基本上形成了一套完整的档案工作政策体系，分为档案利用法律、行政法规、地方法规、行政规章、规定，以下对各部分体系的建设现状作评述。

（一）档案利用法律建设现状

我国档案利用法律的建设处于起步阶段。时至今日，我国尚未制定一部完整的、单行的档案利用法律，只有《档案法》的第19～23条，可以视为属于档案利用法律层次。

（二）档案利用行政法规建设现状

我国档案利用行政法规的建设较为薄弱。目前，我国没有一部单行的、完整的档案利用行政法规。只有《〈中华人民共和国档案法〉实施办法》（1990年10月24日经国务院批准并于同年11月19日发布，1999年5月5日经国务院批准修订，1999年6月6日重新发布。）的第20～26条对档案的利用和公布进行了规定，可以视为属于档案利用行政法规层次。

（三）档案利用地方法规建设现状

我国档案利用地方法规的建设较为可喜。自1995年6月16日公布实施的《上海市档案条例》（该条例第四章第31～42条，对档案利用进行了规定）拉开了我国档案利用地方法规建设的序幕。截至目前，在我国33个省级行政区划中，除香港特别行政区、澳门特别行政区和西藏自治区外，均已制定出台了各自的档案地方法规，在这些法规中，都有专门的条款对档案利用进行了规定。现将档案利用的地方法规列于下表，便于我们形成直观的认识。

表 6-1　我国档案利用地方法规一览表

序号	地区	法规名称	制定机关	制定时间	修订时间	涉及档案利用的章（条款）①
1	上海市	上海市档案条例	上海市人大常委会	1995.6	1997.12 2004.11	第四章 （第31~42条）
2	河北省	河北省档案工作条例	河北省人大常委会	1995.11	1997.6 2002.3	第四章 （第30~35条）
3	天津市	天津市档案管理条例	天津市人大常委会	1996.8	2005.7	第四章 （第31~38条）
4	山东省	山东省档案条例	山东省人大常委会	1996.12	2004.4	第四章 （第27~34条）
5	四川省	四川省《中华人民共和国档案法》实施办法	四川省人大常委会	1996.12	2002.7	第四章 （第27~35条）
6	陕西省	陕西省档案管理条例	陕西省人大常委会	1997.1	2004.8	第四章 （第25~33条）
7	云南省	云南省档案条例	云南省人大常委会	1997.5	——	第四章 （第18~23条）
8	辽宁省	辽宁省档案条例	辽宁省人大常委会	1997.7	2004.6	第四章 （第21~24条）
9	甘肃省	甘肃省档案管理条例	甘肃省人大常委会	1997.9		第四章 （第17~28条）
10	北京市	北京市实施《中华人民共和国档案法》办法	北京市人大常委会	1997.10	2001.8	第四章 （第25~32条）
11	安徽省	安徽省档案条例	安徽省人大常委会	1997.11	2004.6	第四章 （第25~34条）
12	重庆市	重庆市实施《中华人民共和国档案法》办法	重庆市人大常委会	1998.3	2001.6 2005.5	第四章 （第27~34条）
13	广东省	广东省档案管理规定	广东省人大常委会	1998.6	——	第18~25条
14	湖北省	湖北省档案管理条例	湖北省人大常委会	1998.7	2004.1	第四章 （第25~31条）
15	海南省	海南省档案管理办法	海南省人大常委会	1998.8	2004.8	第15~22条

①　本表所列的各地方法规中涉及档案利用的章及条款均以最后修订的版本为准。

续表

序号	地区	法规名称	制定机关	制定时间	修订时间	涉及档案利用的章（条款）
16	江苏省	江苏省档案管理条例	江苏省人大常委会	1998.8	2003.4	第四章（第24~27条）
17	浙江省	浙江省实施《中华人民共和国档案法》办法	浙江省人大常委会	1998.9	2002.6 2004.5	第五章（第28~37条）
18	湖南省	湖南省档案管理条例	湖南省人大常委会	1998.11	2004.7	第23~30条
19	吉林省	吉林省档案条例	吉林省人大常委会	1998.11	2002.11 2004.6	第四章（第26~33条）
20	内蒙古自治区	内蒙古自治区档案条例	内蒙古自治区人大常委会	1999.3	——	第四章（第22~29条）
21	广西壮族自治区	广西壮族自治区档案管理条例	广西壮族自治区人大常委会	1999.3	——	第18~23条
22	黑龙江省	黑龙江省档案管理条例	黑龙江省人大常委会	1999.8	2005.6	第五章（第31~42条）
23	新疆维吾尔自治区	新疆维吾尔自治区实施《中华人民共和国档案法》办法	新疆维吾尔自治区人大常委会	1999.12	2005.3	第25~30条
24	山西省	山西省档案管理条例	山西省人大常委会	2000.9	——	第20~24条
25	宁夏回族自治区	宁夏回族自治区档案条例	宁夏回族自治区人大常委会	2001.5	——	第四章（第26~30条）
26	江西省	江西省档案管理条例	江西省人大常委会	2001.6	——	第四章（第26~31条）
27	贵州省	贵州省档案条例	贵州省人大常委会	2001.9	2004.5	第7、16、18条
28	河南省	河南省档案管理条例	河南省人大常委会	2002.3	2004.11	第四章（第26~30条）
29	青海省	青海省实施《中华人民共和国档案法》办法	青海省人大常委会	2002.12	——	第17~21条
30	福建省	福建省档案条例	福建省人大常委会	2002.12	——	第5、17条

（四）档案利用行政规章建设现状

目前，我国已经出台了27部部门档案行政规章，其中都有款数不等的涉及档案利用的规定，可以视为属于档案利用部门行政规章层次（见表6-2）。这27部部门行政规章中，除《外国组织和个人利用我国档案试行办法》、《各级国家档案馆开放档案办法》、《档案馆工作通则》、《铁路文书档案管理规则》以外，其他 23 部都是针对专门档案的。针对文书档案的档案利用部门行政规章还是比较薄弱的，需要加大建设力度。

表 6 – 2   我国档案利用部门行政规章一览表①

序号	名称	制定机关	制定/修订时间	涉及档案利用的条款②
1	婚姻登记档案管理办法	民政部	2006.1	第 15 条
2	城市地下管线工程档案管理办法	建设部	2005.1	第 3、15 条
3	艺术档案管理办法	文化部/国家档案局	2001.12	第 23～28 条
4	城市房地产权属档案管理办法	建设部	2001.8	第 24～27 条
5	城市建设档案管理规定	建设部	1998.12 2001.7	第 11 条
6	对外贸易经济合作部驻各地特派员办事处档案管理工作办法	对外贸易经济合作部	1996.11	第 29～31 条
7	外商投资企业档案管理暂行规定	外经贸部/国家经贸委/国家档案局	1994.12	第 12 条
8	广播电视宣传档案、资料管理办法	广电部	1994.12	第 24～26 条
9	车辆购置附加费档案管理办法	交通部	1994.12	第 19 条
10	电影艺术档案管理规定	广电部/国家档案局	1994.6	第 21～24 条
11	机械工业档案工作管理规定	机械部	1994.4	第 31～34 条
12	邮电企业职工档案管理实施办法	邮电部	1993.6	第 33～34 条
13	能源部直属科研单位档案管理办法（试行）	能源部	1992.9	第 23 条
14	关于颁发《企业职工档案管理工作规定》的通知	劳动部/国家档案局	1992.6	第 17 条
15	交通档案管理办法	交通部/国家档案局	1992.1	第 25～35 条
16	外国组织和个人利用我国档案试行办法	国家档案局	1991.12	全文

① 本表数据来源于中国法律法规库检索查询系统（http：//202.112.118.59/index/law/index.asp），数据起止时间为 1978 年 1 月 1 日至 2006 年 3 月 27 日。

② 本表所列的各档案利用部门行政规章中涉及档案利用的条款，均以最后修订的版本为准。

续表

序号	名称	制定机关	制定/修订时间	涉及档案利用的条款
17	各级国家档案馆开放档案办法	国家档案局	1991.12	全文
18	律师业务档案管理办法	司法部	1991.9	第10~17条
19	医药卫生档案管理暂行办法	卫生部	1991.3	第26~32条
20	机电工业基本建设档案管理暂行规定	机电部	1990.9	第15~16条
21	机电工业科学技术研究档案管理暂行规定	机电部	1990.8	第18~23条
22	公证档案管理办法	司法部/国家档案局	1988.3	第11~20条
23	会计档案管理办法	财政部/国家档案局	1984.6 1999.1	第7条
24	医学科学技术档案管理办法	卫生部	1983.12	第25~36条
25	档案馆工作通则	国家档案局	1983.4	第18~24条
26	铁路文书档案管理规则	铁道部	1982.4	第25~31条
27	铁路科学技术档案管理规则	铁道部	1981.1	第25~36条

表6-3是我国档案利用地方行政规章一览表。截至目前，我国出台了16部有关档案工作的地方行政规章，在这16部地方行政规章中，都存在着对档案利用的规定条款，少则一条，多则九条，因而也可视作档案利用的地方行政规章。我国现在已有33个省级行政区划，也即33个省级人民政府，省会所在市人民政府以及国务院批准的较大市市政府数量更多，相比而言，16部档案利用地方行政规章，就显得薄弱了很多。

表6-3 我国档案利用地方行政规章一览表①

序号	名称	制定机关	制定/修订时间	涉及档案利用的条款②
1	沈阳市城市建设档案管理办法	沈阳市人民政府	2005.10	第21~22条
2	乌鲁木齐市城市建设档案管理办法	乌鲁木齐市人民政府	2005.6	第19~27条

---

① 本表数据来源于中国法律法规库检索查询系统（http://202.112.118.59/index/law/index.asp），数据起止时间为1978年1月1日至2006年3月27日。

② 本表所列的各档案利用地方行政规章中涉及档案利用的条款，均以最后修订的版本为准。

续表

序号	名称	制定机关	制定/修订时间	涉及档案利用的条款
3	浙江省重大活动档案管理办法	浙江省人民政府	2005.2	第13～15条
4	哈尔滨市重大事项档案管理办法	哈尔滨市人民政府	2004.12	第13～16条
5	厦门市地下管线工程档案管理办法	厦门市人民政府	2004.7	第20条
6	内蒙古自治区苏木①、乡镇档案管理办法	内蒙古自治区人民政府	2004.1	第18～22条
7	天津市非国家所有档案管理规定	天津市人民政府	2003.12	第11条
8	苏州市档案管理办法	苏州市人民政府	2003.12	第31～37条
9	北京市城市建设档案管理办法	北京市人民政府	2003.8	第17～18条
10	江苏省城建档案管理办法	江苏省人民政府	2002.10	第28条
11	宁波市城市建设档案管理规定	宁波市人民政府	2002.9	第27～31条
12	黑龙江省城市建设档案管理办法	黑龙江省人民政府	2001.3	第18～21条
13	西宁市档案管理办法	西宁市人民政府	2001.1	第25～33条
14	杭州市城市地下管线工程档案管理办法	杭州市人民政府	2000.8 2004.11	第18～19条
15	云南省城市建设档案管理规定	云南省人民政府	2000.6	第9条
16	抚顺市档案管理办法	抚顺市人民政府	2000.1	第25～29条

　　通过对16部档案利用地方行政规章所涉及的档案门类进行深入的分析，发现存在着分布不平衡的特点，见图6－1。

---

① 苏木：蒙古语，行政区域名称，相当于乡，苏木政府就是乡政府的意思。

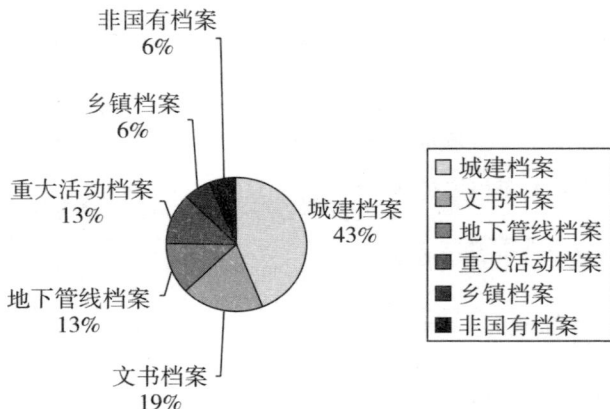

图 6 - 1　我国档案利用地方行政规章中涉及到的档案门类分布图

从该图中可以看出，这 16 部档案利用地方行政规章中，涉及到的档案门类按照比例大小分别是城建档案（7 部，43%）、文书档案（3 部，19%）、地下管线档案（2 部，13%）、重大活动档案（2 部，13%）、乡镇档案（1 部，6%）和非国有档案（1 部，6%）。换言之，这 16 部档案利用地方行政规章中，81% 都是针对专门档案的利用，只有 19% 是针对文书档案的利用。13 部与 3 部，81% 与 19%，无论是绝对数还是相对数，都显示了我国档案利用地方行政规章对文书档案利用的规定不足。

综上所述，无论是档案利用部门行政规章，还是档案利用地方行政规章，大多着眼于专门档案的利用，而对文书档案的利用缺乏系统、详细的规定。因此，我国档案利用行政规章的建设尚需完善，要在行政规章中对各种门类档案的利用进行合理有效的规定。

（五）档案利用规定建设现状

我们通过对北京市档案馆、丰台区档案馆、四川省档案馆及成都市档案馆进行实地调研；浏览中国第一历史档案馆网站，中国第二历史档案馆网站，除江苏、安徽、青海、宁夏回族自治区、新疆维吾尔族自治区、重庆市以外的省级档案馆网站，除宁波以外的其他四个计划单列市（深圳、大连、青岛、厦门）档案馆网站以及香港、澳门特别行政区档案馆网站①，了解了我国档案利

---

①　在访问各省市的网站中，我们参考了中国人民大学档案学院档案网站调查和测评项目组撰写的《我国档案网站建设调查分析报告》（发表于《档案学通讯》2004 年专刊）。江苏省、安徽省档案馆网站始终无法显示，青海、宁夏回族自治区、新疆维吾尔族自治区、重庆市尚未建立档案馆网站，宁波市档案馆网站访问时一直超时，无法打开。

用规定的相关情况。

在地市级档案馆网站中，每一个网站都设置有"档案利用"、"利用须知"或其他类似栏目，用以告知档案利用者在该馆利用档案时应注意的问题和方法等，一般都规定得比较具体，用户界面友好。在典型调研中，也了解到各省市档案局（馆）都制定有档案利用的具体规定。据此，我国档案利用规定的建设已经较为完备且十分具体。

（六）档案利用政策体系特点

从以上组成部分可以看出，档案利用政策体系是一个完整的系统。其特点主要表现在两个方面。

第一，该体系有着明显的层次之分。在档案利用政策体系中，档案利用法律处于最高层次；档案利用行政法规处于第二层次；档案利用地方法规以及档案利用部门行政规章（即由国务院各部委、直属机构制定的档案利用行政规章——我们注）均处于第三层次；档案利用地方行政规章处于第四层次；档案利用规定处于最低层次。

第二，该体系因明显的层次之分而存在效力之别。在档案利用政策体系中，凡是下位层次的档案利用政策均不得与其之上所有层次的档案利用政策相抵触。因此，档案利用法律具有最高的效力，依此类推档案利用规定效力最低。但需要指出的是，档案利用部门行政规章与档案利用地方法规、档案利用地方行政规章之间在立法上没有互相依据和制约关系，所以在效力上三者无上下之别。

二、档案利用政策体系的现存问题及成因

政策体系是在政策导向"号令"下，强化政策之间的相互关系，发挥政策合力，减少政策冲突的"粘合剂"和"强力胶"。档案利用政策体系构建应该体现和彰显"共同价值观"，在推进"公共服务"的"号令"下，"管理"与"服务"并重，增加"平民意识"，关注民生、关注个体，目标对象适当地向"社会公众"倾斜。从以上档案利用政策体系各组成部分的现状评析来看，目前我国档案利用政策体系的建设尚不完善，还存在着一些问题。

（一）我国档案利用政策体系的现存问题

1. 档案利用政策体系不完善，宏观层面的政策严重不足

前文已述，档案利用政策体系由档案利用法律、档案利用行政法规、档案利用地方法规、档案利用行政规章和档案利用规定组成。然而，目前我国的档案利用政策除了各级各类档案局（馆）的档案利用规定比较具体充实、档案

利用地方法规相对完善以外，其他三个层次的档案利用政策都较为缺乏，尤其是档案利用法律和档案利用行政法规更显单薄。我国目前尚无单行的档案利用法律和档案利用行政法规，现有的档案法律和档案行政法规中涉及档案利用的条款也只有寥寥数款。宏观层面的档案利用政策如此薄弱，对档案利用工作的顺利开展十分不利。

2. 档案利用政策内容高度雷同，缺乏特色

无论是档案利用法律、档案利用行政法规中的规定，还是档案利用地方法规、档案利用行政规章中的规定以及各级档案局（馆）的具体规定，内容不外乎是档案馆要简化手续方便利用，档案馆应定期开放档案和档案目录，利用档案要遵守国家保密规定，不得损害国家和他人的利益，提供利用的档案要尽可能地使用复制件，对用户区分不同情况收取不同的费用，我国组织和公民如何利用档案，外国组织和公民如何利用档案等等。这就显得档案利用政策在内容上具有雷同，甚至可以说是高度雷同的特点。利用者实际上只需阅读一种档案利用政策的规定或具体条款，就基本上可以了解其他档案利用政策的内容。

档案的来源和内容是极为丰富的，不同地区、机构和个人所产生的档案，都应有各自的形成规律、保存特点和利用要求。而我国档案利用政策内容的高度雷同，容易抹杀不同档案利用的特色。如此一来，档案利用工作的成效就难以取得。

3. 档案利用政策的可操作性较差，一些规定相对模糊

在我国档案利用政策体系中，各种层次的档案利用政策一般都偏重于档案利用的宏观控制，规定的原则性较强，操作性相对较差。

档案利用法律、档案利用行政法规对档案利用进行宏观、总体的规定比较合理；档案利用地方法规对档案利用进行宏观、总体的规定我们也能接受。但是，档案利用地方行政规章、档案利用部门行政规章以及各级各类档案局（馆）的利用规定如果也太过宏观，那么实际利用工作中就很难操作了。因此，不同层次的档案利用政策在规定的具体程度上应该有所侧重、有所区分。

此外，我国档案利用政策的一些具体规定相对模糊，又进一步增加了执行的难度。例如，无论是《档案法》、《档案法实施办法》，还是各省市档案条例（或档案管理条例），对开放档案的期限，基本上都规定为"涉及国家安全或者重大利益以及其他到期不宜开放的档案向社会开放的期限，可以多于三十年"。但是，什么样的档案是涉及国家安全或重大利益，"其他到期不宜开放的档案"又如何界定？这些在档案利用政策中都没有具体的规定，所以执行

起来较为困难。又如，《贵州省档案馆阅览档案须知》规定"本馆正在整理、编目、修复及破损严重的档案，暂不提供利用。"① 这里"破损严重"作何理解？图书破裂、折损一页可能不算是什么大的破损，但对档案特别是珍贵档案而言，缺口、断裂都可以视为破损严重。即使有破损，程度的严重性该如何把握？破损一页纸或有一个断裂口的档案是否可以提供利用？再如，《海南省档案馆开放档案查阅手续》规定"外国人（含外籍华人）或外国组织，须经我国有关主管部门介绍，持本人来华有效证件即可利用档案。"② 这里"我国有关主管部门"该怎么理解，是指来华外国人或外国组织的主管部门，还是指档案馆的主管部门？容易引起歧义。还如，《江西省档案馆查阅档案须知》规定"复制、摘抄的档案用完后，单位的应交单位档案室保管和处理，不得据为己有；个人的应妥善保管和处理，不得擅自向他人转让或提供。"③ 我们认为这条规定就很难实现，因为对个人利用者而言，他们摘抄、复制的档案一般都是付过费用的。不论是支付了档案保护费加复制费，还是仅支付了复制费用，对利用者而言都是支付了费用，因此他们容易把这些摘抄、复制的档案作为自己的私有财产，这样实际上很难有效地防止他们向他人转让或提供档案。这些实例仅仅只是一些代表，类似规定在档案利用政策中并不少见。

4. 不同层次档案利用政策中部分条款互相矛盾

前文已述，档案利用政策体系中存在不同层次，下位层次的档案利用政策均不得与其之上所有层次的档案利用政策相抵触。但在实际工作中，或多或少地存在着条文互相矛盾的现象，导致了档案利用政策的相互抵触。例如，对中华人民共和国公民和组织利用已经开放的档案，《档案法》规定"须持有合法证明"，《〈档案法〉实施办法》将这个"合法证明"解释为"介绍信或者工作证、身份证等"。我们不难理解，在利用已开放档案的过程中，介绍信与工作证以及身份证等，效力是等同的，利用者只需出示其中之一就可以进行利用了。然而，我们发现《中国第二历史档案馆利用者须知》却规定："查档者办理查档登记手续时，必须同时出具本人所属单位正式介绍信和个人合法证件（指身份证、军官证、工作证、护照等）。"④ 由此看出，中国第二历史档案馆

① 贵州省档案信息网，［2006～03～11］. http：//www. gzdaxx. gov. cn/ggfw/display. asp？id＝42.
② 海南省档案馆网站，［2006～03～17］. http：//202. 100. 218. 53/gov/jdangan/2002/page061. htm.
③ 江西省档案馆网站，［2006～03～17］. http：//www. jxdaj. gov. cn/Article_ Show. asp？ArticleID＝197.
④ 中国第二历史档案馆网站，［2006～04～02］. http：//www. shac. net. cn/cn/notice. asp.

的利用规定，与《档案法》、《〈档案法〉实施办法》的规定明显矛盾，这实际上就是一种抵触。

此外，对外国人和外国组织利用我国各级各类档案馆已开放档案的规定，不同层次的档案利用政策也存在相互矛盾的现象。《〈档案法〉实施办法》规定如下："外国人或者外国组织利用中国已开放的档案，须经中国有关主管部门介绍以及保存该档案的档案馆同意。"但是据我们掌握的材料看，不少档案馆对外国人或外国组织利用档案的规定比《〈档案法〉实施办法》更为严格甚至苛刻。如《湖南省档案馆关于利用档案的规定》规定："外国人（含外籍华人）凭本人护照和身份证及有关主管机关介绍信，经省以上档案行政管理部门同意，可来本馆利用开放的档案。"① 而《湖南省档案馆利用档案须知》中却规定"外国人持有主管机关介绍信，并经上级档案管理机关同意，均可自行检索利用本馆开放档案。"② 这两份规定不但与《〈档案法〉实施办法》相冲突，而且他们二者之间也互相矛盾。又如，《河南省档案馆开放档案利用办法》中规定"外国人或者外国组织利用开放档案，必须经国内接待单位介绍，报河南省档案局和有关主管部门批准。"③ 这里的规定就存在差别而且更为严格。

条款的互相矛盾导致了政策的相互抵触，这不仅对于维护档案利用政策体系的严肃性和权威性造成了不利影响，而且在利用实际工作中，容易引发一些不必要的纠纷，或者激发利用者对档案部门的不满情绪，阻碍档案利用工作的顺利开展。

（二）现存问题的成因分析

当前档案利用政策体系现存问题的成因是较为复杂的，主要涵盖四个方面。

1. 法制环境不够完善

我国目前正处于由传统社会向现代社会转型的过程之中，社会开始由伦理型社会向法理型社会转变。尽管法制建设比过去有了很大进步，但人治社会、伦理社会的痕迹和影响使得社会整体的法制环境不够完善。因此，全社会的政

① 湖南省档案馆信息网，［2006～03～11］. http：//www. hn-archives. gov. cn/wangye/liyong/ly_guiding. htm.
② 湖南省档案馆信息网，［2006～03～11］. http：//www. hn-archives. gov. cn/wangye/liyong/ly_xuzhi. htm.
③ 河南档案信息网，［2006～03～17］. http：//www. hada. gov. cn/bgzn6. php.

策和法规建设也就自然不够完善。档案工作是一项与社会各项工作关联密切的管理性和服务性工作，在当前政策法规建设尚不完善的环境下，档案工作，特别是利用领域的政策建设也就很难十分完善，档案利用政策体系也就不可避免地会产生这样或那样的问题和不足。

2. 社会档案意识特别是利用意识较为淡薄

社会档案意识既包括社会民众的档案意识，也包括档案部门的社会意识。社会民众的档案意识较为淡薄已是我国档案界老生常谈的一个话题，学者和档案部门都提出了提高社会民众档案意识的多种解决办法。但是直到今天，我国普通老百姓的档案意识仍然比较差。比起图书馆、博物馆等科学文化事业单位，他们对档案馆的馆藏和功能了解不深，有问题也很少前来档案馆寻求答案。在这种情况下，档案部门很难有效地开展档案利用工作，也没有太多积极性去发现档案利用中存在的问题，更谈不上从政策层面加以引导。此外，档案工作者的社会意识虽有提高却不够充分，利用服务的意识也不是特别理想。实事求是地说，我国广大的档案工作者勤勤恳恳、任劳任怨，在工作岗位上作出了很大贡献。他们也大多明确档案利用工作在整个档案工作中的重要性，也采取了各种手段和方法来完善档案利用服务。但由于很多档案的内容涉及国家机密或个人隐私，再加上长期以来封闭思想的束缚，不少档案工作者在提供利用服务时存在顾虑，宁愿少提供一些档案给用户，以免泄漏机密而影响自身的工作。换言之，不少档案工作者把保管好档案不出纰漏的想法看得比切实做好档案提供利用的想法更重要。这种利用意识的淡薄也在一定程度上妨碍了档案利用政策建设的有效进行。

3. 档案利用的现实基础不够理想

据国家档案局 2005 年统计，目前我国已有各级各类档案馆 3816 个（含国家综合档案馆、国家专门档案馆、部门档案馆、企事业档案馆），平均每年接待利用档案资料者 1300 万人次。① 乍一看这个数据还挺惊人，但是经过简单计算我们发现，平均每馆每天接待利用者还不到 10 人次。另外，我们在北京市档案馆调研时得知，该馆每年接待利用者也才 4000 多人次，也即平均每天 10 人次左右。作为全国政治、经济、文化中心的北京市，其档案馆的档案利用率尚且如此，不难想象地方档案馆档案利用情况有多么尴尬。档案利用率不

---

① 国家档案局网站，［2006～04～04］．http：//www.saac.gov.cn/dazs/txt/2005～05/28/content_78877.htm.

高只是一种表征，说明档案部门开展利用工作的现实基础不够理想，也反映出档案部门利用工作的整体状况不令人乐观。利用工作的现实基础薄弱，一定程度上也导致了档案利用政策的滞后与不足。

4. 缺乏统筹布局的指导思想

档案利用政策体系的建设需要有一个统筹布局的指导思想，这种思想在上自国家下至档案部门都较为缺乏，因此才会出现宏观层面的档案利用法律和行政法规严重不足的结果，也才容易导致各层次档案利用政策内容雷同的现象。我们认为，在档案利用政策建设中具备一种体系观念尤为重要，在充分尊重当前档案利用政策建设现实情况的基础上，合理考虑不同层次档案利用政策建设的速度、力度和强度，充分实现档案利用政策体系的完整和完善，达到这一体系各组成部分相互促进、相互补充和共同发展的目的。

三、社会转型期我国档案利用政策体系的完善措施

（一）社会转型期对档案利用政策体系的综合影响

在当前社会转型期，我国正经历着由传统社会向现代社会、由非市场经济向市场经济、由伦理型社会向法理型社会的过渡。这种过渡使处于社会转型期的所有社会事物和社会活动均受到了不同程度的影响，档案利用政策体系当然也不例外。我们认为，社会转型期对我国档案利用政策体系的影响既有积极的一面，也有消极的一面。

1. 积极影响

（1）加速档案利用政策体系中问题的暴露，凸现完善政策体系的必要性

档案利用工作的开展，才会导致档案利用政策体系中的问题逐渐地暴露出来。自实施改革开放以来，我国摆脱了计划经济体制的束缚，开始大步实施有中国特色的社会主义现代化建设，进入了社会转型的快速与加速时期。我国的档案利用工作也进入了快速发展时期，各级各类档案馆的档案利用率、利用人次、利用目的、利用范围等等都发生了巨大变化。利用工作在取得很大成效的同时，也暴露出来了不少问题和不足。相应地，档案利用政策体系建设的过程中也暴露出一些问题与不足。

社会转型时期，政治、经济、文化、法制、观念等多方面的变化，对档案工作、档案利用工作乃至档案利用政策建设都带来了相当大的冲击。这种冲击对档案利用政策体系有着积极的影响，加速了档案利用政策体系中问题和不足的暴露，凸现了优化和完善这一政策体系的必要性和迫切性。关于这一点我们将在本章第二节再作展开。

（2）加速了档案利用政策体系建设的规范化

社会转型期对社会各项工作的建设提出了规范化的要求，一切工作都必须按照科学的方式方法和严格的程序来开展和完成，档案利用政策体系的建设也不例外。因为档案利用政策本身就是开展档案利用工作的指导和依据，如果其自身不规范、不科学，政策的权威性和执行效力就会大打折扣，甚至荡然无存。因此，社会转型期档案利用政策体系的建设必须规范化，包括政策制定的程序、政策的内容、政策体系的构建等都需要遵循规范的、科学的原则和方法。

2. 消极影响

在当前社会转型期，整个社会都在经历前所未有的变化，第一章已充分论述了这种变化在政治、经济、法制和文化等方面的表现。正是由于变化的多样性、复杂性及深刻程度，档案工作，特别是档案利用工作在社会转型期可能会遇到很多从未遇到过的新问题。档案利用实践的迅速变化将可能导致档案利用政策的不断调整，从而使档案利用政策及其体系会产生经常性的变动，严重的话有可能削弱档案利用政策及其体系的稳定性与严肃性。这就是社会转型期对档案利用政策体系的消极影响。

（二）完善档案利用政策体系的必要性与可能性

我们已经看到社会转型期对档案利用政策体系的积极和消极影响，这也表明社会转型期需要完善合理的档案利用政策体系。换言之，完善档案利用政策体系既有理论上的必要性，又有现实的可能性。

1. 完善档案利用政策体系的必要性

（1）完善的档案利用政策体系是顺利开展档案利用工作的重要保障

档案利用在档案工作中的重要意义已无需多言，利用工作开展得好坏与否，在某种程度上直接影响着档案工作的命运。而要想做好档案利用工作，一个重要保障就是需要有完整的利用政策体系作为规范和指导。换言之，利用政策体系对档案利用工作的价值也是不言而喻的。

第三章的论述使我们看到目前我国档案利用工作的成效并不尽如人意，档案利用率长期低迷，社会民众的档案利用意识也较为淡薄。这些问题的存在凸现了档案利用政策体系的重要性。古语云"凡事预则立，不预则废"，档案利用工作也是如此。当前利用工作中存在的很多问题，包括已经发现和尚未显露的问题，都需要档案部门从政策的高度去提供一些有效的解决办法。可见，完善的档案利用政策体系对解决档案利用工作的现实难题具有明显的指导作用。

例如，档案用户的多样化就能显示出档案利用政策体系完善的必要性。长期以来，利用档案只是统治者的特权。新中国成立后，直到 20 世纪 80 年代，我国实行了历史档案开放原则。之后尽管档案利用者的类型开始增加，但在利用者群体中行政人员和学者占绝大多数，普通百姓所占的比重很小。随着社会转型的推进，这种情况开始发生变化，普通百姓的利用需求不断上升。这是因为以往档案馆的神秘色彩过于浓烈，很多人都不了解档案馆的功能和馆藏。为此，档案部门在增进普通百姓的档案意识方面也做了很多有效的工作，从而取得了一定的效果。典型的有深圳市档案大厦、广东省档案馆和上海市档案馆外滩新馆吸引了越来越多的普通百姓前来利用或参观。另外一个重要原因是，近年来各级各类档案馆积极开展了与普通百姓密切相关的行政规范性文件利用服务工作，扩大了档案馆的影响，不少普通百姓遇到问题也开始前来档案馆查阅利用。档案用户群体的扩大，就会直接要求补充和完善档案利用政策体系，才能更好地适应不同类型档案用户的不同需求，规范他们的利用行为。

（2）完善的档案利用政策体系是促进社会法制环境成熟的必然要求

我国实施改革开放以来，社会步入快速转型时期。这一时期法制方面的特点主要表现为各项法律法规不断健全与完善，整个社会的法制环境逐步走向成熟。档案利用政策体系也是法制的组成部分，在整个法制环境中，假如档案利用政策体系十分薄弱，那就会直接影响到法制环境的建设质量。因此，不断完善我国的档案利用政策体系才能更好地适应社会转型期的要求，这不仅有利于促进社会法制环境的成熟，而且有利于推动整个社会的良性运行和发展。

2. 完善档案利用政策体系的可能性

在社会转型期，完善档案利用政策体系也具有现实可能性，主要表现在三个方面。

（1）我国多年的档案利用实践工作为档案利用政策体系的建设和完善提供了必要的基础

档案利用政策是源自利用实践的，实践工作的发展既是利用政策制定的基础，又可成为推动利用政策及其体系逐步完善的动力。多年来，我国档案利用实践工作已经积累了丰富的经验，也取得了一定的成效。这样一来，档案利用政策的制定及完善就有了扎实的基础。

（2）我国档案利用政策及其体系的建设也已经起步，并取得了一定的成绩

从以上对我国档案利用政策体系建设的现状评析中，不难看出这一体系的

框架已基本成型，不同层次的档案利用政策虽存在着不平衡，但中观和微观层次的档案利用政策还是比较齐全的。这就表明，我国档案利用政策并非一片空白，相反，体系建设已取得了一定成绩。即使体系建设中尚存在一些问题，但这些问题与已经积累的经验，同样都可以为社会转型期档案利用政策体系的完善提供有益的借鉴。

（3）我国具有庞大的、素质不断提高的档案专业人员队伍

档案利用政策体系的完善是一个较为复杂的任务，涉及的因素有很多，我们认为其中最主要的是人的因素。而我国具有庞大的档案专业人员队伍，再加上档案人员学历层次和素质的不断提高，为完善档案利用政策体系提供了坚实的人力基础。据非正式统计，我国档案专业人员（包括专兼职）已逾百万，这一庞大数量是世界上其他国家难以企及的。近年来，档案人员的学历层次和专业素质都在不断提高。档案人员的专业培训主要来自两个渠道，一是正规的高等档案教育，二是各种形式的在职培训和继续教育。据统计，我国目前共有28 所高校设有档案学的本科专业、17 个档案学硕士学位授予点和 2 个档案学博士学位授予点。此外，仅 2003 年一年，全国有 30235 人次参加了岗位培训，有 24312 人次参加了继续教育培训，有 20146 人次参加了专题培训。[①] 透过这些统计数据可以看出，一方面正规高等档案教育的规模在不断扩大，另一方面接受档案在职培训和继续教育的从业人员数量也颇为可观。这样一来，档案人员队伍的素质提高就有了可靠的保证，这对档案利用政策的制定及其体系的完善也提供了实现的可能。

（三）完善档案利用政策体系的实现途径

明确了完善社会转型期档案利用政策体系的必要性和可能性之后，我们的思路深入到如何完善的问题。社会转型期档案利用政策体系的完善是一个十分复杂的系统工程，第四章已经从内容规划、政策联动的角度提出了完善建议，在这里我们主要阐述完善档案利用政策体系的指导原则、保障条件和有效机制。

1. 完善档案利用政策体系的指导原则

第一，用户至上原则。

档案利用政策既然是针对利用领域的，那么政策体系的完善首先应当遵循"用户至上、利用为纲"的指导原则。这是因为，档案的价值只有通过利用工

---

① 国家档案局网站，[2006～04～20] . http：//www. saac. gov. cn/index. htm.

作才能实现，档案利用政策也只有促进档案利用工作的优化才有意义，我国目前已有的档案利用政策体系，对用户的关注还不够充分，甚至部分档案利用政策对档案利用工作的开展还存在着制约现象。因此，社会转型期档案利用政策体系的完善，必须突出"用户至上"的原则，处处体现以用户为上帝的精神。无论是国际档案理事会确立的专业宗旨，还是1996年我国对档案法的修订，都充分体现了档案利用政策的制定必须便于档案利用的思想。这样才能最大限度地改善档案利用工作，充分发挥档案的价值，实现档案部门投入产出比的最大化。

第二，前瞻性原则。

社会转型期档案利用政策体系的完善还必须遵循前瞻性原则。所谓前瞻性，就是能够在一定程度上预料到将来的情况，事先做好相关准备工作，也即具有适度超前的眼光。我国目前正处在社会转型期，当前社会与完全意义上的现代社会还是存在着较大区别的。因此，我们在现阶段完善我国的档案利用政策体系，应该有一种长远的眼光，能够有效地预测未来档案利用工作可能会发生什么样的变化、出现什么样的特点。只有做到未雨绸缪，才能避免档案利用政策及其体系的频繁变动，更好地维护档案利用政策及其体系的严肃性。

第三，系统性原则。

档案利用政策体系既然是一个有机整体，那么完善档案利用政策体系也要遵循系统性原则，才能保持体系的完整和完备。系统性原则可以体现在两个方面。首先，要充实各层次的档案利用政策，确保体系的完整。如前所述，我国目前档案利用政策体系的现状是部门和地方档案利用政策相对齐全，而最高层次的档案利用政策相对薄弱。故而在完善档案利用政策体系时，应当注意充实单行的档案利用法律和档案利用行政法规，这样才能使整个档案利用政策体系趋于完整和充实。其次，要解决不同层次档案利用政策之间的矛盾和抵触问题，确保体系的完备。第二章已经指明了目前我国档案利用政策体系中所存在的部分条款矛盾和抵触的现象，这种情况对档案利用政策体系的质量有着十分不利的影响。故而在完善我国档案利用政策体系时，必须系统地考虑各个组成部分的相互补充、协调和促进。

第四，全面性原则。

档案利用政策的涉及面十分广泛，既有针对文书档案的，也有针对各种专门档案的；既有针对纸质档案的，也有针对其他载体档案的。因此，完善我国档案利用政策体系，还必须遵循全面性原则。让不同门类、不同载体、不同机构、不同特点的档案利用都有政策可依。

2. 完善档案利用政策体系的保障条件

完善社会转型期的档案利用政策体系，需要具备一定的保障条件。这些条件包括：

第一，理论保障。

这种保障主要来自档案学术界。档案利用政策的制定以及政策体系的完善都离不开前期的理论研究，学者们在现阶段需要充分研究档案利用政策体系，总结其特点、发现存在的问题和不足、寻找完善的方式方法等等，才能为政策制定部门提供帮助和依据。假如没有理论界的研究成果作为保障，政策的制定就很难具有科学性，政策体系的科学性也就无从谈起。

第二，制度保障。

完善档案利用政策体系，还需要通过一定的制度保障来实现。因为完善档案利用政策体系是一项涉及面广、程序严格的工作，政策制定部门之间的联系、政策之间的协调、政策制定的程序以及政策体系的统筹规划等等都需要统一规范的制度保障。尽管这些制度可能有着层次上或范围上的差别，但对于社会转型期档案利用政策体系的完善却是不可或缺的。

第三，经费保障。

我国各级档案部门经费缺乏的现象比较严重。而完善档案利用政策体系，可能需要投入大量的经费才能有效地实现。因为政策的制定和体系的完善，需要进行大量的调研、论证和比较借鉴，这些工作都需要有充足的经费才能较好地开展。因此，完善档案利用政策体系需要具备"舍得投入"的意识，上自国家、下至档案部门都应该创造条件，保障经费的足额投入，这样才能顺利地实现社会转型期档案利用政策体系的完善。

3. 完善档案利用政策体系的有效机制

完善档案利用政策体系也许需要通过一些有效的机制来实现，我们认为最有效的做法应当是建立一种档案利用政策的评估机制。档案利用政策是需要执行的，在执行过程中政策的优劣、作用、执行效果以及用户对档案利用政策的反馈等等都可以通过评估来把握。而在我国当前档案利用政策的评估机制尚不健全，也许正因如此，档案利用政策及其体系中所存在的问题与不足才难以及时被发现和解决。这不利于当前档案利用政策及其体系的建设和完善。因此，建立评估机制是完善档案利用政策体系的有效途径之一。

第三节　社会转型期我国档案利用政策内容规定的完善思路

一、完善档案开放政策的责任规定

哈佛大学政治学学者 Karl W. Deutsch 教授（1980）这样定义"责任"（Responsibility）和"负责"（To be responsible）："负责指受别人控制：行动者对之负责的人是控制者。""负责依靠一套交流渠道，负责任的行为则是一个反馈过程。说掌权的某人或集团对另外某个人或集团负有责任，同时有几层含义。第一，它指存在一个交流渠道，有关责任人的行为的信号通过该渠道传递给控制者，即责任人对之负责的人。第二，它指控制者收到并解释这些信号，用他们自己的记忆进行检查，以决定对责任人的什么行为予以奖赏，或对其什么过失予以处罚，以及在什么限度内这么做。第三，它指控制者掌握一个渠道，通过该渠道可以对受他们控制的责任人切实实施奖赏或处罚，而且他们有能力有动机这么做。"① 这一定义，实际上指明了责任机制应包括：责任人行为信息的被获知，责任人是否履责的被评判，失责之过的被惩罚。

档案馆对社会公众负有开放档案的"法定责任"，其行为理应受到社会控制和监督。要保证档案馆切实行使职责，就需要通过政策设计建立一套完整的责任机制，从三个方面补充和完善现有的责任规定：一是补充开放责任主体和程序规定，对档案馆合理赋权，并让其责任实现有据可依；二是通过责任追究制度来惩罚档案馆的失责行为，通过免责条款来激励档案馆的工作，让职权行使与后果承担相统一；三是设立公示、告知和回应制度让社会获取必要的监督信息，畅通监督渠道，提高社会评判和监督档案馆工作的能力。

新近出台的《政府信息公开条例》在明确职责内容、细化公开范围和程序、追究不公开责任并进行惩罚、畅通监督渠道等方面都有所创新和发展，为档案开放政策中责任规定的完善提供了现实参考。

（一）明确责任主体和工作程序

开放工作中责任机制的完善以责任主体及其职责范围的合理设定为前提。职责赋予是责任承担的基础。如果应该承担开放责任的机构在政策设计中逃脱了责任义务，那么开放工作将出现无人负责的真空地带；如果责任边界模糊，

① Karl W. Deutsch. Politics And Government——How People Decide Their Fate（3rd edition）[M]. Boston：Houghton Mifflin Company. 1980：194～195.

或者职责范围与责任主体的能力不符，那么赋予相关机构的开放责任将等同虚设，实际工作还是进展缓慢。同时，开放责任主体的明确应该不仅仅停留在原则规定之上，还应细化到日常制度之中，并与开放工作程序化规定相辅相成。

1. 明确开放责任主体

首先，档案开放政策应将开放责任主体明确为公共部门的档案信息管理机构，增加公共部门内部档案室的开放责任。这就意味着，不仅是公共档案馆，其他政府机关档案室、公共企事业单位的档案机构都被纳入责任主体的范畴，改变档案开放法规只适用于档案馆的现状。这种调整不仅让所有公共档案信息管理部门共同分担档案开放责任，合理地廓清了档案馆、档案室各自的责任，而且减轻了档案馆的解密压力，促进了文档服务的相互衔接，使档案开放与政府信息公开互相促进。《政府信息公开条例》中明确了公开责任主体为各级人民政府及县级以上人民政府部门指定机构，并规定 5 条具体职责范围（第三条）。机关档案室作为行政机关的文档管理机构，在参与和执行政府信息公开之时实际上已经承担了向社会提供公共档案信息的责任。档案界应考虑到与《条例》的配套以及实际工作的需要，在《档案法》和《机关档案工作条例》中首先明确行政机关档案室的开放义务。此外，公共企事业单位尽管不是行政机关，却具有公共部门性质，也应该承担由其产生的公共档案信息的开放责任。《北京市信息化促进条例》草稿修改稿中就将条例规范的主体范围，从行政机关扩展到北京市国家机关和公共企事业单位，"规定本市教育、医疗卫生、供水、供气、供热、公共交通、环保等公共企事业单位，应当将服务承诺、收费标准、办事过程等信息通过网站及其他方式及时向社会公开，并逐步采用信息化手段开展业务办理工作。同时，市有关行业主管部门应当对公共企事业单位的信息公开和服务情况进行指导和监督。"①

其次，档案开放政策应区分开放工作中的档案解密和提供公共利用责任，使档案馆在开放中的责任边界更为清晰。从开放度较高的西方国家相关政策规定来看，明确和强化档案馆向公众提供档案信息服务职能，适当剥离其档案解密的责任，是扩大档案开放，保证高开放度的有效政策选择。鉴于我国档案馆主要责任定位不清、解密责任过重的现实，相关政策应该引导档案馆将档案公共服务的责任放在首位，赋予其对档案形成机关的解密工作进行监督、协助和审查的权力，让档案馆逐渐从解密执行主体转化为监督主体，将主要精力集中

---

① 公共企事业单位信息应公开［N］．新京报，2007～9～13：A03 版

到提供信息服务上来。对于历史档案的解密和鉴定工作，应在政策中指导建立合作机构，规定档案馆的组织协调责任而非直接鉴定责任。

最后，档案开放政策应明确开放日常工作责任机构及监督机构，使开放责任进一步落实。《政府信息公开条例》规定"各级人民政府及县级以上人民政府部门应当建立健全本行政机关的政府信息公开工作制度，并指定机构负责本行政机关政府信息公开的日常工作"。"政府信息公开工作主管部门和监察机关负责对行政机关政府信息公开的实施情况进行监督检查"。现有档案开放规定只是笼统地将开放主体表述为"各级各类档案馆"，至于馆内开放责任具体应该如何落实、责任机构和人员如何明确均无规定。为防止档案开放机构互相推托、随意处理和延迟开放，开放规定中应该明确各类机构的开放责任人和审查人，规定承担开放责任的组织机构必须设立常设机构和配备足够人员负责延期开放档案的清理鉴定、到期档案的登记开放、申请开放的答复处理等工作。同时，可以要求设立开放鉴定专家委员会或开放咨询专家机构辅助并审查档案开放的切实进行，设立的审查机构必须规定由开放责任单位内外专家共同组成。除此之外，还应规定向社会公示开放责任机构联系方式和人员名单，加强利用者对开放工作的监督，畅通利用者申诉或投诉渠道，将"开放不作为"责任明确到人。

2. 明确开放工作程序

目前档案馆开放档案的主要压力是到期历史档案的鉴定。档案开放政策规定过于粗放，操作性不强，使得具体开放工作缺乏充足的依据。历史档案开放与档案解密息息相关，不仅需要专业部门的密级判定，还需要历史学者的内容分析，不仅难度高而且工作量大。如果仅靠档案馆在现有开放政策规定下"单打独斗"，满30年的开放规定尚无法实现，更遑论缩短档案开放时间和扩大开放范围了。考虑到我国档案馆的现实工作压力，亟需在国家层面迅速推进档案开放工作的程序化和标准化工作。尽管档案具体内容的鉴定标准千差万别，较难统一，但鉴定工作环节可以在经验交流、试点运行、改进普及的基础上互相借鉴、互相学习。

例如，长春市档案局（馆）为了提速馆藏档案开放鉴定工作，适应社会公开档案信息的迫切要求，以需求为导向，由近及远地进行档案开放，即时上网，与政府信息公开工作相衔接。制定了《档案鉴定规则》、《馆藏档案划控范围》、《馆藏历史档案划控审查工作的方法与分工》，利用统一的业务标准，科学有序地指导该项工作。特别是研究制定了《档案鉴定细化流程》后，将整个鉴定开放工作分为初审、预审、复审、初步处理、集体会审、主任终审、最后处理七大步骤。对馆藏档案的开放、保存、销毁处置形成了"三堂会审"的格局。充分利用网络技术，改变传统的做法，使档案开放鉴定、价值鉴定、数字化鉴定同时进行，并在流水线上完成档案鉴定、数字化、整理、上网利用等一系列工作，极大地提高了工作效率。[①]

又如倍受社会赞誉的外交部档案馆为最大可能地准确处理保密与开放的关系，逐渐摸索出一套行之有效的工作方法和程序：进行经常性或阶段性讨论、总结，将好的经验书面化、制度化；遇到难以决断的档案，就提供同类档案解密情况作参考；如果涉及其他单位业务，则从中协调，组织解密人员共同讨论、分析；还建立了外交官、国内历史专家和国外同行的共同合作机制，了解国外同类档案的开放情况，加快档案开放进度。[②]

我国档案政策在对开放工作作出原则性规定的同时，应吸收地方档案开放和专业档案开放的经验，尽快出台如档案鉴定规则和流程、档案解密合作程序、档案开放和数字化鉴定一体化规程等方面的试行规定。还可以借鉴国外对某类档案开放设置百分比和量化标准的方式，在摸索中不断进行改革创新。

此外，在开放工作程序规定上还要注意与《政府信息公开条例》的内容衔接和配合。如随时开放的档案的具体范围可与《条例》中公开的具体范围[③]相统一，增强政策的协调性和可操作性。

（二）增设责任追究和免责条款

无论是通俗意义上的责任，还是政治学和法学意义上的责任，都不仅包括应负的义务，还包括义务未履行之时应承担的后果和惩罚。在档案开放政策设计和法规制定过程中，明确责任主体和职责范围的条款需要与制裁失责行为的条款相对应，才能维护政策法规的权威性，对责任主体的不作为采取强制措施，及时纠正行为偏差。同时，适当增设责任免除的内容条款，从问责施压和免责减压两个思路完善责任规定。

1. 增设责任追究条款

《政府信息公开条例》第 35 条对"不依法履行政府信息公开义务"、"不

---

① 长春市档案馆提速档案鉴定开放工作 [J]．兰台内外，2006（6）：40.
② 张素林．经历·感悟——外交档案开放的前前后后 [J]．中国档案，2007（3）：60～61.
③ 《政府信息公开条例》第二章细化了公开的具体范围：除规定四类主动公开信息外，还按照政府级别进一步在第九条至第十二条中设置了23款规定（县级以上人民政府重点公开的11款、设区的市级县级人民政府还应包括的4款、乡镇人民政府重点公开的8款）。

及时更新公开的政府信息内容、政府信息公开指南和政府信息公开目录"等六种行为设置了"责令改正、给予处分和追究刑事责任"的惩罚机制。"所有违反利用规定的行为，无论是开放受法律保护的信息还是无正当理由拒绝提供利用，都必须受到惩罚"。①

针对我国现有开放政策在责任承担方面存在的缺口，应补充和加大对开放不力的惩罚和制裁，改变目前档案馆在开放中的"明哲保身"和"消极懈怠"思想。将"封闭应当开放的档案"与"开放应当保密的档案"都明确为档案馆的失责行为。如在《档案法》第五章法律责任中增加"不按时开放档案"和"不对公众的开放要求作出合理解释"的行为的责任追究。

当然，责任追究以工作考核、社会评议为基础，以内部督查和外部问责为前提。正如 Karl W. Deutsch 教授所强调的，让责任人负起责任，需要保证控制者（即上级监管部门和社会公众）拥有一定的渠道，具备一定的能力对受他们控制的责任人切实实施奖赏或处罚。因此，《政府信息公开条例》第 29 条要求"各级人民政府应当建立健全政府信息公开工作考核制度、社会评议制度和责任追究制度，定期对政府信息公开工作进行考核、评议"。公民、法人和组织可以通过举报、复议和诉讼方式来行使社会监督权。完善档案开放规定中的责任追究内容，不仅是增设对失责行为的惩罚条款，还需要增设相应的考核制度和社会评议制度，才能实现"有错必改"、"失责必究"。

2. 增设开放免责条款

"免责条款指的是协议的一方在一定条件下免除自身的责任，同时也指在一定条件下对对方的责任进行限制"。②《欧洲档案利用政策标准纲要》中就规定"如果读者泄露了文件的内容并导致第三方采取法律行为，法律必须明确地免除档案馆的民事或刑事诉讼责任，前提是档案馆依据现行法律和规定开放档案。如果没有类似的保护性条款，档案馆将只能依据司法命令开放可能引起法庭起诉的文件，因为在这种情况下，档案馆将自动被免除责任。"③ 档案服务者并非个人隐私的守护神。只要档案工作者在开放鉴定时尊重了隐私信息相关人的意见，或者遵照了法定的程序（相关人无法找到或不存在时），那么档案利用者在利用档案信息中侵犯隐私的行为，不应由档案机构和工作者

---

① 王红敏. 欧洲档案利用政策标准纲要 [J]. 外国档案工作动态，2003（6）: 5.
② 肖盾. 免责条款在电子商务中的独特作用 [J]. 电子知识产权，2001（10）: 53.
③ 王红敏. 欧洲档案利用政策标准纲要 [J]. 外国档案工作动态，2003（6）: 6.

"买单"。作为一个公民，在行使档案利用权利之时，理应遵守法律规定的对他人隐私的尊重。

在 2007 年提请十届全国人大常委会第 28 次会议进行首次审议的律师法修订草案中，增设了律师职业豁免权的有关规定。中国人民大学法学院张志铭教授表示，律师承担的是一种特殊的实现社会公正的使命，应享有职业豁免的权利。[①] 档案馆及其工作人员在档案领域承担着实现社会信息公平的艰巨使命，尤其是在开放档案工作中面临的责任风险较高。针对目前档案开放不是过于大胆而是过于保守的现状，鉴于目前我国法律缺少这种免责的保护性条款，建议在档案开放政策中增设适当的免责条款，赋予档案馆一定的"职业豁免权"，如在《各级国家档案馆开放档案办法》中规定，"利用者根据合法手续利用已开放档案，因不当利用和传播所带来的诉讼纠纷，档案馆免除责任"。此外，还可规定信息公开条例中已列为公开的内容或已公开的现行文件，档案部门不再进行开放鉴定，不承担开放风险。为了促进互联网信息服务的快速发展，鼓励网络信息传播利用，国内外提供信息服务的网站大多设立了免责声明，以排除网站服务提供方无法控制和不应承担的责任和损失赔偿，图书馆在开展电子图书服务时也增设了免责条款。档案信息服务网站也应该吸取相关经验，明确自身的免责范围。

（三）建立责任监督和责任回应

公共服务责任主体和社会公众虽然在最终利益上是一致的，但在具体利益上却常常存在矛盾。责任人与控制人的利益并不完全一致，甚至时常发生冲突。在档案开放工作中，档案馆是具有自身利益和理性的公权机构，在社会档案利用者面前处于强势，如果不对其责任进行监督和保障，仅靠档案馆的自觉和良知来履行职责，是极不现实的。因此，现有开放政策中应补充相关规定以畅通开放监督的信息渠道，要求档案馆对利用需求及时回应和答复。

1. 建立公示告知制度

监督机制建立的重要途径之一就是"办事过程和执行程序的公开，建立告知制度"，让监督者能够获取充足的监督信息。原最高人民法院院长肖扬在十届全国人大常委会第 30 次会议上，作了关于完善审判工作监督机制情况的报告。报告指出，"最高法院着力完善执行工作监督机制"并"要求各级法院

---

① 杨华云. 律师有望获职业豁免权［N/OL］. 新京报，2007 ~ 6 ~ 25［2008 ~ 03 ~ 05］. http: // news. thebeijingnews. com/0546/2007/0625/014@ 271888. htm.

公开案件执行过程，建立执行告知制度"。① 我国《政府信息公开条例》规定了通过指南、目录和年度报告三种方式向社会公开监督信息②。美国联邦政府机构每年要向国会提供一份年度报告，汇报诸如申请提供信息而被拒绝的次数和理由，当事人就此向政府官员提出申诉的次数、结果及理由；拒绝提供信息的官员的姓名、职称、职位及参与案件的数目，等等。

我国国情和体制决定的档案馆的行政性，使得实际的档案开放工作更偏重于公权的执行。因此更有必要公开工作过程和办事程序，使权力的实施受到严格监督。建议在开放政策规定中补充开放工作公示告知制度，一方面强制要求档案馆每年公布年度开放数量（包括申请开放数量、同意和拒绝申请数量）、档案开放进程（如已开放档案比例、未开放数量、应开放尚未开放数量）等信息；另一方面将开放程序和标准也公诸于众，向社会告知开放鉴定过程、鉴定人员组成和介绍、开放与否所依据的政策法规等。让档案开放也如同信息公开那样，纳入社会公众监督之下，使开放工作更加透明。这不但有利于消除人浮于事的官僚作风，也容易获得公众对"开放与控制"界限的理解和认同。

2. 补充开放回应制度

"政府的责任在某种程度上说，就意味着政府有效的社会回应，其职责的履行就需要对公共需求和公众问题诉求具备灵敏的感应能力和针对问题加以高效处理的解决能力"。③ "从 2006 年 8 月起，巢湖市政府建立政府门户网站在线回复制度，规定只要网民在门户网站论坛和公务邮件中提出投诉、意见、建议、咨询，涉及单位必须在 3 个工作日内在线回复。难以在此期限内办结的要做出说明，如超过 5 天没有回复又未做出说明，市政府将给予通报，且列入年度考核、考评。"2006 年 11 月，安徽省巢湖市 14 家单位因为没有及时回复网民的发帖咨询被通报。④ 回复不时、不回复且不说明情况，或者推诿扯皮、胡乱应付，都被视为漠视民意而受到惩戒。

政府信息公开立法中普遍设立了回应答复条款或说明理由机制来强化对行政机关公开工作的责任监督，控制其自由裁量空间。如我国《政府信息公开

---

① 公众可全程查案件执行动态［N］. 新京报，2007～10～27：A04 版.
② 第十九条：行政机关应当编制、公布政府信息公开指南和政府信息公开目录，并及时更新。第三十一条：各级行政机关应当在每年的 3 月 31 日前公布本行政机关的政府信息公开工作年度报告。第三十二条规定了报告的六项内容。
③ 王巍. 公众回应性：服务行政的核心特征——服务型政府回应机制的流程与制度设计［J］. 行政论坛，2004（65）：33.
④ 在'看帖回帖'处，建设亲民政府［J］. 新京报，2006～11～2：A02 版.

条例》第 24 条规定，"行政机关收到政府信息公开申请，能够当场答复的，应当当场予以答复。行政机关不能当场答复的，应当自收到申请之日起 15 个工作日内予以答复；如需延长答复期限的，应当经政府信息公开工作机构负责人同意，并告知申请人，延长答复的期限最长不得超过 15 个工作日。"美国政府拒绝提供信息要负举证责任。必须负责说明理由，例如证明该信息属于豁免公开的事项。"这些解释以《信息自由法案》、《隐私权法》、《安全保密法》等法律为依据。"① 《欧洲档案利用政策标准纲要》也规定了"所有拒绝提供利用和给予特殊许可的决定都必须以书面形式通知申请人，使他有机会提出上诉或反驳不开放的理由。"②

从新闻报道或业界传闻中，常能听到利用者查阅档案的抱怨，也能听到档案部门开放工作的苦恼。我们认为，档案馆为档案开放所作的艰辛努力没有得到足够的社会认同，与档案馆对利用申请的回应速度较慢、有效性较差不无关系。一方面，档案开放申请不能及时答复、从受理申请到进行答复的时限缺乏强制规定；另一方面，是否开放不能详细说明理由或者理由难以服人，利用者对档案馆的理解认同极为有限。

快速反应和有效答复是对利用者的一种尊重。社会利用者的满意程度不完全依赖于具体利用要求的实现，还受到答复反应速度和理由说服力的影响。因此，档案开放政策规定中应结合公民利用权保护，设立开放档案查阅、未开放档案申请开放的答复回应制度以及开放与否的说明理由制度。在对开放和利用申请进行认真登记的基础上，及时有效地回应公众需求。2007 年 4 月 1 日施行的《浙江省国家档案馆管理办法》就在这一方面进行了完善创新。其第 21 条规定："公民和社会组织确需利用国家档案馆未开放档案的，应当向国家档案馆提出书面申请，国家档案馆应当在 2 个工作日内作出是否提供利用的书面答复；在规定期限内不能作出答复的，经馆长批准，可以适当延长期限，但最长不得超过 7 个工作日，延长期限的理由应当书面告知申请人"。③

二、弥补档案利用规定的权利缺憾

（一）针对"利用审批手续"规定的政策建议

第一，在《档案法》第 19 条和《档案法实施办法》第 22 条增加"自由"

① 赵屹. 从二战航拍片'回归'看美国的档案利用 [J]. 北京档案，2003（1）：51.
② 王红敏. 欧洲档案利用政策标准纲要 [J]. 外国档案工作动态，2003（6）：5.
③ 浙江省国家档案馆管理办法 [J]. 浙江档案，2007（3）：10.

一词，肯定已开放（应开放）档案利用的"自由权"。即"中华人民共和国公民和组织，持有介绍信或者工作证、身份证等合法证明，可以自由利用已开放的档案。"在档案法中肯定利用"自由权"，对各档案馆的利用制度作原则性规定，强化档案馆尊重公众"自由利用"的意识。

第二，删除已开放（应开放）档案的利用目的审查手续，鼓励"无明确目的"和"休闲目的"的档案利用活动。明确规定，是否填写利用目的不是提供利用的必经程序，但可以作为利用者调查和需求分析的手段，作为开展个性服务的数据收集手段。我们并不反对利用目的"调查"。实际上，国外档案馆常常分发用户调查表了解公众利用档案的需求和目的，以便进行针对性服务。但是，利用目的填写是作为一种"调查"手段而非"审查"手段来进行的，利用者是否提供也是出于自愿而非强迫，填写与否更不会成为是否允许利用的前提。

（二）针对"利用方式和公布权"规定的政策建议

第一，删除《档案法实施办法》中对"利用"的狭隘定义，保留利用方式的"开放性"，不对利用方式的种类作列举式规定。以适应千变万化的公众个性化利用需求，适应未来利用服务方式的不断创新。

第二，肯定网络下载、电子拷贝等数字形式档案利用的合法性，使目前我国档案界的信息化建设成果能够尽快地体现到公共利用领域，改变目前重"数字化转换"轻"整合式利用"的现状。在信息爆炸时代，海量存储的数字档案信息的"利用"必须依靠技术平台和手段，沿用传统纸质环境下的利用方式根本无法顺利完成利用过程。为此，数字形式的档案利用方式应提到"法定方式"的高度，而不仅仅是"锦上添花"的创新服务。

第三，删除或弱化公布权规定，增加对已开放（应开放）档案"传播和开发"的鼓励和保护。

对于已开放（应开放）档案可以考虑取消公布权限制，赋予公众对已开放档案的完整"利用权"（包括传播和开发权）。或者修改"公布权"概念为"传播方式"和"开发方式"，有选择有条件的保留部分现有规定，将其弱化为对"例外信息"传播和开发的控制条款。如可以明确哪些档案信息不允许档案馆或形成单位之外的主体通过报纸、电视等大众传媒和网络方式传播，哪些档案信息因涉及"公平竞争"而不允许商业性开发，等等。

（三）针对"未开放档案的申请开放（利用）程序和权利救济"规定的政策建议

我们建议：

第一，增设未开放档案的申请开放程序和方式规定，详细明确申请程序、答复申请的具体时限（最好明确到工作日）和答复内容及方式（单独发送邮件答复或网上统一公布等多种方式），落实和保障公众对未开放档案的利用权。同时，对于应开放（而未开放）档案应该规定，自申请开放之日起对所有公众开放，利用规定参见已开放档案的利用。

第二，与档案服务机构的责任监督条款相对应，增设公民利用档案权利的救济规定。如赋予公众对不合理利用限制和拒绝利用行为进行举报、申请复议和行政诉讼的权利。又如在申请开放规定中设立接受申请的"首问责任制"。另外，在第4章所建议的责任回应制度中明确对不及时回应的惩戒实际上也是一种权利救济的保障措施，这里无需赘述。

（四）编制公民利用档案信息指南

"西方政治哲学认为，个人权利可以分为积极权利和消极权利两个大类。所谓消极的权利（negative rights）就是个人由于政府的无所作为而获得的权利。所谓积极的权利（positive rights）就是个人要求国家采取积极行为的权利"。① 需要指出的是，这种"消极性"与"积极性"是针对"公权"的干涉程度而言的，政府的"无所作为"是指该权利不受"公权"侵犯，但还是有"保护它们不受他人侵犯的义务"②，有责任通过政策法规进行保护，而不是完全"无事可干"。公民利用档案的"自由权"是一种较为特殊的权利，在性质上既具有要求"公权"不作过多干预的"消极性"，也具有要求国家采取积极措施予以保护的"积极性"。从政策调控思路来看，"自由权"的保障既需要删除利用规定中对档案利用活动的过多限制，还公民应有的"自由"空间；还需要增加利用政策的"通俗版"和"公民版"，引导公民去享受"自由"。

西方发达国家对公民信息权的认识较早，政策设计也较为成熟，不仅重视宏观政策的制定，还十分强调政策的普及程度和可操作性。从国家层面统一编制《公民利用信息指南》或《国家档案利用指南》，被认为是有效引导公民享受"信息自由"的一种政策选择，也是法律规定的政府责任。《澳大利亚档案

---

① 俞可平. 权利政治与公益政治 [M]. 北京：社会科学文献出版社，2000：240.
② 俞可平. 权利政治与公益政治 [M]. 北京：社会科学文献出版社，2000：240.

法》第 66 条就明确规定"国家档案局应发行澳大利亚国家档案资料指南。任何人可检视指南及支付依法规定的费用后有权取得一份指南"。① 美国政府颁布《信息自由法》之后，从上世纪 60 年代到 90 年代先后六次发布《美国公民运用〈信息自由法〉指南》作为该法的实施细则。②

1. 他山之石——美国《公民利用信息指南》

1986 年美国重新修订了《信息自由法》，将"有权知道"标准取代了"需要知道"标准，这一深层次的改动使得美国公民进一步了解到该如何充分利用自己的权利获得信息。《信息自由法》刚公布，就印刷出版了相应的详尽的《公民指南》。该法通俗易懂，与《私有财产法》配套而成，公民极易理解，操作极为方便。③ 美国《公民利用信息指南》经过多年的完善，已由数个政策文本发展成为了一个庞大而详尽的指南体系。

由于美国政府并没有一个中心机构负责所有联邦行政机关的信息利用申请，而是由行政机构各自处理。因此，各行政机构都分别制定了自己的《信息利用参考指南》。如 2006 年 5 月，美国律政司在官方网站上发布了《信息自由法参考指南》（Department of Justice Freedom of Information Act Reference Guide），分为导言、无须通过 FOIA（Freedom of Information Act，信息自由法）申请可获取的文件、在哪提交 FOIA 申请、如何提交申请、答复时限、加急处理、费用、费用减免、初步申请判定、行政申诉、司法审查等 11 个部分。该《指南》在导言中就强调"FOIA 赋予的任何人对联邦机构文件和信息的利用权是根据总统行政法令规定的'公民中心'和'结果导向'原则，由法院强制执行，得到行政机构支持的"。《指南》编制目的是"为了让公民熟悉向律政司提交 FOIA 申请的特定程序，这个过程既不复杂也不费时。遵循《指南》的指导，你将更有可能在最短时间内收到你所寻找的信息。"④

在针对性较强的各机构《信息利用参考指南》之外，美国还制定了一些通用性的《公民指南》。如一般事务管理局和律政司联合出版的小册子《你对联邦文件的权利——信息自由法和隐私权法的问题和解答》（You Right To Federal Records——Questions and Answers on the Freedom of Information Act and

---

① （台湾）档案管理局编印. 各国档案法令汇编 [G]. 台北：档案管理局，2004：239.

② 黄项飞. 充分发挥档案馆在"公共空间"的作用 [J]. 山西档案，2007（3）：46.

③ 刘维荣，曹宁. 美国与加拿大档案信息政策对比研究 [J]. 机电兵船档案，2003（2）：42.

④ Department of Justice Freedom of Information Act Reference Guide. [EB/OL]. [2007～10～22]. http：//www. usdoj. gov/oip/referenceguidemay99. htm.

Privacy Act）、众议员政府改革委员会发布的报告《使用信息自由法和 1974 隐私权法申请政府文件的公民指南》（A Citizen's Guide on Using the Freedom of Information Act and the Privacy Act of 1974 to Request Government Records）、以及介绍特定消费者的问题分别由哪个联邦机构负责和向哪里提交书面申请获取政府帮助的《消费者行动手册》（Consumer Action Handbook）①。

值得一提的是《你对联邦文件的权利——信息自由法和隐私权法的问题和解答》。该《公民指南》采用问答形式，对公民申请利用联邦文件信息所需要了解的法规内容（主要指信息自由法和隐私权法）、法规条款的具体使用方法（包括两法各是什么、如何使用、两法的区别联系以及如何选择使用）均作了详细而通俗的说明，并列出了公民行使权利时可能需要参考的其他信息目录，附了重要政策全文链接。使得具备一般文化层次的公民都能读懂其内容，并依据其内容完成政府信息申请利用过程。在该《公民指南》的"信息自由法"部分，将公民对信息自由法的了解和使用设计为 12 个问题，通过对问题的一一解答引导公民正确而有效地行使自己的权利。列出的问题如下：FOIA 可保障获取哪些信息？能否在网上找到机构文件？跟政府机构何人联系以及如何得到正确地址？如何提交申请？能否要求文件以特定格式提供？需要支付多少费用？需要等待多久的答复时间？能否得到加快服务？申请被拒绝如何办？等等。②

2. 一家之言——我国《指南》编制建议

我国的《政府信息公开条例》刚刚实施，档案利用政策与政府信息公开制度的衔接也仅仅停留在学术探讨层面。因此，目前档案学界还未意识到编制《公民利用档案信息指南》的重要性，更未提出具体的建议和思路。我们通过对他山之石的分析借鉴，就我国《公民利用档案信息指南》的编制原则、形式和必要内容，提出一些抛砖引玉的一家之言。

第一，编制原则应该确立为"公民视角"和"权利引导"。即在内容和形式上充分考虑普通公民的阅读理解能力，将公民行使档案利用权利最需要了解的信息向社会告知，体现"公民中心"的设计思路。在功能设计上以引导公民权利实现为目标，告知的信息具体而明确，利用申请表格附样表，参考资料提供全文获取途径。

---

① Department of Justice Freedom of Information Act Reference Guide. ［EB/OL］. ［2007～10～22］. http：//www. usdoj. gov/oip/referenceguidemay99. htm.

② You Right To Federal Records——Questions and Answers on the Freedom of Information Act and Privacy Act. ［EB/OL］. 2007～10～22. http：//www. pueblo. gsa. gov/cic_ text/fed_ prog/foia/foia. htm.

第二，编制形式可以采取问答形式，也可以采取流程图和操作手册等简明易懂的形式。文字表述尽量通俗，法规内容的解析不应拘泥于政策文本，也不要过于学术化，可通过案例和实例来增进公众对如何正确利用档案的理解。

第三，编制内容至少应该揭示以下6种信息：一是档案服务机构的类别、性质、地址和服务对象。二是公民利用档案所需要依据的政策内容和法规条款。鉴于目前我国并没有专门针对利用者的法规文件，应该从相关法规中析出与公民行使权利密切相关的条款。三是相关规定如何运用，以及政策适用范围。可以通过一些实例来澄清模糊认识，加深理解。四是利用具体程序、步骤和要求。五是利用是否需要支付费用，如何申请费用减免。六是利用需求被拒绝和被限制，如何进行权利救济。向哪里提起举报和申诉，具体的联系人和联系方法、地址，等等。

需要强调的是，《公民指南》是利用政策的简单化、清晰化和流程化，因此它是具有一定针对性和适用范围的。正如美国的《公民利用信息指南》是由不同机构主体制订的一个指南体系，我国的《公民利用档案信息指南》也不仅仅是一两个政策文本。但国家层面可以出台一定的标准和规范来统一《指南》的编制方法。实际上，我国行业标准《档案馆指南编制规范》（DA/T3～92）① 中第5.1.5是专门针对利用服务的部分，对接待利用者的日期和时间、开放范围及查借手续、提供利用方式等都作了统一规定。遗憾的是，《档案馆指南编制规范》是从档案馆工作的角度出发制订的标准，并没有对公民如何利用档案起到具体的引导作用。

编制《公民利用档案信息指南》，不仅有利于积极引导公民行使权利，强化社会对档案利用政策的知悉了解，而且，它还能丰富政策制定视角，改变档案利用政策"高高在上"缺乏"平民关怀"的现状，有利于弥补我国现有政策体系中"利用者缺位"的不足。

三、档案利用合理收费的政策建议

"档案馆在开发用户收费政策和框架方面享有某种自由。然而，这种自由面对的挑战是在机构资源要求、联合责任和公共利用责任之间维持一种平衡。在这种环境下，应尊重生成者、赞助者和用户的需求和期望，以最好地达到档

---

① 档案馆指南编制规范［G］．档案工作文件汇集（第七集）．北京：档案出版社，1999（9）：140.

案馆的最终目标，即保护具有长期价值的文件，并对这些文件提供利用。"①

　　档案利用收费规定是档案利用政策中的重要组成部分，直接关系到公众利用档案所需要支出多大的成本，在一定经济条件下享受多大的"自由"。无论是否收费、如何收费，其最终目标是为了满足公共利用需求，追求档案领域的公共福祉和公共利益。我们认为，我国档案利用收费政策应该确立和坚持"公益主导"的基本原则，鼓励不断地减少面向普通民众的基本信息服务的费用（免费利用是最佳理想状态）。同时，对于特殊信息、特殊用户以及特殊服务，允许有利于资源开发和服务持续的"市场化"收费，前提是必须制定"分类分级"的合理收费政策。

　　（一）公益主导的基本原则

　　我国现有档案利用收费规定中确立的"有偿服务和无偿服务相结合原则"未能突出档案馆的"公共性"，对"公共服务"的观念引导和实际推进效力有限。我们认为，在建设和谐社会、发展社会公益的当下，在档案信息和服务的"公共性"日益突出的当下，"公益主导"应作为档案利用收费政策修改和制订的基本原则。

　　第一，"公益主导"意味着档案馆服务职能范围内的基本信息服务应该免费或者尽量低收费。

　　2000 年 7 月 13 日的《欧洲档案利用政策建议》第 6 条规定，"档案利用是公共档案馆服务功能的一部分，因此，是免费的"。② 在我国，档案馆是享受国家财政拨款的事业单位。档案馆开展基本的目录查阅、档案检索、调卷调档、馆内查阅、利用咨询等服务，都是职能范围之内的，其成本已由纳税人统一支付，利用者不应再重复付费。当然，由于信息服务具有层次性和区别性，调阅大量档案和调阅数件档案所付出的人力成本是不同的，利用珍贵档案和普通档案所付出的保护费用是不同的，咨询利用程序等简单问题与咨询专题领域的档案线索所耗费的服务时间也是不同的。在档案馆经费不足和资源紧缺的条件下，根据利用档案的数量、珍贵程度和服务人员的劳动量，收取一定的费用补偿，作为一种支持服务的权宜之计，可以理解。但从长远来看，"不能把利

---

　　① 加不里埃·布莱尔斯. 档案利用：RAMP 研究报告 [J]. 李红，译. 外国档案工作动态，2003（6）：23～24.

　　② Recommendation on a European policy on access to archives. P2.［EB/OL］.2007～11～10. http：//www. aip-bg. org/pdf/rec_ arch. pdf.

用者作为填补档案馆正常资源分配过程中亏空的手段"。① 应随着国家经济发展水平的提高和档案事业经费的增长，不断向更低收费直至免费的方向调整。虽然我国的经济实力与西方发达国家存在差距，实现"免费利用"还需假以时日，但政策上应体现这一目标追求，体现对"基本信息服务免费"的鼓励支持。

第二，"公益主导"要求"工本费"的收取必须进行成本核算，不能超出实际的工本支出和物质消耗。应该明确规定不能任意增加"手续费"、"登记查询费"等"服务费"。

"工本"是指制造物品所用的成本。在国家档案利用收费规定中，"工本费"主要指复制成本、档案证明制作费以及咨询服务中邮寄、传真的费用，收取"工本费"也是"无偿服务"。因此从内涵上看，"工本费"是排除了"人力成本"的物质成本。为防止地方借"工本费"而提高收费额度，仅规定"按当地实际情况"收费是不够的，应该要求"工本费"的制定根据成本核算进行。此外，部分地方档案馆收取的"手续费"、"登记查询费"实际上已经超出了国家规定的"工本费"范畴，是一种与人力成本对应的"服务费"。我们认为，档案馆的基本信息服务已由国家财政支付，档案人员的"劳动消耗"已在工资收入中补偿，"服务费"不应纳入收费项目。因此，现有档案利用政策应该增设条款，对"咨询服务费"作具体解释和限定，区别"代办咨询"过程中的"工本费"和"服务费"，限制"服务性"收费项目。

第三，增加"弱势群体减免费用"的条款，并告知申请减免程序和审批的要求。

实际上，一些地方档案馆，已经在服务实践中减免了对弱势群体服务的收费，有的还在利用收费规定中进行了明确。如上海市黄埔区档案馆"在不增收费用的基础上，对老年人、重病症患者和残疾人等特殊弱势群体，只要符合阅档条件和手续，便可实行档案快递上门服务"。② 北京市《东城区档案馆利用档案收费办法》规定，"残疾人可凭残疾证免费利用开放档案、婚姻、招工、知青档案"。③

---

① 加不里埃·布莱尔斯. 档案利用：RAMP 研究报告 [J]. 李红，译. 外国档案工作动态，2003（6）：4.

② 张雅云. 创新机制 拓展功能 提升档案公共服务水平 [J]. 新上海档案，2005（6）：22.

③ 数字东城网.［2008～01～18］. http：//www. bjdch. gov. cn/n1569/n3123569/n3125046/3157360. html.

（二）收费政策的制定依据

"公益服务"并不排斥有偿服务，也不排斥特殊利用群体的特殊服务需求。而这些特殊的利用需求尽管具有一定的规模，但并不属于档案馆的基本信息服务范畴，也不一定都能得到国家财政的及时资助和补贴。在档案馆较为紧张的经费条件下，满足特殊群体的利益和满足公共利用需求存在一定的冲突，需要借助一定的"开源"措施才能保证基本服务之外的服务要求。最直接的"开源"方式便是"利用者付费"，向特殊利用群体提供"增值服务"，收取合理的费用来支持服务的开展。UNESCO 的档案利用研究报告也指出，"公共利益与特殊利益、要求、对于用户的价值、收费对用户的影响、机构规定的重要性、用户简介和管理的可行性之间权衡比较的结果应作为是否收费的依据。"①

档案利用收费政策的制定是一个十分复杂而极为具体的工作，由地方各级档案部门根据实际需求和条件拟定标准，由财政和价格部门审批，在程序上是合理的。但是，国家政策应该在制定依据上给出指导性意见。

在参考了信息定价和收费、分类提供公共服务的研究成果之后，结合我国档案服务及其政策现状，我们认为，档案利用收费政策的制定应该依据"分类分级"的思路，至少需要考虑三个因素。

第一，政策制定应该依据档案信息的性质分类。

档案馆保存的档案信息具有公共物品属性，具有"公有、公用"的特点，在服务上也以"公益"为主导，但这是对于一般意义上的档案信息而言的。对于某些内容特殊、形式特殊的档案信息来说，"公共性"程度不尽相同，信息消费的竞争性强弱不一，经济价值和市场价值千差万别，收费标准也不能一概而论。

北京理工大学管理与经济学院刘强博士（2007）② 曾经提出运用公共物品理论对信息进行分类，将政府信息分为纯公共信息、弱竞争信息和强竞争信息，在分类基础上制定"有偿共享"策略，通过免费、收取成本和商业化运作三种方式提供信息服务。我们亦认为，档案合理收费的前提是要对信息进行科学有效的分类，根据信息的"公共性"和"竞争性"分别制定收费标准。

---

① 加不里埃·布莱尔斯. 档案利用：RAMP 研究报告［J］. 李红，译. 外国档案工作动态，2003（6）：23.

② 刘强. 政府信息资源共享机制的研究［EB/OL］. 2007～06～15［2007～09～20］. http：//news. ccw. com. cn/zt/htm2007/20070615_ 273112. shtml.

对于那些"公共性"程度较高的政府信息，应该采取免费或成本收费①；对于那些"竞争性"较强的档案信息，可以根据经济价值、服务成本和用户需求来定价。

值得注意的是，信息的性质并非档案收费政策制定的惟一标准，"收费价格应合理，档案馆应尽量避免单纯根据有关文献的信息价值和商业价值确定收费标准"。② 档案馆的收费服务不是以营利为目的的商业行为，还需要综合考虑服务级别和利用者类型。

第二，政策制定应该依据档案服务的质量分级。

"有人希望档案馆可以提供与图片快照相类似的服务，比如几小时之内就能提供某一影像和说明文字。这种服务费用高而且消耗人力，如果提供，就应由用户承担费用"。③ 档案利用者对信息服务质量的要求是不同的，由国家财政支出、倾向于免费和低收费的基本服务未必能满足所有人的利用需要。但是，服务质量的提高必然带来服务成本的增加，这其中既包括投入的物质成本，还包括了档案人员的工作时间和劳动消耗。同时，特殊服务、增值服务的开展必定占用了基本服务的资源和人力，需要进行适当的费用补偿，才能不顾此失彼。

因此，我们认为，档案合理收费还要对服务进行质量要求的分级，根据服务成本的不同分别制定收费标准。明确基本服务不收费（如网络公布、公共信息查询下载、来馆查阅和较少量复制等）、特殊的"增值服务"可以根据实际投入成本和补偿需要来定价。例如，欧洲档案馆的档案收费服务做得较为成功的是对图像文件的分级利用。"检索公共档案馆保存的图像是免费的。欧洲虚拟档案馆同意在欧洲虚拟档案馆网站上放置低分辨率的图像。除了声明图像没有版权之外，对于用户下载图像亦没有限制。定购高质量拷贝（高分辨率扫描图像、照片等）将在因特网上安排相关的机构处理"。④

---

① 我国《政府信息公开条例》第二十七条规定，"行政机关依申请提供政府信息，除可以收取检索、复制、邮寄等成本费用外，不得收取其他费用。行政机关不得通过其他组织、个人以有偿服务方式提供政府信息"。这部分在"信息公开"之时免费提供或仅收取成本的"政府信息"，移交档案馆之后就应该属于免费提供服务的范围。除非利用者在服务质量和信息形式上有特殊要求。

② 加不里埃·布莱尔斯. 档案利用：RAMP 研究报告 [J]. 李红，译. 外国档案工作动态，2003（6）：23.

③ 加不里埃·布莱尔斯. 档案利用：RAMP 研究报告 [J]. 李红，译. 外国档案工作动态，2003（6）：15.

④ Inge Schoups. 欧洲虚拟档案馆 [J]. 李音，译. 外国档案工作动态，2003（7）：25.

第三，政策制定还应该依据档案利用者的类型调整。

"关于复制费，档案馆针对教育使用和商业使用制订了不同的收费标准，对商用的收费应该高于教育目的或非营利文化机构的使用。介质或数据载体不同价格也应不同，电子出版和广播的费用较高。为了建立良好的收费管理，明确划分用户类别和利用条件透明是很重要的"。①

国外根据利用者类型和性质来制定收费标准的做法很值得我们学习。利用者是收费政策的相对人，是政策制定必须考虑的对象群体。不同性质的利用群体利用档案信息的目的不同，非营利目的和商业用途虽然都应该得到尊重，但在收费策略上可以采取不同标准。实际上，我国 1988 年的《开发利用科学技术档案信息资源暂行办法》和 1992 年的《利用科学技术档案信息资源收费的规定》中，就对"社会公益"性质的利用者实施了优惠政策。

总的来说，收费政策的制定，尤其是收费项目和标准的设置，是一项难度较高的工作，需要综合考虑的因素较多。其中，信息的性质、服务质量要求和利用者类型是合理定价的关键性要素。这也就决定了，档案服务机构持续开展有偿服务、增值服务，必须重视档案信息分类、服务分级、利用者分析等基础性研究工作。

---

① Inge Schoups. 欧洲虚拟档案馆 [J]. 李音，译. 外国档案工作动态，2003（7）：25.

参考文献

著作和教材：

徐家良. 公共政策分析引论 [M]. 北京：北京示范大学出版社，2009.

张中秋. 中日法律文化交流比较研究 [M]. 北京：法律出版社，2009.

刘杰. 日本信息公开法研究 [M]. 北京：中国检察出版社，2008.

颜海. 政府信息公开理论与实践 [M]. 武汉：武汉大学出版社，2008.

陈焱光. 公民权利救济论 [M]. 北京：中国社会科学出版社，2008.

肖秋惠. 俄罗斯信息政策和信息法律研究. 武汉 [M]. 武汉：武汉大学出版社，2008.

黄霄羽. 外国档案管理学 [M]. 北京：中国人民大学出版社，2008.

罗谟鸿，邓清华，胡建华等. 当代中国社会转型研究 [M]. 重庆：西南师范大学出版社，2007.

冯惠玲，张辑哲. 档案学概论（第二版）[M]. 北京：中国人民大学出版社，2006.

杨霞. 政府信息公开实现条件研究 [M]. 北京：首都师范大学出版社，2006.

刘杰. 知情权与信息公开法 [M]. 北京：清华大学出版社，2005.

罗曼. 信息政策 [M]. 北京：科学出版社，2005.

宫晓东. "维系之道"的道之维系——档案法治论 [M]. 北京：中国档案出版社，2005.

陈树裕. 新编政策学概论 [M]. 北京：中共中央党校出版社，2005.

杜佳著. 国家信息政策法规体系研究 [M]. 北京：北京图书馆出版社，2005.

于光远. 论普遍有闲的社会 [M]. 北京：中国经济出版社，2005.

侯强著. 社会转型与近代中国法制现代化：1840～1928 [M]. 北京：中国社会科学出版社，2005.

陈兆祦，和宝荣，王英玮. 档案管理学基础（第三版）[M]. 北京：中国人民大学出版社，2005.

章辉美. 社会转型与社会问题 [M]. 长沙：湖南大学出版社，2004.

张世林. 档案信息利用法律研究 [M]. 北京：中国法制出版社，2004.

陈振明．公共政策学——政策分析的理论、方法和技术［M］．北京：中国人民大学出版社，2004．

颜海．档案信息资源开发利用［M］．武汉：武汉大学出版社，2004．

吕乃基．科技革命与中国社会转型［M］．北京：中国社会科学出版社，2004．

李庆霞．社会转型中的文化冲突［M］．哈尔滨：黑龙江人民出版社，2004．

贺培育．制度学：走向文明与理性的必然审视［M］．长沙：湖南省人民出版社，2004．

朱玉媛．档案法规学新论［M］．武汉：武汉大学出版社，2004．

谢明．公共政策导论［M］．北京：中国人民大学出版社，2004．

谢俊贵．公共信息学［M］．长沙：湖南师范大学出版社，2004．

杨伟民．社会政策导论［M］．北京：中国人民大学出版社，2004．

许传玺．中国社会转型时期的法律发展［M］．北京：法律出版社，2004．

宫志刚．社会转型与秩序重建［M］．北京：人民公安出版社，2004．

窦炎国．社会转型与现代伦理［M］．北京：中国政法大学出版社，2004．

鱼小辉．社会转型时期的若干社会问题探究［M］．北京：中国社会科学出版社，2004．

黄瑞华．信息法［M］．北京：电子工业出版社，2004．

雷龙乾．中国社会转型的哲学阐释［M］．北京：人民出版社，2004．

贺善侃．当代中国转型期社会形态研究［M］．上海：学林出版社，2003．

吴定．公共政策［M］．台北：五南出版社，2003．

陈振明．公共政策分析［M］．北京：中国人民大学出版社，2003．

周汉华．外国政府信息公开制度比较［M］．北京：中国法制出版社，2003．

陈振明．政策科学——公共政策分析导论（第二版）［M］．北京：中国人民大学出版社，2003．

黄霄羽．外国档案事业史［M］．北京：中国人民大学出版社，2004．

徐海波．中国社会转型与意识形态问题［M］．北京：中国社会科学出版社，2003．

张备，赵剑英，张恺．信息法律——虚拟社会的边界［M］．北京：军事科学出版社，2003．

周庆山．信息法［M］．北京：中国人民大学出版社，2003．

叶海平，李冬妮．社会政策与法规［M］．上海：华东理工大学出版社，2002．

马海群．信息法学［M］．北京：科学出版社，2002．

总参办公厅档案局．档案服务利用理论实践［M］．北京：解放军出版社，2002．

黄霄羽．外国档案工作纵横论［M］．北京：中国档案出版社，2002．

施懿超．档案法理论与实务［M］．重庆：重庆出版社，2002．

蒋坡．国际信息政策法律比较［M］．北京：法律出版社，2001．

张成福，党秀云．公共管理学［M］．北京：中国人民大学出版社，2001．

朱庆华，杨坚争．信息法教程［M］．北京：高等教育出版社，2001．

蒋波．国际信息政策法律比较［M］．北京：法律出版社，2001．

《保密法比较研究》课题组．保密法比较研究［M］．北京：金城出版社，2001．

刘祖云．从传统到现代——当代中国社会转型研究［M］．武汉：湖北人民出版社，2000．

俞可平．权利政治与公益政治［M］．北京：社会科学文献出版社，2000．

李钢．社会转型代价论［M］．太原：山西教育出版社，1999．

兰久富．社会转型时期的价值观念［M］．北京：北京师范大学出版社，1999．

朱崇实，陈振明．公共政策：转轨时期我国经济社会政策研究［M］．北京：中国人民大学出版社，1999．

李淑梅．社会转型与人的现代重塑［M］．太原：山西教育出版社，1998．

陈晏清．当代中国社会转型论［M］．太原：山西教育出版社，1998．

陈晏清．当代中国社会转型论［M］．太原：山西教育出版社，1998．

袁方．中国社会结构转型［M］．北京：中国社会出版社，1998．

郑杭生等．转型中的中国社会和中国社会的转型［M］．北京：首都师范大学出版社，1996．

孙立．转型期的中国社会［M］．北京：改革出版社，1997．

陈庆云．公共政策分析［M］．北京：中国经济出版社，1996．

张辑哲．维系之道——档案与档案管理［M］．北京：中国档案出版社，1995．

韩德培．人权的理论与实践［M］．武汉：武汉大学出版社，1995．

张金马．政策科学导论［M］．北京：中国人民大学出版社，1992．

桑玉成，刘百鸣．公共政策学导论［M］．上海：复旦大学出版社，1991．

邓绍兴，陈智为．档案管理学［M］．北京：中国人民大学出版社，1989．

舒扬．政策学概论［M］．北京：求实出版社，1989．

译著：

约翰福蒂斯丘．论英格兰的法制与政治［M］．袁瑜峥译．北京：北京大学出版社，2008．

勒克斯．英国法［M］．张季忻，译．北京：中国政法大学出版社，2007．

［英］科尔巴奇 H K．政策［M］．张毅，韩志明译．长春：吉林人民出版社，2005．

［美］海伦·英格兰姆，斯蒂文·R·斯密斯．新公共政策——民主制度下的公共政策［M］．钟振明，朱涛译．上海：上海交通大学出版社，2005．

［美］珍妮特·V·登哈特，罗伯特·B·登哈特．新公共服务——服务，而不是掌舵［M］．丁煌译．北京：中国人民大学出版社，2004．

［澳］欧文·E·休斯. 公共管理导论［M］. 彭和平, 周明德, 金竹青译. 第二版. 北京：中国人民大学出版社, 2001.

［美］托马斯·巴克霍尔兹. 明天的面孔—信息水平：开启后信息时代的钥匙［M］. 北京：北京工业大学出版社, 2000.

［澳］休·史卓顿, 莱昂内尔·奥查德. 公共物品、公共企业与公共选择——对政府功能的批评与反批评的理论纷争［M］. 费昭辉译. 北京：经济科学出版社, 2000.

［美］卡尔·夏皮罗. 信息规则——网络经济的策略引导［M］. 北京：中国人民大学出版社, 2000.

［美］J·范伯格. 自由、权利和社会正义——现代社会哲学［M］. 王守昌, 戴栩译. 贵阳：贵州人民出版社, 1998.

道格拉斯·C·诺斯. 制度、制度变迁与经济绩效［M］. 刘守英译. 上海：上海三联书店, 1994.

［美］克鲁斯克 E R, 杰克逊 B M. 公共政策词典［M］. 唐理斌, 王满传, 郏斌祥等译. 上海：上海远东出版社, 1992.

彼得·瓦尔纳. 现代档案与文件管理必读［M］. 北京：中国档案出版社, 1992.

［美］詹姆斯·E·安德森. 公共政策［M］. 孙钢, 丁志民译. 北京：华夏出版社, 1990.

［美］斯图亚特·S·那格尔. 政策研究百科全书［M］. 林明译. 北京：科学技术文献出版社, 1990.

报告集和论文集：

中国档案学会对外联络部, 《档案学通讯》编辑部. 外国档案法规选编［G］. 北京：档案出版社, 1983.

中国档案学会对外联络部, 《档案学通讯》编辑部. 外国档案法规选编［G］. 北京：档案出版社, 1983.

中国档案学会外国档案学术委员会. 文件与档案管理规划报告选编［G］. 北京：档案出版社, 1990.

国家档案局. 中华人民共和国档案法规汇编［G］. 北京：法律出版社, 1992.

国家档案局, 中央档案馆. 第十三届国际档案大会文件报告集［G］. 北京：中国档案出版社, 1997.

国家档案局. 第十四届国际档案大会文集［G］. 北京：中国档案出版社, 2002.

国家档案局办公室. 档案工作文件汇集（第一集）［G］. 北京：中国档案出版社, 1986.

国家档案局办公室. 档案工作文件汇集（第二集）［G］. 北京：中国档案出版社, 1985.

国家档案局办公室．档案工作文件汇集（第三集）［G］．北京：中国档案出版社，1988．

国家档案局办公室．档案工作文件汇集（第四集）［G］．北京：中国档案出版社，1992．

国家档案局办公室．档案工作文件汇集（第五集）［G］．北京：中国档案出版社，1997．

国家档案局办公室．档案工作文件汇集（第六集）［G］．北京：中国档案出版社，1997．

国家档案局办公室．档案工作文件汇集（第七集）［G］．北京：中国档案出版社，1999．

国家档案局办公室．档案工作文件汇集（第八集）［G］．北京：中国档案出版社，2002．

论文和译文：

学位论文：

陈永生．档案合理利用研究——从档案部门的角度［D］．北京：中国人民大学，2006．

王改娇．公民利用档案的权利研究［D］．北京：中国人民大学，2006．

赵传玉．社会转型期档案利用政策体系研究［D］．北京：中国人民大学，2006．

叶俊宏．美国、英国、澳洲国家档案馆档案网路开放应用之比较研究［D］．台北：台湾国立政治大学，2005．

张玉影．论中外政府档案信息资源管理的法规政策［D］．合肥：安徽大学，2005．

付华．国家档案资源建设研究［D］．北京：中国人民大学，2005．

党颖．论社会转型期的中学道德教育［D］．昆明：云南师范大学，2005．

张福刚．社会转型时期的宪法文化论［D］．郑州：郑州大学，2005．

邹强．社会转型时期价值观念变迁与学校德育变革［D］．武汉：华中师范大学，2005．

章燕华．论中外政府信息资源管理的法规政策［D］．合肥：安徽大学，2005．

卞昭玲．档案信息服务论［D］．北京：中国人民大学，2004．

石磊．档案利用与史学研究［D］．北京：中国人民大学，2004．

齐虹．信息服务原理研究［D］．北京：中国人民大学，2003．

赵屹．网络环境下的档案信息的发布和利用［D］．北京：中国人民大学，2003．

张世林．档案利用活动中的法律问题研究［D］．北京：中国人民大学，2002．

期刊论文：

王少辉．论我国政府信息公开救济制度的完善［J］．图书情报知识，2009（9）．

鲁莉．英国文化探索与启示［J］．科技信息，2009（31）．

武文秀．从档案的审美价值看档案的休闲利用［J］．四川档案，2008（1）．

郑文明．亚洲政府信息公开救济制度及借鉴［J］．中国社会科学院研究生院学报，2008（1）．

蓝恭彦．浅议英国行政文化对政府公共服务改革的影响［J］．理论界，2008（1）．

程栋梁．档案利用服务收费合法性之我见［J］．兰台世界，2008（1）．

张明明．中美日政府信息公开救济制度的比较分析［J］．图书馆工作与研究，2008（4）．

陈巍，王爱萍，宋琚．现阶段档案利用中存在的问题及对策［J］．中国科技信息，2008（9）．

王珂．《档案法》修改的几个问题［J］．中国科技信息，2008（16）．

徐绍敏．档案信息资源法制建设评价［J］．档案学通讯，2007（2）．

王汇．试析二十一世纪档案利用工作的新趋势［J］．中州大学学报，2007（3）．

谭晓萍．对档案利用现状的再思考［J］．兰台世界，2007（5）．

黄静．政府信息公开与档案利用服务工作整合的可行性研究［J］．档案学通讯，2007（6）．

郑丝琳．我国信息公开法与美国、加拿大关于信息公开条款的比较［J］．湖北档案，2007（7）．

潘玉民．《档案法》修订应充分体现档案信息资源开发的思想［J］．上海档案，2007（8）．

宗培岭．"工欲善其事，必先利其器"——《档案法》修订视角［J］．浙江档案，2007（8）．

冯文杰．比较分析相关法律条文看《档案法》的修改［J］．中国档案，2007（9）．

赵阳．略论〈政府信息公开条例〉几点得失［J］．时代法学，2007（10）．

迪莉娅．欧盟的档案政策［J］．北京档案，2007（10）．

程伟杰．日本政府信息公开制度的主要内容与思考［J］．河南图书馆学刊，2007（12）．

刘迎红．我国地方档案法规建设综述［J］．档案学通讯，2006（1）．

胡春华．档案法规体系存在问题的探讨［J］．机电兵船档案，2006（1）．

吕元智．当前我国现行文件利用服务中心存在的问题［J］．档案学通讯，2006（1）．

刘玲芳．试论档案利用工作中存在的问题及对策［J］．池州师专学报，2006（2）．

刘莉，唐银娣．档案利用与馆藏档案鉴定［J］．浙江档案，2006（2）．

张煜明．关于档案利用问题的思考［J］．档案学研究，2006（3）

张辽亚．档案利用工作浅议［J］．浙江档案，2006（4）

高彦香．馆藏档案利用的启示［J］．档案天地，2006（4）．

李珍. 中外档案馆休闲利用比较研究 [J]. 机电兵船档案, 2006 (5).

于莲. 由被动到主动谈档案利用方式的转变 [J]. 兰台内外, 2006 (5)

张文华, 杨斌. 由澳大利亚文化特点与分析 [J]. 时代文学, 2006 (5).

陈晓. 浅析档案信息服务社会化中档案部门的角色转变 [J]. 兰台世界, 2006 (5).

刘曙. 浅谈档案利用的历史和现状 [J]. 工程与建设, 2006 (5).

王新萍. 档案利用趋势新探 [J]. 档案学研究, 2006 (6)

张健. 档案利用现状反思——弊病、不利因素及其消除 [J]. 档案天地, 2006 (6)

谢青. 日本的个人信息保护法制及启示 [J]. 政治与法律, 2006 (6).

肖秋惠. 俄罗斯档案立法的最新进展 [J]. 中国档案, 2006 (6).

孙蔚. 网络环境下档案利用工作的新思路 [J]. 浙江档案, 2006 (7)

李晓萍. 做好新形势下的档案利用服务工作 [J]. 学习月刊, 2006 (7).

林莉. 档案利用现状及对策 [J]. 兰台世界, 2006 (8).

徐榕励, 李伟. 谈网络环境下的档案休闲利用 [J]. 兰台世界, 2006 (8).

李小冰. 政府信息公开法的制定对电子文件利用的影响 [J]. 北京档案, 2006 (10).

韩彬彬. 论网络环境下的档案利用服务的发展趋势 [J]. 兰台世界, 2006 (12).

赵际明, 张丽平, 赵际星. 从隐私档案的利用谈《中华人民共和国档案法》的修订 [J]. 陕西师范大学学报 (哲学社会科学版), 2006 (S1).

冯惠玲. 论档案馆的"亲民"战略 [J]. 档案学研究, 2005 (1).

黄存勋. 走向公开: 创新档案利用服务机制的最佳切入点 [J]. 档案学通讯, 2005 (1).

张菊兰. 档案利用的"二次革命" [J]. 档案学通讯, 2005 (1).

黄志勇. 档案馆信息化建设对档案利用工作的影响 [J]. 机电兵船档案, 2005 (1).

宋艳萍. 档案利用中的公民隐私权保护 [J]. 档案, 2005 (1).

姜之茂. 档案开放再认识 [J]. 档案学通讯, 2005 (2).

方丽. 网络环境下的档案利用工作 [J]. 云南档案, 2005 (3).

付杰, 李绍君. 档案利用工作存在的问题与对策 [J]. 兰台世界, 2005 (3).

周林兴, 苏建华. 被异化的谨慎——对我国档案开放利用现状之评述 [J]. 中国档案, 2005 (3).

余然. 知识经济对档案管理的影响与挑战 [J]. 沿海企业与科技, 2005 (3).

李鹰. 试论新世纪的档案利用工作 [J]. 山西广播电视大学学报, 2005 (5).

傅荣校, 郭佩素. 从普遍利用到休闲利用——对档案馆与上海公众关系的考察 [J]. 档案管理, 2005 (6).

李伯富. 论我国档案法规体系的完善 [J]. 档案学研究, 2005 (6).

董信君. 档案馆与文化休闲 [J]. 兰台世界, 2005 (8).

周彩英. 影响档案利用的内部因素 [J]. 兰台世界, 2005 (9).

赵力华．美国档案立法的启示［J］．中国档案，2005（11）．

王改娇．从公民的档案利用权考察我国开放档案政策的演进［J］．档案与建设，2005（12）．

徐品坚．从中美档案开放利用的差异谈我国档案利用的改革［J］．档案与建设，2005（12）．

张会超．档案馆的另一种风景——中外对待外国人查档之比较［J］．山西档案，2004（2）．

邵勤．档案法与境外人士的档案利用——以上海市档案馆为例［J］．上海交通大学学报（哲学社会科学），2004（2）．

陈耀玲．对做好档案利用工作的几点看法［J］．广西中医学院学报，2004（2）．

陈理珍．对入世条件下加强档案工作的思考［J］．浙江档案，2004（3）．

申玺朝，吴振泉．依法开展档案利用工作的问题与对策［J］．北京档案，2004（3）．

王晖．关于档案利用工作的思考［J］．甘肃广播电视大学学报，2004（3）．

吴文革，马仁杰．论档案开放的原则［J］．档案学通讯，2004（4）．

邹悦．我国档案法制建设中存在的问题及对策［J］．图书情报知识，2004（4）．

姜之茂．让档案馆离民众近些近些再近些［J］．档案学通讯，2004（4）．

王英玮．修改《档案法》的几点建议［J］．档案与建设，2004（5）．

廖丹．论英国宪法的保守主义基础［J］．韶关学院学报，2004（7）．

戴晓平．已公开现行文件服务中心存在的主要问题［J］．中国档案，2004（9）．

李晓兰．档案利用工作的发展走向［J］．兰台世界，2004（12）．

杨森．中国社会转型的特殊性分析［J］．甘肃社会科学，2003（1）．

赵力华．加强档案立法的对策［J］．北京档案，2003（1）．

刘维荣．国家档案信息政策研究在北美［J］．湖北档案，2003（1）．

陈琦，吕晓刚．中美档案信息利用比较［J］．四川档案，2003（2）．

刘维荣，曹宁．美国与加拿大档案信息政策对比研究［J］．机电兵船档案，2003（2）．

马素萍．影响档案开放的因素分析［J］．档案学通讯，2003（2）．

丁梅君．网络环境下档案馆利用服务策略的调整［J］．湖北档案，2003（3）．

刘维荣．档案开放与利用在欧美的新趋势［J］．档案天地，2003（6）．

张世林．档案利用活动中的隐私权保护原则［J］．档案，2003（6）．

张玉影．试论中外档案立法中的档案开放原则［J］．档案学通讯，2003（6）．

郝建革．中外档案信息政策法规标准及其比较研究［J］．浙江档案，2003（8）．

娄策群．推进我国政府信息化的若干政策建议［J］．图书情报知识，2002（1）．

马绪超．档案开放、利用与公布中的法律规定［J］．四川档案，2002（1）．

田红．浅谈如何开展新时期馆藏档案利用工作［J］．贵州档案，2002（2）．

苟维锋. 中法美三国档案法规比较［J］. 陕西档案，2002（3）.

王泽群，王泽亮. 关注档案休闲利用［J］. 档案与建设，2002（6）.

赵屹、陈晓晖. 中美档案利用若干问题比较［J］. 山西档案，2002（6）.

李金海. 休闲与利用融为一体的档案工作［J］. 浙江档案，2002（8）.

王宗文. 澳大利亚的政治体制（上）［J］. 英语知识，2002（9）.

李钢. 论社会转型的本质与意义［J］. 求实，2001（1）.

朱玉媛. 档案法规作用评析［J］. 图书情报知识，2001（3）.

涂文文. 澳大利亚政治制度（一）［J］. 自学英语，2001（4）.

张广智. 西欧社会近代转型问题断想［J］. 浙江学刊，2001（5）.

李军. 档案利用工作不良因素简析［J］. 档案管理，2001（5）.

王恩汉.21 世纪档案馆应该成为文化的"休闲超市"［J］. 上海档案，2001（5）.

郑志平. 档案工作如何面对休闲利用［J］. 湖北档案，2001（7）.

朱玉媛. 档案政策与档案法律比较研究［J］. 档案学研究，2000（3）.

林驰. 让"档案"与"休闲"拉拉手——"档案在休闲社会的作用学术座谈会"综述［J］. 档案学研究，2000（3）.

马仁杰. 论影响我国档案利用的因素［J］. 档案学通讯，2000（3）.

蔺清芳. 略论档案的休闲利用［J］. 档案管理，2000（4）.

谢凌奕. 档案与休闲［J］. 档案学通讯，2000（5）.

马仁杰，龚云兰. 新形势下我国档案利用工作的对策［J］. 档案学通讯，2000（5）.

陈智为，焦东华. 试论新形势下的档案利用工作［J］. 四川档案，2000（6）.

宗培岭. 对档案利用工作现状的思考［J］. 浙江档案，2000（9）.

汪华，隋续业. 档案利用收费工作不容忽视［J］. 兰台世界，2000（11）.

刘智勇. 中外档案利用工作比较［J］. 北京档案，2000（11）.

侯志洪. 档案馆社会功能的实现［J］. 北京档案，1999（3）.

张珠圣. 国外信息政策研究（上）［J］. 毛泽东邓小平理论研究，1998（2）.

张珠圣. 国外信息政策研究（中）［J］. 毛泽东邓小平理论研究，1998（3）.

谭培. 档案政策研究［J］. 北京档案，1998（3）.

张珠圣. 国外信息政策研究（下）［J］. 毛泽东邓小平理论研究，1998（4）.

刘尚焱. 日本的国家信息政策［J］. 图书情报工作，1998（12）.

林真. 档案信息环境与档案信息政策［J］. 浙江档案，1997（11）.

Hepworth, Mark. A Framework for Understanding User Requirements for an Information Service：Defining the Needs of Informal Carers ［J］. Journal of the American Society for Information Science & Technology, 2004, 55（8）.

Lo, Hong K, Szeto, W. Y. Modeling advanced traveler information services：static versus dynamic paradigms ［J］. Transportation Research：Part B, 2004, 38（6）.

Dreier, Thomas, Nolte, Georg. Digital copyright and value added information services [J]. Information Services & Use, 2003, 23 (4).

Miwa, Makiko. Situatedness in users' evaluation of information and information services [J]. New Review of Information Behaviour Research, 2003, 4 (1).

Jian Wang, Frank, Donald G. portal Cross-Cultural Communication: Implications For Effective Information Services In Academic Libraries [J]. Libraries & the Academy, 2002, 2 (2).

Krestel, Heidrun, Götz, Bruno. From information supplier to system provider: the diversification of patent information services at patent information centres [J]. World Patent Information, 2002, 24 (2).

Jenny Moran, Martin Taylor. Lowering the Drawbridge: Further Thoughts on Discriminating between Reader [J]. Journal of the Society of Archivists, 2003, 24 (1).

Patrick Cadell. Access and Information: European Attitudes and Anxieties [J]. Archives, 2003, XXVIII (108).

Anna Sexton, Chris Turner, Geoffrey Yeo, Susan Hockey. Understanding Users: a Prerequisite for developing new technologies [J]. Journal of the Society of Archivists, 2004, 25 (1).

Sandra Nelson, June Garcia, Public Library Association. Creating Policies for Results: From Chaos to Clarity (Pla Results Series) [J]. American Library Association, 2003 (1).

Gari-Anne Patzwald, sister Carol Marie Wildt. The Use of Convent Archival Records in Medical Research: The School Sister of Notre Dame Archives and the Nun Study. The American Archivist 2004, 67 (1).

Nolda Romer-Kenepa. Archives, Modern Information Centers for the General Public [J]. Comma, 2003 (2~3).

Hennaddii Boriak. Users and their Demands in a Country in Transition [J]. Comma, 2003 (2~3).

Zoe A. Smyth. The impact of freedom of information legislation in Ireland [J]. Journal of the Society of Archivists, 2003, 24 (1).

Helen R. Tibbe. Primarily History in America: How U. S. Historians Search for Primary Materials at the Dawn of the Digital Age [J]. The American Archivist, 2003, 66 (1).

Bruce p. Montgomery. Presidential Materials: Politics and the Presidential Records Act [J]. The American Archivist 2003, 66 (1).

Ellen D. Swain. Oral History in the Archives: Its Documentary Role in the Twenty-first Century [J]. The American Archivist, 2003, 66 (1).

Valge, Jaak, Kibal, Birgit. Restrictions on Access to Archives and Records in Europe: A History and the Current Situation [J]. Journal of the Society of Archivists, 2007, 28 (2).

Brieland D. Privacy, privilege, and information policy [J]. Social Work, 1978, 23 (6).

电子文献：

中华人民共和国国家档案局门户网站，[2010～3～3].http：//www.saac.gov.cn.

中国第一历史档案馆网站.http：//www.lsdag.com

中国第二历史档案馆网站.http：//www.shac.net.cn/cn/index.asp.

北京市档案信息网.http：//www.bjma.org.cn/Default.ycs.

上海档案信息网.http：//www.archives.sh.cn.

马鞍山市档案信息网.http：//daj.mas.gov.cn.

福建省分布式档案系统.http：//www.fj-archives.org.cn.

甘肃省档案馆网站.http：//www.cngsda.net/INDEX-1.asp.

广东档案信息网.http：//www.da.gd.gov.cn/webwww/index.aspx.

贵州档案信息网.http：//www.gzdaxx.gov.cn.

海南省档案馆网站.http：//202.100.218.58/gov/jdangan.

河南档案信息网.http：//www.hada.gov.cn.

湖北省档案信息网.http：//www.hbda.gov.cn/module/web/default.htm.

湖南省档案馆信息网.http：//www.hn-archives.gov.cn.

吉林省档案馆网站.http：//www.jilinda.gov.cn.

江西省档案局网站.http：//www.jxdaj.gov.cn.

辽宁省档案馆网站.http：//www.lndangan.gov.cn.

山东档案信息网.http：//www.sdab.gov.cn/sdda.

陕西档案信息网.http：//archives.9966.org.

四川省档案资源网.http：//www.scsdaj.gov.cn.

伊犁哈萨克自治州公众信息网.http：//mail.xjyl.gov.cn/qy/da/fg/xljh.htm.

云南档案信息网.http：//www.ynda.yn.gov.cn.

浙江档案网.http：//www.zjda.gov.cn.

广西档案信息网.http：//gxda.gxi.gov.cn.

内蒙古档案信息网.http：//www.archives.nm.cn.

澳门特别行政区历史档案馆网站.http：//www.icm.gov.mo/ah/C_ah.asp.

香港特别行政区历史档案馆网站.http：//grsweb.arcotect.com.

大连档案信息网.http：//www.da.dl.gov.cn.

青岛档案信息网.http：//www.qdda.gov.cn.

深圳档案网.http：//www.szdaj.gov.cn.

厦门市档案局网站.http：//xm.fj-archives.org.cn/.

搜捕网.http：//218.83.152.122/policy/39059112005810241124851619063.html.

法律图书馆.http：//www.law-lib.com/law.

中国法律法规库检索查询系统.http：//202.112.118.59/index/law/index.asp.

王英玮. 增强档案馆的社会服务能力 [J/OL]. 人民网, [2007~12~20]. http://paper. people. com. cn/rmrb/html/2007~11/09/content_ 30488079. htm

刘强. 政府信息资源共享机制的研究 [J/OL]. 计世网, 2007~06~15 [2007~09~20]. http://news. ccw. com. cn/zt/htm2007/20070615_ 273112. shtml.

日本国宪法. http://www. japanlawinfo. com/news. asp? id=482.

日本著作权法. http://law. laweach. com/rule_ 311952_ 1. html.

日本专利法. http://law. laweach. com/rule_ 311951_ 1. html.

日本电子签名与认证服务法. http://law. laweach. com/rule_ 311943_ 1. html.

日本图案设计专利法. http://law. laweach. com/rule_ 311653_ 1. html.

National Library Act1960. http://www. austlii. edu. au/au/legis/cth/consol_ act/nla1960177. txt

Copyright Act 1968. http://www. austlii. edu. au/au/legis/cth/consol_ act/ca1968133. txt

Freedom of Information Act 1982.

http://www. comlaw. gov. au/ComLaw/Legislation/ActCompilation1. nsf/0/DB43973D98710 CFDCA25736E00181D45? OpenDocumentArchives ACT 1983.

http://www. comlaw. gov. au/ComLaw/Legislation/ActCompilation1. nsf/0/032100365F7BB 019CA25736E00174A75? OpenDocumentPrivacy act 1988.

http://www. comlaw. gov. au/ComLaw/Legislation/ActCompilation1. nsf/0/F8E7ADCD1910 F878CA2570CA0010ACFD? OpenDocumentInformation Disclosure Act 1999.

http://www. comlaw. gov. au/ComLaw/Legislation/ActCompilation1. nsf/all/search/8F91A4 DDB1072BFBCA256F710052703B

Territory Records act 2002. http://www. austlii. edu. au/au/legis/act/consol_ act/tra2002235. txt

National Security Information Act 2004.

http://www. comlaw. gov. au/ComLaw/Legislation/ActCompilation1. nsf/0/DB3D2DD7FF2E 00E8CA257050001783D0? OpenDocumentElectronic Transactions act 1999.

http://www. comlaw. gov. au/ComLaw/Legislation/ActCompilation1. nsf/0/11866D05A55BE 8F6CA25730200002C72? OpenDocumentCopyright Regulations 1969. http://www. austlii. edu. au/au/legis/cth/consol_ reg/cr1969242. txt

Archives regulation. http://www. austlii. edu. au/au/legis/cth/consol_ reg/ar207. txt

National Library Regulations 1994.

http://www. austlii. edu. au/au/legis/cth/consol_ reg/nlr1994286. txt

Evidence Regulations. http://www. austlii. edu. au/au/legis/cth/consol_ reg/er189. txt

Electronic Transactions Regulations 2000.

http://www. austlii. edu. au/au/legis/cth/consol_ reg/etr2000365. txt

Privacy regulation. http://www. austlii. edu. au/au/legis/cth/consol_ reg/psr2001375. txt

National Security Information Regulations 2005.

http：//www. comlaw. gov. au/ComLaw/Legislation/LegislativeInstrumentCompilation1. nsf/0/CDB40D9B4D43C2DACA2571F5001EAFE9/ $ file/NatSecInfCrimCivProcReg2005_ NT. pdf

Information Security Management Policy.

http：//www. dtf. vic. gov. au/CA25713E0002EF43/WebObj/SECStandard/ $ File/SEC%20Standard. pdf

Digital Preservation：illuminating the past，guiding the future. http：//www. naa. gov. au/Images/XENA_ brochure%5B1%5D_ tcm2~918. pdf

其他资料：

王学泰. 知情权与保密［N］. 新京报，2007~11~18：A03 版.

中华人民共和国档案法（1996 修订），1996 年 7 月 5 日中华人民共和国第八届全国人民代表大会常务委员会第二十次会议于通过。

中华人民共和国档案法实施办法，1999 年 5 月 5 日国务院批准修订 1999 年 6 月 7 日国家档案局第 5 号令重新发布。

最高人民法院关于司法解释工作的规定，2007 年 4 月 1 日实施。

档案工作中国家秘密及其密级具体范围的规定，国家档案局、国家保密局 1990 年 2 月 14 日发布。

机关文件材料归档范围和文书档案保管期限规定，国家档案局 2006 年 12 月 18 日发布。

档案工作中国家秘密及其密级具体范围的规定，1990 年 2 月 14 日国家档案局、国家保密局发布。

DAT28~2002，国家重大建设项目文件归档要求与档案管理规范日本关于行政机关保有的信息公开的法律（1999 年 5 月 7 日通过，简称《行政信息公开法》）。

日本关于独立行政法人等保有的信息公开的法律（2001 年 12 月 5 日法律第 140 号，简称《独立行政法人信息公开法》）。

日本信息公开及个人信息保护审查会设置法（2003 年 5 月 30 日法律第 60 号，简称《审查会设置法》）。

日本关于行政机关保有的个人信息保护的法律（2003 年法律第 58 号，简称《行政机关个人信息保护法》）。

日本关于独立行政法人等保有的个人信息保护的法律（2003 年法律第 59 号，简称《独立行政法人个人信息保护法》）。

日本国家公文书法（1999 年 6 月 23 日法律第 79 号）。

日本公文书馆法（1999 年 12 月 22 日法律第 161 号）。

Data Protection Act 1998. A Guide for Record Managers and Archivists. Public Office. 2000.

Public Record Act 1958. Record Public Office. 1958~07~23.

Freedom of Information Acts 2000. Office of Public Sector Information.

Proposed National Records and Archives Legislation. Norfolk Records Committee. 2003 ~ 11 ~ 12.

Government Policy on Archives. Parliament.

The Freedom of Information Guidance. The Information Commissioner's Office.

The Copyright (Librarians and Archivists) Regulations 1989. Statutory Instrument.

Guidance-The National Published Archive-Legal Deposit of Official Publications. Parliament.

A Code of Practice on Archives for Museums and Galleries in the United Kingdom. Standing Conference on Archives and Museums.

The Freedom of Information and Data Protection (Appropriate Limit and Fees) Regulations 2004. Parliamentary Under Secretary of State Department.

Re-use of Public Sector Information Regulation. Statutory Instrument 2005.

Proposed National Records and Archives Legislation: Proposals to change the current legislative Provision for records management and archives, consultation paper.

E-Government Policy Framework for Electronic Records Management.

E-Government Policy Framework for Electronic Records Management. public record office.

附　录

档案开发利用调查问卷

感谢您参与填写本调查问卷!

我们想通过本次调查,真实地了解您所在单位档案开发利用的基本情况,更深入地了解您在管理过程中的需求和困惑,以便通过我们的努力,为您提供一些切实可用的解决方案和相关信息。烦请您根据实际工作情况,帮助我们填写该问卷,即使只是提供一部分这样的信息,也是对我们工作的巨大支持。此问卷仅用于课题研究,不作其他用途,同时承诺对您的相关信息保密。对于每一份问卷的回复,我们都会重视与珍惜,谢谢您的合作!

关于贵单位基本信息的说明:

您所在单位名称:＿＿＿＿＿＿＿＿＿＿＿＿＿＿＿＿

您的 E-MAIL(电子邮箱):＿＿＿＿＿＿＿＿＿＿＿＿＿＿＿

您的联系电话＿＿＿＿＿＿＿＿＿＿＿＿＿＿＿＿＿

主要填表人姓名:＿＿＿＿＿＿＿＿＿＿＿＿＿＿＿

填表日期＿＿＿＿＿＿＿＿＿＿＿＿＿＿＿＿＿

一、贵单位档案管理基本情况

1. 机构规模:【　　　】

A)10~30 人　　　　　　B)30~50 人　　　　　　C)50 人以上

2. 您所在单位机构性质:【　　　】

A)档案行业　　　　　B)政府机关　　　　　C)事业单位

D)合资企业　　　　　E)国有企业　　　　　F)民营企业

G)外资企业　　　　　H)其他

3. 贵单位档案部门是:【　　　】

A）综合档案馆   B）部门档案馆   C）专门档案馆

D）单位档案馆

4. 馆藏结构调查：

档案类别	数量（卷、件）	备注
文书		
科技		
照片	（张）	
声像	（小时）	
电子文件	（份）	
其他		

（注：如果没有准确数字，可以填写概数）

二、贵单位档案开发利用情况调查

5. 组织机构情况

（1）贵单位是否有专门开发利用组织机构：【　　　】

A）是   B）否

（2）如果有，利用开发组织机构名称为：（可多选）【　　　】

A）利用室   B）借阅室   C）信息中心

D）编研室   E）阅览室   F）检索室

G）声像档案视听室   H）陈列展览室

I）其他（请写明）_____

6. 主要的开发利用制度：

包括：（1）_____

　　　（2）_____

　　　（3）_____

7. 开发利用统计

	2006 上半年	2005	2004	2003
到馆访问总人次				
网站访问总人次				
您认为比例最大的访问用户类型（注1）				
访问量增长最快的档案类型（注2）				

注1：政府、企业、公民、研究者　注2：具体类型见题 5 所列。

8. 您所在单位目前为利用者提供的服务形式有：（可多选）【　　】

A）档案阅览服务　　　　B）档案出借服务　　　C）复制供应

D）档案证明　　　　　　E）档案信息咨询　　　F）档案展览或陈列

G）网络信息检索服务　　H）其他，如＿＿＿＿＿＿＿＿＿＿＿＿

9. 利用开发内容情况

（1）主要提供信息产品的类型有：（可多选）【　　】

A）原文　　　　　　　　B）文摘　　　　　　　C）目录

D）出版物　　　　　　　E）咨询报告　　　　　F）其他

（2）贵单位编研开发的产品形式有：（可多选）【　　】

A）专题汇编　　　　　　B）大事记　　　　　　C）组织沿革

D）基础数字汇集　　　　E）现行文件汇编　　　F）文献合作出版

G）珍贵资料复印　　　　H）拍摄电视片

I）其他（请注明）＿＿＿＿＿＿＿＿＿＿＿＿

10. 贵单位检索体系中检索工具的形式有：（可多选）【　　】

A）书本式　　　　　　　B）卡片式　　　　　　C）缩微型

D）机读磁带　　　　　　E）光盘　　　　　　　F）电子版目录

G）网络版目录

11. 利用服务方式

（1）贵单位可供服务的方式有：（可多选）【　　】

A）查询　　　　　　　　B）咨询　　　　　　　C）定题

D）展览　　　　　　　　E）出版　　　　　　　F）网络

G）邮寄　　　　　　　　H）电话

I）其他＿＿＿＿＿＿＿＿＿＿＿＿

（2）贵单位是否有收费服务？【　　】

A）是　　　　　　　　　B）否

如果有，形式分别是：（可多选）【　　】

A）复制收费　　　　　　B）咨询收费　　　　　C）证据收费

D）其他＿＿＿＿＿＿＿＿＿＿＿＿

目前收费标准依据是（可多选）：【　　】

A）参照相关政策　　　　B）市场需求　　　　　C）用户反馈

D）其他＿＿＿＿＿＿＿＿＿＿＿＿

12. 利用效果

（1）您对当前利用效果的现状满意吗？【　　】

A）是　　　　　　　　B）否

（2）如果不满意，您认为主要障碍在于：（可多选）【　　】

A）评价方法不当　　　B）用户不配合　　　C）缺乏效益意识

D）没有制度保障　　　E）其他＿＿＿＿＿＿＿＿＿＿＿

三、档案信息化情况

13. 贵单位档案信息化建设基本情况

（1）直接参与信息化建设的主要高层领导是：（可多选）【　　】

A）"一把手"　　　　　B）"副手"　　　　　C）部门负责人

（2）本单位档案信息化建设的状况

是否有专门的信息部门负责：【　　】

A）是　　　　　　　　B）否

是否有信息技术人员负责：【　　】

A）是　　　　　　　　B）否

14. 现阶段，您所在单位档案信息化建设的最主要方式：（可多选）【　　】

A）自主开发/采购

B）委托专业公司进行开发/集成

C）与外部力量合作开发

15. 贵单位档案人员信息化业务培训情况【　　】

A）没有　　　　　　　B）有　　　　　　　C）比较多

D）极少

16. 您所在单位档案网络建设情况

（1）是否建立了局域网络：【　　】

A）是　　　　　　　　B）

否计划时间＿＿＿＿＿（年）

联网计算机台数：＿＿＿＿＿（台）

（2）是否与政府网络连接：【　　】

A）是　　　　　　　　B）否

（3）是否有互联网出口：【　　】

A）是　　　　　　　　B）否

17. 您所在单位档案网站服务情况

（1）是否提供开放现行文件或电子档案全文网上查询：【　　】

A）是 B）否

（2）是否提供视音频档案查询：【　　　】

A）是 B）否

（3）网站特色栏目（如历史上的今天）：_____

18. 贵单位档案数据库建设情况

1）文件级目录数据库：条目_____已建成_____年，约占馆藏总量的____％。

2）案卷级目录数据库：条目_____已建成_____年，约占馆藏总量的____％。

3）照片档案数据库：条目_____已建成_____年，约占馆藏总量的____％。

4）全文数据库，已建成年。

19. 贵单位使用档案软件情况

（1）是否使用档案软件【　　　】

A）是 B）否。

（2）如果已经使用档案软件：软件名称（含版本号）：_____；

（3）目前贵馆使用的档案软件开发方式是：【　　　】

A）本馆独立开发，开发机构：_____

B）与软件公司合作开发，合作公司：_____

C）购买软件公司产品，购买公司：_____

D）上级部门推广

（4）软件使用情况。已使用时间：_____年，2 年内是否有升级计划【　　　】

A）　　　　　　　　　　　是 B）否

软件版本：【　　　】

A）单机版 B）网络版

软件使用评价：【　　　】

A）很好 B）较好 C）一般

D）不好

（5）软件功能：是否包括下列功能模块（可多选）【　　　】

档案数据管理：

A）文本全文管理 B）照片管理 C）视音频管理【　　　】

档案检索：

A）文件级目录　　　　　B）案卷级目录　　　　　C）全文数据【　　　】

档案检索入口：

A）内网服务　　　　　B）政务网服务　　　　　C）互联网服务

D）管理员单机查询　　　E）光盘查询

档案编研：提供档案全文编辑界面【　　　】

20. 贵单位在档案信息化建设中的问题、困惑和建议：

_____

_____